改訂版

消費税インボイス[illegible]
実務とQ&A

改正インボイス通達逐条解説 収録

末安直貴 編著

●仕入税額控除の要件はどう変わるか

●法令・通達・関連資料を多数収録

一般財団法人 大蔵財務協会

はじめに

令和元年10月１日に消費税率が10％に引き上げられるとともに、一定の飲食料品や新聞の譲渡に係る消費税率を８％とする軽減税率制度が実施され、我が国の消費税制度は初めて複数税率となりました。

この複数税率の下において適正な課税を確保する観点から、新たな仕入税額控除の方式として、令和５年10月１日より適格請求書等保存方式、いわゆる「インボイス制度」が開始されます。

このインボイス制度は、事業者の皆様の事業に大きく関わるものであるため、制度開始までに、システムの導入や改修であったり、社内での対応であったりと、制度への準備が求められることが少なくありません。

制度開始まで１年を切りましたが、既に適格請求書発行事業者（インボイス発行事業者）として登録された事業者の皆様のほか、まだ登録の要否を検討されている事業者の皆様におかれましても、制度を正しく理解していただき、ご自身の事業にどのような影響があるのか、どういった対応が必要なのかなどを検討いただくことが肝要です。

また、令和４年12月23日に、「令和５年度税制改正の大綱」が閣議決定されました。例年、税制改正の大綱に基づいた改正法案が国会で審議されますが、「令和５年度税制改正の大綱」の中には、インボイス制度に関するいくつかの見直し案が掲げられております。改正法案が成立した場合には、その見直し部分も含めた制度の正しい理解が必要となります。

本書においては、インボイス制度について、制度の内容や制度への具体的な対応などのほか、実務上の疑問点等についてもＱ＆Ａ方式で解説しております。また、巻末に「令和５年度税制改正の大綱」のインボイス制度に関する部分（抜粋）を掲載するとともに、この見直し案に関連する現行制度の解説部分には、令和５年度大綱の印を付けることとし、改正される可能性があることを判別できるようにいたしました。

なお、本書の文中意見にわたる部分は、個人的見解に基づくものであることをあらかじめお断りいたします。

本書が皆様方のインボイス制度へのご理解の一助となれば幸いです。

令和５年１月

末安　直貴

目　　次

第3章　インボイス発行事業者の交付義務等

第4章 インボイスの記載事項等

第5章 仕入税額控除の要件等

第6章　インボイス制度下の税額計算等

第７章　その他参考事項等

消費税の仕入税額控除制度における適格請求書等保存方式に関する取扱通達　逐条解説

第四　適格請求書等保存方式による仕入税額の控除関係

参考法令等

第1章 仕入税額控除方式の見直し ～インボイス制度の開始～

1　仕入税額控除方式の見直しの概要

これまで消費税及び地方消費税の税率（以後「消費税率」といいます。）は、平成元年の消費税導入時の３％から、

・　平成９年４月に５％（国４％＋地方１％）、
・　平成26年４月に８％（国6.3％＋地方1.7％）

と、徐々に引き上げられてきました。この間、消費税率は「単一税率」が採られていましたが、令和元（2019）年10月１日に消費税率が10％（国7.8％＋地方2.2％）に引き上げられると同時に、消費税の軽減税率制度が実施されました。

軽減税率制度は、

・　酒類を除く飲食料品
・　週２回以上発行される定期購読契約に基づく新聞

を譲渡する場合に、軽減税率（８％：国6.24％＋地方1.76％）が適用されるものであり、この軽減税率制度の実施により、我が国の消費税率は、初めて「複数税率」となりました。

複数税率の下においては、売手と買手の間で、その取引に課される消費税の適用税率が標準税率（10％）なのか、軽減税率（８％）なのかが明らかでなければ、正しく消費税額の計算ができないこととなります。

具体的な例として、売手が食用の塩を販売した場面においては、売

手は「飲食料品の譲渡」として軽減税率（８％）で申告することとなりますが、買手において工業用に使用するからといって、標準税率（10％）で仕入税額控除を適用するようなケースでは、同じ取引に対する売手と買手の適用税率や消費税額が異なることとなり、正しく税額計算ができていないといえます。

こうしたことがないよう、複数税率の下において、適正な課税を確保する観点から、新たな仕入税額控除の方式として「適格請求書等保存方式」、いわゆる「インボイス制度」が、令和５（2023）年10月１日から開始されることとなりました（「適格請求書等保存方式」を以後「インボイス制度」といいます。）。

本書は、インボイス制度の内容について詳しく解説していくとともに、インボイス制度を踏まえた実務における留意点について説明していきます。

また、本書においては、国税庁が発出している消費税の仕入税額控除制度における適格請求書等保存方式に関する取扱通達（平成30年６月６日付課軽２－８ほか５課共同「消費税の仕入税額控除制度における適格請求書等保存方式に関する取扱通達の制定について」通達の別冊）（以後「インボイス通達」といいます。）の解説を掲載するとともに本書の末尾には、関係する法令、通達及び国税庁が発出している「消費税の仕入税額控除制度における適格請求書等保存方式に関するＱ＆Ａ」（以後「インボイスＱ＆Ａ」といいます。）等を掲載しています。

本書で解説する各項目には、関連するインボイスＱ＆Ａの問番号も記載していますので、解説と併せてお読みいただけると理解が深まるため、ご活用いただければと思います。

2　インボイス制度の概要

消費税の納付税額は、課税売上げに係る消費税額（売上税額）から課税仕入れ等に係る消費税額（仕入税額）を控除して算出することとなります。

この課税仕入れ等に係る消費税額を控除することを、「仕入税額控除」といいます。

計算方法

消費税額　＝　課税売上げに係る消費税額※（売上税額）　－　課税仕入れ等に係る消費税額※（仕入税額）

⇩

仕入税額控除

（※　消費税額は、税率ごとに区分して計算する必要があります。）

仕入税額控除の適用を受けるためには、一定の要件を満たす必要があります。

令和５年10月１日から、この仕入税額控除の適用を受けるためには、帳簿と「適格請求書」（以後「インボイス」といいます。）等の保存が要件となり、この仕入税額控除の方式を「インボイス制度」といいます。

ここでは、インボイス制度開始前の仕入税額控除の方式の概要と、インボイス制度開始により「何が変わるのか」といったことを簡単に解説します。

(1)　インボイス制度開始前の仕入税額控除の方式

イ　請求書等保存方式（～令和元年９月30日）

前述のとおり、令和元年10月１日から消費税率が10％に引き上げられ、軽減税率制度が実施されました。

それまでの仕入税額控除の方式は、「請求書等保存方式」が採られていました。

この「請求書等保存方式」の下でも、仕入税額控除の適用を受けるために、一定の事項を記載した帳簿及び請求書等の保存が必要とされていましたが、適用税率や消費税額は、消費税法令上の請求書等の記載事項とされていませんでした。

我が国の消費税は、単一税率であったこと、非課税取引が限定的であったことから、その取引に課される消費税の適用税率や消費税額が請求書等に明示されていなくても、消費税額の計算を適正に行うことが可能でした。

請求書等保存方式においては、免税事業者からの仕入れについても、仕入税額控除の適用を受けることができました。

また、取引の価額が税込み３万円未満の場合や請求書等の交付を受けられなかったことにつき「やむを得ない理由」があるときは、請求書等の保存がなくとも、一定の事項を記載した帳簿のみを保存することにより、仕入税額控除の適用を受けることができることとされていました。

ロ　区分記載請求書等保存方式（令和元年10月１日～令和５年９月30日）

前述のとおり、令和元年10月１日から、消費税率は複数税率となりました。複数税率の下においては、その取引に適用される税率ごとに税額計算（税率ごとの税込対価の合計額を税率で割り戻して算出する等）をする上で、「請求書等保存方式」のままでは正しく税額計算ができないため、売手と買手の間でその取引に適用される税率を明らかにする必要があります。

そのため、インボイス制度が開始されることとなりましたが、事業者の方に対して、軽減税率制度の準備が急がれる中、さらにインボイス制度への対応を求めることは難しいといったことなどから、インボイス制度は、相応の準備期間が必要であるとして、消費税率10％への引上げ・軽減税率制度の実施から４年後である令和５年10月１日から開始されることとなりました。

そこで、インボイス制度開始までの４年間は、「請求書等保存方式」を基本的に維持しつつ、一定の記載事項を追加する簡素な方法として、令和元年10月１日から暫定的に「区分記載請求書等保存方式」が採られることとなりました。

「区分記載請求書等保存方式」においては、次頁［記載事項比較表］のとおり、「請求書等保存方式」における帳簿及び請求書等の記載事項に、一定の事項が追加されています。

なお、請求書等の記載事項のうち、「軽減税率の対象である旨」や「税率ごとに区分して合計した対価の額」については、交付を受けた事業者（買手）において、その取引の事実に基づき「追記」することが認められています。

また、「区分記載請求書等保存方式」においては、「請求書等保存方式」と同様に、免税事業者からの仕入れについても、仕入税額控除の適用を受けることができるほか、取引の価額が税込み３万円未満の場合や請求書等の交付を受けられなかったことにつき「やむを得ない理由」があるときは、請求書等の保存がなくとも、一定の事項を記載した帳簿のみを保存することにより、仕入税額控除の適用を受けることができます。

［記載事項比較表］

○　請求書等の記載事項の比較

請求書等保存方式（令和元年９月30日まで）	区分記載請求書等保存方式（令和元年10月１日から令和５年９月30日までの間）	インボイス制度（令和５年10月１日から）
①　書類の作成者の氏名又は名称	①　書類の作成者の氏名又は名称	①　インボイス発行事業者の氏名又は名称及び**登録番号**
②　課税資産の譲渡等を行った年月日	②　課税資産の譲渡等を行った年月日	②　課税資産の譲渡等を行った年月日
③　課税資産の譲渡等に係る資産又は役務の内容	③　課税資産の譲渡等に係る資産又は役務の内容（課税資産の譲渡等が軽減対象資産の譲渡等である場合には、資産の内容及び**軽減対象資産の譲渡等である旨**）	③　課税資産の譲渡等に係る資産又は役務の内容（課税資産の譲渡等が軽減対象資産の譲渡等である場合には、資産の内容及び軽減対象資産の譲渡等である旨）
④　課税資産の譲渡等の税込価額	④　**税率ごとに合計した**課税資産の譲渡等の税込価額	④　税率ごとに区分した課税資産の譲渡等の**税抜価額又は税込価額の合計額及び適用税率** ⑤　**税率ごとに区分した消費税額等**
⑤　書類の交付を受ける当該事業者の氏名又は名称	⑤　書類の交付を受ける当該事業者の氏名又は名称	⑥　書類の交付を受ける当該事業者の氏名又は名称

㊟１　区分記載請求書等保存方式の下では、請求書等保存方式における請求書等の記載事項に下線（細線）部分が追加されています。

２　インボイス制度の下では、区分記載請求書等の記載事項に下線（太線）部分が追加・変更されます。

○　帳簿の記載事項の比較

請求書等保存方式 （令和元年９月30日まで）	区分記載 請求書等保存方式 （令和元年10月１日から令和５年９月30日までの間）	インボイス制度 （令和５年10月１日から）
①　課税仕入れの相手方の氏名又は名称 ②　課税仕入れを行った年月日 ③　課税仕入れに係る資産又は役務の内容	①　課税仕入れの相手方の氏名又は名称 ②　課税仕入れを行った年月日 ③　課税仕入れに係る資産又は役務の内容（課税仕入れが他の者から受けた軽減対象資産の譲渡等に係るものである場合には、資産の内容及び**軽減対象資産の譲渡等に係るものである旨**）	①　課税仕入れの相手方の氏名又は名称 ②　課税仕入れを行った年月日 ③　課税仕入れに係る資産又は役務の内容（課税仕入れが他の者から受けた軽減対象資産の譲渡等に係るものである場合には、資産の内容及び軽減対象資産の譲渡等に係るものである旨）
④　課税仕入れに係る支払対価の額	④　課税仕入れに係る支払対価の額	④　課税仕入れに係る支払対価の額

(注)１　区分記載請求書等保存方式の下では、請求書等保存方式における帳簿の記載事項に下線部分が追加されています。
　２　インボイス制度の下でも、区分記載請求書等保存方式における帳簿の記載事項と同様の記載事項です。

(2)　インボイス制度

イ　インボイスとは

インボイスとは、「売手が、買手に対し正確な適用税率や消費税額等を伝えるための手段」であり、具体的には、登録番号のほか、一定の事項（前頁［記載事項比較表］参照）が記載された請求書等の書類や電子データをいいます。

インボイスは、法令によって様式が定まっているものではありません。

また、一定の事項が記載されていればよく、例えば、

- 請求書
- 納品書
- 領収書
- レシート

など、その名称を問いません。

なお、インボイスは書面などの紙による交付に代えて、インボイスの記載事項を記録した電子データ（以後「電子インボイス」といいます。）を提供することも可能です。

ロ　インボイス発行事業者の登録

インボイスを交付することができるのは、税務署長の登録を受けた「適格請求書発行事業者」（以後「インボイス発行事業者」といいます。）に限られます。

登録を受けるためには、「適格請求書発行事業者の登録申請書」（以後「登録申請書」といいます。）を所轄の税務署長に提出する必要があり、一定の審査を経て、登録されると登録番号が通知されます。

なお、登録を受けることができるのは課税事業者に限られます。

このため、免税事業者は、インボイス発行事業者の登録を受けることができない、すなわち、インボイスを交付することができないということになります。その結果、免税事業者からの仕入れを行う事業者の方は、インボイスを保存することができないため、原則、仕入税額控除の適用を受けることができないということとなります。

Q1

当社は免税事業者です。インボイス制度では、免税事業者はインボイスを交付することができないとのことですが、これまでのような請求書や領収書を交付することは問題ありますか。

A1

インボイスを交付することができるのは「インボイス発行事業者」に限られ、免税事業者は、これになることはできませんが、インボイス発行事業者でない免税事業者でも、インボイスに該当しない請求書や領収書は交付することができます。

ワンポイント！「インボイスに該当しない請求書等」について

インボイスは、一定の事項が記載された書類や電子データをいいます。逆にいうと、一定の事項が記載されていなければインボイスとはなりません。

この記載事項には、インボイス発行事業者として登録を受けた際に税務署から通知される「登録番号」も含まれています。免税事業者には、登録番号がありませんので、これを記載することはできません。したがって、免税事業者が交付する請求書には、「登録番号」の記載がありませんので、「インボイスに該当しない請求書等」となります。

Q2 免税事業者は、インボイスに該当しない請求書や領収書を交付しても問題ないとのことですが、「消費税額」を記載することは問題ありますか。

A2

免税事業者は、消費税を納税する義務が免除されており、その売上げに消費税に相当する額は含まれないことから、請求書等に「消費税額」を記載することは、本来、消費税の仕組み上、予定されていません。

インボイス制度の開始後も、免税事業者が交付する請求書等に「消費税額」を記載することについて、消費税法上、特段の制限はありませんが、免税事業者からの仕入れについては相手方において仕入税額控除の適用に制限があるため、相手方が誤認しないよう、請求書等の記載について検討する必要があります。

ハ　インボイス発行事業者の義務等

「請求書等保存方式」及び「区分記載請求書等保存方式」においては、売手に請求書や区分記載請求書を交付する「義務」については何ら課されていませんでした。

インボイス制度において、インボイス発行事業者には、次の義務が課されることとなります。

・　インボイスの交付義務
・　適格返還請求書（以後「返還インボイス」といいます。）の交付義務
・　修正したインボイス又は返還インボイス（以後「修正インボイス」といいます。）の交付義務
・　交付したインボイス等の写しの保存義務

なお、インボイスの交付義務が免除されている取引もあります（第３章参照）。

令和５年度大綱
返還インボイス（P476）

ニ　インボイス制度における仕入税額控除の要件

インボイス制度開始後、仕入税額控除の適用を受けるためには、原則、一定の事項を記載した帳簿とインボイス等の保存が必要となります。

また、免税事業者や消費者など、インボイス発行事業者以外の者からの仕入れは、原則、仕入税額控除の適用を受けることができません。

ただし、インボイス制度開始から一定の期間は、仕入税額相当額の一定割合を、仕入税額として控除できる経過措置が設けられています。

なお、インボイスの交付を受けて保存することが困難な一定の

取引については、インボイスの保存がなくとも、一定の事項を記載した帳簿の保存のみで仕入税額控除の適用を受けることができます。

「区分記載請求書等保存方式」においては、取引価額が税込み３万円未満の場合や請求書等の交付を受けられなかったことにつき「やむを得ない理由」があるときは、請求書等の保存がなくとも、一定の事項を記載した帳簿のみを保存することにより、仕入税額控除の適用を受けることができましたが、インボイス制度開始後は、これらの制度は廃止されます。

令和５年度大綱
少額取引(P476)

第2章 インボイス発行事業者の登録

1　登録手続

(1)　登録手続

インボイスを交付することができるのは、インボイス発行事業者に限られます。インボイス発行事業者となることができるのは、課税事業者のみとなります。

インボイス発行事業者の登録を受けようとする事業者は、所轄の税務署長に登録申請書を提出する必要があります。

登録申請を行うと、税務署において審査がなされ、一定の拒否要件に該当しないとして登録された場合には、税務署から「登録番号」などを記載した登録の通知がなされます。

登録申請は、e-Taxでも可能とされており、この場合、登録通知は、電子交付を選択すれば、e-Taxの通知書等一覧に登録通知が電子データで格納されるようになっています。

なお、必ず登録を受けなければならないというものではなく、登録を受けるかどうかは、事業者の任意となっています。

登録に当たっては、

・　登録を受けなければ、インボイスを交付することができず、取引先が仕入税額控除の適用を受けることができないこと

・　消費者や免税事業者など、課税事業者以外の者に対してはインボイスの交付義務がないので、例えば、顧客が消費者のみの場合

は、必ずしもインボイスを交付する必要がないこと

など、ご自身の事業の実態を踏まえて、登録するかどうかを検討することになります。

また、「自分は軽減税率対象品目を販売していない」といった事業者の方においても、インボイスは販売商品が軽減税率対象品目であるかどうかを問わず、課税事業者からインボイスの交付を求められたときは交付する必要がある、といった点にご留意いただく必要があります。

参照 インボイスQ＆A問２、問８ ➡ 296、301ページ

インボイス制度への事前準備の基本項目チェックシート ➡ 473ページ

[法人の課税事業者の記載例]

第1－(1)号様式

国内事業者用

適格請求書発行事業者の登録申請書

【1／2】

この申請書は、令和三年十月一日から令和五年九月三十日までの間に提出する場合に使用します。

収受印

令和 4 年 10月 1 日

麹町　税務署長殿

申請者	項目	記載内容
	（フリガナ）	チヨダク　カスミガセキ　3－1－1
	住所又は居所（法人の場合）本店又は主たる事務所の所在地	（〒 100 － 8978 ）◎（法人の場合のみ公表されます） 千代田区霞が関3－1－1 （電話番号　XX －XXXX－XXXX）
	（フリガナ）	チヨダク　カスミガセキ　3－1－1
	納税地	（〒 100 － 8978 ） 千代田区霞が関3－1－1 （電話番号　XX －XXXX－XXXX）
	（フリガナ）	コクゼイショウジ　カブシキガイシャ
	氏名又は名称	◎ 国税商事（株）
	（フリガナ）	ゼイム　タロウ
	（法人の場合）代表者氏名	税務　太郎
	法人番号	X X X X X X X X X X X X X

この申請書に記載した次の事項（◎ 印欄）は、適格請求書発行事業者登録簿に登載されるとともに、国税庁ホームページで公表されます。
1　申請者の氏名又は名称
2　法人（人格のない社団等を除く。）にあっては、本店又は主たる事務所の所在地
なお、上記1及び2のほか、登録番号及び登録年月日が公表されます。
また、常用漢字等を使用して公表しますので、申請書に記載した文字と公表される文字とが異なる場合があります。

下記のとおり、適格請求書発行事業者としての登録を受けたいので、所得税法等の一部を改正する法律（平成28年法律第15号）第5条の規定による改正後の消費税法第57条の2第2項の規定により申請します。
※　当該申請書は、所得税法等の一部を改正する法律（平成28年法律第15号）附則第44条第1項の規定により令和5年9月30日以前に提出するものです。

令和5年3月31日（特定期間の判定により課税事業者となる場合は令和5年6月30日）までにこの申請書を提出した場合は、原則として令和5年10月1日に登録されます。

事業者区分	この申請書を提出する時点において、該当する事業者の区分に応じ、□にレ印を付してください。 ☑ 課税事業者　　□ 免税事業者 ※　次葉「登録要件の確認」欄を記載してください。また、免税事業者に該当する場合には、次葉「免税事業者の確認」欄も記載してください（詳しくは記載要領等をご確認ください。）。
令和5年3月31日（特定期間の判定により課税事業者となる場合は令和5年6月30日）までにこの申請書を提出することができなかったことにつき困難な事情がある場合は、その困難な事情	
税理士署名	（電話番号　　－　　－　　）

※税務署処理欄						
整理番号		部門番号		申請年月日	年　月　日	通信日付印　年　月　日　確認
入力処理	年　月　日	番号確認		身元確認 □ 済 □ 未済	確認書類 個人番号カード／通知カード・運転免許証 その他（　　）	
登録番号	T					

注意　1　記載要領等に留意の上、記載してください。
2　税務署処理欄は、記載しないでください。
3　この申請書を提出するときは、「適格請求書発行事業者の登録申請書（次葉）」を併せて提出してください。

第１－(1)号様式次葉

国内事業者用

適格請求書発行事業者の登録申請書（次葉）

【２／２】

氏名又は名称	国税商事（株）

この申請書は、令和三年十月一日から令和五年九月三十日までの間に提出する場合に使用します。

該当する事業者の区分に応じ、□にレ印を付し記載してください。

免税事業者の確認

□　令和５年10月１日から令和11年９月30日までの日の属する課税期間中に登録を受け、所得税法等の一部を改正する法律（平成28年法律第15号）附則第44条第４項の規定の適用を受けようとする事業者
※　登録開始日から納税義務の免除の規定の適用を受けないこととなります。

個人番号				
事業内容等 生年月日（個人）又は設立年月日（法人）	１明治・２大正・３昭和・４平成・５令和　年　月　日	法人のみ記載 事業年度	自　月　日 至　月　日	
		法人のみ記載 資本金	円	
事業内容等 事業内容		登録希望日	令和　年　月　日	

□　消費税課税事業者（選択）届出書を提出し、納税義務の免除の規定の適用を受けないこととなる課税期間の初日から登録を受けようとする事業者

課税期間の初日
※　令和５年10月１日から令和６年３月31日までの間のいずれかの日
令和　年　月　日

登録要件の確認

課税事業者です。 ※　この申請書を提出する時点において、免税事業者であっても、「免税事業者の確認」欄のいずれかの事業者に該当する場合は、「はい」を選択してください。	☑ はい　□ いいえ
納税管理人を定める必要のない事業者です。 （「いいえ」の場合は、次の質問にも答えてください。）	☑ はい　□ いいえ

（納税管理人を定めなければならない場合（国税通則法第117条第１項）
【個人事業者】　国内に住所及び居所（事務所及び事業所を除く。）を有せず、又は有しないこととなる場合
【法人】　国内に本店又は主たる事務所を有しない法人で、国内にその事務所及び事業所を有せず、又は有しないこととなる場合）

納税管理人の届出をしています。 「はい」の場合は、消費税納税管理人届出書の提出日を記載してください。 消費税納税管理人届出書　（提出日：令和　年　月　日）	□ はい　□ いいえ
消費税法に違反して罰金以上の刑に処せられたことはありません。 （「いいえ」の場合は、次の質問にも答えてください。）	☑ はい　□ いいえ
その執行を終わり、又は執行を受けることがなくなった日から２年を経過しています。	□ はい　□ いいえ

参考事項

⑵　いつからインボイスを交付できるのか（登録の効力発生日）

インボイス発行事業者の登録を受けた場合、いつからインボイスを交付することができるのかという点について、登録の効力は、税務署長が「適格請求書発行事業者登録簿」に登載した日（登録日）から発生します。

前述のとおり、登録を受けると「登録番号」などを記載した登録通知がなされますが、この通知がいつであったかにかかわらず、「登録日」以後の取引についてインボイスを交付することができます。

なお、この「登録日」は、登録通知に記載されるほか、インターネットでも公表されます。

また、登録申請は、令和５年10月１日よりも前に行うことが可能とされており、登録の通知も同日よりも前に行われることがありますが、この場合、登録日は令和５年10月１日となります。

参照 インボイスＱ＆Ａ問５ ➡ 299ページ

⑶　インボイス制度開始（令和５年10月１日）時から登録を受ける場合

インボイス制度が開始される令和５年10月１日から登録を受けるためには、法令上、原則として令和５年３月31日までに登録申請書を所轄の税務署長に提出する必要があります。

また、令和５年３月31日までに登録申請書を提出できなかったことにつき「困難な事情」がある場合には、令和５年９月30日までの間に、登録申請書にその困難な事情を記載して提出し、登録を受けた場合には、令和５年10月１日に登録を受けたものとみなす措置が既に設けられています。

なお、令和４年12月23日に「令和５年度税制改正の大綱」が閣議決定され、大綱中に「改正の趣旨等を踏まえ、令和５年10月１日から適格請求書発行事業者の登録を受けようとする事業者が、その申請期限後に提出する登録申請書に記載する困難な事情については、運用上、記載がなくとも改めて求めないものとする。」と掲げられています。

この点、執行当局（国税局・税務署）の対応としては、国税庁ホームページに「施行日（令和５年10月１日）に登録を受けようとする事業者が申請期限である令和５年３月31日までに申請書を提出することにつき困難な事情がある場合の取扱いについては、この閣議決定に基づき、当該事業者が令和５年４月１日以後に提出する登録申請書については、困難な事情の記載がなくとも改めて求めないこととし、当該事業者が令和５年９月30日までに提出された申請に係る登録は、令和５年10月１日となります。」と公表されております。

これは、今般の税制改正の大綱において、新たな特例を含む制度の見直し案が掲げられており、インボイス発行事業者となる登録の要否の検討に当たっては、こうした見直しの内容も踏まえる必要がありますので、まだ登録をされていない全ての事業者について「登録申請書を３月末までに提出できなかった困難な事情があること」が明らかであるため、このような柔軟な対応が図られたものと考えられます。

よって、登録申請書への「困難な事情」の記載の有無にかかわらず、令和５年９月30日までに登録申請書を提出した事業者は、令和５年10月１日の登録を受けることができます。

㈱ インボイス制度への対応には事業者の皆様において各種準備が必要となるほか、登録通知が届くまで一定の期間を要することとなりますので、登録をお決めになった事業者の方は、早期に申請することが肝要です。また、免税事業者の方が令和５年10月２日以後の日の登録を希望する場合には、登録申請書に登録希望日を記載する必要があります。

参照 インボイスＱ＆Ａ問７ ⇒ 300ページ

⑷　免税事業者の登録手続

インボイス発行事業者として登録を受けることができるのは、課税事業者に限られていますので、免税事業者は、登録を受けることができません。

このため、免税事業者がインボイス発行事業者の登録を受けるためには、「消費税課税事業者選択届出書」を提出し、課税事業者となる必要があります。

【令和５年10月１日から令和11年９月30日までの日の属する課税期間中に登録を受ける場合】

免税事業者が令和５年10月１日から令和11年９月30日までの日の属する課税期間中に登録を受ける場合には、登録を受けた日から課税事業者となる経過措置が設けられています。

この経過措置の適用を受ける場合には、「消費税課税事業者選択届出書」の提出は不要です。

（参考） 基準期間の課税売上高が1,000万円以下の事業者は、原則として免税事業者となりますが、インボイス発行事業者として登録を受けている間は、基準期間の課税売上高が1,000万円以下となった場合でも免税事業者とはなりません。

インボイス発行事業者が免税事業者となる場合には、登録の取りやめの届出を行う必要があります（後述(7)登録の取りやめ参照）。

参照 インボイスＱ＆Ａ問７、問18 → 300、310ページ

【例】 個人事業者や12月決算の法人が、令和５年10月１日から登録を受ける場合

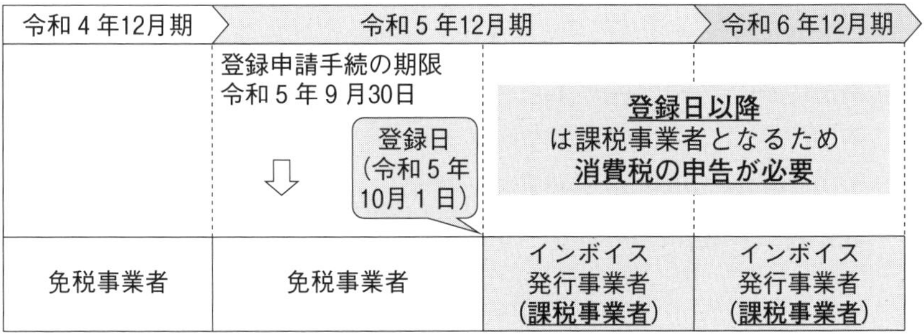

令和４年12月期
令和５年12月期
令和６年12月期
登録申請手続の期限
令和５年９月30日
登録日
（令和５年
10月１日）
登録日以降
は課税事業者となるため
消費税の申告が必要
免税事業者
免税事業者
インボイス
発行事業者
（課税事業者）
インボイス
発行事業者
（課税事業者）

※ この場合、「消費税課税事業者選択届出書」の提出は必要ありません

[個人の免税事業者の記載例]
(消費税課税事業者（選択）届出書を提出しない場合)

第１－(1)号様式

国内事業者用

適格請求書発行事業者の登録申請書

収受印

【１／２】

令和 4 年 10 月 1 日 麹町　税務署長殿	申請者	（フリガナ）	チヨダク　カスミガセキ　3－1－1
		住所又は居所（法人の場合）本店又は主たる事務所の所在地	（〒 100 － 8978 ） ◎（法人の場合のみ公表されます） 千代田区霞が関 3－1－1 （電話番号　XX －XXXX－XXXX）
		（フリガナ）	チヨダク　カスミガセキ　3－1－1
		納税地	（〒 100 － 8978 ） 千代田区霞が関 3－1－1 （電話番号　XX －XXXX－XXXX）
		（フリガナ）	コクゼイ　ジロウ
		氏名又は名称	◎ 国税　次郎
		（フリガナ）	
		（法人の場合）代表者氏名	
		法人番号	

この申請書に記載した次の事項（◎ 印欄）は、適格請求書発行事業者登録簿に登載されるとともに、国税庁ホームページで公表されます。
1　申請者の氏名又は名称
2　法人（人格のない社団等を除く。）にあっては、本店又は主たる事務所の所在地
なお、上記１及び２のほか、登録番号及び登録年月日が公表されます。
また、常用漢字等を使用して公表しますので、申請書に記載した文字と公表される文字とが異なる場合があります。

下記のとおり、適格請求書発行事業者としての登録を受けたいので、所得税法等の一部を改正する法律（平成28年法律第15号）第５条の規定による改正後の消費税法第57条の２第２項の規定により申請します。
※　当該申請書は、所得税法等の一部を改正する法律（平成28年法律第15号）附則第44条第１項の規定により令和５年９月30日以前に提出するものです。

令和５年３月31日（特定期間の判定により課税事業者となる場合は令和５年６月30日）までにこの申請書を提出した場合は、原則として令和５年10月１日に登録されます。

事業者区分	この申請書を提出する時点において、該当する事業者の区分に応じ、□にレ印を付してください。 □ 課税事業者　☑ 免税事業者 ※　次葉「登録要件の確認」欄を記載してください。また、免税事業者に該当する場合には、次葉「免税事業者の確認」欄も記載してください（詳しくは記載要領等をご確認ください。）。
令和５年３月31日（特定期間の判定により課税事業者となる場合は令和５年６月30日）までにこの申請書を提出することができなかったことにつき困難な事情がある場合は、その困難な事情	
税理士署名	（電話番号　－　－　）

※税務署処理欄							
整理番号		部門番号		申請年月日	年　月　日	通信日付印　年　月　日	確認
入力処理	年　月　日	番号確認		身元確認	□ 済　□ 未済	確認書類　個人番号カード／通知カード・運転免許証　その他（　）	
登録番号	T						

注意　1　記載要領等に留意の上、記載してください。
2　税務署処理欄は、記載しないでください。
3　この申請書を提出するときは、「適格請求書発行事業者の登録申請書（次葉）」を併せて提出してください。

この申請書は、令和三年十月一日から令和五年九月三十日までの間に提出する場合に使用します。

経過措置の適用を受ける場合は選択してください。

第１－(1)号様式次葉

国内事業者用

適格請求書発行事業者の登録申請書（次葉）

【２／２】

氏名又は名称	国税　次郎

この申請書は、令和三年十月一日から令和五年九月三十日までの間に提出する場合に使用します。

免税事業者の確認

該当する事業者の区分に応じ、□にレ印を付し記載してください。

☑ 令和５年10月１日から令和11年９月30日までの日の属する課税期間中に登録を受け、所得税法等の一部を改正する法律（平成28年法律第15号）附則第44条第４項の規定の適用を受けようとする事業者
※　登録開始日から納税義務の免除の規定の適用を受けないこととなります。

個人番号	1 2 3 4 5 6 7 8 9 0 1 2			
事業内容等	生年月日（個人）又は設立年月日（法人）	1明治・2大正・③昭和・4平成・5令和　××年××月××日	法人のみ記載	事業年度　自　月　日　至　月　日
				資本金　円
	事業内容	△△△△	登録希望日	令和　年　月　日

□ 消費税課税事業者（選択）届出書を提出し、納税義務の免除の規定の適用を受けないこととなる課税期間の初日から登録を受けようとする事業者

課税期間の初日
※ 令和５年10月１日から令和６年３月31日までの間のいずれかの日
令和　年　月　日

登録要件の確認

課税事業者です。 ※　この申請書を提出する時点において、免税事業者であっても、「免税事業者の確認」欄のいずれかの事業者に該当する場合は、「はい」を選択してください。	☑ はい　□ いいえ
納税管理人を定める必要のない事業者です。 （「いいえ」の場合は、次の質問にも答えてください。）	☑ はい　□ いいえ

（納税管理人を定めなければならない場合（国税通則法第117条第１項）
【個人事業者】　国内に住所及び居所（事務所及び事業所を除く。）を有せず、又は有しないこととなる場合
【法人】　国内に本店又は主たる事務所を有しない法人で、国内にその事務所及び事業所を有せず、又は有しないこととなる場合）

納税管理人の届出をしています。 「はい」の場合は、消費税納税管理人届出書の提出日を記載してください。 消費税納税管理人届出書　（提出日：令和　年　月　日）	□ はい　□ いいえ
消費税法に違反して罰金以上の刑に処せられたことはありません。 （「いいえ」の場合は、次の質問にも答えてください。）	☑ はい　□ いいえ
その執行を終わり、又は執行を受けることがなくなった日から２年を経過しています。	□ はい　□ いいえ

参考事項

免税事業者であっても「はい」を選択してください。

Q3

私は免税事業者です。経過措置の適用を受けると、登録を受けた日から課税事業者となるとのことですが、その課税期間から簡易課税制度を選択することができますか。

A3

簡易課税制度においても、届出書の提出時期に関する特例があり、登録を受けた日から課税事業者となる経過措置の適用を受ける事業者が、登録を受けた日を含む課税期間から簡易課税制度を適用する旨を記載した「消費税簡易課税制度選択届出書」を提出することで、当該課税期間から簡易課税制度を選択することができます。この場合、その課税期間の末日までに届出書を提出する必要があります。

㈜　課税期間の末日が土・日・祝日の場合であっても、提出期間は延長されませんのでご注意ください。

（例）　12月決算の法人が、令和５年２月１日に登録申請書を提出し、令和５年10月１日からインボイス発行事業者になる場合で、令和５年12月期から簡易課税制度を選択しようとする場合

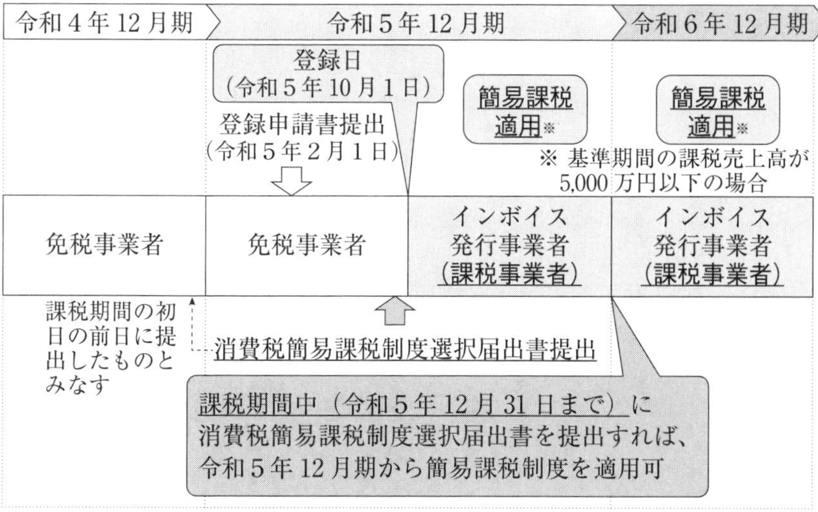

⑸　新規開業の個人事業者や新たに設立された法人等の登録時期の特例

免税事業者である新規開業の個人事業者や新たに設立された法人等の場合、事業を開始した日を含む課税期間の末日までに「消費税課税事業者選択届出書」を提出すれば、その課税期間の初日から「課税事業者」となります。

また、令和５年10月１日以後に新たに設立された法人等が、事業を開始した日を含む課税期間の末日までに、課税期間の初日から登録を受ける旨を記載した登録申請書を提出して登録を受けた場合は、その課税期間の初日に登録を受けたものとみなされる特例が設けられています。

つまり、免税事業者である新たに設立された法人等が事業開始（設立）時から、インボイス発行事業者となるためには、事業を開始した日を含む課税期間の末日までに、

①　消費税課税事業者選択届出書

②　適格請求書発行事業者の登録申請書

を提出する必要があります。

なお、例えば、資本金1,000万円以上の法人など、設立当初から課税事業者である場合は、①を提出する必要はなく、事業を開始した日を含む課税期間の末日までに②を提出することとなります。

（例）　令和Ｘ年 11 月１日に法人（３月決算）を設立し、令和Ｘ＋１年２月１日に登録申請書と消費税課税事業者選択届出書※を併せて提出した法人が免税事業者である場合

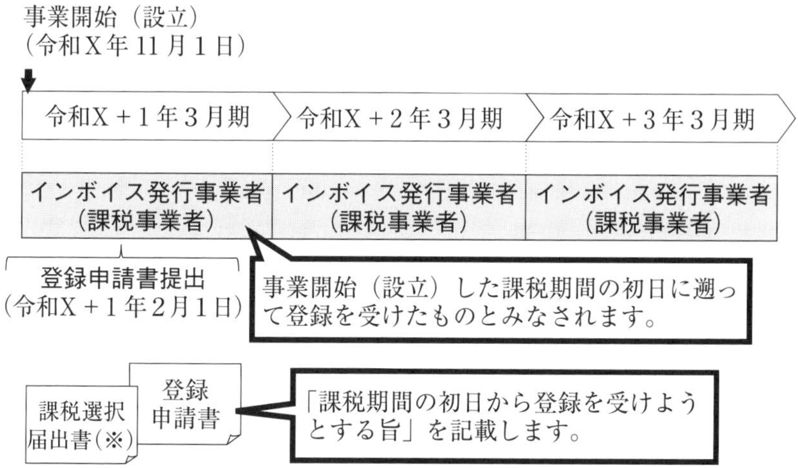

※　経過措置（19ページ）の適用を受け、登録を受けた日から課税事業者となる場合は、消費税課税事業者選択届出書の提出は必要ありません。

参照 インボイスＱ＆Ａ問12 ➡ 304ページ

⑹　登録の拒否

登録を受けようとする事業者が、特定国外事業者以外の事業者であって、①納税管理人を定めなければならない事業者が、納税管理人の届出をしていないこと、②消費税法の規定に違反して罰金以上の刑に処せられ、その執行が終わり、または執行を受けることがなくなった日から２年を経過しない者であること、のいずれかの事実に該当しなければ、原則として、登録を拒否されることはありません。

参照 インボイスＱ＆Ａ問13 ➡ 306ページ

ワンポイント！

特定国外事業者とは、国内において行う資産の譲渡等に係る事務所、事業所その他これらに準ずるものを国内に有しない国外事業者をいいます。例えば、インターネットゲームの配信を国内向けに行っている国内に事務所などの拠点を持たない外国法人などが該当します。

(7) 登録の取りやめ

インボイス発行事業者は、所轄の税務署長に「適格請求書発行事業者の登録の取消しを求める旨の届出書」（以後「登録取消届出書」といいます。）を提出することにより、翌課税期間以後のインボイス発行事業者の登録の効力を失わせることができます。

なお、課税期間の末日の30日前から課税期間の末日までに提出した場合には、翌々課税期間から効力が失われることとなりますのでご注意ください。

令和５年度大綱
登録手続の見直し（P476）

「消費税課税事業者選択届出書」を提出して、課税事業者となった方においては、登録取消届出書とあわせて「消費税課税事業者選択不適用届出書」を提出すれば、その提出した日の属する課税期間の翌課税期間について、基準期間の課税売上高1,000万円以下の場合、その課税期間は免税事業者となります（※）。

※　インボイス制度開始時に、「消費税課税事業者選択届出書」を提出することなくインボイス発行事業者となった場合は、「消費税課税事業者選択不適用届出書」の提出は不要です。

参照 インボイスＱ＆Ａ問14 → 306ページ

《登録の取りやめ》（例）３月決算法人の場合

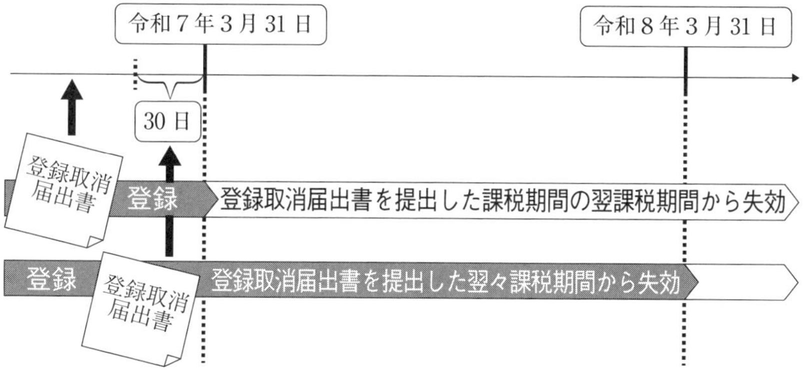

注意

登録取消届出書を提出した日に属する課税期間の末日から起算して30日前の日から、その課税期間の末日までの間に提出した場合、その提出があった日の属する課税期間の**翌々**課税期間の初日に登録の効力が失われます。

⑻　インボイス発行事業者の死亡（相続があったとき）

インボイス発行事業者が死亡した場合には、その相続人は「適格請求書発行事業者の死亡届出書」を提出する必要があります。

インボイス発行事業者が死亡した場合の登録は、上記の届出書を提出した日の翌日又は死亡した日の翌日から４月を経過した日のいずれか早い日に効力が失われます。

なお、相続によりインボイス発行事業者の事業を継承した相続人の相続のあった日の翌日から、その相続人がインボイス発行事業者の登録を受けた日の前日又はその相続に係るインボイス発行事業者が死亡した日の翌日から４月を経過する日のいずれか早い日までの期間については、相続人をインボイス発行事業者とみなすこととされており、この場合、被相続人の登録番号を相続人の登録番号とみなすこととされています。

⑼　登録番号の構成

登録番号は、以下の構成となっています。

なお、一度付番された登録番号は、変更することはできません。

○　法人番号を有する課税事業者

「T」（ローマ字）＋ 法人番号（数字13桁）

○　上記以外の課税事業者（個人事業者、人格のない社団等）

「T」（ローマ字）＋ 数字13桁（※）

※　マイナンバー（個人番号）は用いず、法人番号とも重複しない事業者ごとの番号

Q4

課税期間の途中から登録を受けることはできますか。

A4

課税事業者の方は、課税期間の途中であっても、登録申請書を提出し、税務署によって登録を受けた場合、その登録日からインボイス発行事業者となります。

Q5

登録番号の数字13桁は選択できますか。また、一度通知を受けた登録番号を変更できますか。

A5

登録番号は選択することができず、また、変更することができません。

2　公表～国税庁適格請求書発行事業者公表サイト

インボイス発行事業者については、インターネットを通じて、「国税庁適格請求書発行事業者公表サイト」（以後「公表サイト」といいます。）にて公表されています。公表サイトでは、「登録番号」を入力することで、その登録番号に係るインボイス発行事業者に関する公表事項を確認することができます。

(1)　公表事項

①　インボイス発行事業者の氏名※又は名称及び登録番号

②　登録年月日

③　登録取消年月日、登録失効年月日

④　法人（人格のない社団等を除きます。）については、本店又は主たる事務所の所在地

⑤　特定国外事業者以外の国外事業者については、国内において行う資産の譲渡等に係る事務所、事業所その他これらに準ずるものの所在地

※　個人事業者の氏名について、「住民票に記載されている外国人の通称」若しくは「住民票に併記されている旧氏（旧姓）」を氏名として公表することを希望する場合又はこれらを氏名と併記して公表を希望する場合は、必要事項を記載した「適格請求書発行事業者の公表事項の公表（変更）申出書」（以後「公表申出書」といいます。）の提出が必要です。

個人事業者の方、人格のない社団等は、公表申出書を提出すると（上記の事項以外に）、

・個人事業者：主たる屋号、主たる事務所の所在地等

・人格のない社団等：本店又は主たる事務所の所在地

について追加で公表することができます。

⑵　公表事項の確認

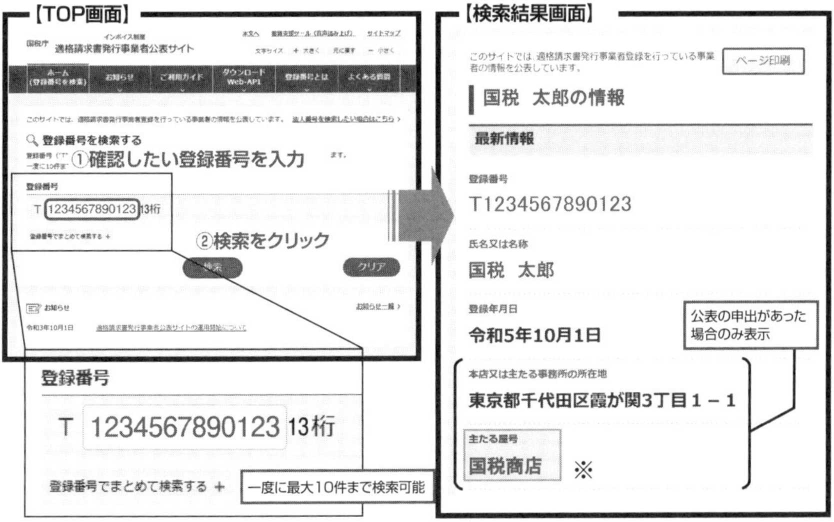

※　個人事業者の方が、屋号を公表する場合には、公表申出書の提出が必要です。

屋号
リーフレット

公表サイト

①　検索機能

公表サイトでは、「登録番号」をキーにして、インボイス発行事業者を検索することができます。

②　Web-API

公表サイトでは、システム間連携のための Web-API 機能や、公表事項に係るデータのダウンロード機能があります。Web-API 機能とは、ユーザーが使用する会計ソフトなどのシステムから、「登録番号」を含む一定の条件をリクエストすることで、指定したインボイス発行事業者の公表情報を取得するなど、システム間で連携するためのインターフェースをいいます。

Web-API機能については、事前にアプリケーションIDの発行届出を行い、「適格請求書発行事業者公表システムWeb-API機能アプリケーションID発行申請書」を提出し、国税庁の審査を通過する必要があります。

③　データダウンロード

公表サイトから公表事項をデータダウンロードすることができます。ファイル形式は、CSV・XML・JSONとされています。

なお、公表サイトは毎日更新されますが、前月末時点の登録情報の一括データをダウンロード可能とするほか、日々、差分データをダウンロードすることができます。

仕入先から交付を受けた請求書などの書類に記載された番号が、登録番号として有効なものかどうかの確認に当たっては、これらの機能を活用することで、事業者の方の事務負担も軽減されるものと考えられます。

Q6

インボイス発行事業者として登録を受ける予定ですが、公表される項目を選択することはできますか。

A6

インボイス発行事業者として登録された場合、公表事項を選択することはできません。

Q7

公表サイトではどのような情報が確認できますか。

A7

公表サイトにおいては、登録番号を入力することにより、以下の情報を確認することができます。

- 法　人：①法人名、②本店又は主たる事務所の所在地、③登録番号、④登録年月日、⑤登録取消（失効）年月日
- 人格のない社団等：①名称、②登録番号、③登録年月日、④登録取消（失効）年月日
- 個人事業者：①氏名、②登録番号、③登録年月日、④登録取消（失効）年月日（住所は公表されません）

※　登録する事業者自身から公表の申出があった場合に限り、以下の事項についても公表され、確認することができます。

人格のない社団等：本店又は主たる事務所の所在地

個人事業者：主たる屋号、主たる事務所の所在地等

第3章 インボイス発行事業者の交付義務等

1　インボイス発行事業者の義務

インボイス発行事業者には、一定の義務が課されます。

具体的には、

- インボイスを交付する義務
- 返還インボイスを交付する義務
- 修正インボイスを交付する義務
- 交付した上記のインボイス等についてその「写し」を保存する義務

があります。

なお、インボイスや返還インボイス、修正インボイスの具体的な記載事項やその留意点等については、第4章をご確認ください。

2　インボイスの交付義務

(1)　インボイスの交付義務

インボイス発行事業者は、課税資産の譲渡等を行った場合、取引の相手方（買手）である課税事業者からインボイスの交付を求められたときは、インボイスを交付する義務が課されています。

インボイスの交付は、書面のみならず、電子インボイスの提供であっても問題ありません。

インボイスの交付義務は、「課税事業者」からの求めがあった場合に生じるもので、消費者や免税事業者などに対する交付義務はありません。

一方で、例えば、スーパーなどの小売店においては、全ての購入者について課税事業者かどうかを逐一確認することは煩雑であることから一律にインボイスを交付する対応も考えられます。

なお、事業者が行う事業の性質上、インボイスを交付することが困難な一定の取引については、インボイスの交付義務が免除されています。

具体的には、本章の3で説明します。

ワンポイント！

インボイスは課税取引（課税資産の譲渡等）を行った場合に交付するものですので、非課税取引や不課税取引などの消費税が課されない取引について交付する必要はありません。

⑵　返還インボイスの交付義務

インボイス発行事業者は、課税事業者に返品や値引き等の売上げに係る対価の返還等を行う場合、返還インボイスの交付義務が課されています。

返還インボイスについても、電子データの提供であっても問題ありません。

ここでの注意点ですが、インボイスは課税事業者からの「求め」があれば交付義務が課されるのに対し、返還インボイスは、売上げに係る対価の返還等を行う場合、「求め」がなくとも交付義務が課されています。

令和5年度大綱
返還インボイス（P476）

⑶　修正インボイスの交付義務

インボイス発行事業者が、インボイス又は返還インボイスを交付した場合（電子データの提供を行った場合も含みます。）において、これらの記載事項に誤りがあったときには、交付した相手方（課税事業者に限ります。）に対して、修正インボイスを交付する義務があります。

（参考）　記載事項に誤りがあるインボイスの交付を受けた事業者が、仕入税額控除の適用を受けるためには、インボイス発行事業者（売手）から修正インボイスの交付を受ける必要があります。インボイス制度においては、区分記載請求書等保存方式のように請求書等への自らの「追記」が認められていません。

なお、売手から修正インボイスの交付を受けることに代えて、正しい事項が記載された仕入明細書を買手が作成して売手の確認を受けて保存することにより、仕入税額控除の適用を受けることもできます。

ワンポイント！

インボイス発行事業者が交付したインボイスの金額に誤りがあった場合の修正方法は、金額を修正した書類等を交付する方法のほか、交付したインボイスを交付者が直接修正する方法も認められます。例えば、交付したインボイスの誤った箇所に二重線を引き訂正印を押印し、その上部に正しい金額等を記載する方法が考えられます。

3　交付義務の免除

(1)　交付義務が免除される取引

インボイス制度では、インボイス発行事業者にはインボイスを交付する義務が課されます。

一方で、事業者が行う事業の性質上、インボイスを交付することが困難な次の取引については、インボイスの交付義務が免除されています。

① 3万円未満の公共交通機関（船舶、バス又は鉄道）による旅客の運送

② 出荷者等が卸売市場において行う生鮮食料品等の販売（出荷者から委託を受けた受託者が卸売の業務として行うものに限ります。）

③ 生産者が農業協同組合、漁業協同組合又は森林組合等に委託して行う農林水産物の販売（無条件委託方式かつ共同計算方式により生産者を特定せずに行うものに限ります。）

④ 3万円未満の自動販売機及び自動サービス機により行われる商品の販売等

⑤ 郵便切手類のみを対価とする郵便・貨物サービス（郵便ポストに差し出されたものに限ります。）

参照インボイスQ＆A問34 → 324ページ

(2)　公共交通機関特例

インボイスの交付義務が免除される公共交通機関特例の対象となるのは、3万円未満の公共交通機関による旅客の運送で、次のものをいいます。

①　船舶による旅客の運送

一般旅客定期航路事業（海上運送法2⑤）、人の運送をする貨物

定期航路事業（同法19の6の2）、人の運送をする不定期航路事業（同法20②）（乗合旅客の運送をするものに限ります。）として行う旅客の運送（対外航路のものを除きます。）

② バスによる旅客の運送

一般乗合旅客自動車運送事業（道路運送法3一イ）として行う旅客の運送

㈱ 路線不定期運行（空港アクセスバス等）及び区域運行（旅客の予約等による乗合運行）も対象となります。

③ 鉄道・軌道による旅客の運送

・ 鉄道：第一種鉄道事業（鉄道事業法2②）、第二種鉄道事業（同法2③）として行う旅客の運送

・ 軌道（モノレール等）：軌道法第3条に規定する運輸事業として行う旅客の運送

なお、

・ 特急料金や急行料金

・ 寝台料金

は、旅客の運送に直接的に附帯する対価として、公共交通機関特例の対象となりますが、

・ 駅構内に入場するための入場料金

・ 手回品料金

は、旅客の運送に直接的に附帯する対価ではありませんので、公共交通機関特例の対象となりません。

また、この3万円未満の公共交通機関による旅客の運送かどうかは、1回の取引の税込価額が3万円未満かどうかで判定します。

したがって、1商品（切符1枚）ごとの金額や、月まとめ等の金額で判定することにはなりません。

参照 インボイスＱ＆Ａ問35、36、37 ➡ 324、325ページ

【具体例】

東京－新大阪間の新幹線の大人運賃が13,000円であり、４人分の運送役務の提供を行う場合には、４人分の52,000円で判定することとなります。

⑶　卸売市場特例

卸売市場法に規定する卸売市場において、同法に規定する卸売業者が卸売の業務として出荷者等から委託を受けて行う同法に規定する生鮮食料品等の販売は、インボイスを交付することが困難な取引として、出荷者等から生鮮食料品等を購入した事業者に対するインボイスの交付義務が免除されます。

本特例の対象となる卸売市場とは、

①　農林水産大臣の認定を受けた中央卸売市場

②　都道府県知事の認定を受けた地方卸売市場

③　①及び②に準ずる卸売市場として農林水産大臣が財務大臣と協議して定める基準を満たす卸売市場のうち農林水産大臣の確認を受けた卸売市場

とされています。

農林水産大臣が財務大臣と協議して定める基準は、以下の５つが定められています（令和２年農林水産省告示第683号）。

①　生鮮食料品等（卸売市場法第２条第１項に規定する生鮮食料品等をいいます。②についても同じ。）の卸売のために開設されていること

②　卸売場、自動車駐車場その他の生鮮食料品等の取引及び荷捌きに必要な施設が設けられていること

③　継続して開場されていること

④　売買取引の方法その他の市場の業務に関する事項及び当該事項

を遵守させるための措置に関する事項を内容とする規程が定められていること

⑤　卸売市場法第2条第4項に規定する卸売をする業務のうち販売の委託を受けて行われるものと買い受けて行われるものが区別して管理されていること

なお、この場合において、生鮮食料品等を購入した事業者は、卸売の業務を行う事業者など媒介又は取次ぎに係る業務を行う者が作成する一定の書類を保存することが仕入税額控除の要件となります。

仕入税額控除の要件については、第5章をご確認ください。

参照インボイスQ＆A問38 ⇒ 325ページ

（参考）

卸売市場法第2条（定義）

この法律において「生鮮食料品等」とは、野菜、果実、魚類、肉類等の生鮮食料品その他一般消費者が日常生活の用に供する食料品及び花きその他一般消費者の日常生活と密接な関係を有する農畜水産物で政令で定めるものをいう。

2　この法律において「卸売市場」とは、生鮮食料品等の卸売のために開設される市場であつて、卸売場、自動車駐車場その他の生鮮食料品等の取引及び荷さばきに必要な施設を設けて継続して開場されるものをいう。

3　（省略）

4　この法律において「卸売業者」とは、卸売市場に出荷される生鮮食料品等について、その出荷者から卸売のための販売の委託を受け、又は買い受けて、当該卸売市場において卸売をする業務を行う者をいう。

5　（省略）

○　卸売市場法施行令第1条（一般消費者の日常生活と密接な関係を有する農畜水産物）

卸売市場法第2条第1項の政令で定める農畜水産物は、次に掲げるものとする。

一　野菜及び果樹の種苗

二　牛、馬、豚、めん羊及び山羊の原皮

(4)　協同組合等特例

農業協同組合法に規定する農業協同組合や農事組合法人、水産業協同組合法に規定する水産業協同組合、森林組合法に規定する森林組合及び中小企業等協同組合法に規定する事業協同組合や協同組合連合会（以下これらを併せて「協同組合等」といいます。）の組合員その他の構成員が、協同組合等に対して、無条件委託方式かつ共同計算方式により販売を委託した、農林水産物の販売（その農林水産物の譲渡を行う者を特定せずに行うものに限ります。）は、インボイスを交付することが困難な取引として、組合員等から購入者に対するインボイスの交付義務が免除されます。

なお、無条件委託方式及び共同計算方式とは、それぞれ、次のものをいいます。

①　無条件委託方式

出荷した農林水産物について、売値、出荷時期、出荷先等の条件を付けずに、その販売を委託すること

②　共同計算方式

一定の期間における農林水産物の譲渡に係る対価の額をその農林水産物の種類、品質、等級その他の区分ごとに平均した価格をもって算出した金額を基礎として精算すること

また、この場合において、農林水産物を購入した事業者は、協同

組合等が作成する一定の書類を保存することが仕入税額控除の要件となります。

仕入税額控除の要件については、第５章をご参照ください。

(5) 自動販売機特例

インボイスの交付義務が免除される自動販売機特例の対象となる自動販売機や自動サービス機とは、代金の受領と資産の譲渡等が自動で行われる機械装置であって、その機械装置のみで、代金の受領と資産の譲渡等が完結するものをいいます。

したがって、例えば、

・ 自動販売機による飲食料品の販売
・ コインロッカーやコインランドリー等によるサービス
・ ATMによる料金振込等に係るサービス

のように機械装置のみにより代金の受領と資産の譲渡等が完結するものが該当することとなります。

なお、

・ 小売店内に設置されたセルフレジを通じた販売
・ 有料道路のETC
・ インターネットバンキング
・ コインパーキング

のように、機械装置により単に精算が行われているだけのものや、機械装置自体の設置がないネット上の取引のほか、自動券売機のように、代金の受領と券類の発行はその機械装置で行われるものの資産の譲渡等は別途行われるようなものは、自動販売機や自動サービス機による商品の販売等に含まれません。

参照 インボイスQ＆A問40 ⇒ 328ページ

4　媒介者交付特例等

(1)　媒介者交付特例

インボイス発行事業者には、課税資産の譲渡等を行った場合、課税事業者からの求めに応じてインボイスを交付する義務が課されています。

委託販売の場合、購入者に対して課税資産の譲渡等を行っているのは、委託者ですから、本来、委託者が購入者に対してインボイスを交付しなければなりません。

このような場合、次の①及び②の要件を満たすことにより、媒介又は取次ぎを行う者（媒介者等）が、委託者の課税資産の譲渡等について、自己の氏名又は名称及び登録番号を記載したインボイス（電磁的記録を含みます。）を、委託者に代わって、購入者に交付し、又は提供することができます（以後「媒介者交付特例」といいます。）。

① 委託者及び媒介者等の両方がインボイス発行事業者であること

② 委託者が媒介者等に対して、自己がインボイス発行事業者である旨を取引前までに通知していること

この通知の方法としては、取引の都度、その取引前に登録番号を書面等により通知する方法のほか、例えば、基本契約等においてあらかじめ委託者の登録番号を記載しておくといった方法などがあります。

また、媒介者交付特例は委託販売のほか、代金決済を委託している場合や、請求書発行を委託している場合にも適用することが可能です。

なお、媒介者交付特例を適用する場合における媒介者等及び委託者の対応は、次のとおりです。

○　媒介者等の対応

①　交付したインボイスの写し又は提供した電子インボイスを保存する。

②　交付したインボイスの写し又は提供した電子インボイスを速やかに委託者に交付又は提供する。

㈱　委託者に交付するインボイスの写しについては、例えば、複数の委託者の商品を販売した場合や、多数の購入者に対して日々インボイスを交付する場合などで、コピーが大量になるなど、インボイスの写しそのものを交付することが困難な場合には、インボイスの写しと相互の関連が明確な、精算書等の書類等を交付することで差し支えありませんが、この場合には、交付したその精算書等の写しを保存する必要があります。

なお、精算書等の書類等には、インボイスの記載事項のうち、

・　課税資産の譲渡等の税抜価額又は税込価額を税率ごとに区分して合計した金額及び適用税率

・　税率ごとに区分した消費税額等

など、委託者の売上税額の計算に必要な事項を記載する必要があります。

参照 インボイスQ＆A問41 → 329ページ

なお、複数の委託者から委託を受け、それらの委託者に係る商品を一の得意先に販売した場合であっても、１枚のインボイスにより媒介者交付することが可能です。

この場合、インボイスの記載事項である課税資産の譲渡等の税抜価額又は税込価額は、委託者ごとに記載し、消費税額等の端数処理についても委託者ごとに行うことが原則となります。

ただし、媒介者等が交付するインボイス単位で、複数の委託者の取引を一括して記載し、消費税額等の端数処理を行うことも差

し支えありません。

参照インボイスＱ＆Ａ問42 ⇀ 332ページ

○　委託者の対応

①　委託者の課税資産の譲渡等について、媒介者等が委託者に代わってインボイスを交付していることから、委託者においても、媒介者等から交付されたインボイスの写しを保存する。

②　自己がインボイス発行事業者でなくなった場合、その旨を速やかに媒介者等に通知する。

【媒介者交付特例の取引図】

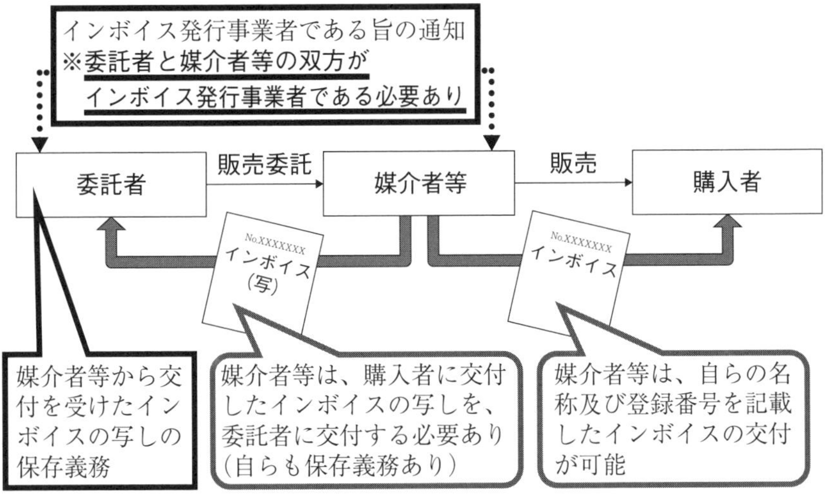

⑵　代理交付

上記のような委託販売の場合、⑴の媒介者交付特例による対応のほか、受託者が委託者を代理して、委託者の氏名又は名称及び登録番号を記載した、委託者のインボイスを、相手方に交付することも認められます（代理交付）。

代理交付においては、受託者は、インボイス発行事業者でなくとも問題ありません（委託者は、インボイス発行事業者である必要があります。）。

代理交付の場合においても、媒介者交付特例のように、複数の委託者から委託を受け、それらの委託者に係る商品を一の得意先に販売した場合に１枚のインボイスにより対応することは可能ですが、委託者ごとに必要事項を記載して、消費税額等の端数処理についても委託者ごとに行う必要があります。

(3) 任意組合等

以下の団体等（以後「任意組合等」といいます。）が事業として行う課税資産の譲渡等については、その組合員の全てがインボイス発行事業者であり、民法第670条第３項に規定する業務執行者などの業務執行組合員が、その旨を記載した届出書（「任意組合等の組合員の全てが適格請求書発行事業者である旨の届出書」）を納税地を所轄する税務署長に提出した場合に限り、インボイスを交付することができます。

・　民法第667条第１項に規定する組合契約によって成立する組合
・　投資事業有限責任組合契約に関する法律第２条第２項に規定する投資事業有限責任組合
・　有限責任事業組合契約に関する法律第２条に規定する有限責任事業組合
・　外国の法令に基づいて設立された団体であってこれらの組合に類似するもの

この場合、任意組合等のいずれかの組合員がインボイスを交付することができ、その写しの保存は、インボイスを交付した組合員が行うこととなります。

なお、次の場合に該当することとなったときは、該当することとなった日以後の取引について、インボイスを交付することができなくなります。

① インボイス発行事業者でない新たな組合員を加入させた場合

② 当該任意組合等の組合員のいずれかがインボイス発行事業者でなくなった場合

これらの場合に該当することとなったときは、業務執行組合員がその旨を記載した届出書を速やかに所轄の税務署長に提出しなければなりません。

なお、任意組合等の事業に係るインボイスの記載事項については第４章の４をご確認ください。

（参考）「任意組合等の組合員の全てが適格請求書発行事業者である旨の届出書」は、インボイス制度開始前であっても、提出することができます。

参照 インボイスＱ＆Ａ問43 → 336ページ

(4) 共有資産

インボイス発行事業者がインボイス発行事業者以外の者と資産を共有している場合、その資産の譲渡や貸付けについては、所有者ごとに取引対価を合理的に区分し、相手方の求めがある場合には、インボイス発行事業者の所有割合に応じた部分について、インボイスを交付しなければなりません。

参照 インボイスＱ＆Ａ問44 → 336ページ

5　写しの保存義務

インボイス発行事業者には、交付したインボイスの写し及び提供した電子インボイスの保存義務があります。

⑴ インボイスの写しの範囲

インボイスの写しとは、交付した書類そのものを複写したものに限らず、そのインボイスの記載事項が確認できる程度の記載がされているものもこれに含まれます。

このため、例えば、レジのジャーナル、複数のインボイスの記載事項に係る一覧表や明細表などの保存があれば足りることとなります。

参照 インボイスQ＆A問68 → 375ページ

⑵ インボイスの写しの保存期間等

インボイスの写しや提供した電子インボイスについては、交付した日又は提供した日の属する課税期間の末日の翌日から２月を経過した日から７年間、納税地又はその取引に係る事務所、事業所その他これらに準ずるものの所在地に保存しなければなりません。

⑶ インボイスの写しの電磁的記録による保存

国税に関する法律の規定により保存が義務付けられている書類で、自己が一貫して電子計算機を使用して作成したものについては、「電子計算機を使用して作成する国税関係帳簿書類の保存方法等の特例に関する法律」（以後「電帳法」といいます。）に基づき、電磁的記録による保存をもって書類の保存に代えることができることとされています。

なお、インボイスを作成したデータでの保存に当たっては、次の要件を満たす必要があります。

① インボイスを作成したデータの保存等に併せて、システム関係書類等（システム概要書、システム仕様書、操作説明書、事務処理マニュアル等）の備付けを行うこと

② インボイスを作成したデータの保存等をする場所に、その電磁

的記録の電子計算機処理の用に供することができる電子計算機、プログラム、ディスプレイ及びプリンタ並びにこれらの操作説明書を備え付け、その電磁的記録をディスプレイの画面及び書面に、整然とした形式及び明瞭な状態で、速やかに出力できるようにしておくこと

③　国税に関する法律の規定による電磁的記録の提示又は提出の要求に応じることができるようにしておくこと、又は、インボイスを作成したデータについて、次の要件を満たす検索機能を確保しておくこと

・　取引年月日、その他の日付を検索条件として設定できること

・　日付に係る記録項目は、その範囲を指定して条件を設定することができること

(4)　電子インボイスを提供した場合の保存方法

インボイス発行事業者は、国内において課税資産の譲渡等を行った場合に、相手方（課税事業者に限ります。）から求められたときはインボイスを交付しなければなりませんが、インボイスの交付に代えて、電子インボイスを相手方に提供することができます。

その場合、インボイス発行事業者は、提供した電子インボイスを

・　電磁的記録のまま、又は

・　紙に印刷して、

その提供した日の属する課税期間の末日の翌日から２月を経過した日から７年間、納税地又はその取引に係る事務所、事業所その他これらに準ずるものの所在地に保存しなければなりません。

また、その電子インボイスをそのまま保存しようとするときには、以下の措置を講じる必要があります。

①　次のイからニのいずれかの措置を行うこと

イ　電子インボイスを提供する前にタイムスタンプを付し、その

電磁的記録を提供すること

ロ　次に掲げる方法のいずれかにより、タイムスタンプを付すとともに、その電磁的記録の保存を行う者又はその者を直接監督する者に関する情報を確認することができるようにしておくこと

・　電子インボイスの提供後、速やかにタイムスタンプを付すこと

・　電子インボイスの提供からタイムスタンプを付すまでの各事務の処理に関する規程を定めている場合において、その事務の処理に係る通常の期間を経過した後、速やかにタイムスタンプを付すこと

ハ　電子インボイスの記録事項について、次のいずれかの要件を満たす電子計算機処理システムを使用してインボイスに係る電磁的記録の提供及びその電磁的記録を保存すること

・　訂正又は削除を行った場合には、その事実及び内容を確認することができること

・　訂正又は削除することができないこと

ニ　電子インボイスの記録事項について正当な理由がない訂正及び削除の防止に関する事務処理の規程を定め、当該規程に沿った運用を行い、当該電磁的記録の保存に併せて当該規程の備付けを行うこと

②　電子インボイスの保存等に併せて、システム概要書の備付けを行うこと

③　電子インボイスの保存等をする場所に、その電磁的記録の電子計算機処理の用に供することができる電子計算機、プログラム、ディスプレイ及びプリンタ並びにこれらの操作説明書を備え付け、その電磁的記録をディスプレイの画面及び書面に、整然とした形式及び明瞭な状態で、速やかに出力できるようにしておくこ

と

④　電子インボイスについて、次の要件を満たす検索機能を確保しておくこと

※　国税に関する法律の規定による電磁的記録の提示又は提出の要求に応じることができるようにしているときはⅱ及びⅲの要件が不要となり、その判定期間に係る基準期間における売上高が1,000万円以下の事業者が国税に関する法律の規定による電磁的記録の提示又は提出の要求に応じることができるようにしているときは検索機能の全てが不要となります。

ⅰ　取引年月日その他の日付、取引金額及び取引先を検索条件として設定できること

ⅱ　日付又は金額に係る記録項目については、その範囲を指定して条件を設定することができること

ⅲ　二以上の任意の記録項目を組み合わせて条件を設定できること

他方、電子インボイスを紙に印刷して保存しようとするときには、整然とした形式及び明瞭な状態で出力する必要があります。

（参考）　電帳法上の保存方法等については、国税庁ホームページに掲載されている、「電子帳簿保存法取扱通達解説（趣旨説明）」や「電子帳簿保存法一問一答（Q＆A）」を参考としてください。

ワンポイント！

官民連携してデジタルインボイスの普及に取り組んでおり、デジタル庁によるデジタルインボイスの標準仕様（JP PINT）の策定により、異なる企業間・システム間もデータ連携が可能となります。

Peppolとは、請求書などの電子文書を電子ネットワーク上でやり取りするための「文書仕様」「運用ルール」「ネットワーク」のグ

ローバルな標準仕様です。現在、欧州各国などで利用が進んでいます。

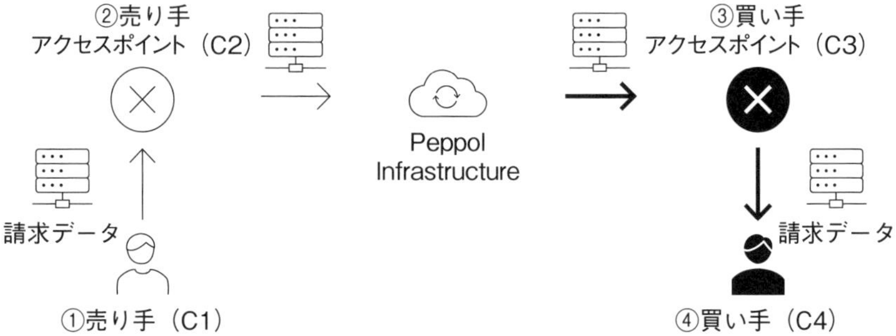

出典：デジタル庁 HP

6　インボイス類似書類等の交付の禁止・罰則

以下の書類の交付及び電磁的記録の提供を「インボイス類似書類」の交付として明確に禁止するとともに、罰則が設けられています。

①　インボイス発行事業者以外の者が作成した書類であって、インボイス発行事業者が作成したインボイス又は簡易インボイスであると誤認されるおそれのある表示をした書類

②　インボイス発行事業者が作成した、偽りの記載をしたインボイス又は簡易インボイス

③　①に掲げる書類の記載事項又は②に掲げる書類の記載事項に係る電磁的記録

上記を交付又は提供した事業者には、１年以下の懲役又は50万円以下の罰金に処するとの罰則が設けられています。

第4章
インボイスの記載事項等

1　インボイス、簡易インボイス

(1)　インボイスの記載事項

インボイスには、次の事項を記載する必要があります。

なお、現行の区分記載請求書等保存方式における請求書等の記載事項から、下線部分が追加されています。

①　インボイス発行事業者の氏名又は名称及び登録番号

②　課税資産の譲渡等を行った年月日（課税期間の範囲内で一定の期間内に行った課税資産の譲渡等につきインボイスをまとめて作成する場合には、当該一定の期間）

③　課税資産の譲渡等に係る資産又は役務の内容（課税資産の譲渡等が軽減対象資産の譲渡等である場合には、資産の内容及び軽減対象資産の譲渡等である旨）

④　課税資産の譲渡等の税抜価額又は税込価額を税率ごとに区分して合計した金額及び適用税率

⑤　税率ごとに区分した消費税額等

⑥　書類の交付を受ける事業者の氏名又は名称

インボイスの様式は、法令等で規定されておらず、上記の事項について記載されていれば、インボイスに該当します。

請求書、領収書、レシートなどその名称を問いません。

また、手書きの書類であっても、上記の事項が記載されていれば、インボイスに該当します。

参照 インボイスQ＆A問45、25、26 ▶ 337、316ページ

【インボイスの記載例】

請求書

㈱○○御中　　　XX 年 11 月 30 日

11 月分　131,200 円（税込）

日付	品名	金額
11/1	小麦粉　※	5,400 円
11/1	牛肉　※	10,800 円
11/2	キッチンペーパー	2,200 円
⋮	⋮	⋮
合計		131,200 円
10％対象	88,000 円	（消費税 8,000 円）
8％対象	43,200 円	（消費税 3,200 円）

※　軽減税率対象商品

△△商事㈱
登録番号 T1234567890123

課税資産の譲渡等の税抜価額又は税込価額を税率ごとに区分して合計した金額及び適用税率

税率ごとに区分した消費税額等

インボイス発行事業者の氏名又は名称及び登録番号

⑵　簡易インボイスの記載事項

インボイス制度において、インボイス発行事業者が、小売業など不特定かつ多数の者に課税資産の譲渡等を行う一定の事業を行う場合には、インボイスに代えて、記載事項を一部簡略化した適格簡易請求書（以後「簡易インボイス」といいます。）を交付することができます。

具体的な記載事項は、次のとおりです。

① インボイス発行事業者の氏名又は名称及び登録番号

② 課税資産の譲渡等を行った年月日

③ 課税資産の譲渡等に係る資産又は役務の内容（課税資産の譲渡等が軽減対象資産の譲渡等である場合には、資産の内容及び軽減対象

資産の譲渡等である旨）

④　課税資産の譲渡等の税抜価額又は税込価額を税率ごとに区分して合計した金額

⑤　税率ごとに区分した消費税額等又は適用税率

簡易インボイスの記載事項は、インボイスの記載事項と比べると、

・　「書類の交付を受ける事業者の氏名又は名称」の記載が不要
・　「税率ごとに区分した消費税額等」又は「適用税率」のいずれか一方の記載で足りる（「税率ごとに区分した消費税額等」と「適用税率」を両方記載することも可能です。）

という点が異なります。

また、簡易インボイスについても、その交付に代えて、その記載事項に係る電磁的記録（いわゆる「電子レシート」）を提供することができます。

参照 インボイスＱ＆Ａ問49 → 342ページ

⑶　簡易インボイスの対象事業

簡易インボイスを交付することができる対象事業は、次のとおりです。

①　小売業
②　飲食店業
③　写真業
④　旅行業
⑤　タクシー業
⑥　駐車場業（不特定かつ多数の者に対するものに限ります。）
⑦　その他これらの事業に準ずる事業で不特定かつ多数の者に資産の譲渡等を行う事業

参照 インボイスＱ＆Ａ問24 → 315ページ

(4) 記載事項の留意点等

イ　インボイス発行事業者の氏名又は名称及び登録番号

インボイスには、「インボイス発行事業者の氏名又は名称」の記載が必要となります。

この「氏名又は名称」については、例えば、請求書に電話番号を記載するなどし、請求書を交付する事業者を特定することができる場合、屋号や省略した名称などの記載でも差し支えありません。

また、登録番号と紐付けて管理されている取引先コード表等を取引先と共有して取引当事者双方で取引先コード等から登録番号が確認できる場合には、取引先コード等の表示により「インボイス発行事業者の氏名又は名称及び登録番号」の記載があると認められることとされています。

参照 インボイスＱ＆Ａ問46、47 ⇒ 340ページ

ロ　税率ごとの消費税額等の端数処理について

インボイスの記載事項である消費税額等については、一のインボイスにつき、税率ごとに１回の端数処理を行うこととされています。

よって、一のインボイスに記載されている個々の商品ごとに消費税額等を計算し、１円未満の端数処理を行い、その合計額を消費税額等として記載することは認められません。

なお、端数処理の方法については、切上げ、切捨て、四捨五入など、任意の方法とすることができます。

【一定期間の取引をまとめた請求書をインボイスとして交付する場合の記載例】

請求書

㈱○○御中　　　　XX年11月1日

10 月分(10/1～10/31) 100,000 円(税込)

日付	品名	金額
10/1	小麦粉　※	5,000円
10/1	牛肉　※	8,000円
10/2	キッチンペーパー	2,000円
⋮	⋮	⋮
合計	100,000円（消費税 8,416 円）	
10%対象	60,000円（消費税 5,454 円）	
８%対象	40,000円（消費税 2,962 円）	

※印は軽減税率対象商品

△△商事㈱

登録番号 T1234567890123

消費税額等の端数処理は、インボイス単位で、税率ごとに１回行います。
10%対象：
60,000円 × 10/110 ≒ 5,454円
８%対象：
40,000円 × ８/108 ≒ 2,962円
㈟　商品ごとの端数処理は認められません。

ハ　複数書類による対応

インボイスは、一の書類や電子データのみで全ての記載事項を満たす必要はなく、交付された複数の書類や電子データの相互の関連が明確であり、インボイスの交付対象となる取引内容を正確に認識できる方法（例えば、納品書に取引内容を記載し、請求書に納品書番号を記載するなど）で交付されていれば、その複数の書類や電子データの全体によりインボイスの記載事項を満たすことになります。

参照 インボイスＱ＆Ａ問58 ⇀ 358ページ

【複数書類によるインボイス対応の例】

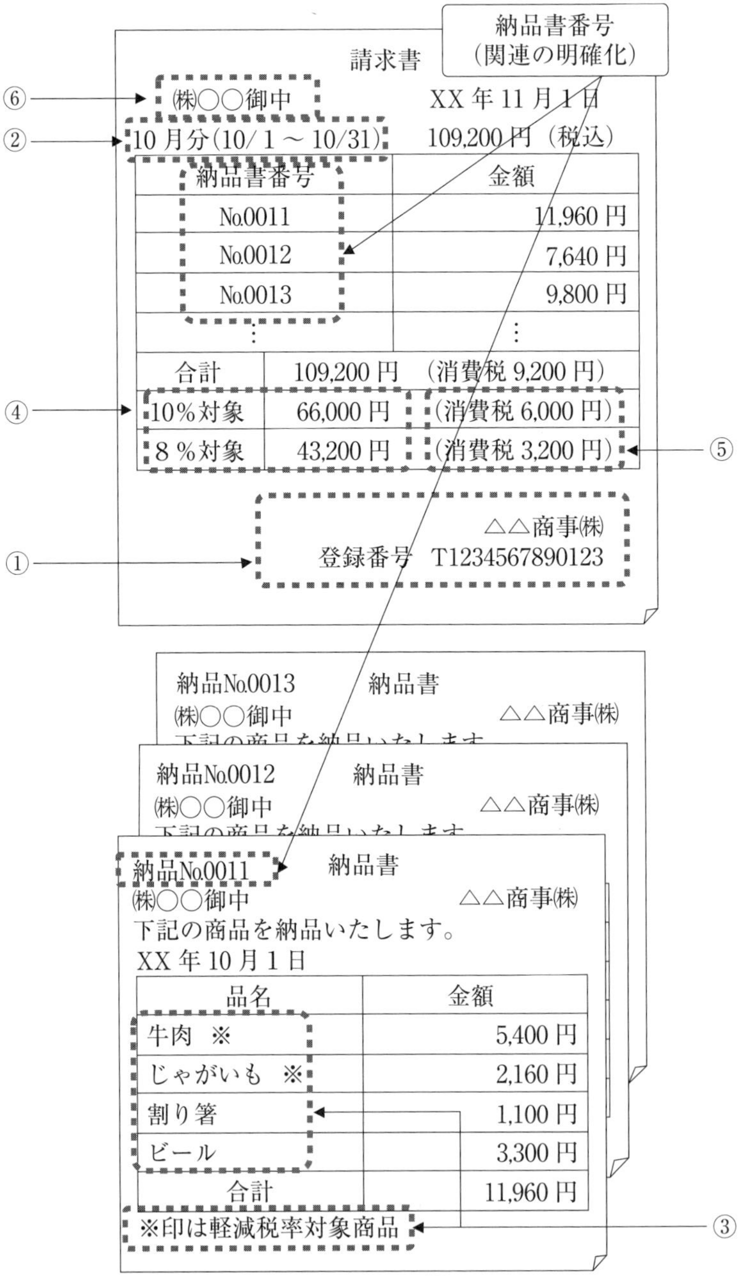

納品書番号
（関連の明確化）
請求書
㈱○○御中
XX 年 11 月 1 日
10 月分（10/ 1 ～ 10/31）
109,200 円（税込）
納品書番号
金額
No.0011
11,960 円
No.0012
7,640 円
No.0013
9,800 円
合計
109,200 円
（消費税 9,200 円）
10％対象
66,000 円
（消費税 6,000 円）
8％対象
43,200 円
（消費税 3,200 円）
△△商事㈱
登録番号　T1234567890123
①
②
③
④
⑤
⑥
納品No.0013
納品書
㈱○○御中
△△商事㈱
納品No.0012
納品書
㈱○○御中
△△商事㈱
納品No.0011
納品書
㈱○○御中
△△商事㈱
下記の商品を納品いたします。
XX 年 10 月 1 日
品名
金額
牛肉　※
5,400 円
じゃがいも　※
2,160 円
割り箸
1,100 円
ビール
3,300 円
合計
11,960 円
※印は軽減税率対象商品

記載事項

①　インボイス発行事業者の氏名又は名称及び登録番号	④　税率ごとに区分して合計した対価の額（税抜き又は税込み）及び適用税率
②　取引年月日	⑤　税率ごとに区分した消費税額等
③　取引内容 （軽減税率の対象品目である旨）	⑥　書類の交付を受ける事業者の氏名又は名称

Q8

当社は、スーパーを経営しています。当社のレジシステムでは、一般の商品は、税抜価額を基にしているのですが、一部の商品は税込価額を基にしています。この場合、（簡易）インボイスに記載する「税率ごとに区分した課税資産の譲渡等の税抜価額又は税込価額の合計額」及び「税率ごとに区分した消費税額等」は、どのようにしたらよいのですか。

A8

税抜価額と税込価額が混在するような場合、いずれかに統一して「税率ごとに区分した課税資産の譲渡等の税抜価額又は税込価額の合計額」を算出して記載するとともに、これに基づいて「税率ごとに区分した消費税額等」を算出して記載する必要があります。

なお、税抜価額又は税込価額のいずれかに統一する際における1円未満の端数処理については、消費税法上の端数処理には該当しません。

ただし、たばこなど法令・条例の規定により「税込みの小売定価」が定められている商品や再販売価格維持制度の対象となる商品と、税抜価額で記載するその他の商品を合わせて一の（簡易）インボイスに記載する場合については、「税込みの小売定価」を税抜化せず、「税込みの小売定価」を合計した金額及び「税率の異なるごとの税抜価額」を合計した金額を表示し、それぞれを基礎として消費税額等を算出し、算出したそれぞれの金額について端数処理して記載することとしても差し支えありません。

税込と税抜が混在する場合の端数処理方法について

① 税込化するパターン（税込価額に端数なし）

①　100円（税抜）
②　100円（税込）
合計　208円（内税15円）〔or 16円〕

【税込化して合計】
①：100円 × 1.08 ＝ 108円
① ＋ ② ＝ 208円（税込）

【消費税額】
208 × 8 / 108 ＝ 15.40･･･
⇒ 15円 or 16円

② 税込化するパターン（税込価額に端数あり）

①　116円（税抜）
②　100円（税込）
合計　225円（内税16円）〔or 226円　or 17円〕

【税込化して合計】
①：116円 × 1.08 ＝ 125.28
① ＋ ② ＝ 225.28円（税込）

【消費税額】

いずれかの方法で計算する

A　225.28 × 8 / 108 ＝ 16.68･･･
⇒ 16円 or 17円

B ・225 × 8 / 108 ＝ 16.66･･･
OR
・226 × 8 / 108 ＝ 16.74･･･
⇒ 16円 or 17円

ここでの端数処理は「対価の額（税込・税抜）」の計算（＝値決め）であり、消費税法上の「端数処理」ではない。

この段階で「**端数処理**」１回。
※インボイスに記載すべき消費税額等の計算
（『税抜価額 × 10 / 100（８ / 100）』・『税込価額 × 10 / 110（８ / 108）』）
において１円未満の端数が生じた場合、「端数処理」を行う。

③ 税抜化するパターン

①　100円（税抜）
②　100円（税込）
小計　192円　消費税 15円〔or 193円　　or 16円〕
合計　207円〔or 208円 or 209円〕

【税抜化して合計】
②：100円 × 100 / 108 ＝ 92.59･･･円
① ＋ ② ＝ 192.59･･･円（税抜）

【消費税額】

いずれかの方法で計算する

A　192.59･･･ × 8 / 100 ＝ 15.40･･･
⇒ 15円 or 16円

B ・192 × 8 / 100 ＝ 15.36
OR
・193 × 8 / 100 ＝ 15.44
⇒ 15円 or 16円

たばこと税抜価額の商品が混在する場合の簡易インボイスの記載例

①　税抜価額で統一する方法

○○商店
登録番号 T123…
領　収　書
××年×月×日

ボールペン		¥218	
コーヒー	※	¥120	
たばこ		¥580	税込
税抜10%対象		¥745	
消費税		¥74	
税抜８%対象		¥120	
消費税		¥9	
合計			¥948

※軽減税率対象

ボールペン（218円）とたばこを税抜化した金額（580円×100／110≒527円）の合計（745円）に消費税率10%を乗じて算出（端数切捨て）

②　税抜価額で統一しない方法

○○商店
登録番号T123…
領　収　書
××年×月×日

ボールペン		¥218	
コーヒー	※	¥120	
たばこ		¥580	税込
税抜10%対象		¥218	
消費税		¥21	
税込10%対象		¥580	
（内消費税		¥52）	
税抜８%対象		¥120	
消費税		¥9	
合計			¥948

※軽減税率対象

たばこを税抜化せず、消費税額を別途税込金額により算出

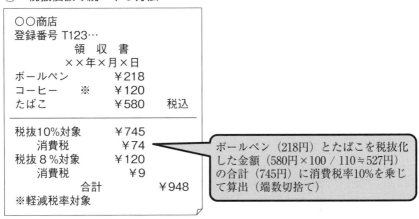

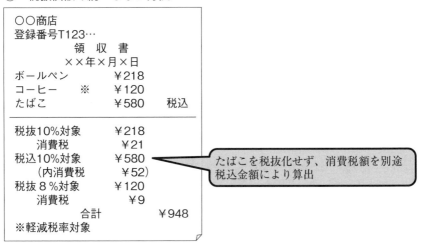

Q9

当社は、商品の納品の都度、取引先に納品書を交付しており、そこには、当社の名称、商品名、納品書ごとの合計金額を記載しています。令和５年10月から、納品書に税率ごとに区分して合計した税込価額、適用税率と納品書ごとに計算した消費税額等の記載を追加するとともに、請求書に登録番号の記載を追加すれば、納品書と請求書を合わせてインボイスの記載事項を満たすことになりますか。また、その場合、端数処理はどのように行えばよいでしょうか。

A9

ご質問のように納品書に「課税資産の譲渡等の税抜価額又は税込価額を税率ごとに区分して合計した金額及び適用税率」及び「税率ごとに区分した消費税額等」の記載を追加するとともに、「登録番号」を請求書に記載した場合は、納品書と請求書を合わせてインボイスの記載事項を満たすこととなります。

この場合、納品書に「税率ごとに区分した消費税額等」を記載するため、納品書につき税率ごとに１回の端数処理を行うこととなります。

なお、納品書に記載した消費税額等の合計額を参考として月次請求書に記載することは差し支えありません。

請求書

㈱○○御中　XX年11月１日

10月分（10/１～10/31）

109,200円（税込）

納品書番号	金額
№0011	12,800円
№0012	5,460円
№0013	5,480円
⋮	⋮
合計	109,200円

△△商事㈱

登録番号 T1234567890123

納品№0013　納品書

㈱○○御中　△△商事㈱

納品№0012　納品書

㈱○○御中　△△商事㈱

納品№0011　納品書

㈱○○御中　△△商事㈱

下記の商品を納品いたします。

XX年10月１日

品名	金額
牛肉　※	5,400円
じゃがいも　※	2,300円
割り箸	1,100円
ビール	4,000円
合計	12,800円
10％対象	5,100円（消費税464円）
8％対象	7,700円（消費税570円）

※印は軽減税率対象商品

「税率ごとに区分した消費税額等」
※端数処理は納品書につき税率ごとに１回

（参考）

この場合、請求書に「税率ごとの消費税額等」の記載は不要ですが、納品書に記載した消費税額等の合計額を記載しても差し支えありません。

例）合計　109,200円（消費税８％：3,200円／10％：6,000円）
　　合計　109,200円（消費税 9,200円）　等

なお、当該消費税額等の合計額については、法令上において記載を求めるインボイスの記載事項としての消費税額等にはなりませんのでご留意ください。

Q10 当社は、EDI 取引を行っており、受発注や納品などの日々の取引については、取引先と電磁的記録を交換することにより行っています。ただし、請求書については、月まとめで、書面により取引先から交付を受けています。このように、電子データと書面の請求書を合わせて保存することを考えていますが、インボイスの保存要件を満たすこととなりますか。

A10 ご質問のように、電子データと書面を合わせて保存することによりインボイスの記載事項を満たすのであれば、これらを保存することにより仕入税額控除の適用を受けることができます。

Q11

当社は、インボイスの記載事項のうち「登録番号」について、当社が得意先に交付する請求書に記載せず、当社のホームページで公表することで代用しようと考えていますが、このような対応は認められるのでしょうか。

A11

売手にはインボイスの交付義務が課されており、インボイスは一の書類や電子データでなくとも、複数の相互関連が明確なものでよいこととされています。

この点、ご質問のように単にホームページで「登録番号」を公表することは、相手方に交付又は提供したとはいえませんので、そうした対応は認められません。

Q12

当社はクリーニング店を経営していますが「不特定かつ多数の者に資産の譲渡等を行う事業」に該当しますか。なお、利用者には申込書を記載してもらい、会員証を発行しています。

A12

クリーニング店のように、利用に当たって会員証を提示するなどすることで利用者を確認するものであっても、会員数が相当数に上るような場合には、単にその会員組織の会員資格を有していることをもって特定しているものではなく、「不特定かつ多数の者に資産の譲渡等を行う事業」に該当することから、簡易インボイスの交付を行うことができます。

「不特定かつ多数の者に資産の譲渡等を行う事業」であるかどうかは、個々の事業の性質により判断する必要があり、例えば、以下のような事業が該当することとなります。

・　資産の譲渡等を行う者が資産の譲渡等を行う際に相手方の氏名又は名称等を確認せず、取引条件等をあらかじめ提示して相手方を問わず広く資産の譲渡等を行うことが常態である事業
・　事業の性質上、事業者がその取引において、氏名等を確認するようなものであったとしても、相手方を問わず広く一般を対象に資産の譲渡等を行っている事業（取引の相手方について資産の譲渡等を行うごとに特定することを必要とし、取引の相手方ごとに個別に行われる取引であることが常態である事業を除く。）

したがって、簡易インボイスの交付対象となる事業には、電車・バス・船舶・航空機による旅客の運送、高速道路料金、公衆浴場、映画館、クリーニングなども該当します。

参照 インボイスＱ＆Ａ問24 → 315ページ

2　返還インボイス

(1)　返還インボイスの記載事項

返還インボイスには、次の事項を記載する必要があります。

① インボイス発行事業者の氏名又は名称及び登録番号

② 売上げに係る対価の返還等を行う年月日及びその売上げに係る対価の返還等の基となった課税資産の譲渡等を行った年月日（インボイスを交付した売上げに係るものについては、課税期間の範囲で一定の期間の記載で差し支えありません。）

③ 売上げに係る対価の返還等の基となる課税資産の譲渡等に係る資産又は役務の内容（売上げに係る対価の返還等の基となる課税資産の譲渡等が軽減対象資産の譲渡等である場合には、資産の内容及び軽減対象資産の譲渡等である旨）

④ 売上げに係る対価の返還等の税抜価額又は税込価額を税率ごとに区分して合計した金額

⑤ 売上げに係る対価の返還等の金額に係る税率ごとに区分した消費税額等又は適用税率

参照 インボイスQ＆A問51 ➡ 347ページ

(2)　返還インボイスに記載する基の売上年月日

返還インボイスには、「売上げに係る対価の返還等の基となった課税資産の譲渡等を行った年月日」を記載することとされています。

この「売上げに係る対価の返還等の基となった課税資産の譲渡等を行った年月日」は、課税期間の範囲内で一定の期間の記載で差し支えありませんので、例えば、月単位や「○月～△月分」といった記載も認められることとなります。

また、返品等の処理を合理的な方法により継続して行っているのであれば、その返品等の処理に基づき合理的と認められる年月日を記載することとしても差し支えありませんので、例えば、「前月末日」や「最終販売年月日」を記載することも、そのような処理が合理的な方法として継続して行われているのであれば、認められることとなります。

参照 インボイスＱ＆Ａ問52 ➡ 348ページ

(3) 返還インボイスに記載する消費税額等の端数処理

返還インボイスの記載事項である消費税額等についても、インボイスにおける端数処理と同様、一の返還インボイスにつき、税率ごとに１回の端数処理を行うこととなります。

(4) インボイスと返還インボイスを一の書類で対応

インボイスと返還インボイスは、必ずしもそれぞれ単体で作成する必要はなく、それぞれに必要な記載事項を記載して一の書類や電子データで交付することも可能です。

具体的には、当月販売した商品について、インボイスとして必要な事項を記載するとともに、前月分の返品や値引き等について、返還インボイスとして必要な事項を記載すれば、１枚の書類で交付して差し支えありません。

また、継続して、課税資産の譲渡等の対価の額から売上げに係る対価の返還等の金額を控除した金額及びその金額に基づき計算した消費税額等を税率ごとに請求書等に記載することで、インボイスに記載すべき「課税資産の譲渡等の税抜価額又は税込価額を税率ごとに区分して合計した金額」及び「税率ごとに区分した消費税額等」と返還インボイスに記載すべき「売上げに係る対価の返還等の税抜価額又は税込価額を税率ごとに区分して合計した金額」及び「売上げに係る対価の返還等の金額に係る消費税額等」の記載を満たすこともできます。

なお、この場合、課税資産の譲渡等の金額から売上げに係る対価の返還等の金額を控除した金額に基づく消費税額等の計算については、税率ごとに１回の端数処理となります。

参照 インボイスQ＆A問53 ➡ 349ページ

【課税資産の譲渡等の金額と対価の返還等の金額をそれぞれ記載する場合】

請求書

㈱○○御中　　　　XX 年 12 月 15 日

11 月分　98,300 円（税込）

（11/ 1 ～ 11/30）

日付	品名	金額
11/ 1	オレンジジュース　※	5,400 円
11/ 1	ビール	11,000 円
11/ 2	リンゴジュース　※	2,160 円
⋮	⋮	⋮
合計	109,200 円（消費税 9,200 円）	
10% 対象	66,000 円（消費税 6,000 円）	
8 % 対象	43,200 円（消費税 3,200 円）	
販売奨励金		
10/12	リンゴジュース　※	1,080 円
⋮	⋮	⋮
合計	10,900 円（消費税 900 円）	
10% 対象	5,500 円（消費税 500 円）	
8 % 対象	5,400 円（消費税 400 円）	
請求金額	98,300 円	

※は軽減税率対象商品

△△商事㈱

登録番号 T1234567890123

インボイスとして必要な記載事項

返還インボイスとして必要な記載事項

【対価の返還等を控除した後の金額を記載する場合の記載例】

請求書

㈱○○御中　　　　　　　　XX 年 12 月 15 日

11 月分　98,300 円（税込）

（11/ 1 ～ 11/30）

日付	品名	金額
11/ 1	オレンジジュース　※	5,400 円
11/ 1	ビール	11,000 円
11/ 2	リンゴジュース　※	2,160 円
⋮	⋮	⋮
合計	109,200 円（消費税 9,200 円）	
	販売奨励金	
10/12	リンゴジュース　※	1,080 円
⋮	⋮	⋮
合計	10,900 円（消費税 900 円）	
請求金額	98,300 円（消費税 8,300 円）	
10% 対象	60,500 円（消費税 5,500 円）	
8 % 対象	37,800 円（消費税 2,800 円）	

※は軽減税率対象商品

△△商事㈱

登録番号 T1234567890123

継続的に、①課税資産の譲渡等の対価の額から売上げに係る対価の返還等の金額を控除した金額及び②その金額に基づき計算した消費税額等を税率ごとに記載すれば記載事項を満たします。

Q13 インボイス制度開始前に販売した商品について、インボイス制度開始後に返品や値引きを行った場合、返還インボイスを交付する義務はあるのですか。

A13 インボイス制度開始前に販売した商品の返還や値引きについては、返還インボイスの交付義務はありません。

3　修正インボイス

インボイス発行事業者が、インボイス、簡易インボイス又は返還インボイスを交付した場合や電子インボイスを提供した場合において、これらの書類や電子データの記載事項に誤りがあったときには、これらを交付・提供した相手方（課税事業者に限ります。）に対して、修正した各々のインボイスを交付しなければなりません。

これらの交付方法は、例えば、

・　誤りがあった事項を訂正し、改めて記載事項の全てを記載したものを交付する方法

・　当初に交付したものとの関連性を明らかにし、修正した事項を明示したものを交付する方法

などが考えられます。

【例】 当初のインボイスにおいて、10%対象の売上金額及び消費税額等が誤っていた場合

○　当初のインボイス

請求書≪４月分≫

○年○月○日

●●（株）御中

（株）△△

登録番号：T123456…

月	日	商品	売上金額（税抜）	
4	3	菓子	※	5,900
	4	酒		30,000
	7	菓子	※	30,000
		…		

合計	売上金額	消費税額等
8% 対象	100,000円	8,000円
10% 対象	100,000円	10,000円

※は軽減税率対象

誤り箇所（10% 対象 100,000円 10,000円）

①　修正点を含め全ての事項を記載

請求書≪４月分・修正≫

○年○月×日

●●（株）御中

（株）△△

登録番号：T123456…

月	日	商品	売上金額（税抜）	
4	3	菓子	※	5,900
	4	酒		30,000
	7	菓子	※	30,000
		…		

合計	売上金額	消費税額等
8% 対象	100,000円	8,000円
10% 対象	110,000円	11,000円

※は軽減税率対象

修正箇所（10% 対象 110,000円 11,000円）

交付を受けた事業者（買手）は、修正されたインボイス（①）のみ保存する。

②　修正事項のみを明示

≪修正事項の通知≫

○年○月×日

●●（株）御中

（株）△△

○年○月○日付４月分請求書について、下記のとおり誤りがありましたので、修正いたします。

関連性を明記

正

合計	売上金額	消費税額等
10% 対象	110,000円	11,000円

誤

合計	売上金額	消費税額等
10% 対象	100,000円	10,000円

（注）当初のインボイスと合わせて保存願います。

修正箇所（正：10% 対象 110,000円 11,000円）

交付を受けた事業者（買手）は、当初のインボイスと修正事項が記載された書類（②）を合わせて保存する。

(注) 修正したインボイスを交付した事業者（売手）は、当初のインボイスの写し及び修正したインボイス（①又は②）の写しの保存が必要となります。

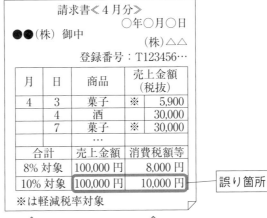

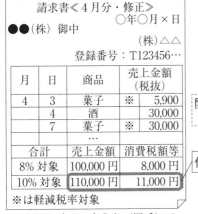

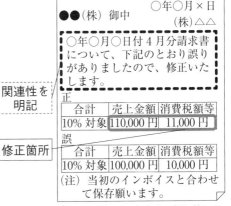

Q14

当店は、スーパーを営んでおり、簡易インボイスを交付する予定です。例えば、記載事項に誤りがあった場合、交付先が不特定多数にわたることから、修正した簡易インボイスを交付することは困難と考えられるのですが、何か対応は必要でしょうか。

A14

インボイス発行事業者が、交付したインボイスの記載事項に誤りがあった場合には、これらの書類を交付した事業者に対して修正インボイスを交付しなければならないこととされています。

ご質問のように、交付した簡易インボイスに誤りがあり、交付先が不明な場合には、例えば、自社のホームページにおいて誤りの事実・その内容等とともに、求めに応じて修正した簡易インボイスを交付する旨を掲示して周知し、求めに応じて対応するなどといったことも一案と考えられます。

Q15

当社は、数多くの商品を扱っており、一度交付した請求書について単価や数量誤りがあった場合には継続して翌月の請求書に、その誤りがあった月の過少請求又は過大請求分を加減算することにより調整しています。この方法はインボイス制度後においても認められますか。

○○㈱御中

請求書

X年6月請求

税抜合計	消費税（10%）	総計
1,200,000	120,000	1,320,000

≪請求金額明細≫

行	商品名	数量	単価	税抜価格
1	A部品	100	200	20,000
2	B部品	200	300	60,000
3	C部品	100	400	40,000
		⋮		
26	Z部品	100	500	50,000

△△商事㈱

※X年6月請求の変更事項
A部品（数量変更）
誤100　⇒　正200
C部品（単価変更）
誤400　⇒　正300

○○㈱御中

請求書

X年7月請求（翌月分の請求）

税抜合計	消費税（10%）	総計
1,320,000	132,000	1,452,000

≪請求金額明細≫

行	商品名	数量	単価	税抜価格
1	A部品	100	200	20,000
2	B部品	200	300	60,000
3	C部品	100	400	40,000
		⋮		
26	Z部品	100	500	50,000
		前月修正		
1	A部品	100	200	20,000
2	C部品	100	-100	−10,000

△△商事㈱

A15

翌月の請求書で継続的に調整している場合には、翌月の請求書において過少請求等に関する金額を請求書における課税資産の譲渡等の対価の額から直接加減算した金額（相殺後の金額）及びその金額を基礎として計算した消費税額等を記載する方法で差し支えありません。

4　任意組合等の事業に係るインボイスの記載事項

任意組合等の事業として行われる取引については、その組合員の全てがインボイス発行事業者であり、業務執行組合員が、その旨を記載した届出書に、当該任意組合等の契約書の写しを添付し、当該業務執行組合員の納税地を所轄する税務署長に提出した場合に限り、インボイスを交付することができます。

この場合、交付するインボイスに記載する「インボイス発行事業者の氏名又は名称及び登録番号」は、原則として組合員全員のものを記載することとなりますが、次の事項（①及び②）を記載することも認められます。

① その任意組合等の、いずれかの組合員の「氏名又は名称及び登録番号」（一又は複数の組合員の「氏名又は名称及び登録番号」で差し支えありません。）

② その任意組合等の名称

第5章
仕入税額控除の要件等

1　請求書等の範囲等

(1)　保存すべき請求書等の範囲

仕入税額控除の適用を受けるためには、一定の事項を記載した帳簿及び請求書等の保存が必要となります。

インボイス制度において、保存すべき請求書等は、次のとおりです。

① インボイス
② 簡易インボイス
③ 電子インボイス
④ 買手が作成して売手の確認を受けた仕入明細書、仕入計算書（電子データを含みます。）
⑤ 次の取引について、媒介又は取次ぎに係る業務を行う者が作成する一定の書類（電子データを含みます。）
- 卸売市場において出荷者等から委託を受けて卸売の業務として行われる生鮮食料品等の販売
- 農業協同組合、漁業協同組合又は森林組合等が生産者（組合員等）から委託を受けて行う農林水産物の販売（無条件委託方式かつ共同計算方式によるものに限ります。）

なお、「区分記載請求書等保存方式」においては、

・　取引の価額が税込み３万円未満の場合
・　請求書等の交付を受けられなかったことにつき「やむを得ない理由」があるとき
は、請求書等の保存がなくとも、一定の事項を記載した帳簿を保存することにより、仕入税額控除の適用を受けることができましたが、インボイス制度においては、これらが廃止されています。

令和５年度大綱
少額取引(P476)

(2) 立替金

例えば、取引先に経費を立て替えてもらう場面があります。

取引先が支払先から受領するインボイスは、宛名が取引先となっていることもあります。この場合、それをそのまま交付を受けて保存したとしても、仕入税額控除の要件を満たしません。

仕入税額控除の適用を受けるためには、立替払を行った取引先から、立替金精算書等の交付を受ける等により、経費の支払先との取引が自身のものであることが明らかにされている必要があります。

なお、この場合、立替払を行う取引先がインボイス発行事業者でなくとも、経費の支払先がインボイス発行事業者であれば、仕入税額控除を行うことができます。

また、立替払を行った者においては、複数者分の経費を一括して立替払をしている場合、原則として、立替払を行った者が経費の支払先から受領したインボイスをコピーして、精算書を添える等し、立替えを受けた複数の事業者にそれぞれ交付する必要があります。

しかし、立替えを受けた者に交付するインボイスのコピーが大量となるなど、コピーを交付することが困難なときは、立替払を行った者がインボイスを保存して、立替えを受けた者に「立替金精算書」を交付することにより、それを受領した者はその「立替金精算書」の保存をもって、仕入税額控除を行うことができます。

ただし、この場合、立替払を行った者は、「立替金精算書」を受領した者が仕入税額控除の適用を受けるために必要な事項を記載する必要があります。

具体的には、その立替金が、インボイス発行事業者からの仕入れかどうかわかるように支払先の氏名又は名称及び登録番号を記載すること、対価の合計額を適用税率ごとに区分すること、消費税額等を記載することなどが必要になると考えられます。

この場合、氏名又は名称及び登録番号については、「立替金精算書」に記載するほか、

・　別途書面で通知
・　継続的な取引に係る契約書で記載する

などの方法があります。

参照インボイスQ＆A問84 → 397ページ

【立替金の取引図】

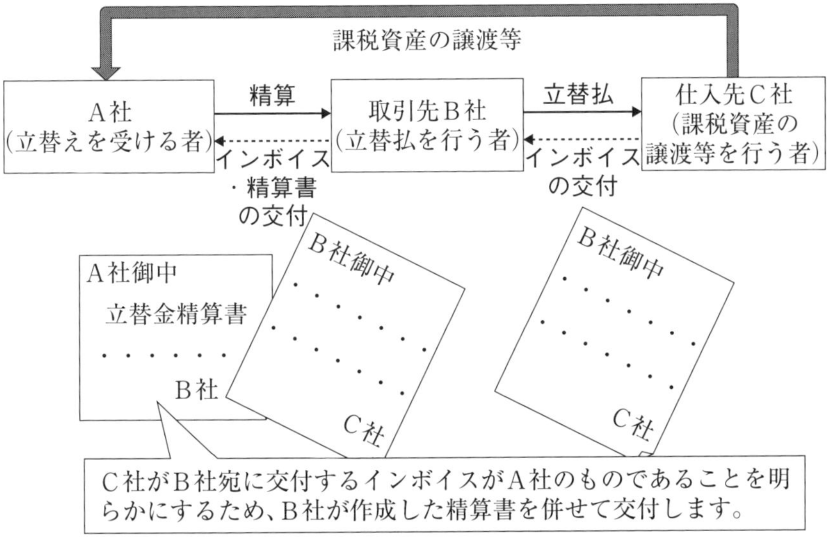

(3) 口座振替・口座振込による家賃等の支払

例えば、不動産の賃貸で口座振替や口座振込で決済していると、取引の都度、インボイスが交付されない場合がほとんどだと思います。こうした場合でも、仕入税額控除の適用を受けるためには、原則、インボイスの保存が必要となります。

一例としては、取引の相手方から一年分の賃借料をまとめて記載したインボイスの交付を受けて、これを保存するといった対応が考えられます。

また、前述のとおり、インボイスは、一の書類や電子データで全ての記載事項を満たす必要はなく、複数の書類や電子データで記載事項を満たせば、それら全体でインボイスの記載事項を満たすことになります。

このため、口座振替により家賃を支払う場合は、例えば、取引年月日以外のインボイスの記載事項が記載された不動産賃貸借契約書とともに、取引年月日を示すために通帳（課税資産の譲渡等の年月日の事実を示すもの）を併せて保存することで、仕入税額控除の要件を満たすこととなります。

口座振込により家賃を支払う場合も同様に契約書とともに、銀行から受領する振込金受取書を保存することにより、仕入税額控除の要件を満たすこととなります。

なお、このような場合にインボイス制度開始前に締結した契約書に登録番号等のインボイスとして必要な事項の記載が不足している場合には、別途、登録番号等の不足する記載事項の通知を受け、契約書とともに保存していれば差し支えないこととされています。

ただし、このように取引の都度、インボイスが交付されない取引について、取引の中途で取引の相手方（貸主）がインボイス発行事業者でなくなる場合もあり得ます。インボイス発行事業者以外の事業者との取引は、原則、仕入税額控除の適用を受けることができません。この点、公表サイトで相手方がインボイス発行事業者かどうか確認することができます。

参照 インボイスＱ＆Ａ問85 → 399ページ

(4)　見積インボイス

例えば、水道光熱費など検針等に一定期間を要し、課税期間の末日までに支払対価の額が確定しない課税仕入れがあろうかと思います。こうした課税仕入れについては、「見積額」で仕入税額控除を行うこととなります。具体的には、以下のとおりです。

①　見積額が記載されたインボイスの交付を受ける場合

取引の相手方から見積額が記載されたインボイス（仕入明細書による対応も可能です。）の交付を受ける場合、これを保存することで見積額による仕入税額控除が認められます。その後、確定額が見積額と異なる場合には、確定額が記載されたインボイス（対価の額を修正したインボイス）の交付を受けた上で、これを保存する必要があります。

②　見積額が記載されたインボイスの交付を受けられない場合

見積額が記載されたインボイスの交付を受けられない場合であっても、電気・ガス・水道水の供給のようなインボイス発行事業者から継続して行われる取引については、金額が確定したときに交付されるインボイスを保存することを条件として、課税仕入れを行う事業者が課税期間の末日の現況により適正に見積もった金額で、仕入税額控除を行うこととして差し支えないこととされています。

また、電気・ガス・水道水の供給のほか、機械等の保守点検、弁護士の顧問契約のように契約等に基づき継続的に課税資産の譲渡等が行われ、金額が確定した際にインボイスの交付を受ける蓋然性の高い取引も対象になります。

なお、①②のいずれの場合も、その後確定した対価の額が見積額と異なるときは、確定した対価の額に基づく課税仕入れに係る消費税額と見積額に基づく課税仕入れに係る消費税額との差額を、その確定した日の属する課税期間における課税仕入れに係る消費税額に加算又は減算することとなります（仕入税額の計算方法として、割戻し計算による場合、確定した対価の額と見積額との差額をその確定した日の属する課税期間の課税仕入れに係る支払対価の額に加算し、又は当該課税仕入れに係る支払対価の額から控除することとなります。）

参照 インボイスQ＆A問86 ⇒ 400ページ

Q16

高速道路を利用する際に、ETC クレジットカードにより料金を支払っているような場合、クレジットカード会社から受領する利用明細書を保存することで仕入税額控除を行うことができますか。

A16

ETC であったとしても、高速道路の運営会社にはインボイスの交付義務があり、仕入税額控除の適用を受けるためにはこれを保存する必要があります。

ワンポイント！

支払方法がクレジットカードによるものであったとしても、原則として売手から交付を受けるインボイスの保存が必要となります。

なお、クレジットカード会社が利用者に交付するご利用明細書は、売手が交付するものではないため、一般的にはインボイスとして交付がなされるものではないものと考えられます。

Q17

当社は、会議のために市の会議室を利用しており、市に利用料を支払っています。このような地方公共団体に支払う施設の利用料についても、仕入税額控除の適用を受けるためには地方公共団体からインボイスの交付を受ける必要がありますか。

A17

課税仕入れの相手方が国や地方公共団体の場合であっても、仕入税額控除の適用を受けるためには、原則としてインボイスの保存が必要となります。したがって、ご質問のような市の会議室の利用料について、仕入税額控除の適用を受けるためには、市からインボイスの交付を受け、それを保存する必要があります。

Q18

当社は海外から商品を輸入して国内で販売しており、輸入の際に税関で支払った消費税について仕入税額控除の適用を受けるために、輸入許可通知書を保存しています。インボイス制度開始後、仕入税額控除を受けるために必要になる書類は変わるのでしょうか。

A18

商品を輸入する際に支払うこととなる、保税地域から引き取られる課税貨物に係る消費税について、仕入税額控除の適用を受けるために保存が必要になる書類は、インボイス制度開始後も現在と変わりません。したがって、貴社は、これまでどおり輸入許可通知書を保存することとなります。

2　仕入明細書等

(1)　仕入明細書等の記載事項

「区分記載請求書等保存方式」においては、仕入側（買手）が作成して取引の相手方（売手）に確認を受けた仕入明細書や仕入計算書を保存することにより仕入税額控除の適用が認められています。

インボイス制度においても同様に、仕入側が作成した一定事項の記載のある仕入明細書等の書類で、取引の相手方の確認を受けたものを保存することにより仕入税額控除の適用が認められています。

インボイス制度における仕入明細書等には、次の事項の記載が必要となります。

① 仕入明細書の作成者の氏名又は名称
② 課税仕入れの相手方の氏名又は名称及び登録番号
③ 課税仕入れを行った年月日
④ 課税仕入れに係る資産又は役務の内容（軽減対象資産の譲渡等に係るものである場合には、資産の内容及び軽減対象資産の譲渡等に係るものである旨）
⑤ 税率ごとに合計した課税仕入れに係る支払対価の額及び適用税率
⑥ 税率ごとに区分した消費税額等

なお、「②課税仕入れの相手方の氏名又は名称及び登録番号」は、取引の相手方、すなわち売手の氏名又は名称及び「登録番号」を記載することとなりますので、相手方の「登録番号」を把握しておく必要があることに留意してください。

また、「⑤税率ごとに合計した課税仕入れに係る支払対価の額」については、税込金額となりますが、税率ごとに区分した仕入金額の税抜きの合計額及び税率ごとに区分した消費税額等を記載することで、その記載があるものとして取り扱われます。

仕入明細書等は、上記①から⑥の事項を記録した電子データを保存することにより仕入税額控除の適用を受けることも可能です。この場合でも、相手方への確認が必要になり、その電子データの保存方法は、提供を受けた電子インボイスの保存方法と同様となります。

参照 インボイスＱ＆Ａ問77、79 ➡ 386、389ページ

(2) 相手方への確認方法

仕入明細書等は、上記のとおり、仕入側が作成して取引の相手方に確認を受ける必要があります。

この相手方の確認を受ける方法としては、例えば、

① 仕入明細書等の記載内容を、ファックスで相手方へ送信して確認を受ける方法

② 仕入明細書等の電子データをインターネットや電子メールなどを通じて相手方へ提供して確認を受ける方法

③ 基本契約等において、書面又は電子データで仕入明細書等を相手方に提供した後、一定期間内に誤りのある旨の連絡がない場合には確認を受けたものとすることを当事者で認識しておく方法

などがあります。

なお、仕入明細書等に「送付後一定期間内に誤りのある旨の連絡がない場合には記載内容のとおり確認があったものとする」旨を記載して相手方に提供して了承を得るといった方法も可能です。

参照 インボイスＱ＆Ａ問76 ➡ 384ページ

【例】仕入明細書の記載事項

② 課税仕入れの相手方の登録番号

課税仕入れの相手方の確認を受ける方法として、この例のような文言を記載し、相手方の了承を得ることも可能です。

仕入明細書
≪４月分≫○年○月○日

●●　㈱御中

登録番号：T123456…

㈱　△△

○送付後一定期間内に連絡がない場合確認済とします

支払金額合計 229,000 円

月	日	取引	支払金額	
4	1	食品※	8％	2,000
		日用品	10％	600
	3	食品※	8％	5,900
	4	日用品	10％	30,000
		…		

合計	売上額	消費税額等
8％対象	100,000 円	8,000 円
10％対象	110,000 円	11,000 円

※印は軽減税率対象商品

仕入明細書等の記載事項

① 仕入明細書等の作成者の氏名又は名称
② **課税仕入れの相手方の**氏名又は名称及び**登録番号**
③ 課税仕入れを行った年月日
④ 課税仕入れの内容（軽減税率の対象品目である旨）
⑤ 税率ごとに区分して合計した課税仕入れに係る支払対価の額及び**適用税率**
⑥ **税率ごとに区分した消費税額等**

(3)　複数の書類や電子データを合わせた仕入明細書等

インボイスは、一の書類や電子データで全ての記載事項を満たす必要はなく、複数の書類や電子データで記載事項を満たせば、それら全体でインボイスの記載事項を満たすこととなり、これは、仕入明細書も同様です。

したがって、例えば、取引の相手方から受領した取引明細の電子データとこれに基づいて仕入側が書面で作成する支払明細書などで、仕入明細書の記載事項を満たすのであれば、これらを保存することで仕入税額控除の適用を受けることができます。

この場合の取引明細の電子データの保存方法は、提供を受けた電子インボイスの保存方法と同様の保存方法となります。

参照 インボイスQ＆A問78 ⇒ 388ページ

(4) インボイスと仕入明細書を一の書類で交付する場合

インボイスと仕入明細書は、必ずしもそれぞれ単体で作成する必要はなく、それぞれに必要な記載事項を記載して一の書類や電子データで交付することも可能です。

例えば、商品の仕入れについて、仕入明細書を作成して売手に確認を受けているほか、その仕入明細書に商品の配送について、配送料として記載して、仕入金額から控除（売上げとして計上）しているような場合もあります。

このような場合、売上げに係る取引については、インボイスを相手方に交付する必要があります。

この場合、以下の事項について留意が必要です。

・ 商品の仕入れは相手方、配送料は自社がそれぞれ売手となりますので、双方の「登録番号」を記載する必要があること

・ 仕入明細書に記載する課税仕入れに係る支払対価の額とインボイスに記載する課税資産の譲渡等の対価の額はそれぞれ記載する必要があること（相殺後の金額のみの記載は不可）

【仕入明細書とインボイスを一の書類で交付する場合の記載例】

仕入明細書

XX 年 11 月 30 日

㈱○○御中
登録番号 T1234567890123

記載事項 ②㊁

△△商店㈱
登録番号 T9876543210987

記載事項 ①㋑

（送付後一定期間内に連絡がない場合、確認があったものとします。）

11 月分　127,900 円（税込）

日付	品名	金額
11/ 1	いちご　※	5,400 円
11/ 2	牛肉　※	10,800 円
11/ 2	キッチンペーパー	2,200 円
⋮	⋮	⋮
仕入金額合計（税込）		131,200 円
10％対象	88,000 円（消費税8,000円）	
8％対象	43,200 円（消費税3,200円）	
控除金額（10％対象）	11 月分 配送料	3,300 円（消費税 300 円）
支払金額合計（税込）		127,900 円

※印は軽減税率対象商品

記載事項 ⑤⑥

記載事項 ③④

記載事項 ㋺㋩㋥㋭

仕入明細書の記載事項	インボイスの記載事項
①　仕入明細書の作成者の氏名又は名称 ②　課税仕入れの相手方の氏名又は名称及び登録番号 ③　課税仕入れを行った年月日 ④　課税仕入れに係る資産又は役務の内容（課税仕入れが他の者から受けた軽減対象資産の譲渡等に係るものである場合には、資産の内容及び軽減対象資産の譲渡等に係るものである旨） ⑤　税率ごとに合計した課税仕入れに係る支払対価の額及び適用税率 ⑥　税率ごとに区分した消費税額等	㋑　インボイス発行事業者の氏名又は名称及び登録番号 ㋺　課税資産の譲渡等を行った年月日 ㋩　課税資産の譲渡等に係る資産又は役務の内容（課税資産の譲渡等が軽減対象資産の譲渡等である場合には、資産の内容及び軽減対象資産の譲渡等である旨） ㋥　課税資産の譲渡等の税抜価額又は税込価額を税率ごとに区分して合計した金額及び適用税率 ㋭　税率ごとに区分した消費税額等 ㋬　書類の交付を受ける事業者の氏名又は名称

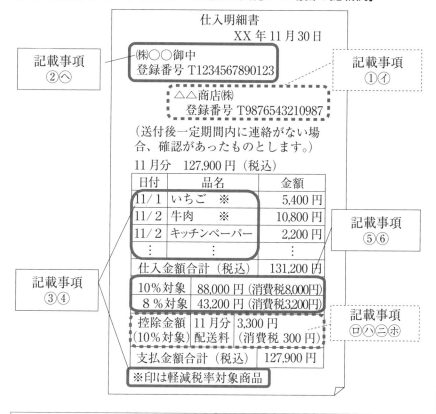

⑸　仕入明細書に返品や値引きも含めて一の書類で交付する場合

例えば、商品の仕入れについて、仕入明細書を作成して売手に確認を受けている場合において、返品や値引き等についてこれも含めて仕入明細書に記載する場面などが考えられます。

返品や値引きを受けた場合、相手方から返還インボイスの交付を受けることとなりますが、それぞれに必要な記載事項を記載した一の書類や電子データで対応することとして差し支えありません。

なお、この場合の「支払対価の額」は、事業者ごとに継続していれば、相殺後の金額のみを記載し、消費税額は相殺後の金額を基に算出した金額を記載することが認められています。

参照 インボイスQ＆A問80 ⇒ 390ページ

【仕入明細書に返還インボイスの記載事項を合わせて記載する場合の記載例】

支払通知書

XX 年 11 月 30 日

㈱○○御中

登録番号 T1234567890123

（送付後一定期間内に連絡がない場合、確認があったものといたします。）

△△商店㈱

11 月分　支払金額合計　129,020 円（税込）

日付	品名	金額
11/ 1	いちご※	5,400 円
11/ 2	牛肉※	10,800 円
11/ 2	キッチンペーパー	2,200 円
⋮	⋮	⋮
11/12	クッキー【返品】（XX 年 10 月仕入分）※	▲1,080 円
11/12	割り箸【返品】（XX 年 9 月仕入分）	▲1,100 円
⋮	⋮	⋮

10％対象	仕入金額	88,000 円（消費税 8,000 円）	返品金額	▲1,100 円（▲消費税 100 円）
８％対象		43,200 円（消費税 3,200 円）		▲1,080 円（▲消費税 80 円）

※印は軽減税率対象商品

（点線部分）について
仕入額から返品額を控除した金額を継続して記載していれば、次のように仕入金額を記載することも認められます。
（例）
10％対象 86,900 円
（消費税 7,900 円）
８％対象 42,120 円
（消費税 3,120 円）

（実線部分）について
返還インボイスに記載が必要となる事項です。

Q19 売手からインボイスの交付を受けましたが、記載事項に誤りがありました。当社では、このインボイスに係る仕入れについて、売手に修正インボイスの交付を求める対応ではなく、誤りの事項を訂正したうえで、当社で仕入明細書を作成し、売手の確認を受けようと思っています。この仕入明細書を保存することで仕入税額控除の適用を受けることができますか。

A19

記載事項に誤りがあるインボイスの交付を受けた事業者は、仕入税額控除を行うために、売手であるインボイス発行事業者から修正インボイスの交付を受ける必要があります（自らインボイスを修正することはできません。）。

また、インボイス制度では、仕入側が作成した一定事項の記載のある仕入明細書等の書類で、相手方の確認を受けたものについては、仕入税額控除の要件として保存すべき請求書等に該当します。

したがって、ご質問のように、売手から交付を受けたインボイスの記載事項に誤りがあった場合において、仕入側で記載事項を訂正した仕入明細書を作成し、相手方の確認を受けたものを保存することで、仕入税額控除の適用を受けることができます。

3　電子インボイスの保存方法等

取引の相手方から電子インボイスの提供を受けた場合、仕入税額控除の適用を受けるためは、これを保存する必要があります。

電子インボイスの保存方法は、

(1)　電子データとして保存する方法

(2)　出力して書面にて保存する方法

があります。

(1)　電子データとして保存する方法

例えば、自社のサーバーやクラウドサービスを利用して電子インボイスを電子データのまま保存するような場合があろうかと思います。そのような場合は、以下の措置を講じる必要があります。

①　次のイからニのいずれかの措置を行うこと

イ　タイムスタンプが付されたインボイスに係る電磁的記録を受領すること（受領した者がタイムスタンプを付す必要はありません。）

ロ　次に掲げる方法のいずれかにより、タイムスタンプを付すとともに、その電磁的記録の保存を行う者又はその者を直接監督する者に関する情報を確認することができるようにしておくこと

・　電子インボイスの提供を受けた後、速やかにタイムスタンプを付すこと

・　電子インボイスの提供からタイムスタンプを付すまでの各事務の処理に関する規程を定めている場合において、その業務の処理に係る通常の期間を経過した後、速やかにタイムスタンプを付すこと

ハ　電子インボイスの記録事項について、次のいずれかの要件を満たす電子計算機処理システムを使用してインボイスに係る電磁的記録の受領及びその電磁的記録を保存すること

・　訂正又は削除を行った場合には、その事実及び内容を確認することができること

・　訂正又は削除することができないこと

ニ　インボイスに係る電磁的記録の記録事項について正当な理由がない訂正及び削除の防止に関する事務処理の規程を定め、当該規程に沿った運用を行い、当該電磁的記録の保存に併せて当該規程の備付けを行うこと

②　電子インボイスの保存等に併せて、システム概要書の備付けを行うこと

③　電子インボイスの保存等をする場所に、その電磁的記録の電子計算機処理の用に供することができる電子計算機、プログラム、ディスプレイ及びプリンタ並びにこれらの操作説明書を備え付け、その電磁的記録をディスプレイの画面及び書面に、整然とした形式及び明瞭な状態で、速やかに出力できるようにしておくこと

④　電子インボイスについて、次の要件を満たす検索機能を確保しておくこと

※　国税に関する法律の規定による電磁的記録の提示又は提出の要求に応じることができるようにしているときはⅱ及びⅲの要件が不要となり、その判定期間に係る基準期間における売上高が1,000万円以下の事業者が国税に関する法律の規定による電磁的記録の提示又は提出の要求に応じることができるようにしているときは検索機能の全てが不要となります。

ⅰ　取引年月日その他の日付、取引金額及び取引先を検索条件として設定できること

ⅱ　日付又は金額に係る記録項目については、その範囲を指定して条件を設定することができること

ⅲ　二以上の任意の記録項目を組み合わせて条件を設定できること

（参考）　電帳法上の保存方法等については、国税庁ホームページに掲載されている、「電子帳簿保存法取扱通達解説（趣旨説明）」や「電子帳簿保存法一問一答（Q＆A）」を参考としてください。

⑵　出力して書面にて保存する方法

電子インボイスについては、整然とした形式及び明瞭な状態で出力した書面を保存することで、請求書等の保存要件を満たします。

ここでいう「整然とした形式及び明瞭な状態」とは、書面により作成される場合の帳簿書類に準じた規則性を有する形式で出力され、かつ、出力される文字を容易に識別することができる状態をいい、一般的には、記録項目の名称とその記録内容の関連付けが明らかであるなど、書面の帳簿書類に準じた規則性をもった出力形式と、容易に識別することができる程度の文字間隔、文字ポイント及び文字濃度をもった出力状態が確保される必要があるとされています。

例えば、日付や内容に規則性なく出力されたり、出力した書面の文字が薄くて読み取れないような場合は、これに該当しないということです。

なお、「整然とした形式及び明瞭な状態」で書面を出力した場合には、電子インボイスを電子データとして保存する必要はありません。

（参考）　令和３年度の税制改正により、電帳法において、所得税（源泉徴収に係る所得税を除きます。）及び法人税の保存義務者

については、令和４年１月１日以後行う電子取引に係る電磁的記録を書面やマイクロフィルムに出力してその電磁的記録の保存に代えられる措置が廃止されましたので、全ての電子取引の取引情報に係る電磁的記録を一定の要件の下、保存しなければならないこととされました。

なお、令和４年１月１日から令和５年12月31日までの間に電子取引を行う場合には、授受した電子データについて要件に従って保存をすることができないことについて、納税地等の所轄税務署長がやむを得ない事情があると認め、かつ、保存義務者が税務調査等の際に、税務職員からの求めに応じ、その電子データを整然とした形式及び明瞭な状態で出力した書面の提示又は提出をすることができる場合には、その保存要件にかかわらず電子データの保存が可能となり、また、その電子データの保存に代えてその電子データを出力することにより作成した書面による保存をすることも認められます（この取扱いを受けるに当たり税務署への事前申請等の手続は必要ありません。）。

また、令和６年１月１日以後に行う電子取引の取引情報については要件に従った電子データの保存が必要です。

電帳法上の保存方法等については、国税庁ホームページに掲載されている、「電子帳簿保存法取扱通達解説（趣旨説明）」や「電子帳簿保存法一問一答（Ｑ＆Ａ）」を参考としてください。

4　帳簿のみの保存で仕入税額控除が認められる場合

(1)　帳簿のみの保存で仕入税額控除が認められる取引等

インボイス制度では、帳簿及び請求書等の保存が仕入税額控除の要件とされますが、請求書等の交付を受けることが困難であるなどの理由により、次の取引については、インボイスの保存がなくとも、一定の事項を記載した帳簿のみの保存で仕入税額控除が認められます。

①　インボイスの交付義務が免除される３万円未満の公共交通機関による旅客の運送

②　簡易インボイスの記載事項（取引年月日を除きます。）が記載されている入場券等が使用の際に回収される取引（①に該当するものを除きます。）

③　古物営業を営む者のインボイス発行事業者でない者からの古物（古物営業を営む者の棚卸資産に該当するものに限ります。）の購入

④　質屋を営む者のインボイス発行事業者でない者からの質物（質屋を営む者の棚卸資産に該当するものに限ります。）の取得

⑤　宅地建物取引業を営む者のインボイス発行事業者でない者からの建物（宅地建物取引業を営む者の棚卸資産に該当するものに限ります。）の購入

⑥　インボイス発行事業者でない者からの再生資源及び再生部品（購入者の棚卸資産に該当するものに限ります。）の購入

⑦　インボイスの交付義務が免除される３万円未満の自動販売機及び自動サービス機からの商品の購入等（自動販売機の範囲等については第３章３(5)のとおりです。）

⑧　インボイスの交付義務が免除される郵便切手類のみを対価とする郵便・貨物サービス（郵便ポストに差し出されたものに限ります。）

⑨　従業員等に支給する通常必要と認められる出張旅費等（出張旅費、宿泊費、日当及び通勤手当）

参照 インボイスＱ＆Ａ問92 → 406ページ

⑵　公共交通機関による旅客の運送

３万円未満（判定単位は第３章３⑵をご確認ください。）の公共交通機関による旅客の運送については、インボイスの交付義務が免除されており、仕入側は、一定の事項を記載した帳簿のみの保存で仕入税額控除が認められます。

３万円以上の公共交通機関を利用した場合には、インボイスの保存が必要となりますので、ご留意ください。

ただし、この場合であっても、公共交通機関である鉄道事業者から簡易インボイスの記載事項（取引年月日を除きます。）を記載した乗車券の交付を受け、その乗車券が回収される場合は、一定の事項を記載した帳簿のみの保存で仕入税額控除が認められます。

参照インボイスＱ＆Ａ問93 ➡ 406ページ

⑶　古物商の古物の購入等の留意点

上記⑴③から⑥の取引については、インボイスの保存がなくとも、一定の事項を記載した帳簿のみの保存により仕入税額控除が可能ですが、これらの取引は、全て、

・　インボイス発行事業者以外の者との取引であること
・　その購入・取得する資産が棚卸資産であること

が要件とされていますので、ご留意ください。

なお、古物営業を営む者が、古物営業法上の「古物」に該当しないもの（例：金、白金の地金等）を、古物営業と同等の取引方法（古物台帳に記載する等）により買い受ける場合には、その仕入れも古物商特例の対象となります。

【参考】

古物営業法第２条（定義）

この法律において「古物」とは、一度使用された物品（鑑賞的美術品及び商品券、乗車券、郵便切手その他政令で定めるこれらに類する

証票その他の物を含み、大型機械類（船舶、航空機、工作機械その他これらに類する物をいう。）で政令で定めるものを除く。以下同じ。）若しくは使用されない物品で使用のために取引されたもの又はこれらの物品に幾分の手入れをしたものをいう。

2　この法律において「古物営業」とは、次に掲げる営業をいう。

一　古物を売買し、若しくは交換し、又は委託を受けて売買し、若しくは交換する営業であつて、古物を売却すること又は自己が売却した物品を当該売却の相手方から買い受けることのみを行うもの以外のもの

二　古物市場（古物商間の古物の売買又は交換のための市場をいう。以下同じ。）を経営する営業

三　古物の売買をしようとする者のあつせんを競りの方法（政令で定める電子情報処理組織を使用する競りの方法その他の政令で定めるものに限る。）により行う営業（前号に掲げるものを除く。以下「古物競りあつせん業」という。）

3　この法律において「古物商」とは、次条の規定による許可を受けて前項第一号に掲げる営業を営む者をいう。

4・5　（省略）

質屋営業法第１条（定義）

この法律において「質屋営業」とは、物品（有価証券を含む。第二十二条を除き、以下同じ。）を質に取り、流質期限までに当該質物で担保される債権の弁済を受けないときは、当該質物をもつてその弁済に充てる約款を附して、金銭を貸し付ける営業をいう。

2　この法律において「質屋」とは、質屋営業を営む者で第二条第一項の規定による許可を受けたものをいう。

宅地建物取引業法第２条（用語の定義）

　この法律において次の各号に掲げる用語の意義は、それぞれ当該各号の定めるところによる。

一　（省略）

二　宅地建物取引業　宅地若しくは建物（建物の一部を含む。以下同じ。）の売買若しくは交換又は宅地若しくは建物の売買、交換若しくは貸借の代理若しくは媒介をする行為で業として行うものをいう。

三　宅地建物取引業者　第三条第一項の免許を受けて宅地建物取引業を営む者をいう。

四　（省略）

資源の有効な利用の促進に関する法律第２条（定義）

　この法律において「使用済物品等」とは、一度使用され、又は使用されずに収集され、若しくは廃棄された物品（放射性物質及びこれによって汚染された物を除く。）をいう。

２・３　（省略）

４　この法律において「再生資源」とは、使用済物品等又は副産物のうち有用なものであって、原材料として利用することができるもの又はその可能性のあるものをいう。

５　この法律において「再生部品」とは、使用済物品等のうち有用なものであって、部品その他製品の一部として利用することができるもの又はその可能性のあるものをいう。

６～13　（省略）

(4)　出張旅費、宿泊費、日当等

事業者が社員に支給する出張旅費、宿泊費、日当等のうち、「その旅行に通常必要であると認められる部分」の金額については、課税仕入れに係る支払対価の額に該当するものとして取り扱われ、インボイス制度においては、一定の事項を記載した帳簿のみの保存で仕入税額控除が認められます。

なお、帳簿のみの保存で仕入税額控除が認められる「その旅行に通常必要であると認められる部分」については、所得税基本通達９－３に基づき判定しますので、所得税が非課税となる範囲内で、帳簿のみの保存で仕入税額控除が認められることになります。

参照 インボイスＱ＆Ａ問95 ➡ 409ページ

【参考】

所得税基本通達９－３（非課税とされる旅費の範囲）

法第９条第１項第４号の規定により非課税とされる金品は、同号に規定する旅行をした者に対して使用者等からその旅行に必要な運賃、宿泊料、移転料等の支出に充てるものとして支給される金品のうち、その旅行の目的、目的地、行路若しくは期間の長短、宿泊の要否、旅行者の職務内容及び地位等からみて、その旅行に通常必要とされる費用の支出に充てられると認められる範囲内の金品をいうのであるが、当該範囲内の金品に該当するかどうかの判定に当たっては、次に掲げる事項を勘案するものとする。

(1)　その支給額が、その支給をする使用者等の役員及び使用人の全てを通じて適正なバランスが保たれている基準によって計算されたものであるかどうか。

(2)　その支給額が、その支給をする使用者等と同業種、同規模の他の使用者等が一般的に支給している金額に照らして相当と認められるものであるかどうか。

(5) 通勤手当

従業員等で通勤する者に支給する通勤手当のうち、「通勤に通常必要と認められる部分」の金額については、課税仕入れに係る支払対価の額として取り扱われ、インボイス制度においては、一定の事項を記載した帳簿のみの保存で仕入税額控除が認められます。

なお、帳簿のみの保存で仕入税額控除が認められる「通勤者につき通常必要と認められる部分」については、通勤に通常必要と認められるものであればよく、所得税法施行令第20条の2において規定される非課税とされる通勤手当の金額を超えているかどうかは問いません。

参照 インボイスQ＆A問96 ➡ 409ページ

5 帳簿の保存

(1) 帳簿の記載事項

インボイス制度における「帳簿」の記載事項は以下のとおりです。

これらの記載事項は、<u>「区分記載請求書等保存方式」での帳簿の記載事項と同様です（相手方の登録番号の記載は不要です。）。</u>

① 課税仕入れの相手方の氏名又は名称

② 課税仕入れを行った年月日

③ 課税仕入れに係る資産又は役務の内容（課税仕入れが他の者から受けた軽減対象資産の譲渡等に係るものである場合には、資産の内容及び軽減対象資産の譲渡等に係るものである旨）

④ 課税仕入れに係る支払対価の額

⑵　帳簿のみの保存で仕入税額控除が認められる場合の帳簿への一定の記載事項

本章４のとおり、一定の場合、インボイスの保存がなくとも、一定の事項を記載した帳簿のみの保存で仕入税額控除が認められます。

この場合、帳簿の記載事項については、上記⑴の記載事項に加え、次の事項の記載が必要となります。

・　帳簿のみの保存で仕入税額控除が認められるいずれかの仕入れに該当する旨
　例：上記４⑴①に該当する場合、「３万円未満の鉄道料金」
　　　上記４⑴②に該当する場合、「入場券等」
・　仕入れの相手方の住所又は所在地（一定の者を除きます。）
　例：上記４⑴⑦に該当する場合、「○○市自販機」、「××銀行□□支店ATM」

帳簿に仕入れの相手方の住所又は所在地の記載が不要な一定の者は、次のとおりです。

イ　インボイスの交付義務が免除される３万円未満の公共交通機関（船舶、バス又は鉄道）による旅客の運送について、その運送を行った者

ロ　インボイスの交付義務が免除される郵便役務の提供について、その郵便役務の提供を行った者

ハ　課税仕入れに該当する出張旅費等（出張旅費、宿泊費、日当及び通勤手当）を支払った場合の当該出張旅費等を受領した使用人等

ニ　上記４⑴③から⑥の課税仕入れ（③から⑤に係る課税仕入れについては、古物営業法、質屋営業法又は宅地建物取引業法により、業務

に関する帳簿等へ相手方の氏名及び住所を記載することとされているもの以外のものに限り、⑥に係る課税仕入れについては、事業者以外の者から受けるものに限ります。）を行った場合の当該課税仕入れの相手方

参照インボイスＱ＆Ａ問98 ⇒ 411ページ

（参考）　古物営業を営む場合、古物営業法において、商品を仕入れた際の対価の総額が１万円以上（税込み）の場合には、帳簿（いわゆる「古物台帳」）に①取引年月日、②古物の品目及び数量、③古物の特徴、④相手方の住所、氏名、職業及び年齢、⑤相手方の確認方法を記載し、保存しなければならないこととされています。

帳簿のみの保存で仕入税額控除が認められる場合の帳簿の記載事項は、「①課税仕入れの相手方の氏名又は名称及び住所又は所在地（古物台帳に、取引の相手方の氏名や住所を記載することとされていない場合には不要）」、「②課税仕入れを行った年月日」、「③課税仕入れに係る資産又は役務の内容」、「④課税仕入れに係る支払対価の額」、「⑤帳簿のみの保存で仕入税額控除が認められるいずれかの仕入れに該当する旨」ですが、古物台帳には①から④の事項が記載されていることになります。

なお、帳簿のみの保存で仕入税額控除が認められる場合の帳簿の記載事項としては、⑤の事項も必要となるため、古物台帳と⑤の事項について記載した帳簿（総勘定元帳等）を合わせて保存することで、帳簿の保存要件を満たすことができます。

この場合、古物台帳については帳簿の保存期間（課税期間の末日の翌日から２月を経過した日から７年間）保存しておく

必要がある点にご留意ください。

6　免税事業者からの仕入れに係る経過措置

(1)　経過措置の概要

インボイス制度では、インボイス発行事業者以外の者（消費者、免税事業者又は登録を受けていない課税事業者）からの仕入れについては、仕入税額控除を行うことができません。

ただし、インボイス制度開始から一定期間は、インボイス発行事業者以外の者からの仕入れであっても、仕入税額相当額の一定割合を仕入税額とみなして控除できる経過措置が設けられています。

経過措置を適用できる期間等は、次のとおりです。

期　間	割　合
令和５年10月１日から令和８年９月30日まで	仕入税額相当額の80%
令和８年10月１日から令和11年９月30日まで	仕入税額相当額の50%

なお、この経過措置の適用を受けるためには、次の事項が記載された帳簿及び請求書等の保存が要件となります。

イ　帳簿

区分記載請求書等保存方式の記載事項に加え、下線のとおり、「経過措置の適用を受ける課税仕入れである旨」の記載が必要となります。

具体的には、次の事項となります。

①　課税仕入れの相手方の氏名又は名称

②　課税仕入れを行った年月日

③　課税仕入れに係る資産又は役務の内容（課税仕入れが他の者から受けた軽減対象資産の譲渡等に係るものである場合には、資産の内容及び軽減対象資産の譲渡等に係るものである旨）及び<u>経過</u>

措置の適用を受ける課税仕入れである旨

④　課税仕入れに係る支払対価の額

ロ　請求書等

区分記載請求書等と同様の記載事項が必要となります（区分記載請求書等に記載すべき事項に係る電磁的記録を含みます。）。

具体的には、次の事項となります。

①　書類の作成者の氏名又は名称

②　課税資産の譲渡等を行った年月日

③　課税資産の譲渡等に係る資産又は役務の内容（軽減対象資産の譲渡等である場合には、資産の内容及び軽減対象資産の譲渡等である旨）

④　税率ごとに合計した課税資産の譲渡等の税込価額

⑤　書類の交付を受ける当該事業者の氏名又は名称

（参考）インボイス発行事業者以外の者から受領した請求書等の内容について、③かっこ書きの「資産の内容及び軽減対象資産の譲渡等である旨」及び④の「税率ごとに合計した課税資産の譲渡等の税込価額」の記載がない場合に限り、受領者が自ら請求書等に追記して保存することが認められます。

なお、提供された請求書等に係る電磁的記録を整然とした形式及び明瞭な状態で出力した書面に追記して保存している場合も同様に認められます。

(2)　経過措置の適用を受ける場合の帳簿の記載方法

上記のとおり、経過措置の適用を受けるためには、帳簿に「経過措置の適用を受ける課税仕入れである旨」の記載が必要となります。

この記載は、個々の取引ごとに「80%控除対象」、「免税事業者からの仕入れ」などといった方法のほか、例えば、経過措置の適用対象となる取引に、「※」や「☆」といった記号・番号等を表示し、かつ、これらの記号・番号等が「経過措置の適用を受ける課税仕入れである旨」を別途「※（☆）は80％控除対象」などと表示する場合も「経過措置の適用を受ける課税仕入れである旨」の記載として認められることとなります。

Q20 インボイス制度開始後、免税事業者からの仕入れについては、仕入税額控除の適用を受けることができないとのことですが、その分を取引価格で調整してよいのですか。

A20

事業者がどのような条件で取引するかについては、基本的に、取引当事者間の自主的な判断に委ねられるものですが、免税事業者等の小規模事業者は、売上先の事業者との間で取引条件について情報量や交渉力の面で格差があり、取引条件が一方的に不利になりやすい場合も想定されます。

自己の取引上の地位が相手方に優越している一方の当事者が、取引の相手方に対し、その地位を利用して、正常な商習慣に照らして不当に不利益を与えることは、優越的地位の濫用として独占禁止法上問題となるおそれがあります。

仕入先である免税事業者との取引について、インボイス制度の開始を契機として取引条件を見直すことそれ自体が、直ちに問題となるものではありませんが、見直しに当たっては、「優越的地位の濫用」に該当する行為を行わないよう注意が必要です。

なお、消費税の性質上、免税事業者も自らの仕入れに係る消費税を負担しており、その分は免税事業者の取引価格に織り込まれる必要があることにもご留意ください。

参照 免税Q＆A問5、7 → 463、465ページ

Q21

インボイス制度開始後、免税事業者からの仕入れについては、仕入税額控除の適用を受けることができないとのことであるが、例えば、「インボイス発行事業者であること」を取引条件としてよいのですか。

A21

課税事業者が、インボイス制度に対応するために、取引先の免税事業者に対して、課税事業者になるよう要請することがありますが、このような要請を行うこと自体は、独占禁止法上、問題となるものではありません。

しかし、課税事業者になるよう要請することにとどまらず、課税事業者にならなければ、取引価格を引き下げるとか、それにも応じなければ取引を打ち切ることにするなどと一方的に通告することは、独占禁止法又は下請法上、問題となるおそれがあります。

参照 免税Ｑ＆Ａ問７ → 465ページ

第６章
インボイス制度下の税額計算等

１　インボイス制度下の税額計算の概要

消費税の納付税額の計算は、売上税額から仕入税額を控除して算出します。

令和元年10月１日以降、軽減税率制度の実施により、消費税率が軽減税率と標準税率の複数となったことから、売上げと仕入れを税率ごとに区分して税額計算を行うこととなりました。

インボイス制度においても、売上税額から仕入税額を控除するといった消費税額の計算方法は、変わりません。

インボイス制度における税額計算の方法について

○　インボイス制度における税額計算の方法は以下のとおり区分されます。

【売上税額】

原則	**総額割戻し計算**	：税率の異なるごとに区分した課税標準である金額の合計額に税率を乗じて計算
例外	インボイス積上げ計算	：交付したインボイスの写しの保存を要件に、当該写しに記載された消費税額等を積み上げて計算（インボイス発行事業者のみ可能）

【仕入税額】

原則	インボイス積上げ計算	：受領したインボイスに記載された消費税額等を積み上げて計算
例外	①　帳簿積上げ計算	：課税仕入れの都度、仮払消費税額等（端数は切り捨て又は四捨五入）を帳簿に計上している場合に、当該仮払消費税額等を元に計算
	②　**総額割戻し計算**	：税率の異なるごとに区分した課税仕入れに係る支払対価の額の合計額を税率を元に割り戻して計算

○　それぞれの適用関係は以下のイメージのとおりです。

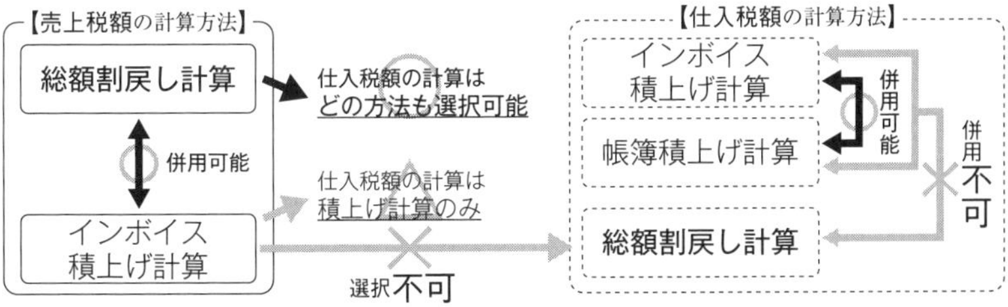

（注）「併用可能」とは、課税期間中における計算方法を、事業者の任意で併用することが可能なことを意味しています。そのため、複数の事業ごと（小売業はインボイス積上げ、その他の業は総額割戻しなど）や、取引相手ごと、月ごとに異なる方法を併用すること等も可能です。

なお、売上税額について一部でもインボイス積上げ計算を行った場合、仕入税額について総額割戻し計算は選択できなくなる点に留意ください。

2　売上税額

(1)　売上税額の計算方法

イ　割戻し計算

税率ごとに区分した課税期間中の課税資産の譲渡等の税込価額

の合計額に、108分の100又は110分の100を掛けて税率ごとの課税標準額を算出し、それぞれの税率（6.24％又は7.8％）を掛けて売上税額を算出します。

ロ　積上げ計算

相手方に「交付」したインボイス又は簡易インボイスの写しを保存している場合（電子インボイスを保存している場合を含みます。）には、これらの書類や電子データに記載した消費税額等の合計額に100分の78を掛けて算出した金額を売上税額とすることができます。

なお、売上税額を積上げ計算した場合、仕入税額も積上げ計算しなければなりません。

(2)　売上税額を積上げ計算する場合の留意点等

簡易インボイスの記載事項は、「適用税率又は税率ごとに区分した消費税額等」であるため、「適用税率」のみを記載して交付する場合、税率ごとの消費税額等の記載がないため、積上げ計算を行うことはできません。

なお、売上税額の計算は、取引先ごとに割戻し計算と積上げ計算を分けて適用するなど、併用することも認められますが、併用した場合であっても売上税額の計算につき積上げ計算を適用した場合に当たるため、仕入税額の計算方法に割戻し計算を適用することはできません。

(3)　インボイス又は簡易インボイスの「交付」の範囲

上記(1)のとおり、相手方に「交付」したインボイス又は簡易インボイスの写しを保存している場合には、「積上げ計算」が認められています。

この点、例えば、

・　インボイスを交付しようとしたものの顧客が受け取らなかったため、物理的な「交付」ができなかったような場合
・　交付を求められたとき以外レシート（簡易インボイス）を出力していない場合

であっても、インボイス発行事業者においては、そのインボイス又は簡易インボイスの写しを保存しておけば、「交付」したものの写しの保存があるものとして、売上税額の積上げ計算を行って差し支えないこととされています。

なお、インボイスの「写し」の範囲については、第3章5(1)をご確認ください。

参照 インボイスQ＆A問102 → 417ページ

Q22 当社は、3月決算の法人で、売上げの請求書については、毎月20日締めとしています。3月21日から4月20日に係るインボイスには、同期間に係る消費税額を記載しているのですが、これを基に売上税額について、積上げ計算することができますか。

A22 売上税額の計算は、交付したインボイス又は簡易インボイスの写しを保存している場合に、そこに記載された税率ごとの消費税額等の合計額に100分の78を乗じて計算した金額とすることができます)。

ご質問のようなインボイスを交付した場合、翌課税期間（4月1日から4月20日）の消費税額も合計して記載されていることになるため、これを基に売上税額の積上げ計算をすることはできません。

積上げ計算をする場合は、3月21日から31日まで及び4月1日から4月20日までに係る消費税額を区分して記載するなどの必要があります。

なお、売上税額の計算は、取引先ごとに割戻し計算と積上げ計算を分けて適用するなど、併用することが認められています。

㈡　法人税基本通達2－6－1により決算締切日を継続して3月20日としているような場合、消費税の資産の譲渡等の時期についても、同様とすることが認められています。このように決算締切日により、法人税及び消費税の申告をしている場合には、売上税額の積上げ計算のための課税期間ごとの区分の対応は不要です。

〔参考〕

○　法人税基本通達2－6－1（決算締切日）

法人が、商慣習その他相当の理由により、各事業年度に係る収入及び支出の計算の基礎となる決算締切日を継続してその事業年度終了の日以前おおむね10日以内の一定の日としている場合には、これを認める。

（注）（省略）

○　**積上げ計算をする場合の記載例（３月決算法人）**

【課税期間ごとに区分した課税資産の譲渡等に係る税込（税抜）金額を税率の異なるごとに区分して合計した金額から消費税額等を算出する場合】　認められる

請求書

㈱○○御中　　　　　　　XX年４月10日

日付	品名	金額（税込）	消費税（10%）
３月分	酒類販売（3/11～4/10）	250,000円	22,726円 注

・3/11～3/31　169,355円（税込）
15,395円（10%）
・4/1～4/10　80,645円（税込）
7,331円（10%）

△△商事㈱
登録番号 T1234567890123

①　課税期間ごとに区分した課税資産の譲渡等に係る税込金額を税率の異なるごとに区分した合計額から消費税額等を算出。
(3/11～3/31)
169,355×10/110≒15,395
(4/1～4/10)
80,645×10/110≒7,331
※　課税期間ごとに計算した消費税額等について端数処理（切捨て）を行っている。

②　①で算出した消費税額を合計したものを記載

㈨　買手が混乱することのないよう、消費税欄に記載する金額については①で算出した消費税額等の合計額と一致させるか、参考事項としての記載とする必要があることに留意。

インボイス制度下の税額計算等

【端数処理を行った消費税額等を合理的な方法であん分する場合】

認められない

請求書

㈱○○御中　　　　　　XX年４月10日

日付	品名	金額（税込）	消費税（10%）
３月分	酒類販売（3/11～4/10）	250,000円	22,727円

・3/11～3/31　169,355円（税込）15,396円（10%）
・4/1～4/10　80,645円（税込）7,331円（10%）

△△商事㈱
登録番号 T1234567890123

①　３月分（3/11～4/10）の税率ごとに区分した課税資産の譲渡等に係る税込金額に係る消費税額等を算出。
250,000×10/110≒22,727
※　ここで消費税額等の端数処理（切捨て）を行っている。

②　①で算出した消費税額等を、課税期間ごとの税込価格の比率であん分。
22,727×169,355/250,000≒15,396
22,727－15,396＝7,331

3　仕入税額

(1)　仕入税額の計算方法

イ　積上げ計算

仕入税額の積上げ計算は、以下のとおり、２パターンあります。

①　インボイス積上げ計算

交付されたインボイスなどの請求書等に記載された消費税額等のうち課税仕入れに係る部分の金額の合計額に100分の78を掛けて算出します。

②　帳簿積上げ計算

課税仕入れの都度、課税仕入れに係る支払対価の額に110分の10（軽減税率の対象となる場合は108分の８）を乗じて算出した金額を仮払消費税額等などとし、帳簿に記載（計上）している場合は、その金額の合計額に100分の78を掛けて算出します。

なお、課税仕入れに係る支払対価の額に110分の10（軽減税率の対象となる場合は108分の８）を乗じて算出した金額における１円未満の端数処理は、端数を「切捨て」又は「四捨五入」とされていますので、「切上げ」することはできません。

また、ここでいう「課税仕入れの都度」とは、インボイス単位で帳簿に仮払消費税額等として計上している場合のほか、課税期間の範囲内で一定の期間内につきまとめて交付を受けたインボイスを単位として帳簿に仮払消費税額等として計上している場合も認められます。

なお、帳簿積上げ計算において計上する仮払消費税額等については、受領したインボイスではない納品書又は請求書を単位として計上することや継続的に買手の支払基準といった合理的な基準による単位により計上することで差し支えありません。

ロ　割戻し計算

税率ごとに区分した課税期間中の課税仕入れに係る支払対価の額の合計額に、108分の6.24又は110分の7.8を掛けて算出した金額を仕入税額とすることができます。

なお、割戻し計算により仕入税額を計算できるのは、売上税額を割戻し計算している場合に限られます。

なお、「①インボイス積上げ計算」と「②帳簿積上げ計算」を併用することは可能ですが、「イ積上げ計算」と「ロ割戻し計算」との併用は認められていません。

(2)　インボイス積上げ計算する場合の留意点等

インボイス積上げ計算は、交付を受けたインボイスを基礎とすることとなります。

具体的には、以下の区分に応じた金額を基礎として仕入税額を計算することとなります（①から④においてこれらの電子データも含みます。)。

① インボイスに記載された消費税額等のうち課税仕入れに係る部分の金額

② 簡易インボイスに記載された消費税額等のうち課税仕入れに係る部分の金額

なお、簡易インボイスに適用税率のみの記載で、消費税額等が記載されていない場合は、仕入側において、税率ごとに、

・ 税抜価額の合計額に100分の10（軽減対象は100分の８）を掛ける、又は、

・ 税込価額の合計額に110分の10（軽減対象は108分の８）を掛ける

いずれかにより消費税額等を計算する必要があります。この場合、１円未満の端数処理に関しては、「切上げ」、「切捨て」、「四捨五入」のうちどれを選択してもかまいません。

③ 作成した仕入明細書に記載された消費税額等のうち課税仕入れに係る部分の金額

④ 卸売市場において、委託を受けて卸売の業務として行われる生鮮食料品等の譲渡及び農業協同組合等が委託を受けて行う農林水産物の譲渡について、受託者から交付を受けた書類に記載された消費税額等のうち課税仕入れに係る部分の金額

⑤ 公共交通機関特例など、帳簿のみの保存で仕入税額控除が認められるものについては、課税仕入れに係る支払対価の額に110分の10（軽減税率の対象となる場合は108分の８）を掛けて算出した金額

なお、この金額の１円未満の端数処理は、「切捨て」又は「四捨五入」とされていますので、「切上げ」することはできません。

Q23

当社は、３月決算の法人です。取引先から、３月21日から４月20日までの期間をまとめた消費税額が記載されているインボイスの交付を受けたのですが、これを基に仕入税額について積上げ計算をすることができますか。

A23

ご質問のようなインボイスの交付を受けた場合、翌課税期間（４月１日から４月20日）の消費税も合計して記載されていることになるため、これをそのまま基礎として仕入税額のインボイス積上げ計算をすることはできません。

インボイス積上げ計算をする場合は、当課税期間に係る消費税額と翌課税期間に係る消費税額について、それぞれの期間の取引に係る消費税額を算出してそれぞれの期間が含まれる課税期間においてそれぞれ積上げ計算をする必要があります。

なお、インボイス積上げ計算と帳簿積上げ計算の併用は認められていますので、帳簿積上げ計算によることも可能です。

㈱　法人税基本通達２－６－１により決算締切日を継続して３月20日としているような場合、消費税の課税仕入れの時期についても、同様とすることが認められています。このように決算締切日により、法人税及び消費税の申告をしている場合には、仕入税額の積上げ計算のための課税期間ごとの区分の対応は不要です。

〔参考〕
○　法人税基本通達２－６－１（決算締切日）
　法人が、商慣習その他相当の理由により、各事業年度に係る収入及び支出の計算の基礎となる決算締切日を継続してその事業年度終了の日以前おおむね10日以内の一定の日としている場合には、これを認める。
（注）（省略）

第７章
その他参考事項等

1　制度開始日（令和５年10月１日）をまたぐ場合

これまで消費税率引き上げの際は、旧税率を適用するのか新税率を適用するのか、一部の取引については、その性質等を踏まえて経過措置が設けられていました。

インボイス制度開始について、例えば、開始日をまたぐ取引についての経過措置については特段設けられていません。

インボイス制度は、売手にインボイスの交付義務が課され、買手は仕入税額控除の適用を受けるためにインボイスの保存が必要になる、という制度です。

したがって、制度開始日（令和５年10月１日）をまたぐ場合であっても、インボイス制度に対応する必要がありますので、制度開始日以後の取引については、

・　売手は、交付する請求書等をインボイスとする
・　買手は、仕入税額控除の適用を受けるためには、インボイスを保存する必要がある（インボイス対応していない請求書等を受領した場合には、売手に交付を求める）

といった対応が必要になります。

Q24

当社では、サーバー保守サービスを行っており、保守サービスの契約期間を１年間とする保守契約を締結するとともに、一括して１年間の保守料金を前受けしています。

なお、この保守契約は、月額10万円として料金を定めており、中途解約があった場合には、未経過期間分の保守料金を返還することとしています。

インボイス対応に当たり、令和５年４月１日以後１年間の取引について１年分の請求書をまとめて発行する場合において、留意点はありますか。

A24

令和５年10月１日以降の取引は、インボイスに対応する必要がありますので、交付する請求書等にインボイスの記載事項である「登録番号」、「適用税率」及び「消費税額等」の記載が必要となります。

なお、制度開始前に「登録番号」等を記載したものを交付することは、差し支えありません。

このため、現実的な対応としては、

①　令和５年４月１日に交付する請求書をインボイス対応する
②　令和５年４月１日から９月30日まで取引に係る請求書と令和５年10月１日から令和６年３月31日までの取引に係る請求書を別個作成する

といった方法が考えられます。

①の場合は、令和５年４月１日から、インボイスの記載事項を満たしたものを交付することとなりますので、早めの準備が必要となります。

ワンポイント！

インボイス制度開始日前に課税仕入れとして計上していたもの、買手においてインボイス制度開始日前の課税仕入れとして計上することが認められているものについては、開始日前に区分記載請求書等を保存することにより仕入税額控除を行うこととなるため、インボイスの記載事項を追加した書類等の交付を相手方に求める必要はありません。

Q25

当社は、インボイス制度開始前の令和５年４月１日に以後１年間の取引について契約を締結します。本契約の決済は口座振替のため、インボイス制度開始後は、契約書にインボイスの記載事項のうち取引年月日以外の事項を記載しようと考えていますが、インボイス制度開始日をまたぐ場合はどのようにしたらよいのでしょうか。

A25

ご質問の場合は、以下の対応が考えられます。

・　インボイス制度開始前であっても契約書にインボイスの記載事項を記載して対応する方法

インボイス制度開始前であっても、「登録番号」などインボイスの記載事項を記載することは問題ないこととされています。

・　インボイス制度開始後、インボイスの記載事項を別途書面や電子データで通知する方法

インボイスは必ずしも一の書類や電子データでなくとも差し支えないため、インボイス制度開始後に別途書面や電子データでインボイスの記載事項のうち契約書に記載されていない部分を交付する対応も問題ありません。

Q26 インボイス制度開始後、免税事業者の個人事業者が令和５年10月１日からインボイス発行事業者となった場合の課税期間はいつからでしょうか？

A26 個人事業者の課税期間は暦年（１月１日から12月31日までの期間）となりますので課税期間はインボイス発行事業者の登録日にかかわらず、令和５年１月１日から令和５年12月31日です。

なお、インボイス発行事業者になったのは令和５年10月１日からであるため、消費税の申告の計算の基となる金額等については10月１日から12月31日までに行った取引を基に算出することになります。

≪令和５年10月１日からインボイス発行事業者になる個人事業者の場合≫

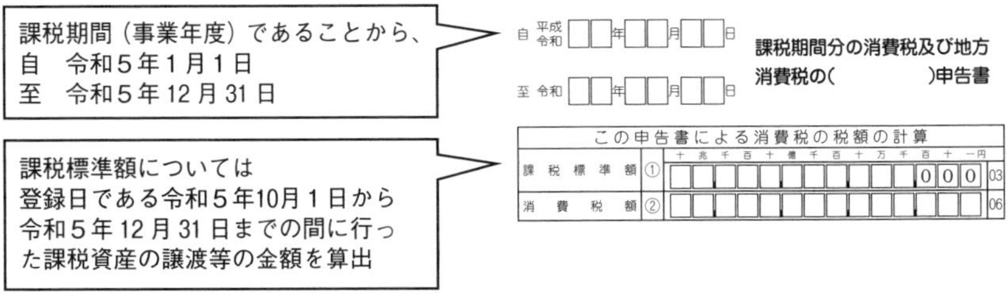

2　免税事業者からの課税仕入れに係る処理（消費税経理通達）

消費税の納税義務者は、消費税及び地方消費税（以後「消費税等」といいます。）の経理処理について、

・　消費税等の額とこれに係る取引の対価の額とを区分して経理する「税抜経理方式」と、
・　消費税等の額とこれに係る取引の対価の額とを区分しないで経理する「税込経理方式」

とのうちいずれかを選択できることとされています。

このうち、税抜経理方式によった場合、インボイス制度開始前は、課税仕入れに係る仮払消費税等の額として計上する金額は、地方消費税も加味したところで、課税仕入れに係る支払対価の額（消費税等の額がある場合にはその額を含みます。以下同じです。）に110分の10（軽減税率の対象となる場合は108分の８）を乗じて算出した金額に相当する額とされていました。例えば、法人が国内において資産（軽減税率の対象ではないものとします。）を取得し、対価として11,000円を支払った場合の仕訳は、次のようになります。

（借方）		（貸方）	
資産	10,000円	現金	11,000円
仮払消費税等	1,000円		

しかしながら、インボイス制度開始後は、課税仕入れであってもインボイス又は簡易インボイスの保存がないものは原則として仕入税額控除の適用を受けることができないため、免税事業者などインボイス発行事業者以外の者からの課税仕入れについて仕入税額控除の適用を受ける課税仕入れに係る消費税額はないこととなります。この点、法

人税・所得税では、仕入税額控除の適用を受ける課税仕入れ等の税額及び当該課税仕入れ等の税額に係る地方消費税の額に相当する金額の合計額が仮払消費税等の額とされていますので、税務上は仮払消費税等の額がないこととなります。

これに伴い、法人税及び所得税について、以下の通達が改正されています。

・　平成元年３月１日付直法２－１「消費税法等の施行に伴う法人税の取扱いについて」（法令解釈通達）

・　平成元年３月29日付直所３－８ほか１課共同「消費税法等の施行に伴う所得税の取扱いについて」（法令解釈通達）

例えば、法人がインボイス発行事業者以外の者からの課税仕入れについてインボイス制度開始前のように仮払消費税等の額として経理した金額があっても、税務上は当該仮払消費税等の額として経理した金額を取引の対価の額に算入して法人税の所得金額の計算を行うことが明らかにされています。

なお、インボイス制度開始から一定期間は、インボイス発行事業者以外の者からの仕入れであっても、仕入税額相当額の一定割合を仕入税額とみなして控除できる経過措置が設けられており、これを踏まえる必要もあります。

具体的な処理の例について、法人税を取り上げて簡単に説明します。

詳細についてご確認されたい場合は、参考資料の「令和３年改正消費税経理通達関係Ｑ＆Ａ」をご参照ください。

例　税抜経理を採用する消費税の課税事業者が免税事業者から事業用建物を取得し、その対価として1,100万円を支払った場合

①　令和５年10月から令和８年９月までの処理

この期間のインボイス発行事業者以外の者からの課税仕入れについては、仕入税額相当額の80％を控除することができます。

このため、支払対価の額のうち、80万円（消費税額等100万円×80％）を仮払消費税等の額として取引の対価から区分し、1,020万円を建物の取得価額として法人税の所得金額の計算を行うこととなります。

②　令和８年10月から令和11年９月までの処理

この期間は、仕入税額相当額の50％を控除することができます。

このため、支払対価の額のうち、50万円（消費税額等100万円×50％）を仮払消費税等の額として取引の対価から区分し、1,050万円を建物の取得価額として法人税の所得金額の計算を行うこととなります。

③　令和11年10月以降の処理

令和11年10月以降は、経過措置の適用がありませんので、インボイス発行事業者以外の者からの課税仕入れについて、控除できる金額はありません。

したがって、1,100万円を建物の取得価額として法人税の所得金額の計算を行うことになります。

消費税の仕入税額控除制度における
適格請求書等保存方式に関する
取扱通達
逐条解説

第一　定義関係

（用語の意義）

1－1　この通達において、次に掲げる用語の意義は、それぞれ次に定めるところによる。

なお、定めがないものは、消費税法基本通達（平成7年12月25日付課消2－25ほか4課共同「消費税法基本通達の制定について」（法令解釈通達）の別冊）に定めるところによる。

⑴　28年改正法　所得税法等の一部を改正する法律（平成28年法律第15号）

⑵　改正法　所得税法等の一部を改正する法律（平成30年法律第7号）

⑶　改正令　消費税法施行令等の一部を改正する政令（平成30年政令第135号）

⑷　改正省令　消費税法施行規則等の一部を改正する省令（平成30年財務省令第18号）

⑸　法　28年改正法及び改正法による改正後の消費税法

⑹　令　改正令による改正後の消費税法施行令

⑺　規則　改正省令による改正後の消費税法施行規則

⑻　適格請求書　法第57条の4第1項に規定する適格請求書をいう。

⑼　適格簡易請求書　法第57条の4第2項に規定する適格簡易請求書をいう。

⑽　適格請求書発行事業者　法第2条第1項第7号の2に規定する適格請求書発行事業者をいう。

⑾　軽減対象課税資産の譲渡等　法第2条第1項第9号の2に規定する軽減対象課税資産の譲渡等をいう。

⑿　軽減税率　100分の6.24をいう。

⒀　標準税率　100分の7.8をいう。

解説

本通達において使用されている用語の意義について定めているものであり、ここに定めのない用語の意義については、消費税法基本通達による。

第二　適格請求書発行事業者の登録制度関係

(登録申請書を提出することができる事業者)

2－1　適格請求書発行事業者の登録（法第57条の２第１項《適格請求書発行事業者の登録等》に規定する登録をいう。以下同じ。）を受けることができるのは、課税事業者に限られるのであるが、免税事業者であっても、例えば、次の場合のように、登録を受けようとする課税期間において課税事業者となるときは、法第57条の２第２項《適格請求書発行事業者の登録申請》に規定する申請書（以下「登録申請書」という。）を提出することができることに留意する。

(1)　免税事業者である事業者が、基準期間における課税売上高が1,000万円超であることにより、翌課税期間から課税事業者となる場合

(2)　免税事業者である事業者が、法第９条第４項《課税事業者の選択》に規定する届出書（以下「課税事業者選択届出書」という。）を提出し、課税事業者となることを選択する場合

(注)　免税事業者が課税事業者となる課税期間の初日から登録を受けようとするときは、原則として、当該課税期間の初日の前日から起算して１月前の日までに登録申請書を提出しなければならない。

解説

令和５年10月１日から、消費税の仕入税額控除を行うためには、法定事項を記載した「帳簿」及び適格請求書などの「請求書等」の保存が要件とされた（適格請求書等保存方式）。この適格請求書等保存方式においては、適格請求書は税務署長の登録を受けた課税事業者（適格請求書発行事業者）のみが交付できるものとされ、また、適格請求書発行事業者か否かを確認することができるように、税務署長が当該事業者を公表する仕組みとする「適格請求書発行事業者登録制度」が創設された。

このように、適格請求書発行事業者の登録を受けることができるのは、課税事業者に限られるため、免税事業者は、そのままでは登録を受けることはできない。ただし、免税事業者であっても、例えば、①基準期間における課税売上高が1,000万円超であることにより、翌課税期間から課税事業者となる場合や、②法第9条第4項《課税事業者の選択》に規定する届出書（以下「課税事業者選択届出書」という。）を提出することにより課税事業者を選択する場合のように、登録を受けようとする課税期間において課税事業者となるときは、法第57条の2第2項《適格請求書発行事業者の登録申請》に規定する申請書（以下「登録申請書」という。）を提出することができることとなる。

本通達は、これらのことを念のため明らかにしている。

また、免税事業者が課税事業者となる課税期間の初日から登録を受けようとする場合には、（事業者が新規開業する場合など、令第70条の4に規定する「事業を開始した日の属する課税期間」から登録を受けようとする場合を除き、）原則として、当該課税期間の初日の前日から起算して1月前の日までに登録申請書を提出しなければならないこととされているため（令70の2）、その旨を注書で念のため明らかにしている。

【参　考】制度開始時における経過措置について

適格請求書等保存方式の開始時にあっては、免税事業者であっても、一定の場合には登録申請書の提出のみで登録を受けることができることとする経過措置が設けられている。

具体的には、適格請求書発行事業者の登録がされた日（以下「登録開始日」という。）が、令和5年10月1日から令和11年9月30日までの日の属する課税期間中である場合には、当該登録開始日から当該課税期間の末日までの間は、事業者免税点制度（法9①）の適用はないこととされ（28年改正法附則44④）、この場合には、免税事業者であっても当該登録開始日から課税事業者となることから、課税事業者選択届出書の提出を要さず登録を受けることができることとなる。

なお、当該登録開始日以後は適格請求書発行事業者となるため、登録開始日の属する課税期間後の課税期間についても事業者免税点制度の適用はないこととなる（法9①括弧書き）。これらに関しては、本通達5－1において、明らかにしている。

（新たに事業を開始した場合の適格請求書発行事業者の登録）

2－2　新たに事業を開始した事業者が、その事業を開始した日の属する課税期間の初日から適格請求書発行事業者の登録を受けようとする場合の規則第26条の4第1号《事業を開始した日の属する課税期間等の範囲》に規定する「国内において課税資産の譲渡等に係る事業を開始した日の属する課税期間」については、原則として、個人事業者が新たに事業を開始した日の属する課税期間及び法人の設立の日の属する課税期間をいうのであるが、非課税資産の譲渡等のみを行っていた事業者又は国外取引のみを行っていた事業者が、新たに国内において課税資産の譲渡等に係る事業を開始した課税期間もこれに含まれることに留意する。

また、次に掲げる課税期間も、これに含むものとして取り扱う。

(1)　その課税期間開始の日の前日まで2年以上にわたって国内において行った課税資産の譲渡等又は課税仕入れ及び保税地域からの引取りがなかった事業者が、課税資産の譲渡等に係る事業を再び開始した課税期間

(2)　設立の日の属する課税期間においては設立登記を行ったのみで事業活動を行っていない免税事業者である法人が、その翌課税期間等において実質的に事業活動を開始した場合の当該課税期間等

解説

適格請求書発行事業者の登録は、適格請求書発行事業者登録簿に登載された日（以下「登録日」という。）からその効力を有するのであるが、新たに事業を開始した事業者の登録に関しては、例えば、新設法人にあっては、設立

前には法人格を有さず、事前に登録申請書の提出を行うことができないといった状況にあり、事業開始とともに登録を受けることができない。

このため、事業者が国内において課税資産の譲渡等に係る事業を開始した日の属する課税期間につき、当該課税期間の初日から適格請求書発行事業者の登録を受けようとする旨を記載した登録申請書を当該課税期間の末日までに提出を行い（当該事業者が免税事業者である場合には、課税事業者選択届出書を当該課税期間の末日までに提出している場合に限る。）、税務署長から登録を受けた場合には、当該課税期間の初日（以下「設立の日」という。）から登録を受けたものとみなすこととされている（令70の４、規則26の４一）。

この場合の「国内において課税資産の譲渡等に係る事業を開始した日の属する課税期間」については、原則として、個人事業者が新規に国内において課税資産の譲渡等に係る事業を開始した場合の事業を開始した日の属する課税期間又は法人を設立した場合の設立の日の属する課税期間をいうのであるが、課税事業者を選択する旨の届出の適用に関する取扱い（消基通１－４－７）と同様に、例えば、非課税資産の譲渡等のみを行っていた事業者又は国外取引のみを行っていた事業者が新たに国内において課税資産の譲渡等に係る事業を開始した課税期間についても、「国内において課税資産の譲渡等に係る事業を開始した日の属する課税期間」に該当することとなる。

また、例えば、長期間休業中であった事業者が事業を再開した場合や、新設法人の第一期目には設立登記のみで事業活動がなく、翌課税期間以降に実質的に事業を開始した場合などにおいては、その事業の開始に合わせて事前に登録申請書を提出することが困難な場合が少なくない。そのような実態を踏まえ、課税事業者を選択する旨の届出の適用に関する取扱い（消基通１－４－７、１－４－８）と同様に、実質的に事業を開始し、又は再開した課税期間についても、「国内において課税資産の譲渡等に係る事業を開始した日の属する課税期間」に含めて取り扱うこととしている。

本通達はこれらのことを、明らかにしている。

(登録番号の構成)

2－3　適格請求書発行事業者登録簿に登載する登録番号（法第57条の2第4項《適格請求書発行事業者の登録等》に規定する登録番号をいう。以下同じ。）は、次の区分に応じ、それぞれ次によるものとする。

⑴　法人番号を有する課税事業者　法人番号（行政手続における特定の個人を識別するための番号の利用等に関する法律（平成25年法律第27号）第2条第15項《定義》に規定する法人番号をいう。）及びその前に付されたローマ字の大文字Tにより構成されるもの

⑵　⑴以外の課税事業者　13桁の数字（法人番号と重複しないものとし、当該課税事業者の個人番号（同法第2条第5項に規定する個人番号をいう。）は利用しないものとする。）及びその前に付されたローマ字の大文字Tにより構成されるもの

解説

適格請求書発行事業者の登録は、税務署長が登録申請書の提出を受け、登録の拒否要件に該当しないかを審査した上で、氏名又は名称、登録番号等を適格請求書発行事業者登録簿へ登載することにより行われる（法57の2④）。

本通達は、登録を受けた適格請求書発行事業者に付すこととなる登録番号について、事業者における番号管理等の便宜を考慮し、法人番号を有する課税事業者においては、法人番号を活用することとし、その法人番号の前に適格請求書発行事業者であることを示すローマ字の大文字Tを付すことにより、登録番号が構成されることを明らかにしている。

また、法人番号を有さない課税事業者においては、法人番号とは重複しない13桁の数字の前にローマ字の大文字Tを付すことにより構成され、個人事業者においては、個人番号を利用するものではないことを明らかにしたものである。

【参　考】法人番号を有さない課税事業者

法人番号を有さない課税事業者には、例えば、課税事業者である個人事業者のほか、課税事業者である人格のない社団等のうち法人番号の指定を受けていないものが該当する。

なお、法人番号の指定を受けていない人格のない社団等が適格請求書発行事業者の登録を受けた後に、法人番号の指定を受けたとしても、当初に付番された登録番号は変更されない。このため、人格のない社団等が法人番号を活用した登録番号の付番を求める場合には、あらかじめ、法人番号の指定を受けることが必要となることに留意する。

（適格請求書発行事業者の登録の効力）

2－4　適格請求書発行事業者の登録は、適格請求書発行事業者登録簿に登載された日（以下「登録日」という。）からその効力を有するのであるから、法第57条の２第７項《登録等の通知》による通知を受けた日にかかわらず、適格請求書発行事業者は、登録日以後に行った課税資産の譲渡等について法第57条の４第１項の規定に基づき適格請求書を交付することとなることに留意する。

㈱1　登録日から登録の通知を受けた日までの間に行った課税資産の譲渡等について、既に請求書等の書類を交付している場合には、当該通知を受けた日以後に登録番号等を相手方に書面等（既に交付した書類との相互の関連が明確であり、当該書面等の交付を受ける事業者が同項各号に掲げる事項を適正に認識できるものに限る。）で通知することにより、これらの書類等を合わせて適格請求書の記載事項を満たすことができる。

2　適格請求書発行事業者の登録がされた場合、登録日その他の適格請求書発行事業者登録簿に登載された事項が、インターネットを通じて公表されることとなる。また、適格請求書発行事業者の登録が取り消された又はその効力を失った場合のその年月日についても同様である。

解 説

適格請求書発行事業者の登録は、税務署長が適格請求書発行事業者登録簿に法定事項を登載することにより行われる（法57の２④）。また、税務署長は、登録申請を行った事業者に対して登録する旨を書面により通知することとされている（法57の２⑦）。この登録の効力は、登録日に生じるものであるから、税務署長から通知を受けた日にかかわらず、当該登録日以後に行った課税資産の譲渡等について、課税事業者からの求めに応じて適格請求書の交付義務が生じることとなる。本通達は、その旨を念のため明らかにしている。

この点、登録日から登録の通知を受けるまでの間の取引について、相手方に交付した請求書等の書類があるときは、登録番号等の記載がないなど、適格請求書の記載事項を満たしていないものと考えられる。本通達の注書１は、このような場合において、通知を受けた後に登録番号等の適格請求書の記載事項として不足する事項を相手方に書面等で通知することで、既に交付した請求書等の書類と合わせて適格請求書の記載事項を満たすことができる旨を念のため明らかにしている。

なお、不足する事項を通知する書面等は、既に交付した請求書等の書類との相互の関連が明確であり、当該書面等の交付を受ける事業者が適格請求書の記載事項を適正に認識できるものに限られる。

また、適格請求書発行事業者の登録日は、上記通知により確認できるのであるが、客観的に適格請求書発行事業者かどうかを確認できる仕組みとして、税務署長は、適格請求書発行事業者登録簿に登載された事項を速やかに公表しなければならないこととされている（法57の２④）。さらに、登録を取り消された場合又は失効した場合についても、その年月日が同様に公表される。本通達の注書２は、このことを念のため明らかにしている。

具体的には、次の事項がインターネットを通じて国税庁のホームページ上で公表される。

【公表事項（＝登録簿への登載事項）】

① 適格請求書発行事業者の氏名又は名称及び登録番号

② 登録年月日

③ 登録取消年月日、登録失効年月日

④ 法人（人格のない社団等を除く。）については、本店又は主たる事務所の所在地

⑤ 特定国外事業者（国内において行う資産の譲渡等に係る事務所、事業所その他これらに準ずるものを国内に有しない国外事業者）以外の国外事業者については、国内において行う資産の譲渡等に係る事務所、事業所その他これに準ずるものの所在地

※ 上記事項のほか、「適格請求書発行事業者の公表事項の公表（変更）申出書」による公表の申出のあった個人事業者等にあっては、同申出書に記載された主たる屋号や主たる事務所の所在地等についても公表される。

（適格請求書発行事業者における法第９条第１項本文の適用関係）

２－５ 適格請求書発行事業者は、その登録日の属する課税期間以後の課税期間については、法第９条第１項本文《小規模事業者に係る納税義務の免除》の規定の適用はないことに留意する。

なお、適格請求書発行事業者の登録を受けていないとすれば同項本文の規定の適用がある事業者が、その適用を受けるには、その適用を受けようとする課税期間の前課税期間の末日から起算して30日前の日の前日までに、法第57条の２第10項第１号《適格請求書発行事業者の登録の取消しを求める場合の届出》に規定する適格請求書発行事業者の登録の取消しを求める旨の届出書の提出が必要となる。

㈱ 法第９条第４項《課税事業者の選択》の規定により課税事業者を選択している適格請求書発行事業者が、同条第１項本文の規定の適用を

受けるには、法第57条の２第10項第１号に規定する適格請求書発行事業者の登録の取消しを求める旨の届出書及び法第９条第５項《課税事業者の選択不適用》に規定する届出書の提出が必要となる。

解　説

適格請求書発行事業者は、その登録を受けた日の属する課税期間以後の課税期間については、法第９条第１項本文《小規模事業者に係る納税義務の免除》の規定の適用はないとされている（法９①本文）。このため、一旦登録を受けたら、その課税期間の基準期間における課税売上高が1,000万円以下となったとしても、免税事業者にならないこととなる。

この場合、適格請求書発行事業者の登録を受けていないとすれば同項本文の規定の適用がある事業者が、その適用を受けようとするときは、事前に登録の取りやめが必要となる。具体的には、その適用を受けようとする課税期間の前課税期間の末日から起算して30日前の日の前日までに、法第57条の２第10項第１号《適格請求書発行事業者の登録の取消しを求める場合の届出》に規定する適格請求書発行事業者の登録の取消しを求める旨の届出書の提出が必要となる。

本通達の本文は、これらのことを念のため明らかにしている。

なお、もともと基準期間の課税売上高が1,000万円以下であるが、課税事業者選択届出書を提出することにより課税事業者を選択した上で、適格請求書発行事業者の登録を受けた事業者が、後に法第９条第１項本文の規定の適用を受けようとする場合には、適格請求書発行事業者の取消しを求める旨の届出書及び法第９条第５項《課税事業者の選択不適用》に規定する届出書（課税事業者選択不適用届出書）の提出が必要となる。本通達の注書は、その旨を念のため明らかにしている。

(注)　28年改正法附則第44条第４項《適格請求書発行事業者の登録等に関する経過措置》の規定の適用を受け、令和５年10月１日の属する課税期間中に適格請求書発行事業者の登録を受けた事業者であって、適格請求書発行事

業者の登録を受けていないとすれば法第９条第１項本文の規定の適用がある事業者が、その適用を受けようとするときは、課税事業者選択届出書の提出はないので、課税事業者選択不適用届出書の提出は不要となる。この点に関しては、本通達５－１の解説において、明らかにしている。

（相続があった場合の登録の効力）

２－６　相続（法第２条第４項《相続等の意義》に規定する相続をいう。）があった場合における適格請求書発行事業者である被相続人の登録は、その事業を承継した相続人が法第57条の３第３項《適格請求書発行事業者が死亡した場合における手続等》の規定により適格請求書発行事業者の登録を受けた事業者とみなされることとなる同項に規定するみなし登録期間後にその効力を失う。したがって、当該相続人が当該みなし登録期間後においても適格請求書を交付しようとするときは、新たに登録申請書を提出し、適格請求書発行事業者の登録を受けなければならないことに留意する。

なお、当該相続人が当該みなし登録期間中に登録申請書を提出した場合において、当該みなし登録期間の末日までに当該申請書に係る適格請求書発行事業者の登録又は法第57条の２第５項《適格請求書発行事業者の登録の拒否》の処分に係る通知がないときは、同日の翌日から当該通知が当該相続人に到達するまでの期間はみなし登録期間とみなされることから、その間の相続人による適格請求書の交付は被相続人の登録番号により行うこととなる。

解説

適格請求書発行事業者以外の相続人が、相続により適格請求書発行事業者である被相続人の事業を承継した場合には、当該相続のあった日の翌日から①相続人が適格請求書発行事業者の登録を受けた日の前日又は②被相続人が死亡した日の翌日から４月を経過する日のうち、いずれか早い日までの期間（以下「みなし登録期間」という。）については、相続人を適格請求書発行事業者の登録を受けた事業者とみなすこととされている（法57の３③）。また、このみなし登録期間においては、被相続人の登録番号が当該相続人の登録番号とみなされ、みなし登録期間後は、被相続人に係る登録の効力は失われる（法57の３④）。

適格請求書発行事業者の登録は課税事業者単位で行われるため、相続人がみなし登録期間後においても適格請求書を交付しようとするときは、新たに登録申請書を提出し、適格請求書発行事業者の登録を受けなければならないこととなる。本通達は、このことを念のため明らかにしている。

また、このような相続人が、みなし登録期間中に登録申請書を提出した場合において、当該みなし登録期間の末日までに当該申請書に係る適格請求書の登録又は登録拒否の通知がないときは、同日から当該通知を受けるまでの間は、当該みなし登録期間が延長される（令70の６②）。このため、相続人は、当該通知を受けるまでの間は、被相続人の登録番号が相続人の登録番号とみなされることから、被相続人の登録番号による適格請求書の交付が可能であり、相続人が登録を受けた場合には、切れ目なく適格請求書を交付することができることとなる。本通達のなお書きは、みなし登録期間中に相続人が登録申請書を提出した場合の登録の適用関係について、念のため明らかにしている。

㈨　適格請求書発行事業者以外の相続人が事業を承継する場合において、当該相続人が法第57条の３第３項《適格請求書発行事業者が死亡した場合における手続等》の規定の適用を受けようとするときは、同条第１項に規定する届出書（適格請求書発行事業者である被相続人が死亡した旨を記載した届出書）に、相続により適格請求書発行事業者の事業を承継した旨を記載する必要がある。

【参　考】事業を営んでいない相続人が、相続により適格請求書発行事業者以外の被相続人の事業を承継した場合

事業を営んでいない相続人が、相続により適格請求書発行事業者以外の被相続人の事業を承継し、新たに事業を開始した場合には、当該相続のあった日の属する課税期間は、規則第26条の４第１号《事業を開始した日の属する課税期間》に掲げる課税期間に該当することとなる。

（合併又は分割があった場合の登録の効力）

２－７　合併又は分割があった場合における適格請求書発行事業者の登録の効力は、それぞれ次のようになることに留意する。

⑴　吸収合併（法第11条第１項《吸収合併があった場合の納税義務の免除の特例》に規定する合併をいう。以下同じ。）又は新設合併（同条第３項《新設合併があった場合の納税義務の免除の特例》に規定する合併をいう。以下同じ。）があった場合において、被合併法人が受けた適格請求書発行事業者の登録の効力は、当該被合併法人の事業を承継した合併法人には及ばない。したがって、当該合併法人が適格請求書発行事業者の登録を受けようとするときは、新たに登録申請書を提出しなければならない。

なお、法人が、新設合併によりその事業を承継した場合又は吸収合併により適格請求書発行事業者の登録を受けていた被合併法人の事業を承継した場合において、当該法人が合併があった日の属する課税期間中に登録申請書を提出したときは、当該課税期間は、規則第26条の４第１号《事業を開始した日の属する課税期間》又は第２号《合併があった日の属する課税期間》に規定する課税期間に該当する。

⑵　分割があった場合において、分割法人が受けた適格請求書発行事業者の登録の効力は、当該分割により当該分割法人の事業を承継した分割承継法人には及ばない。したがって、当該分割承継法人が適格請求書発行事業者の登録を受けようとするときは、新たに登録申請書を提出しなければならない。また、法第12条第７項第２号又は第３号《分割等の意義》に該当する分割等により新設分割親法人の事業を引き継

いだ新設分割子法人についても同様である。

なお、法人が、新設分割によりその事業を承継した場合又は吸収分割により適格請求書発行事業者の登録を受けていた分割法人の事業を承継した場合において、当該法人が新設分割又は吸収分割があった日の属する課税期間中に登録申請書を提出したときは、当該課税期間は、規則第26条の４第１号又は第３号《分割があった日の属する課税期間》に規定する課税期間に該当する。

解説

法人の合併又は分割があった場合の、被合併法人又は分割法人が受けた適格請求書発行事業者の登録の効力は、これらの法人の事業を承継した合併法人又は分割承継法人には及ばない。このため、当該合併法人又は分割承継法人が適格請求書発行事業者の登録を受けようとするときは、新たに登録申請書を提出した上で、登録を受ける必要がある。

なお、新設合併によりその事業を承継した場合又は吸収合併により適格請求書発行事業者の登録を受けていた被合併法人の事業を承継した場合又は新設分割によりその事業を承継した場合又は吸収分割により適格請求書発行事業者の登録を受けていた分割法人の事業を承継した場合において、合併法人又は分割承継法人が、合併又は分割があった日の属する課税期間中に登録申請書を提出したときは、当該課税期間は、規則第26条の４各号《事業を開始した日の属する課税期間》に規定する課税期間に該当することとなるから、令第70条の４の規定の適用を受けて税務署長による登録が行われるときは、当該課税期間の初日に登録を受けたものとみなされる。

本通達は、これらのことを念のため明らかにしている。

（事業の廃止による登録の失効）

２－８　法第57条の２第10項第２号《適格請求書発行事業者の登録の失

効》に規定する「適格請求書発行事業者が事業を廃止した場合」には、法第57条第１項第３号《事業を廃止した場合の届出》に規定する事業を廃止した旨の届出書の提出があった場合のほか、法第９条第５項《課税事業者の選択不適用》、第19条第３項《課税期間の特例の選択不適用》、第37条第５項《中小事業者の仕入れに係る消費税額の控除の特例の選択不適用》、第42条第９項《任意の中間申告書の提出の取りやめ》又は第45条の２第２項《法人の確定申告書の提出期限の特例の取りやめ》のいずれかに規定する事業を廃止した旨の届出書の提出があった場合も含むことに留意する。

〔令４課軽２－４　改正〕

解説

法第57条の２第10項第２号《適格請求書発行事業者の登録の失効》では、適格請求書発行事業者が事業を廃止した場合のうち、上記の法第57条第１項第３号《事業を廃止した場合の届出》に規定する事業を廃止した旨の届出書を提出した場合に限り、当該事業を廃止した日の翌日から、登録の効力を失うこととされている。

他方、当該届出書は、既に他の規定（法第９条第５項《課税事業者の選択不適用》、第19条第３項《課税期間の特例の選択不適用》、第37条第５項《中小事業者の仕入れに係る消費税額の控除の特例の選択不適用》、第42条第９項《任意の中間申告書の提出の取りやめ》又は第45条の２第２項《法人の確定申告書の提出期限の特例の取りやめ》のいずれかに規定する事業を廃止した旨の届出）により、事業を廃止した旨の届出書を提出した場合には、その提出を要しないとされている。

この点、消基通１－４－15（事業を廃止した場合の届出書の取扱い）において、当該他の規定に基づき、事業を廃止した旨の届出書の提出があったときは、他の規定による事業を廃止した旨の届出書の提出があったものとして取り扱うこととしている。これらのことを踏まえ、当該他の規定に基づく届出書の提出があった場合であっても、事業を廃止した旨の届出書の提出があったものとして取り扱われることから、当然に事業を廃止した日の翌日から登録の効力を失うこととなる。

本通達は、このことを念のため明らかにしたものである。

第三　適格請求書発行事業者の義務等関係

(適格請求書の意義)

3－1　適格請求書とは、法第57条の4第1項各号《適格請求書発行事業者の義務》に掲げる事項を記載した請求書、納品書その他これらに類する書類をいうのであるが、同項各号に掲げる事項の記載があれば、その書類の名称は問わない。

また、適格請求書の交付に関して、一の書類により同項各号に掲げる事項を全て記載するのではなく、例えば、納品書と請求書等の二以上の書類であっても、これらの書類について相互の関連が明確であり、その交付を受ける事業者が同項各号に掲げる事項を適正に認識できる場合には、これら複数の書類全体で適格請求書の記載事項を満たすものとなることに留意する。

解説

適格請求書発行事業者は、国内において課税資産の譲渡等を行った場合に、取引の相手方(課税事業者に限る。)から当該課税資産の譲渡等に係る適格請求書の交付を求められたときにはその交付義務が課されることとなる。ここでいう「適格請求書」とは、法第57条の4第1項各号《適格請求書発行事業者の義務》に掲げる事項を記載した請求書、納品書その他これらに類する書類をいうとされている。

この点、例えば、代金の受領の事実を証するために交付される領収証等であっても、同項各号の記載事項を満たせば、適格請求書に該当するものである。本通達の前段は、適格請求書の記載事項を満たす書類であれば、交付される書類の名称の如何を問わない旨を念のため明らかにしている。

また、適格請求書の交付に関しては、例えば、日々の取引の都度納品書を交付し、月ごとにまとめて請求書を作成している場合にあっては、

① 個々の納品書において取引年月日や、課税資産の譲渡等の内容（軽減対象課税資産の譲渡等の内容を含む。）を記載し、
② 月まとめの請求書ではこれらの納品書の伝票番号等を引用するなどによって、その関連性を明らかにするとともに、登録番号、納品書に記載された課税資産の譲渡等に係る税抜価額（同項第４号に規定する「税抜価額」をいう。）又は税込価額（同号に規定する「税込価額」をいう。）の税率ごとの合計額及び適用税率と同項第５号に掲げる消費税額等を記載し、
③ 取引の当事者の名称等はそれぞれの書類に記載している

といったものであるときは、これらの納品書と請求書を合わせて適格請求書の記載事項を満たすこととなる。

このように、適格請求書は、必ずしも法定の記載事項を一の書類で満たすことを要さず、複数の書類で記載事項を満たすことも可能である。ただし、課税仕入れを行った事業者が、これらの複数の書類により、適格請求書の記載事項を適正に把握できるよう、相互の関連を明らかにする必要がある。本通達の後段は、これらのことを明らかにしている。

【参　考】契約書はそれ自体で適格請求書に該当するか

取引を行う当事者間において、適格請求書は、適格請求書発行事業者と取引が行われた事実を客観的に証するものである必要がある。また、適格請求書には、課税資産の譲渡等の年月日を記載することとされており、当該課税資産の譲渡等を行った時点で取引の相手方が適格請求書発行事業者であることを証するものでもある。

このため、今後行われる取引の時期や、期間についての記載があったとしても、適格請求書の記載事項である課税資産の譲渡等を行った年月日を記載したこととはならないこととなる。

そうすると、一般に取引の当事者間で締結される「契約書」は、取引に先立って作成されるものであって、契約書において契約年月日や契約期間等の記載があったとしても適格請求書の記載事項である課税資産の譲渡等の年月日を記載した書類とはいえないため、それ自体では、適格請求書に該当しな

いこととなる。

この場合、契約書に合わせて、課税資産の譲渡が行われたことを証する旨の書類を別途交付するなどにより、当該契約書と合わせて適格請求書の記載事項を満たす書類を交付することが可能である。また、そのような書類が交付されない場合であっても、課税仕入れを行う事業者（取引の買い手）は、課税仕入れの事実を証する他の書類（例えば、銀行振り込みによる代金決済を行った場合において、振込依頼書や通帳などの課税仕入れに係る対価の支払いの事実を証する書類）を契約書と合わせて保存することにより、適格請求書に記載された事項が補完されるものとし、請求書等の保存があるものと取り扱われる。

（適格請求書の記載事項に係る電磁的記録の提供）

3－2　適格請求書発行事業者が、法第57条の4第5項の規定により、適格請求書、適格簡易請求書又は適格返還請求書の交付に代えて行う、これらの書類に記載すべき事項に係る電磁的記録（電子計算機を使用して作成する国税関係帳簿書類の保存方法等の特例に関する法律第2条第3号《定義》に規定する「電磁的記録」をいう。以下同じ。）の提供には、光ディスク、磁気テープ等の記録用の媒体による提供のほか、例えば、次に掲げるようなものが該当する。

(1)　いわゆるEDI取引を通じた提供

(2)　電子メールによる提供

(3)　インターネット上のサイトを通じた提供

また、適格請求書に係る記載事項につき、例えば、納品書データと請求書データなど複数の電磁的記録の提供による場合又は納品書と請求書データなど書面の交付と電磁的記録の提供による場合のいずれにおいても、本通達3－1後段に準じて取り扱うこととなる。

解 説

適格請求書発行事業者は、国内において課税資産の譲渡等を行った場合に、取引の相手方（課税事業者に限る。）から当該課税資産の譲渡等に係る適格請求書の交付を求められたときは、法定事項（以下の①から⑥の事項）を記載した適格請求書を交付しなければならないが、法第57条の4第5項では、その交付に代えて、適格請求書に記載すべき事項に係る電磁的記録を提供することができるとされている（法57の4①⑤）。

① 適格請求書発行事業者の氏名又は名称及び登録番号

② 課税資産の譲渡等を行った年月日

③ 課税資産の譲渡等に係る資産又は役務の内容（課税資産の譲渡等が軽減対象課税資産の譲渡等である場合には、資産の内容及び軽減対象課税資産の譲渡等である旨）

④ 課税資産の譲渡等の税抜価額又は税込価額を税率の異なるごとに区分して合計した金額及び適用税率

⑤ 税率ごとに区分した消費税額等

⑥ 書類の交付を受ける事業者の氏名又は名称

本通達は、この適格請求書に記載すべき事項に係る電磁的記録の提供の具体的な方法について、光ディスク、磁気テープ等の記録用の媒体による提供のほか、次のものを例示して明らかにしたものである。

(1) いわゆるEDI取引を通じた提供

商取引に関連するデータを、通信回線を介して、コンピュータ間で電子データにより交換する取引である、いわゆるEDI（Electronic Data Interchange）取引において、商品の受発注に係る請求データ等を提供するもの

(2) 電子メールによる提供

電子メールにより、文章作成ソフトや、表計算ソフト等により作成した請求書の電子データのほか、イメージデータ処理された請求書の電子データを提供するもの

(3) インターネット上のサイトを通じた提供

インターネット上のサイトを通じて取引に係る領収書等のイメージデータ等の電子データを提供するもの

また、適格請求書の交付に関しては、必ずしも一の書類により記載事項の全てを満たすことを要さず、例えば、納品書と請求書等の二以上の書類であっても、当該書類について相互の関連が明確であり、当該書類の交付を受ける事業者が同項各号に掲げる事項を適正に認識できる場合には、それら複数の書類全体で適格請求書の記載事項を満たすことが可能である（本通達3－1）。これは、複数の書面に係る電子データについても当然に同様の取扱いとなるほか、書面と電子データの組み合わせでも同様の取扱いとなるものである旨、本通達の後段で明らかにしている。

なお、適格請求書に記載すべき事項に係る電磁的記録を提供した場合には、これを保存しなければならないが、その保存方法に関しては、電子計算機を使用して作成する国税関係帳簿書類の保存方法等の特例に関する法律施行規則第8条第1項各号に規定するいずれかの措置を行い、同項に規定する要件に準ずる要件に従って保存することとされている（法57の4⑥、規則26の8①）。また、整然とした形式及び明瞭な状態で出力したものに限り、当該電磁的記録を出力することにより作成した書面による保存も認められる（規則26の8②）。

【参　考】電磁的記録を提供した場合の保存方法

具体的には、以下の措置が必要とされる。

①　次のイからニのいずれかの措置を行うこと

イ　適格請求書に係る電磁的記録を提供する前にタイムスタンプを付し、その電磁的記録を提供すること（電帳規4①一）

ロ　次に掲げる方法のいずれかにより、タイムスタンプを付すとともに、その電磁的記録の保存を行う者又はその者を直接監督する者に関する情報を確認することができるようにしておくこと（電帳規4①二）

・　適格請求書に係る電磁的記録の提供後、速やかにタイムスタンプを付すこと

・　適格請求書に係る電磁的記録の提供からタイムスタンプを付すまでの各事務の処理に関する規程を定めている場合において、その業務の処理に係る通常の期間を経過した後、速やかにタイムスタンプを付すこと

ハ　適格請求書に係る電磁的記録の記録事項について、次のいずれかの要件を満たす電子計算機処理システムを使用して適格請求書に係る電磁的記録の提供及びその電磁的記録を保存すること（電帳規４①三）

・　訂正又は削除を行った場合には、その事実及び内容を確認することができること

・　訂正又は削除することができないこと

ニ　適格請求書に係る電磁的記録の記録事項について正当な理由がない訂正及び削除の防止に関する事務処理の規程を定め、当該規程に沿った運用を行い、当該電磁的記録の保存に併せて当該規程の備付けを行うこと（電帳規４①四）

②　適格請求書に係る電磁的記録の保存等に併せて、システム概要書の備付けを行うこと（電帳規２②一、４①）

③　適格請求書に係る電磁的記録の保存等をする場所に、その電磁的記録の電子計算機処理の用に供することができる電子計算機、プログラム、ディスプレイ及びプリンタ並びにこれらの操作説明書を備え付け、その電磁的記録をディスプレイの画面及び書面に、整然とした形式及び明瞭な状態で、速やかに出力できるようにしておくこと（電帳規２②二、４①）

④　適格請求書に係る電磁的記録について、次の要件を満たす検索機能を確保しておくこと（電帳規２⑥六、４①）

※　国税に関する法律の規定による電磁的記録の提示又は提出の要求に応じることができるようにしているときはⅱ及びⅲの要件が不要となり、その判定期間に係る基準期間における売上高が1,000万円以下の事業者が国税に関する法律の規定による電磁的記録の提示又は提出の要求に応じることができるようにしているときは検索機能の全てが不要となります。

ⅰ　取引年月日その他の日付、取引金額及び取引先を検索条件として設定できること

ⅱ　日付又は金額に係る記録項目については、その範囲を指定して条件を設定することができること

ⅲ　二以上の任意の記録項目を組み合わせて条件を設定できること

（適格請求書等の記載事項の特例）

3－3　法第57条の４第１項及び第２項《適格請求書発行事業者の義務》に規定する記載事項のうち、次に掲げる事項は、取引先コード、商品コード等の記号、番号等による表示で差し支えない。

ただし、表示される記号、番号等により、当該記載事項である「課税資産の譲渡等に係る資産又は役務の内容」について、当該資産の譲渡等が課税資産の譲渡等かどうか、また、当該資産の譲渡等が課税資産の譲渡等である場合においては、軽減対象課税資産の譲渡等かどうかの判別が明らかとなるものであって、適格請求書発行事業者とその取引の相手方との間で、表示される記号、番号等の内容が明らかであるものに限るものとする。

⑴　法第57条の４第１項第１号《適格請求書発行事業者の義務》に規定する「適格請求書発行事業者の氏名又は名称及び登録番号」、同項第３号に規定する「課税資産の譲渡等に係る資産又は役務の内容」及び同項第６号に規定する「書類の交付を受ける事業者の氏名又は名称」

⑵　法第57条の４第２項第１号《適格請求書発行事業者の義務》に規定する「適格請求書発行事業者の氏名又は名称及び登録番号」及び同項第３号に規定する「課税資産の譲渡等に係る資産又は役務の内容」

㈱　適格請求書発行事業者の氏名又は名称及び登録番号につき、取引先コード等の記号、番号等で表示する場合においては、当該記号、番号等により、登録の効力の発生時期等の履歴が明らかとなる措置を講じておく必要がある。

解説

令和元年10月１日から令和５年９月30日までの間の区分記載請求書等保存方式においては、課税仕入れを行う事業者が仕入税額控除に係る帳簿及び請求書等の記載事項に関し、取引の相手方の氏名又は名称や取引の内容について、電算処理等により、記号、番号等にコード化して管理しているときには、当該記号、番号等による表示によって差し支えないこととされている（消基通11－６－１《仕入税額控除に係る帳簿及び請求書等の記載事項の特例》）。

本通達は、適格請求書等保存方式の下においても、適格請求書発行事業者の交付する適格請求書の記載事項に関し、現行における取扱いと同様に、「適格請求書発行事業者の氏名又は名称及び登録番号」、「課税資産の譲渡等に係る資産又は役務の内容」及び「書類の交付を受ける事業者の氏名又は名称」についても取引先コード、商品コード等の記号、番号等による表示で差し支えない旨を明らかにしている。

ただし、適格請求書の記載事項のうち、「課税資産の譲渡等に係る資産又は役務の内容」に関しては、商品コード等により課税取引か課税取引以外のものかが混在しないように区分され、さらに、課税取引である場合においては、軽減税率の適用対象かどうかの判別が明らかである必要がある。このため、商品コード等による表示は、これらの判別が明らかとなるものであって、適格請求書発行事業者とその取引の相手方との間で、表示される記号、番号等の内容が明らかであるものに限るものとしている。

また、適格請求書等保存方式の下では、適格請求書発行事業者が交付する適格請求書には、従来の請求書等の記載事項に加え、適格請求書発行事業者であることを示す登録番号の記載を要することとされており、また、課税仕入れの相手方は、この登録番号の有無により仕入税額控除の可否を判断することとなる。このため、氏名又は名称及び登録番号を取引先コード等により表示する場合には、登録が失効した日などの登録の効力に関する時期等の履歴を管理し、適格請求書発行事業者と取引の相手方の双方がその内容を認識可能である必要がある。本通達の注書きは、このことを念のため明らかにしている。

※　適格請求書に記載すべき事項に係る電磁的記録を提供した場合も、同様の取扱いとなる。

（家事共用資産を譲渡した場合の適格請求書に記載すべき課税資産の譲渡等の対価の額等）

3－4　個人事業者である適格請求書発行事業者が、事業と家事の用途に共通して使用するものとして取得した資産を譲渡する場合には、その譲渡に係る金額を事業としての部分と家事使用に係る部分とに合理的に区分するものとし、適格請求書に記載する法第57条の4第1項第4号《適格請求書発行事業者の義務》に掲げる「課税資産の譲渡等に係る税抜価額又は税込価額を税率の異なるごとに区分して合計した金額」及び同項第5号に掲げる「消費税額等」は、当該事業としての部分に係る金額に基づき算出することとなることに留意する。

解　説

消費税法上、資産の譲渡等に該当するのは、事業者が事業として対価を得て行う資産の譲渡及び貸付け並びに役務の提供であり（法2①八）、個人事業者の行う家事用資産の譲渡は、資産の譲渡等には該当しない。

このため、個人事業者が事業と家事の両方の用途に共通して使用するものとして取得した資産を譲渡する場合には、当該資産を譲渡するに際して収受する金額のうち、「事業として」の部分と「家事用」に係る部分とに合理的に区分することとなる。また、この場合には、当該事業としての部分に係る金額に基づき算出される法第57条の4第1項第4号《適格請求書発行事業者の義務》に掲げる課税資産の譲渡等に係る税抜価額又は税込価額を税率の異なるごとに区分して合計した金額及び同項第5号に掲げる消費税額等を適格請求書に記載することとなる。本通達は、これらのことを明らかにしている。

なお、事業としての部分と家事用に係る部分とに合理的に区分するに当たっては、その譲渡のときの使用割合ではなく、原則として当該資産を取得したときの区分（消基通11－１－４に規定するその資産の使用の実態に基づく使用率、使用面積割合等の合理的な基準による区分）によることとなる。

（共有物の譲渡等における適格請求書に記載すべき課税資産の譲渡等の対価の額等）

３－５　適格請求書発行事業者が、適格請求書発行事業者以外の者である他の者と共同で所有する資産（以下「共有物」という。）の譲渡又は貸付けを行う場合には、当該共有物に係る資産の譲渡等の金額を所有者ごとに合理的に区分するものとし、適格請求書に記載する法第57条の４第１項第４号《適格請求書発行事業者の義務》に掲げる「課税資産の譲渡等に係る税抜価額又は税込価額を税率の異なるごとに区分して合計した金額」及び同項第５号に掲げる「消費税額等」は、自己の部分に係る資産の譲渡等の金額に基づき算出することとなることに留意する。

解　説

他の者と共同で所有する資産（以下「共有物」という。）について、その譲渡又は貸付け等を行う場合に、所有者の全てが適格請求書発行事業者であれば、取引に係る対価の全額について、当該所有者がそれぞれ適格請求書を交付することが可能といえる。他方、所有者に免税事業者等が含まれるときには、任意組合等に係る適格請求書の交付に関する適用関係（法57の６①）を踏まえると、共有物の譲渡又は貸付けについても、所有者の全てが適格請求書発行事業者でなければ適格請求書を交付できない（取引の一部についてのみ交付することはできない）のではないかとの疑問も生じる。

※　任意組合等の組合事業として行う課税資産の譲渡等については、原則として、適格請求書の交付は禁止されているが、当該任意組合等の組合員の

全てが適格請求書発行事業者である場合には、一定の届出書を所轄税務署長に提出することを要件として、適格請求書の交付が認められている（法57の6①）。

この点、任意組合等が行う取引については、組合事業として行う「一の取引」であって、その取得する財産は、組合員に合有的に帰属するものであるから、当該「一の取引」を組合員の取引として分割されるものではない。他方、共有物の譲渡又は貸付け等については、組合契約等に基づく事業としてではなく、個々の所有者による取引が、共有物を目的物として行われるものであって、例えば、共有物の譲渡をした場合の対価は、個々の所有者が所有権の持分に応じて帰属することとなる。

したがって、適格請求書発行事業者が、共有物の譲渡又は貸付け等を行う場合には、当該共有物に係る資産の譲渡等に係る金額（対価として収受する金額の総額）を持分等その有する権利の割合に応じ所有者ごとに合理的に区分するものとし、適格請求書の交付に当たっては、自己の部分に係る金額に基づき、法第57条の4第1項第4号《適格請求書発行事業者の義務》に掲げる課税資産の譲渡等に係る税抜価額又は税込価額を税率の異なるごとに区分して合計した金額及び同項第5号に掲げる消費税額等を算出し、適格請求書へ記載することとなる。

【参　考】

現行の不動産賃貸取引において、物件の所有者（貸主）が複数存在する場合には賃貸借契約書や重要事項説明書に全ての共有者名や持分が記載されるため、賃借物件が共有資産である事実を借主が把握することは可能である。しかしながら、借主が事前に仕入税額控除を行うことが出来る金額を把握するという予見可能性の観点からは、適格請求書発行事業者と適格請求書発行事業者以外の者の持分等に応じた取引対価の額を契約書等においてそれぞれ記載しておくといった対応が考えられる。

（適格請求書発行事業者でなくなった場合の適格請求書の交付）

3－6　適格請求書発行事業者が適格請求書発行事業者でなくなった後、適格請求書発行事業者であった課税期間において行った課税資産の譲渡等を受ける他の事業者（法第57条の４第１項《適格請求書発行事業者の義務》に規定する「他の事業者」をいう。）から当該課税資産の譲渡等に係る適格請求書の交付を求められたときは、当該他の事業者にこれを交付しなければならないことに留意する。

解 説

適格請求書発行事業者が、国内において課税資産の譲渡等を行った場合、取引の相手方（課税事業者に限る。以下同じ。）から適格請求書の交付を求められたときは、これを交付しなければならないとされている（法57の４①）。この適格請求書の交付義務に関して、例えば、当該適格請求書発行事業者の登録を取り止めるなどにより適格請求書発行事業者でなくなった後であっても、適格請求書発行事業者であった間の交付義務が消滅するものではないから、適格請求書発行事業者であった課税期間において行った課税資産の譲渡等に係るものについては、引き続き、取引の相手方の求めに応じ適格請求書を交付しなければならないこととなる。本通達は、このことを念のため明らかにしている。

㊟　相続により適格請求書発行事業者の事業を承継した相続人がある場合のみなし登録期間（法第57条の３第３項に規定する「みなし登録期間」をいう。）後においては、当該相続人は、被相続人の適格請求書発行事業者である地位は承継しない（本通達２－６）。他方、被相続人が適格請求書発行事業者であった課税期間において行った課税資産の譲渡等に係る取引の相手方との債権債務関係は、包括的に相続人に承継されることとなるから、これに伴い、当該相手方から当該課税資産の譲渡等に係る適格請求書の交付を求められた場合にはこれを交付しなければならないこととなる

（結果、適格請求書を交付する義務が承継されることとなる。）。また、同様に、法人が新設合併によりその事業を承継した場合又は吸収合併により適格請求書発行事業者の登録を受けていた被合併法人の事業を承継した場合において、被合併法人が適格請求書発行事業者であった課税期間において行った課税資産の譲渡等につき、被合併法人の取引の相手方から当該課税資産の譲渡等に係る適格請求書の交付を求められた場合にはこれを交付しなければならないこととなる。

（媒介者等に対する通知の方法）

3－7　適格請求書発行事業者が、媒介者等（令第70条の12第１項《媒介者等による適格請求書等の交付の特例》に規定する「媒介者等」をいう。以下同じ。）を介して国内において課税資産の譲渡等を行う場合において、同項の規定の適用を受けるには、当該媒介者等が当該課税資産の譲渡等の時までに当該事業者から適格請求書発行事業者の登録を受けている旨の通知を受けていることが要件となるが、当該通知の方法については、例えば、当該事業者が個々の取引の都度、事前に登録番号を当該媒介者等へ書面等により通知する方法のほか、当該事業者と当該媒介者等との間の基本契約書等に当該事業者の登録番号を記載するといった方法がある。

解説

事業者が、媒介又は取次ぎに係る業務を行う者（以下「媒介者等」という。）を介した取引を行う場合に、当該事業者と媒介者等の双方が適格請求書発行事業者であって、事前に媒介者等が当該事業者から登録を受けている旨の通知を受けているときは、当該媒介者等は、自己の氏名等や登録番号により当該取引に関して、適格請求書等（令第70条の12第１項《媒介者等による適格請求書等の交付の特例》に規定する適格請求書等をいう。以下同じ。）又はこれに記載すべき事項に係る電磁的記録（法第57条の４第５項《適格請求書の電磁的記録による提供》に規定する電磁的記録をいう。以下同じ。）を当該事業者に代わって交付し、又は提供することができるとされている（令70の12①）。

本通達は、この媒介者等による適格請求書等の交付の要件とされる当該事業者から媒介者等に対する「登録を受けている旨の通知」の方法について、例示するものである。

具体的には、取引の都度登録を受けている旨を通知する方法のほか、継続的に取引を行う際の基本契約書等において、当該事業者の登録番号を記載するといった方法がある。

なお、通知を行った事業者が適格請求書発行事業者でなくなった場合には、当該事業者は、当該通知を受けた媒介者等に対し、速やかにその旨を通知しなければならないこととされているため（令70の12④）、基本契約等による方法においては、この点について特に注意しておく必要がある。

（媒介者等が交付する適格請求書等の写しの内容）

３－８　媒介者等が令第70条の12第１項《媒介者等による適格請求書等の交付の特例》の規定により事業者に代わって適格請求書等（同項に規定する「適格請求書等」をいう。以下同じ。）を交付し、又は適格請求書等に記載すべき事項に係る電磁的記録を提供した場合には、当該適格請求書等の写し又は当該電磁的記録を当該事業者に対して交付し、又は提供しなければならないが、例えば、当該適格請求書等に複数の事業者に係る記載があるなどにより当該適格請求書等の写しをそのまま交付することが困難な場合には、当該適格請求書等に記載された事項のうち当該事業者に係る事項を記載した精算書等を交付することで差し支えないものとする。

なお、この場合には、当該媒介者等においても交付した当該精算書等の写しを保存するものとする。

解 説

事業者が、媒介者等を介した取引を行う場合に、当該事業者と媒介者等の双方が適格請求書発行事業者であって、事前に媒介者等が当該事業者から登録を受けている旨の通知を受けているときは、当該媒介者等は、自己の氏名等や登録番号により当該取引に関して、適格請求書等又はこれに記載すべき事項に係る電磁的記録を当該事業者に代わって交付し、又は提供することができるとされている（令70の12①）。

この場合、媒介者等が当該事業者に代わって交付し、又は提供した適格請求書等の写し又は当該適格請求書等に記載すべき事項に係る電磁的記録については、当該事業者及び当該媒介者等の双方で保存しなければならないこととされている（法57の４⑥、令70の12①後段）。

この点、例えば、媒介者等の自己の取引に係る記載や複数の事業者に係る記載がある場合など、当該適格請求書等の写しをそのまま交付することが困難なものも認められる。このため、本通達は、そのような場合に、当該媒介者等が当該事業者に対して交付する取引の明細等を記載した精算書等の書類を交付することで差し支えない旨、また、当該事業者においては受領した精算書等を保存し、また、交付した媒介者等においてはその写しを保存することとなる旨を明らかにするものである。

なお、その場合、当該媒介者等は、交付した適格請求書等の写しと、当該事業者に交付した精算書等の写しの双方を保存することになる点に留意する必要がある。

※　媒介者等が複数の事業者に係る取引を行っている場合には、どの事業者に帰属するものかを確認できるよう媒介者の交付した適格請求書等とそれぞれの事業者に交付する精算書等の書類との相互の関連性を明確にしておく必要がある。

（３万円未満のものの判定単位）

３－９　令第70条の９第２項第１号《適格請求書の交付を免除する課税資

産の譲渡等の範囲等》及び規則第26条の6第1号《適格請求書等の交付が著しく困難な課税資産の譲渡等》に規定する「税込価額が3万円未満のもの」に該当するかどうかは、一回の取引の課税資産の譲渡等に係る税込価額（法第57条の4第1項第4号《適格請求書発行事業者の義務》に規定する「税込価額」をいう。）が3万円未満であるかどうかで判定するのであるから、課税資産の譲渡等に係る一の商品（役務）ごとの税込価額によるものではないことに留意する。

解説

令第70条の9第2項第1号《適格請求書の交付を免除する課税資産の譲渡等の範囲等》において、一定の公共交通機関による旅客の運送であって、「役務の提供に係る税込価額」が3万円未満のもの（以下「公共交通機関特例」という。）が、適格請求書の交付義務を免除する課税資産の譲渡等として規定されている。また、適格請求書の交付が著しく困難なためその交付を免除する取引として、自動販売機又は自動サービス機により行われる課税資産の譲渡等のうち、当該課税資産の譲渡等に係る税込価額が3万円未満のものが規定されている（令70の9②三、規則26の6一）。

本通達は、これらの税込価額が3万円未満であるかどうかの判定単位について明らかにするものである。

具体的には、これらの「税込価額」とは、法第57条の4第1項第4号《適格請求書発行事業者の義務》に規定する課税資産の譲渡等に係る税込価額であるため、これが3万円未満かどうかの判定は、消費税及び地方消費税込みの支払金額について、一回の取引に係る金額が3万円未満であるかどうかで判定することとなる。このため、一の商品（役務）ごとの金額、月まとめ等の金額により判定することとはならない。

※　例えば、東京大阪間の運賃が大人1人当たり片道13,000円（税込）である場合、大人4人分の旅客の運送を行うときは、4人分の52,000円で判定することとなる。したがって、この場合には、課税資産の譲渡等に係る税

込価額が３万円以上であるため、公共交通機関特例の適用はなく、適格請求書の交付義務は免除されないこととなる。

（公共交通機関特例の対象となる運賃及び料金の範囲）

３－10　令第70条の９第２項第１号イからニまで《適格請求書の交付を免除する課税資産の譲渡等の範囲等》に掲げる旅客の運送には、旅客の運送に直接的に附帯するものとして収受する特別急行料金、急行料金、寝台料金等を対価とする役務の提供は含まれるが、旅客の運送に直接的に附帯するものではない入場料金、手回品料金、貨物留置料金等を対価とする役務の提供は、含まれないことに留意する。

解説

旅客の運送に直接的に附帯する役務の提供に対する対価である特別急行料金、急行料金、寝台料金等は公共交通機関特例に係る対価に該当し、旅客の運送に直接的に附帯しない対価である入場料金、手回品料金、貨物留置料金等は公共交通機関特例に係る対価に該当しない。本通達は、これらのことを念のため明らかにしたものである。

（自動販売機及び自動サービス機により行われる課税資産の譲渡等の範囲）

３－11　規則第26条の６第１号に規定する「自動販売機又は自動サービス機」とは、商品の販売又は役務の提供（課税資産の譲渡等に該当するものに限る。以下「商品の販売等」という。）及び代金の収受が自動で行われる機械装置であって、当該機械装置のみにより商品の販売等が完結するものをいい、例えば、飲食料品の自動販売機のほか、コインロッカーやコインランドリー等がこれに該当する。

㈱　小売店内に設置されたセルフレジなどのように単に代金の精算のみ

を行うものは、これに該当しないことに留意する。

解説

適格請求書の交付が著しく困難な取引として、自動販売機又は自動サービス機により行われる課税資産の譲渡等が規定されている（令70の９②三、規則26の６一）。ここでいう「自動販売機又は自動サービス機」とは、代金の収受及び商品の販売又は役務の提供が自動で行われる機械装置であって、当該機械装置のみにより商品の販売等が完結するものをいう旨を明らかにしている。

具体的には、飲食料品の自動販売機のほか、コインロッカーやコインランドリー等もこれに該当するが、小売店内に設置されたセルフレジなどのように、単に代金の精算のみを行うものは該当しないこととなる。また、自動券売機のように、券類の発行とその代金の受領を行うのみで、その券類との引き換えによる給付（課税資産の譲渡等）が別途行われるようなものについても、該当しないこととなる。

（適格請求書に記載する消費税額等の計算に係る端数処理の単位）

3－12　適格請求書発行事業者が適格請求書に記載する消費税額等（法第57条の４第１項第５号《適格請求書発行事業者の義務》に掲げる「消費税額等」をいう。）は、令第70条の10《適格請求書に記載すべき消費税額等の計算》に規定する方法により、課税資産の譲渡等に係る税抜価額（法第57条の４第１項第４号に規定する「税抜価額」をいう。）又は税込価額（同号に規定する「税込価額」をいう。）を税率の異なるごとに区分して合計した金額を基礎として算出し、算出した消費税額等の１円未満の端数を処理することとなるのであるから、当該消費税額等の１円未満の端数処理は、一の適格請求書につき、税率の異なるごとにそれぞれ１回となることに留意する。

㊟　複数の商品の販売につき、一の適格請求書を交付する場合において、一の商品ごとに端数処理をした上でこれを合計して消費税額等として記載することはできない。

解説

適格請求書発行事業者が適格請求書に記載する消費税額等（法第57条の4第1項第5号《適格請求書発行事業者の義務》に規定する「消費税額等」をいう。）については、1円未満の端数があるときは、その端数を処理することとなるが、その方法は、令第70条の10《適格請求書に記載すべき消費税額等の計算》の規定において、課税資産の譲渡等に係る税抜価額（法第57条の4第1項第4号に規定する「税抜価額」をいう。）又は税込価額（同号に規定する「税込価額」をいう。）を税率の異なるごとに区分して合計した金額を基礎として算出された消費税額等に1円未満の端数があるときは、当該端数の金額を処理することとされている。

このため、例えば、複数の商品の販売につき、一の適格請求書を交付する場合において、一の商品ごとに端数処理した上でこれを合計して消費税額等として記載することは認められない。そのような記載誤りがないよう、本通達は、消費税額等の1円未満の端数処理は、一の適格請求書につき、税率の異なるごとにそれぞれ1回となる旨を念のため明らかにするものである。

※　1円未満の端数については、切捨て、切上げ、四捨五入など事業者の任意の方法による処理が認められる。

（課税標準額に対する消費税額の計算）

3－13　その課税期間に係る法第45条第1項第2号《課税資産の譲渡等及び特定課税仕入れについての確定申告》に掲げる税率の異なるごとに区分した課税標準額に対する消費税額は、原則として、同項第1号に掲げる課税標準額につき、税率の異なるごとに標準税率又は軽減税率を乗じて算出した金額を合計する方法（以下３－13において「総額割戻し方式」という。）により算出した金額となるのであるが、その課税期間中に国内において行った課税資産の譲渡等（同条第５項ただし書の規定に係るものを除く。）につき交付した適格請求書又は適格簡易請求書の写しを法第57条の４第６項《適格請求書発行事業者の義務》の規定により保存している場合（同項の規定により同項に規定する電磁的記録を保存している場合を含む。）には、当該適格請求書又は当該適格簡易請求書に記載した同条第１項第５号又は第２項第５号に掲げる消費税額等及び当該電磁的記録に記録した消費税額等の合計額に100分の78を乗じる方法（以下３－13において「適格請求書等積上げ方式」という。）により算出した金額とすることができることに留意する。

また、取引先ごと又は事業ごとにそれぞれ別の方式によるなど、総額割戻し方式と適格請求書等積上げ方式を併用することとしても差し支えない。

㈱１　法第57条の４第２項第５号に掲げる事項につき、適用税率のみを記載した適格簡易請求書には、消費税額等の記載がないため、適格請求書等積上げ方式によることはできない。

２　その課税期間に係る法第45条第１項第２号に掲げる課税標準額に対する消費税額の計算につき、適格請求書等積上げ方式による場合（総額割戻し方式と適格請求書等積上げ方式を併用する場合を含む。）には、法第30条第１項《仕入れに係る消費税額の控除》に規定する課税仕入れに係る消費税額の計算につき、令第46条第３項《課税仕入れに係る支払対価の合計額から割戻す方法による消費税額の計算》に規定する計算の方法によることはできない。

解説

適格請求書等保存方式における売上税額の計算方法については、原則として、課税期間中の課税資産の譲渡等の税込金額の合計額に110分の100（軽減税率の対象となる場合は108分の100）を乗じて計算した課税標準額に100分の7.8（軽減税率の対象となる場合は100分の6.24）を乗じて算出する方法（以下「総額割戻し方式」という。）によることとなる。

これ以外の方法として、当該課税期間中に国内において行った課税資産の譲渡等（法第45条第５項ただし書きの規定に係るものを除く。）につき交付した適格請求書及び適格簡易請求書の写しを保存している場合（電磁的記録により提供したものを保存している場合を含む。）には、当該写しに記載された税率ごとの消費税額等の合計額に100分の78を乗じて算出する方法（適格請求書等積上げ方式）によることもできるとされており（法45⑤、令62）、これらの二つの計算方式については、併用も認められる旨を念のため明らかにしたものである。

また、適格簡易請求書の記載事項は、「適用税率又は消費税額等」であるところ、「適用税率」のみを記載して交付する場合には税率ごとの消費税額等の記載がないため、積上げ計算を行うことはできない。さらに、適格請求書等積上げ方式により売上税額の計算を行う場合（総額割戻し方式と併用する場合を含む。）には、仕入税額の計算方法において総額割戻し方式による計算を適用することはできない。これらのことを本通達の注書で念のため明らかにしている。

（登録前に行った課税資産の譲渡等に係る対価の返還等）

３－14　適格請求書発行事業者が、適格請求書発行事業者の登録を受ける前に行った課税資産の譲渡等（当該事業者が免税事業者であった課税期間に行ったものを除く。）について、登録を受けた日以後に売上げに係る対価の返還等を行う場合には、当該対価の返還等についても法第38条第１項の適用があるが、当該対価の返還等に関する法第57条の４第３項《適格返還請求書の交付義務》の規定の適用はないことに留意する。

解　説

法第38条第１項《売上げに係る対価の返還等をした場合の消費税額の控除》の規定は、課税事業者が行った課税資産の譲渡等について、売上げに係る対価の返還等を行った場合に、その返還等の金額に見合う消費税額を当該課税事業者が過大に負担することとならないよう、調整をするために設けられている。この売上げに係る対価の返還等は、継続して事業を行う限り恒常的に発生するものであるから、その事業者が継続して課税事業者であれば、その売上げに係る対価の返還等の基となる課税売上げがどの課税期間において行われたものかにかかわらず、対価の返還等を行った課税期間において課税標準額に対する消費税額を調整することとされている。

これは、当該事業者が課税事業者である課税期間に行った課税資産の譲渡等に係る対価の返還等である限り、適格請求書発行事業者であるか否かを問わず、法第38条第１項の規定が適用されるものである。

ところで、法第57条の４第３項《適格返還請求書の交付義務》の規定では、適格請求書発行事業者が、売上げに係る対価の返還等（法第38条第１項に規定する「売上げに係る対価の返還等」をいう。以下同じ。）を行う場合に、法第57条の４第３項各号に掲げる事項を記載した適格返還請求書を交付しなければならないとされている。これは、事業者が売上げに係る対価の返還等を行った場合に、仕入れ側にその事実を正しく伝達し、仕入税額の調整を図るため設けられているものである。

他方、仕入れに係る対価の返還等に係る規定の適用は、法第30条第１項の規定の適用を受けたものに限定されている（法32①）。このため、登録前に行われた課税資産の譲渡等に係る課税仕入れであって、その適格請求書の交付を受けていないものについては、原則、法第30条第１項の規定の適用を受けることがないのであるから、当該課税仕入れに係る仕入れに係る対価の返還等を受けたとしても、法第32条第１項の規定の適用はないこととなる。

これらのことを踏まえると、適格請求書発行事業者の登録前に行った課税資産の譲渡等につき売上げに係る対価の返還等を行ったとしても、当該対価の返還等について適格返還請求書の交付義務はなく、登録後に行った課税資産の譲渡等につき売上げに係る対価の返還等を行う場合について適用されることとなる。

本通達は、このことを念のため明らかにしている。

【参　考】

1　適格請求書等保存方式の施行日である令和５年10月１日前（令和５年９月30日以前）に行われた課税仕入れに係る対価の返還等については、28年改正法による改正前の規定（28年改正法附則第34条第２項前段《31年軽減対象資産の譲渡等に係る税率等に関する経過措置》の規定により読み替えて適用される改正前の法第32条第１項）が適用されることとされている（28年改正法附則48）。

2　令和５年10月１日以後に行われた課税資産の譲渡等で、登録前のものに係る売上げ対価の返還等と登録後のものに係る売上げ対価の返還等につき、適格返還請求書に記載すべき事項を記載した一の書類を交付する場面も想定されるが、この場合、仕入れ側は当該登録前のものに係る課税仕入れにつき、仕入れに係る対価の返還等に係る規定（法32①）の適用はないこととなるため、登録前の売上げに係る対価の返還等を明確に区分する必要がある。

また、登録前の課税資産の譲渡等に係る対価の返還等については、本通達３－16後段（「売上げに係る対価の返還等に係る税抜価額又は税込価額を税率の異なるごとに区分して合計した金額」について、継続適用を条件にこれらの金額の差額を記載することで、これらの記載があるものとする取扱い）の適用もないため、同様に明確に区分する必要がある。

（適格請求書発行事業者でなくなった場合の適格返還請求書等の交付）

３－15　適格請求書発行事業者が適格請求書発行事業者でなくなった後において、適格請求書発行事業者であった課税期間において行った課税資産の譲渡等につき、売上げに係る対価の返還等を行った場合には、適格返還請求書を交付しなければならないことに留意する。

解説

適格請求書発行事業者が、売上げに係る対価の返還等を行ったときは、適格返還請求書を交付しなければならないとされている（法57の４③）。この適格返還請求書の交付義務に関して、例えば、当該適格請求書発行事業者が登録を取り止めるなどにより適格請求書発行事業者でなくなった後であっても、適格請求書発行事業者であった課税期間において行った課税資産の譲渡等に係るものについては、当初に交付した適格請求書に係るものであるから、適格返還請求書を交付しなければならないこととなる。本通達は、このことを念のため明らかにしている。

㈲　相続により被相続人の事業を承継した相続人が、被相続人により行われた課税資産の譲渡等につき売上げに係る対価の返還等をした場合には、その相続人が行った課税資産の譲渡等につき売上げに係る対価の返還等をしたものとみなされる（法38③）。このため、相続により適格請求書発行事業者の事業を承継した相続人がある場合のみなし登録期間（法第57条の３第３項に規定する「みなし登録期間」をいう。）後においても、当該被相続人が適格請求書発行事業者であった課税期間において行った課税資産の譲渡等についての売上げに係る対価の返還等に関し、相続人が適格返還請求書を交付する義務があることとなる。

また、合併により事業を承継した合併法人が被合併法人により行われた課税資産の譲渡等につき売上げに係る対価の返還等をした場合又は分割により事業を承継した分割承継法人が分割法人により行われた課税資産の譲渡等につき売上げに係る対価の返還等をした場合には、それぞれ合併法人又は分割承継法人が行ったものとみなされる（法38④）。このため、被合併法人又は分割法人が適格請求書発行事業者であった課税期間において行った課税資産の譲渡等についての売上げに係る対価の返還等に関しては、当該合併法人又は当該分割承継法人が適格請求書を交付する義務があることとなる。

なお、適格請求書、適格簡易請求書又は適格返還請求書（以下「適格請求書等」という。）を交付した適格請求書発行事業者が、適格請求書発行事業者でなくなった後に、これらの書類の記載事項に誤りがあったことが判明した場合であっても、当該適格請求書発行事業者であった個人事業者が死亡した場合又は当該適格請求書発行事業者であった法人が合併等により消滅した場合を除き、これらの書類を交付した他の事業者に対して、修正した適格請求書等を交付しなければならない。

また、相続、合併又は分割等があった場合には、事業を承継する相続人、合併法人又は分割承継法人が、修正した適格請求書等を交付しなければならない。

（適格返還請求書の交付方法）

3－16　一の事業者に対して、適格請求書及び適格返還請求書（法第57条の4第3項に規定する「適格返還請求書」をいう。以下同じ。）を交付する場合において、それぞれの記載事項を満たすものであれば、一の書類により交付することとしても差し支えない。

また、その場合の適格請求書に記載すべき同条第1項第4号に掲げる「課税資産の譲渡等に係る税抜価額又は税込価額を税率の異なるごとに区分して合計した金額」と適格返還請求書に記載すべき同条第3項第4号に掲げる「売上げに係る対価の返還等に係る税抜価額又は税込価額を税率の異なるごとに区分して合計した金額」については、継続適用を条件にこれらの金額の差額を記載することで、これらの記載があるものとして取り扱う。この場合において、適格請求書に記載すべき消費税額等（同条第1項第5号に掲げる「消費税額等」をいう。）と適格返還請求書に記載すべき売上げに係る対価の返還等の金額に係る消費税額等（同条第3項第5号に掲げる「売上げに係る対価の返還等の金額に係る消費税額等」をいう。）についても、当該差額に基づき計算した金額を記載することで、これらの記載があるものとする。

解説

適格請求書とは、法第57条の4第1項各号《適格請求書発行事業者の義務》に掲げる事項が記載された請求書、納品書その他これらに類する書類であり、また、適格返還請求書とは、同条第3項各号《適格返還請求書の交付》に掲げる事項が記載された請求書、納品書その他これらに類する書類であるとされている。このため、一の書類であっても、適格請求書及び適格返還請求書の記載事項が記載されていれば、当該一の書類が、適格請求書及び適格返還請求書に該当することとなる。本通達の前段は、このことを念のため明らかにしている。

また、一般に返品、値引き等があった場合には、得意先別にその課税期間の課税資産の譲渡等の金額の合計額からその課税期間において行った売上げに係る対価の返還等の金額を控除した後の金額を基にその課税期間の課税標準額を計算する処理を継続して行っているときは、これを認めることとしている（消基通14－1－8）。

このため、本通達の後段では、適格請求書及び適格返還請求書の記載事項を一の書類に記載する場合において、得意先別に、適格請求書に記載すべき同項第4号に掲げる「課税資産の譲渡等に係る税抜価額又は税込価額を税率の異なるごとに区分して合計した金額」から、適格返還請求書に記載すべき「売上げに係る対価の返還等に係る税抜価額又は税込価額を税率の異なるごとに区分して合計した金額」を控除した残額（差額）について記載する処理を継続して行っている場合には、これによることを認めるものである。また、この場合においては、適格請求書に記載すべき同条第1項第5号に掲げる「消費税額等」と適格返還請求書に記載すべき同条第3項第5号に掲げる「売上げに係る対価の返還等の金額に係る消費税額等」についても、当該差額に基づき計算した金額を記載することで、これらの記載があるものとするものである。

（修正適格請求書の記載事項）

3 －17　法第57条の４第４項《適格請求書発行事業者の義務》に規定する「修正した適格請求書、適格簡易請求書又は適格返還請求書」には、当初に交付した適格請求書、適格簡易請求書又は適格返還請求書との関連性を明らかにした上で、修正した事項を明示した書類等も含まれることに留意する。

解　説

適格請求書、適格簡易請求書又は適格返還請求書（以下「適格請求書等」という。）を交付した適格請求書発行事業者は、当該適格請求書等の記載事項に誤りがあった場合には、これを交付した他の事業者に対して、修正した適格請求書等を交付しなければならないとされている（法57の４④）。この修正した適格請求書等については、誤りがあった事項を訂正の上、改めて適格請求書等の記載事項の全てを記載した書類のほか、当初に交付した適格請求書等との関連性を明らかにした上で、修正した事項を明示した書類等も含まれる。本通達は、このことを念のため明らかにしている。

第四　適格請求書等保存方式による仕入税額の控除関係

（家事共用資産を取得した場合の課税仕入れに係る消費税額等）

4－1　個人事業者が資産を事業と家事の用途に共通して消費し、又は使用するものとして取得した場合、その家事消費又は家事使用に係る部分は課税仕入れに該当しないことから、令第46条第１項第１号から第５号まで《課税仕入れに係る消費税額の計算》に掲げる消費税額等のうち課税仕入れに係る部分の金額又は同項第６号に掲げる課税仕入れに係る支払対価の額は、事業の用途に消費し、又は使用する部分の金額として、当該資産の消費又は使用の実態に基づく使用率、使用面積割合等の合理的な基準により計算することとなることに留意する。

解説

個人事業者が資産を事業と家事の用途に共通して消費し、又は使用するものとして取得した場合、その家事消費又は家事使用に係る部分は課税仕入れに該当しないこととなる（消基通11－１－４）。このため、適格請求書に記載する消費税額等として、令第46条第１項第１号から第５号まで《課税仕入れに係る消費税額の計算》に掲げる消費税額等のうち課税仕入れに係る部分の金額は、適格請求書、適格簡易請求書、仕入明細書（法第30条第９項第３号に掲げる書類）、令第70条の９第２項第２号に掲げる課税資産の譲渡等につき農業協同組合等から交付を受ける一定書類（法第30条第９項第４号に掲げる書類）に記載され、又はこれらの書類に係る電磁的記録に記録された消費税額等のうち、事業の用途に消費し、又は使用する部分の金額となる。また、令第46条第１項第６号に掲げる課税仕入れに係る支払対価の額についても、同様である。

この場合の「事業の用途に消費し、又は使用する部分の金額」は、当該資産の消費又は使用の実態に基づく使用率、使用面積割合等の合理的な基準により計算することとなる。本通達は、このことを念のため明らかにしている。

(立替払に係る適格請求書)

4－2　課税仕入れに係る支払対価の額につき、例えば、複数の事業者が一の事務所を借り受け、複数の事業者が支払うべき賃料を一の事業者が立替払を行った場合のように、当該課税仕入れに係る適格請求書（以下「立替払に係る適格請求書」という。）が当該一の事業者のみに交付され、当該一の事業者以外の各事業者が当該課税仕入れに係る適格請求書の交付を受けることができない場合には、当該一の事業者から立替払に係る適格請求書の写しの交付を受けるとともに、当該各事業者の課税仕入れに係る仕入税額控除に必要な事項が記載された明細書等（以下「明細書等」という。）の交付を受け、これらを併せて保存することにより、当該各事業者の課税仕入れに係る適格請求書の保存があるものとして取り扱う。

なお、一の事業者が、多数の事業者の課税仕入れに係る支払対価の額につき一括して立替払を行ったことにより、当該一の事業者において立替払に係る適格請求書の写しの作成が大量となり、その写しを交付することが困難であることを理由に、当該一の事業者が立替払に係る適格請求書を保存し、かつ、当該一の事業者以外の各事業者の課税仕入れが適格請求書発行事業者から受けたものかどうかを当該各事業者が確認できるための措置を講じた上で、明細書等のみを交付した場合には、当該各事業者が交付を受けた当該明細書等を保存することにより、当該各事業者の課税仕入れに係る適格請求書の保存があるものとする。

㈲1　当該明細書等の書類に記載する法第57条の4第1項第4号及び第5号《適格請求書発行事業者の義務》に掲げる事項については、課税仕入れを行った事業者ごとに合理的に区分する必要がある。

2　当該各事業者の課税仕入れが適格請求書発行事業者から受けたも

のかどうかを当事者間で確認できるための措置としては、例えば、当該明細書等に当該各事業者の課税仕入れに係る相手方の氏名又は名称及び登録番号を記載する方法のほか、これらの事項について当該各事業者へ別途書面等により通知する方法又は立替払に関する基本契約書等で明らかにする方法がある。

解説

事業者が課税仕入れを行うに際し、従業員や取引先が立替払をする場合があるが、その場合であっても、当該課税仕入れについて仕入税額控除の適用を受けるには、法第30条第7項《仕入税額控除に係る帳簿及び請求書等の保存》に規定する課税仕入れ等の税額の控除に係る帳簿及び請求書等の保存が必要となる（法30）。

この点、立替払に係る課税仕入れの相手方から交付された請求書等には、通常、その宛名は課税仕入れを行った事業者の名称が記載されるものであるが、立替払を行った者となっている例も見られる。

その例では、法第57条の4第1項第各号に掲げる適格請求書に記載すべき事項のうち、同項第6号に掲げる「書類の交付を受ける事業者の氏名又は名称」につき、立替払を行った者の氏名又は名称の記載がされているため、原則として、同号の記載がないものとなる。そのような場合であっても、例えば、課税仕入れの相手方から交付された請求書等に、当該立替払を行った者が、「当該事業者の課税仕入れについて立替払をしたものである旨」を記載するなど、当該事業者の課税仕入れに係る適格請求書である旨を明らかにすることで適格請求書の記載事項を満たすといった対応が可能である。

ところで、立替払に関しては、上記のように、一の事業者に係る経費等を他の者が立て替える場合もあれば、例えば、複数の事業者に係る経費について一の事業者が一括して立替払を行い、その経費に係る適格請求書（以下「立替払に係る適格請求書」という。）は当該一の事業者に対してのみ交付され、各事業者の課税仕入れに係る適格請求書は個々に交付されない例もある。このような場合、各事業者は当該課税仕入れに係る適格請求書の交付を受けていないこととなるため、別途、各事業者において適格請求書の交付を受けることとなるのかとの疑問も生じるところである。

そこで、本通達は、立替払に係る適格請求書の写しと当該各事業者の課税仕入れにつき仕入税額控除に必要な事項が記載された明細書等（以下「明細書等」という。）とを合わせて保存することで、各事業者の課税仕入れに係る適格請求書の保存があるものと取り扱う旨を明らかにしている。

また、一の事業者が、多数の事業者に係る経費について一括して立替払を行った場合などは、各事業者に対して交付する立替払に係る適格請求書の写しの作成が大量となり、多大な処理を要する結果となる。そのような実情も踏まえ、本通達のなお書きは、当該立替払に係る適格請求書の写しの交付が困難である場合には、立替払を行った者が交付を受けた適格請求書の原本を保存し、かつ、立替払を受けた各事業者は、当該明細書等の保存をすることで、課税仕入れに係る適格請求書に記載すべき事項が記載された書類の保存があるものとして取り扱う旨を明らかにしている。ただし、各事業者が課税仕入れに係る仕入税額控除の適用を受けるために保存すべき帳簿には、当該課税仕入れの相手方の氏名又は名称を記載する必要があるほか、立替払を行った者から適格請求書の写しの交付がないこととなるため、当該各事業者の課税仕入れが適格請求書発行事業者から受けたものかどうかを別途確認できるようにする必要がある。そのため、この取扱いは当該各事業者の課税仕入れが適格請求書発行事業者から受けたものかどうかを当該各事業者が確認できるための措置を講ずることを前提として認められるものである。

なお、当該明細書等は、各事業者の課税仕入れに係る仕入税額控除に必要な事項が明らかでなければならないものであるから、当該明細書等の作成に当たっては、各事業者に係る消費税額等が明示されるなど、当該立替払に係る適格請求書に記載された課税仕入れに係る支払対価の額や消費税額等が事業者ごとに合理的に区分される必要がある旨を注書１で明らかにしている。

また、本通達のなお書きによる場合の当該各事業者の課税仕入れが適格請求書発行事業者から受けたものかどうかを当該各事業者が確認できるための措置の具体例を注書2で明らかにしている。

これらの取扱いについては、書面による明細書等の交付に代えて明細書等に記載された事項に係る電磁的記録を提供する場合であっても同様である。

（課税仕入れに係る消費税額の計算）

4－3　その課税期間に係る法第45条第1項第2号《課税資産の譲渡等及び特定課税仕入れについての確定申告》に掲げる課税標準額に対する消費税額の計算につき、同条第5項《消費税額の積上げ計算》の規定の適用を受ける場合には、法第30条第1項《仕入れに係る消費税額の控除》に規定する課税仕入れに係る消費税額の計算につき、令第46条第1項《課税仕入れに係る請求書等による消費税額の積上げ計算》に規定する計算の方法（以下「請求書等積上げ方式」という。）又は同条第2項《課税仕入れに係る帳簿による消費税額の積上げ計算》に規定する計算の方法（以下「帳簿積上げ方式」という。）によることとなることに留意する。

また、その課税期間に係る法第45条第1項第2号に掲げる課税標準額に対する消費税額の計算につき、同条第5項の規定の適用を受けない場合には、法第30条第1項に規定する課税仕入れに係る消費税額の計算に関し、請求書等積上げ方式又は帳簿積上げ方式のほか、令第46条第3項《課税仕入れに係る支払対価の合計額から割戻す方法による消費税額の計算》に規定する計算の方法（以下「総額割戻し方式」という。）によることもできるのであるが、請求書等積上げ方式又は帳簿積上げ方式と総額割戻し方式との併用はできないことに留意する。

㈱　請求書等積上げ方式と帳簿積上げ方式との併用は可能である。

解 説

その課税期間に係る法第45条第1項第2号《課税資産の譲渡等及び特定課税仕入れについての確定申告》に掲げる課税標準額に対する消費税額の計算

につき、同条第５項の規定（課税標準額に対する消費税額の計算について、適格請求書に記載された消費税額等を基礎として計算する方式）の適用を受ける場合には、法第30条第１項《仕入れに係る消費税額の控除》に規定する課税仕入れに係る消費税額の計算に関し、令第46条第１項《課税仕入れに係る消費税額の計算》に規定する計算の方法（以下「請求書等積上げ方式」という。）又はこれに代えて同条第２項《課税仕入れに係る帳簿による消費税額の積上計算》に規定する計算の方法（以下「帳簿積上げ方式」という。）によることとされており、本通達の前段はその旨を念のため明らかにしている。

他方、その課税期間に係る法第45条第１項第２号に掲げる課税標準額に対する消費税額の計算につき、同条第５項の規定の適用を受けない場合には、法第30条第１項に規定する課税仕入れに係る消費税額の計算に関し、請求書等積上げ方式又は帳簿積上げ方式のほか、令第46条第３項に規定する計算の方法（以下「総額割戻し方式」という。）のいずれによることもできるのであるが、総額割戻し方式は、その課税期間の全ての課税仕入れに係る支払対価の額の合計額を割戻して消費税額等を計算するものであって、請求書等積上げ方式又は帳簿積上げ方式によらない場合に採用できる方法とされていることから請求書等積上げ方式又は帳簿積上げ方式と総額割戻し方式との併用はできないこととなる。本通達の後段は、このことを念のため明らかにしている。

なお、請求書等積上げ方式と帳簿積上げ方式は、いずれも個々の税額の積上げ方式であるため、その併用は可能であり、その旨を注書きにより示している。

（帳簿積上げ方式における「課税仕入れの都度」の意義）

４－４　令第46条第２項《課税仕入れに係る消費税額の計算》に規定する「その課税仕入れの都度、・・・法第30条第７項に規定する帳簿に記載している場合」には、例えば、課税仕入れに係る適格請求書の交付を受けた際に、当該適格請求書を単位として帳簿に記載している場合のほか、課税期間の範囲内で一定の期間内に行った課税仕入れにつきまとめて交付を受けた適格請求書を単位として帳簿に記載している場合がこれに含まれる。

解説

適格請求書等保存方式において、課税仕入れに係る消費税額の計算について、帳簿積上げ方式（請求書等に記載された税額ではなく、取引単位で税込対価から算出した消費税相当額を帳簿に記載して積上げ計算）は、令第46条第２項《課税仕入れに係る消費税額の計算》において、「その課税仕入れの都度、・・・法第30条第７項に規定する帳簿に記載している場合」に適用できることとされている。

この点、事業者が行った課税仕入れにつき帳簿へ記載するに当たっては、当該課税仕入れに係る適格請求書の交付を受けたときに、その適格請求書を単位として帳簿に記載することが多いものと考えられる。この場合、月を単位としてまとめた適格請求書の交付を受けることもあるが、当該適格請求書を基に帳簿へ記載することが、帳簿積上げ方式の「課税仕入れの都度、・・・帳簿に記載している場合」に該当するかとの疑問も生じる。

そこで、本通達は、個々の課税仕入れに係る適格請求書の交付を受けた際、当該適格請求書を単位として帳簿に記載している場合のほか、課税期間の範囲内で一定期間内に受けた課税仕入れにつき当該一定期間を単位としてまとめて交付を受けた適格請求書を単位として帳簿に記載している場合についても「その課税仕入れの都度、・・・帳簿に記載している場合」に含まれる旨を明らかにしている。

（帳簿及び請求書等の記載事項の特例）

４－５　法第30条第７項《仕入税額控除に係る帳簿及び請求書等の保存》に規定する課税仕入れ等の税額の控除に係る帳簿及び請求書等に関して

同条第８項第１号《仕入税額控除に係る帳簿》、令第49条第４項各号《仕入明細書等の記載事項》及び同条第６項各号《卸売り等に係る一定書類の記載事項》に掲げる記載事項のうち、次のものは、取引先コード、商品コード等の記号、番号等による表示で差し支えない。ただし、表示される記号、番号等により、記載事項である「課税仕入れに係る資産又は役務の内容」、「特定課税仕入れの内容」及び「課税資産の譲渡等に係る資産又は役務の内容」について、その仕入れ又は資産の譲渡等が課税仕入れ又は課税資産の譲渡等かどうか、また、当該資産の譲渡等が課税資産の譲渡等である場合においては、軽減対象課税資産の譲渡等かどうかの判別が明らかとなるものであって、(1)に掲げる記載事項を除き、取引の相手方との間で、表示される記号、番号等の内容が明らかであるものに限るものとする。

(1)　法第30条第８項第１号イに掲げる「課税仕入れの相手方の氏名又は名称」、第２号イに掲げる「特定課税仕入れの相手方の氏名又は名称」、同項第１号ハに掲げる「課税仕入れに係る資産又は役務の内容」及び第２号ハに掲げる「特定課税仕入れの内容」

(2)　令第49条第４項第１号に規定する「書類の作成者の氏名又は名称」、同項第２号に規定する「課税仕入れの相手方の氏名又は名称及び登録番号」及び同項第４号に規定する「課税仕入れに係る資産又は役務の内容」

(3)　令第49条第６項第１号に規定する「書類の作成者の氏名又は名称及び登録番号」、同項第３号に規定する「課税資産の譲渡等に係る資産の内容」及び同項第６号に規定する「書類の交付を受ける事業者の氏名又は名称」

(注)１　令第49条第４項第２号に規定する「課税仕入れの相手方の氏名又は名称及び登録番号」又は令第49条第６項第１号に規定する「書類の作成者の氏名又は名称及び登録番号」につき、取引先コード等の記号、番号等で表示する場合においては、当該記号、番号等により、登録の効力の発生時期に関する変更等の履歴が明らかとなる措

置を講じておく必要がある。

2　適格請求書及び適格簡易請求書の取扱いについては、本通達３－３による。

解 説

令和元年10月１日から令和５年９月30日までの間の区分記載請求書等保存方式においては、課税仕入れを行う事業者が仕入税額控除に係る帳簿及び請求書等の記載事項に関し、取引の相手方の氏名又は名称や取引の内容について、電算処理等により、記号、番号等にコード化して管理しているときには、当該記号、番号等による表示によって差し支えないこととされている（消基通11－６－１《仕入税額控除に係る帳簿及び請求書等の記載事項の特例》）。

適格請求書等保存方式の下においても、本通達３－３において、適格請求書発行事業者の交付する適格請求書（適格簡易請求書を含む。以下同じ。）の記載事項（「適格請求書発行事業者の氏名又は名称及び登録番号」、「課税資産の譲渡等に係る資産又は役務の内容」、適格請求書においては「書類の交付を受ける事業者の氏名又は名称」も含む。）について取引先コード、商品コード等の記号、番号等による表示で差し支えない旨を明らかにしている。

本通達は、適格請求書等保存方式の下において、仕入税額控除のために保存が必要な帳簿の記載事項、課税仕入れを行った事業者が作成する仕入明細書等の記載事項（令49④）及び卸売市場や農業協同組合等の作成する一定書類の記載事項（令49⑥）についても、同様の取扱いとなることを示すものである。

ただし、これらの帳簿及び仕入明細書等の記載事項のうち、「課税資産の譲渡等に係る資産又は役務の内容」に関しては、商品コード等により課税取引か課税取引以外のものか、課税取引である場合には、軽減税率の適用対象かどうかの判別が明らかとなるものである必要がある。このため、自ら記載することとなる帳簿の記載事項を除き、商品コード等による表示は、これらの判別が明らかとなるものであって、取引先との間で、表示される記号、番号等の内容が明らかであるものに限るものとしている。

また、令第49条第４項第２号に規定する「課税仕入れの相手方の氏名又は名称及び登録番号」及び同条第６項第１号に規定する「書類の作成者の氏名又は名称及び登録番号」については、書類の作成者とその取引の相手方である事業者との間で、取引先コード等による氏名、名称及び登録が失効した日などの登録の効力に関する時期等の履歴が管理され、適格請求書発行事業者と取引の相手方の双方がその内容を認識可能である必要がある。本通達の注書１は、このことを念のため明らかにしている。

※　適格請求書に記載すべき事項に係る電磁的記録を提供した場合も、同様の取扱いとなる。

（課税仕入れの相手方の確認を受ける方法）

４－６　法第30条第９項第３号《請求書等の範囲》に規定する「課税仕入れの相手方の確認を受けたもの」とは、保存する仕入明細書等に課税仕入れの相手方の確認の事実が明らかにされたもののほか、例えば、次のようなものが該当する。

⑴　仕入明細書等への記載内容を通信回線等を通じて課税仕入れの相手方の端末機に出力し、確認の通信を受けた上で自己の端末機から出力したもの

⑵　仕入明細書等に記載すべき事項に係る電磁的記録につきインターネットや電子メールなどを通じて課税仕入れの相手方へ提供し、当該相手方からその確認をした旨の通知等を受けたもの

⑶　仕入明細書等の写しを相手方に交付し、又は当該仕入明細書等に記載すべき事項に係る電磁的記録を相手方に提供し、一定期間内に誤りのある旨の連絡がない場合には記載内容のとおりに確認があったものとする基本契約等を締結した場合における当該一定期間を経たもの

解 説

仕入税額控除の要件は、課税仕入れ等に係る帳簿及び請求書等の保存とされており、この場合の請求書等は課税仕入れの相手方が作成したものが原則となるが、課税仕入れを行った者が作成する仕入明細書、仕入計算書等の書類で一定事項が記載されており、かつ、当該記載事項につき課税仕入れの相手方の確認を受けているものについては、請求書等に該当することとされている（法30⑨三）。

本通達では、法第30条第９項第３号《課税仕入れ等に係る請求書等》に規定する課税仕入れの相手方の確認を受ける方法を例示したものである。

具体的には、本通達の⑴は、ファクシミリ端末機を利用した確認方法を、⑵は、インターネットや電子メールを利用した確認方法を示しており、いずれも相手方の確認を受けたもの（返信のファックスや電子メール等）について、出力した書面又は電磁的記録の保存が必要となる。

また、⑶では、あらかじめ基本契約等で「課税仕入れの相手方の確認を受けたもの」として、「仕入明細書等の写し等を課税仕入れの相手方に交付した後、一定期間内に誤りのある旨の連絡がない場合には記載内容のとおり確認があったものとする」旨の定めを置く方法を示している。この場合の仕入明細書の写し等の交付に関しては、仕入明細書の記載内容に係る電磁的記録による提供も可能である。

この方法は、基本契約という形式に限定されるものではなく、例えば、①仕入明細書等に、「送付後一定期間内に誤りのある旨の連絡がない場合には記載内容のとおり確認があったものとする」旨の通知文書を添付して相手方に送付し了解を得る又は②仕入明細書等に同様の文言を記載して相手方の了解を得るといった方法であっても、課税仕入れの相手方に仕入明細書の記載内容が確認されるものであれば、当該仕入明細書等は請求書等に該当するものとなる。

（課税仕入れの相手方の住所又は所在地の記載を要しないものとして国税庁長官が指定する者の範囲）

4－7　令第49条第１項第１号《課税仕入れ等の税額の控除に係る帳簿等の記載事項等》に規定する「国税庁長官が指定する者」は次による。

(1)　令第70条の９第２項第１号イからニまで《適格請求書の交付を免除する課税資産の譲渡等の範囲等》に掲げる旅客の運送に係る役務の提供を受けた場合の当該役務の提供を行った者

(2)　規則第26条の６第２号《適格請求書等の交付が困難な課税資産の譲渡等》に規定する郵便の役務及び貨物の運送に係る役務の提供を受けた場合の当該役務の提供を行った者

(3)　規則第15条の４第２号《請求書等の交付を受けることが困難な課税仕入れ》に規定する「その旅行に必要な支出に充てるために事業者がその使用人等又はその退職者等に対して支給する金品」及び同条第３号に規定する「通勤手当」に該当するもののうち、通常必要であると認められる部分に係る課税仕入れを行った場合の当該課税仕入れに係る同条第２号に規定する使用人等又は同号に規定する退職者等及び同条第３号に規定する通勤者

(4)　令第49条第１項第１号ハ(1)から(4)まで《課税仕入れ等の税額の控除に係る帳簿等の記載事項等》に掲げる資産に係る課税仕入れ（同号ハ(1)から(3)までに掲げる資産に係る課税仕入れについては、古物営業法、質屋営業法又は宅地建物取引業法により、これらの業務に関する帳簿等へ相手方の氏名及び住所を記載することとされているもの以外のものに限り、同号ハ(4)に掲げる資産に係る課税仕入れについては、事業者以外の者から受けるものに限る。）を行った場合の当該課税仕入れの相手方

解　説

仕入税額控除の適用に当たり、請求書等の保存を要さないこととされてい

る取引については、原則として、帳簿に法第30条第８項各号《帳簿の記載事項》に規定する記載事項に加えて、課税仕入れの相手方の住所等を帳簿に記載して保存することで仕入税額控除をすることが認められている（法30⑦、令49①）。他方、住所等の把握が困難な者又は把握するまでもなく明らかな者として「国税庁長官が指定する者」に係る課税仕入れについては住所等の記載は不要とされている（令49①）。

また、当該指定する者から受ける課税仕入れのうち、不特定多数の者から行う事業に係るものであって、課税仕入れの相手方の住所等の特定が困難な取引については、帳簿の記載事項のうち、氏名及び名称の記載を要さないこととされている（令49②）。

本通達は、当該「国税庁長官が指定する者」について、⑴～⑶は、住所等を把握するまでもなく明らかな者を、⑷は、不特定多数の者から行う事業に係るものであって、課税仕入れの相手方の住所及び氏名等の特定が困難な取引の相手方を指定するものである。

本通達の⑴に掲げる「令第70条の９第２項第１号イからニまでに掲げる旅客の運送に係る役務の提供を受けた場合の当該役務の提供を行った者」とは、具体的には公共交通機関である鉄道、バス又は船舶により旅客運送を行う事業者が該当することとなる。また、⑵に掲げる「規則第26条の６第２号に規定する郵便の役務及び貨物の運送に係る役務の提供を受けた場合の当該役務の提供を行った者」とは、郵便局が該当することとなり、さらに、⑶に掲げる「規則第15条の４第２号に規定する『その旅行に必要な支出に充てるために事業者がその使用人等又はその退職者等に対して支給する金品』及び同条第３号に規定する『通勤手当』に該当するもののうち、通常必要であると認められる部分に係る課税仕入れを行った場合の当該課税仕入れに係る同条第２号に規定する使用人等又は同号に規定する退職者等及び同条第３号に規定する通勤者」とは、通常必要と認められる範囲内の出張旅費、宿泊費、日当及び通勤手当等の支給を受ける会社の従業員等が該当することとなる。

また、⑷については、氏名の特定も困難である者であるから、令第49条第１項第１号ハ⑴から⑷までに掲げる資産に係る課税仕入れのうち、同号ハ⑴

から(3)までに掲げる資産に係るものについては、古物営業法、質屋営業法又は宅地建物取引業法により、業務に関する帳簿等へ相手方の氏名及び住所を記載することとされているものは相手方が特定できることから、それ以外のものに限定しており、また、同号ハ(4)に掲げる再生資源等に係る課税仕入れのうち、事業者からの継続取引に係るものなど住所及び氏名等を特定可能なものを除く観点から、事業者以外の者から受けるものに限定している。

（古物に準ずるものの範囲）

4－8　規則第15条の3《古物に準ずるものの範囲》に規定する「古物営業法（昭和24年法律第108号）第2条・・・第1項に規定する古物に準ずる物品及び証票」とは、古物営業法上の古物に該当しない、例えば、金、銀、白金といった貴金属の地金やゴルフ会員権がこれに該当する。

また、同条に規定する「古物営業と同等の取引方法」とは、当該古物に準ずる物品及び証票の買受けに際して、例えば、古物営業法第15条《確認等及び申告》の規定に基づき相手方の住所、氏名等の確認等を行うとともに、同法第16条《帳簿等への記載等》の規定に基づき業務に関する帳簿等への記載等を行うなど、古物商が古物を買い受ける場合と同等の取引方法にあることをいうことに留意する。

解説

古物営業を営む古物商である事業者が、古物営業法（昭和24年法律第108号）第2条第1項に規定する古物を仕入れて、棚卸資産とする場合の当該課税仕入れについては、適格請求書発行事業者以外の者からのものは、その保存する帳簿に法第30条第8項に規定する事項に加えて令第49条第1項第1号に掲げる課税仕入れのいずれかに該当する旨と課税仕入れの相手方の住所又は所在地を記載することで、仕入税額控除の適用を受けることができるとされている。また、古物以外のものであっても、物品及び証票で他の者が使用、鑑賞その他の目的で取引したものを、古物商である事業者が古物営業と同等の取引方法で買い受ける場合には、古物に準ずるものとして、同様に、適格請求書発行事業者以外の者からのものは、帳簿に上記の事項を記載することで、仕入税額控除の適用を受けることができるとされている（法30⑦、令49①一ハ(1)、規則15の３）。

本通達の前段では、古物に準ずるものの具体例として、金や白金といった貴金属の地金や、ゴルフ会員権といった証票が該当する旨を例示している。

また、本通達の後段は、「古物営業と同等の取引方法」の具体的な内容について、当該古物に準ずる物品及び証票の買受けに際して、例えば、古物営業法第15条《確認等及び申告》に規定する措置（いわゆる本人確認措置）及び同法第16条《帳簿等への記載等》の規定に基づき、相手方の住所、氏名等について記帳等を行うなど、古物商が古物を買い受ける場合と同等の取引方法にあることをいう旨を明らかにしている。

【参　考】

●古物営業法第２条（定義）

1　この法律において「古物」とは、一度使用された物品（鑑賞的美術品及び商品券、乗車券、郵便切手その他政令で定めるこれらに類する証票その他の物を含み、大型機械類（船舶、航空機、工作機械その他これらに類する物をいう。）で政令で定めるものを除く。以下同じ。）若しくは使用されない物品で使用のために取引されたもの又はこれらの物品に幾分の手入れをしたものをいう。

2　この法律において「古物営業」とは、次に掲げる営業をいう。

一　古物を売買し、若しくは交換し、又は委託を受けて売買し、若しくは交換する営業であつて、古物を売却すること又は自己が売却した物品を当該売却の相手方から買い受けることのみを行うもの以外のもの

二　古物市場（古物商間の古物の売買又は交換のための市場をいう。以下同じ。）を経営する営業

三　古物の売買をしようとする者のあつせんを競りの方法（政令で定める電子情報処理組織を使用する競りの方法その他の政令で定めるものに限る。）により行う営業（前号に掲げるものを除く。以下「古物競りあつせん業」という。）

3　この法律において「古物商」とは、次条第一項の規定による許可を受けて前項第一号に掲げる営業を営む者をいう。

4～5（省略）

●古物営業法第3条（許可）

1　前条第二項第一号に掲げる営業を営もうとする者は、営業所（営業所のない者にあつては、住所又は居所をいう。以下同じ。）が所在する都道府県ごとに都道府県公安委員会（以下「公安委員会」という。）の許可を受けなければならない。

2　前条第二項第二号に掲げる営業を営もうとする者は、古物市場が所在する都道府県ごとに公安委員会の許可を受けなければならない。

●古物営業法第15条（確認等及び申告）

1　古物商は、古物を買い受け、若しくは交換し、又は売却若しくは交換の委託を受けようとするときは、相手方の真偽を確認するため、次の各号のいずれかに掲げる措置をとらなければならない。

一　相手方の住所、氏名、職業及び年齢を確認すること。

二　相手方からその住所、氏名、職業及び年齢が記載された文書（その者の署名のあるものに限る。）の交付を受けること。

三　相手方からその住所、氏名、職業及び年齢の電磁的方法（・・略・・）による記録であつて、これらの情報についてその者による電子署名（・・略・・）が行われているものの提供を受けること。

四　前三号に掲げるもののほか、これらに準ずる措置として国家公安委員会規則で定めるもの

2　前項の規定にかかわらず、次に掲げる場合には、同項に規定する措置をとることを要しない。

一　対価の総額が国家公安委員会規則で定める金額未満である取引をする場合（特に前項に規定する措置をとる必要があるものとして国家公安委員会規則で定める古物に係る取引をする場合を除く。）

二　自己が売却した物品を当該売却の相手方から買い受ける場合

3　（省略）

●古物営業法第16条（帳簿等への記載等）

古物商は、売買若しくは交換のため、又は売買若しくは交換の委託により、古

物を受け取り、又は引き渡したときは、その都度、次に掲げる事項を、帳簿若しくは国家公安委員会規則で定めるこれに準ずる書類（以下「帳簿等」という。）に記載をし、又は電磁的方法により記録をしておかなければならない。ただし、前条第二項各号に掲げる場合及び当該記載又は記録の必要のないものとして国家公安委員会規則で定める古物を引き渡した場合は、この限りでない。

一　取引の年月日

二　古物の品目及び数量

三　古物の特徴

四　相手方（国家公安委員会規則で定める古物を引き渡した相手方を除く。）の住所、氏名、職業及び年齢

五　前条第一項の規定によりとつた措置の区分（同項第一号及び第四号に掲げる措置にあつては、その区分及び方法）

（通常必要であると認められる出張旅費、宿泊費、日当等）

4－9　規則第15条の4第2号《請求書等の交付を受けることが困難な課税仕入れ》に規定する「その旅行に必要な支出に充てるために事業者がその使用人等又はその退職者等に対して支給する金品」とは、例えば、事業者が、使用人等（同号に規定する「使用人等」をいう。）又は退職者等（同号に規定する「退職者等」をいう。）が次に掲げる旅行をした場合に、使用人等又は退職者等に出張旅費、宿泊費、日当等として支給する金品がこれに該当するのであるが、同号に規定する課税仕入れは、当該金品のうち、その旅行について通常必要であると認められる部分に係るものに限られることに留意する。

⑴　使用人等が勤務する場所を離れてその職務を遂行するために行う旅行

⑵　使用人等の転任に伴う転居のために行う旅行

⑶　退職者等のその就職又は退職に伴う転居のために行う旅行

㈹　同号に規定する「その旅行について通常必要であると認められる部

分」の範囲は、所基通９－３《非課税とされる旅費の範囲》の例により判定する。

解説

法人税法第２条第15号《定義》に規定する役員若しくは使用人（以下「使用人等」という。）又は就職若しくは退職をした者若しくは死亡による退職をした者の遺族（以下「退職者等」という。）が次に掲げる旅行をした場合に、その旅行に必要な支出に充てるため事業者から支給される金品で、その旅行について通常必要であると認められる部分に係る課税仕入れは、保存する帳簿に法第30条第８項に規定する事項に加えて令第49条第１項第１号に掲げる課税仕入れのいずれかに該当する旨（課税仕入れの相手方の住所又は所在地の記載に関しては省略可）を記載することで、仕入税額控除の適用を受けることができるとされている（法30⑦、令49①一ニ、規則15の４二）。

⑴　使用人等が勤務する場所を離れてその職務を遂行するために行う旅行

⑵　使用人等の転任に伴う転居のために行う旅行

⑶　退職者等のその就職又は退職に伴う転居のために行う旅行

本通達は、上記⑴～⑶の旅行のため、出張旅費、宿泊費、日当等として使用人等又は退職者等に支給する金品が「その旅行に必要な支出に充てるために事業者がその使用人等又はその退職者等に対して支給する金品」に該当すること、また、これらの金品に係るものであっても、その支給の基因となった個々の旅行との結び付きが明らかでないもの（例えば、旅行の実態に関係なく、年額又は月額によって一律に支給される旅費等）や、その旅行に通常必要であると認められる金額を超えて支給される部分に係るものは、課税仕入れに係る支払対価に該当せず（消基通11－２－１）、一定の記載をした帳簿のみの保存により仕入税額控除が認められることもないことを念のため明らかにしている。

また、食事その他の雑費的な費用に充てられるものとして支給されるいわゆる「日当」のようなものについては、その個々の支出について、その旅行のための必要性を判定することは、実務的に困難と考えられる。このため、本通達の注書において、その支給する金品が、その旅行に通常必要とされる費用の支出に充てられると認められる範囲内であるかどうかは、所得税基本通達9－3《非課税とされる旅費の範囲》の例により判定することを明らかにしている。すなわち、その旅行の目的地、期間等の個別的事情のほか、その支給額が同業者等社会的にみて合理的と認められる支給基準によっているものであるかどうかを勘案して判定することとなる。

【参　考】

●所得税基本通達9－3（非課税とされる旅費の範囲）

法第9条第1項第4号の規定により非課税とされる金品は、同号に規定する旅行をした者に対して使用者等からその旅行に必要な運賃、宿泊料、移転料等の支出に充てるものとして支給される金品のうち、その旅行の目的、目的地、行路若しくは期間の長短、宿泊の要否、旅行者の職務内容及び地位等からみて、その旅行に通常必要とされる費用の支出に充てられると認められる範囲内の金品をいうのであるが、当該範囲内の金品に該当するかどうかの判定に当たっては、次に掲げる事項を勘案するものとする。

(1)　その支給額が、その支給をする使用者等の役員及び使用人の全てを通じて適正なバランスが保たれている基準によって計算されたものであるかどうか。

(2)　その支給額が、その支給をする使用者等と同業種、同規模の他の使用者等が一般的に支給している金額に照らして相当と認められるものであるかどうか。

（通常必要であると認められる通勤手当）

4－10　規則第15条の4第3号《請求書等の交付を受けることが困難な課税仕入れ》に規定する「通勤者につき通常必要であると認められる部分」とは、事業者が通勤者に支給する通勤手当が、当該通勤者がその通勤に必要な交通機関の利用又は交通用具の使用のために支出する費用に充てるものとした場合に、その通勤に通常必要であると認められるものをいう。したがって、所法令第20条の２各号《非課税とされる通勤手当》に定める金額を超えているかどうかにかかわらないことに留意する。

解 説

事業者が法人税法第２条第15号《定義》に規定する役員又は使用人（以下「使用人等」という。）で通勤する者（以下この号において「通勤者」という。）に対して支給する所得税法第９条第１項第５号に規定する通勤手当のうち、通勤者につき通常必要であると認められる部分に係る課税仕入れは、保存する帳簿に法第30条第８項に規定する事項に加えて令第49条第１項第１号に掲げる課税仕入れのいずれかに該当する旨（課税仕入れの相手方の住所又は所在地の記載に関しては省略可）を記載することで、仕入税額控除の適用を受けることができるとされている（法30⑦、令49①一ニ、規則15の４三）。

この点、通勤手当のうち、「通勤者につき通常必要であると認められる部分」については、事業者の業務上の必要に基づく支出の実費弁償であり、事業者が課税仕入れに該当する定期券等を購入して通勤者に交付するのと同じであることから、事業者が通勤者に支給する通勤手当が、当該通勤者がその通勤に必要な交通機関の利用又は交通用具の使用のために支出する費用に充てるものとした場合に、その通勤に通常必要であると認められるものである限り、所得税法施行令第20条の２《非課税とされる通勤手当》に規定する非課税限度額を超えているかどうかを問わないこととなる。

すなわち、当該通勤手当が非課税限度額を超えたためその一部が給与に該当する場合であっても、消費税の取扱いにおいては、当該通勤手当がその通勤に通常必要であると認められるものである限り、一定の記載をした帳簿のみの保存により仕入税額控除が認められることとなる。本通達は、このことを念のため明らかにしている。

【参　考】

●所得税法第９条（非課税所得）

次に掲げる所得については、所得税を課さない。

一～三（省略）

四　給与所得を有する者が勤務する場所を離れてその職務を遂行するため旅行をし、若しくは転任に伴う転居のための旅行をした場合又は就職若しくは退職をした者若しくは死亡による退職をした者の遺族がこれらに伴う転居のための旅行をした場合に、その旅行に必要な支出に充てるため支給される金品で、その旅行について通常必要であると認められるもの

五　給与所得を有する者で通勤するもの（以下この号において「通勤者」という。）がその通勤に必要な交通機関の利用又は交通用具の使用のために支出する費用に充てるものとして通常の給与に加算して受ける通勤手当（これに類するものを含む。）のうち、一般の通勤者につき通常必要であると認められる部分として政令で定めるもの

六～十八（省略）

２（省略）

●所得税法施行令第20条の２（非課税とされる通勤手当）

法第九条第一項第五号（非課税所得）に規定する政令で定めるものは、次の各号に掲げる通勤手当（これに類するものを含む。）の区分に応じ当該各号に定める金額に相当する部分とする。

一　通勤のため交通機関又は有料の道路を利用し、かつ、その運賃又は料金（以下この条において「運賃等」という。）を負担することを常例とする者（第四号に規定する者を除く。）が受ける通勤手当（これに類する手当を含む。以下この条において同じ。）　その者の通勤に係る運賃、時間、距離等の事情に照らし最も経済的かつ合理的と認められる通常の通勤の経路及び方法による運賃等の額（一月当たりの金額が十五万円を超えるときは、一月当たり十五万円）

二　通勤のため自動車その他の交通用具を使用することを常例とする者（その通勤の距離が片道二キロメートル未満である者及び第四号に規定する者を除く。）が受ける通勤手当　次に掲げる場合の区分に応じそれぞれ次に定める金額

イ　その通勤の距離が片道十キロメートル未満である場合　一月当たり四千二

百円

ロ　その通勤の距離が片道十キロメートル以上十五キロメートル未満である場合　一月当たり七千百円

ハ　その通勤の距離が片道十五キロメートル以上二十五キロメートル未満である場合　一月当たり一万二千九百円

ニ　その通勤の距離が片道二十五キロメートル以上三十五キロメートル未満である場合　一月当たり一万八千七百円

ホ　その通勤の距離が片道三十五キロメートル以上四十五キロメートル未満である場合　一月当たり二万四千四百円

ヘ　その通勤の距離が片道四十五キロメートル以上五十五キロメートル未満である場合　一月当たり二万八千円

ト　その通勤の距離が片道五十五キロメートル以上である場合　一月当たり三万千六百円

三　通勤のため交通機関を利用することを常例とする者（第一号に掲げる通勤手当の支給を受ける者及び次号に規定する者を除く。）が受ける通勤用定期乗車券（これに類する乗車券を含む。以下この条において同じ。）その者の通勤に係る運賃、時間、距離等の事情に照らし最も経済的かつ合理的と認められる通常の通勤の経路及び方法による定期乗車券の価額（一月当たりの金額が十五万円を超えるときは、一月当たり十五万円）

四　通勤のため交通機関又は有料の道路を利用するほか、併せて自動車その他の交通用具を使用することを常例とする者（当該交通用具を使用する距離が片道二キロメートル未満である者を除く。）が受ける通勤手当又は通勤用定期乗車券　その者の通勤に係る運賃、時間、距離等の事情に照らし最も経済的かつ合理的と認められる通常の通勤の経路及び方法による運賃等の額又は定期乗車券の価額と当該交通用具を使用する距離につき第二号イからトまでに定める金額との合計額（一月当たりの金額が十五万円を超えるときは、一月当たり十五万円）

（控除対象外仕入れに係る支払対価の額の意義）

4－11　控除対象外仕入れに係る支払対価の額（令第75条第８項《控除対象

外仕入れに係る調整計算》に規定する「控除対象外仕入れに係る支払対価の額」をいう。以下４－11、４－13及び４－14において同じ。）とは、適格請求書発行事業者以外の者から行った課税仕入れに係る支払対価の額のうち、当該者から行った課税仕入れであることにより、法第30条第１項《仕入れに係る消費税額の控除》の規定の適用を受けないこととなるものに限られるのであるから、例えば、適格請求書発行事業者以外の者から行った課税仕入れに係る支払対価の額であっても、同条第７項括弧書《仕入税額控除に係る帳簿及び請求書等の保存》の規定により同項に規定する帳簿のみの保存によって同条第１項の規定の適用を受けることとなる課税仕入れに係る支払対価の額は、控除対象外仕入れに係る支払対価の額に含まれないことに留意する。

〔令４課軽２－４　追加〕

解説

消費税法施行令第75条第８項《控除対象外仕入れに係る調整計算》に規定する「控除対象外仕入れに係る支払対価の額」とは、免税事業者である課税期間及び簡易課税制度の適用を受けた課税期間以外の課税期間において適格請求書発行事業者以外の者（以下「免税事業者等」という。）から行った課税仕入れに係る支払対価の額のうち、免税事業者等から行った課税仕入れであることにより消費税法第30条第１項《仕入れに係る消費税額の控除》の規定の適用を受けないこととなるものに限ることとされている。言い換えれば、免税事業者等から行った課税仕入れであっても、同項の規定の適用を受け仕入税額控除の対象となる課税仕入れに係る支払対価の額は、控除対象外仕入れに係る支払対価の額に該当しないこととなる。

この点、例えば、古物営業法第２条第２項《定義》に規定する古物営業を営む同条第３項に規定する古物商である事業者が行う古物等の買受け（課税仕入れ）については、それが免税事業者等からの買受けであったとしても、消費税法第30条第７項括弧書《仕入税額控除に係る帳簿及び請求書等の保存》の規定により同項括弧書に規定する帳簿のみを保存することで、同条第１項の規定の適用を受けることができる（消令49①一ハ(1)）。

つまり、このような課税仕入れについては、仕入税額控除の対象となっていることから、消費税法施行令第75条第８項による控除対象外仕入れに係る調整計算の対象とはされていない。

本通達は、このことを念のため明らかにしたものである。

（取戻し対象特定収入の判定単位）

4－12　令第75条第９項《取戻し対象特定収入の判定》に規定する取戻し対象特定収入（令第75条第８項《控除対象外仕入れに係る調整計算》に規定する「取戻し対象特定収入」をいう。以下４－14までにおいて同じ。）の判定は、課税仕入れ等に係る特定収入（令第75条第４項第１号イ《国、地方公共団体等の仕入れに係る消費税額の特例》に規定する「課税仕入れ等に係る特定収入」をいう。以下４－14までにおいて同じ。）ごとに、その課税仕入れ等に係る特定収入により支出された課税仕入れに係る支払対価の額の合計額を基礎として行うこととなる。

したがって、補助金等の一部の返還があった場合においては、当該返還後の補助金等により支出された課税仕入れに係る支払対価の額の合計額を基礎として、同条第９項に基づく取戻し対象特定収入の判定を行うことに留意する。

〔令４課軽２－４　追加〕

解説

消費税法施行令第75条第９項《取戻し対象特定収入の判定》において、「取戻し対象特定収入」とは、「課税仕入れ等に係る特定収入により支出された課税仕入れに係る支払対価の額の合計額のうちに課税仕入れ等に係る特定収入により支出された控除対象外仕入れに係る支払対価の額の合計額の占める割合が百分の五を超える場合のその特定収入をいう。」と規定されている。

当該「取戻し対象特定収入」に該当するかどうかの判定は、ある課税期間に受領した全ての課税仕入れ等に係る特定収入（同条第４項第１号イ《国、地方公共団体等の仕入れに係る消費税額の特例》に規定する「課税仕入れ等に係る特定収入」をいう。以下同じ。）の合計額を基礎として行うものではなく、課税仕入れ等に係る特定収入ごとに、その課税仕入れ等に係る特定収入により支出された課税仕入れに係る支払対価の額の合計額を基礎として判定することとなる。

また、課税仕入れ等に係る特定収入ごとに取戻し対象特定収入の判定を行うに当たって、例えば、補助金等が減額され、その一部を返還したことにより、当該補助金等により行う事業の経費として支出された課税仕入れに係る支払対価の額の合計額が返還後の補助金等の金額よりも大きくなった場合、どのように判定すべきかについて疑問が生ずる。

この点、取戻し対象特定収入の判定は、当該取戻し対象特定収入に係る支出が全て終了した時点において、その支出額を基礎として行うこととなる。すなわち、受領した補助金等の一部が返還されれば、その返還部分に係る金額は、当然に課税仕入れ等に係る特定収入により支出された課税仕入れに係る支払対価の額とはならないことから、取戻し対象特定収入の判定は、返還後の補助金等の金額により支出された課税仕入れに係る支払対価の額の合計額を基礎として行うこととなる。

本通達は、これらのことを念のため明らかにしたものである。

なお、事業者の行う事業の経費の一部について補助金等（課税仕入れ等に係る特定収入に該当するものに限る。）が交付される場合のように、当該事業につき支出する課税仕入れに係る支払対価の額の合計額が、そもそも当該補助金等の金額よりも大きくなることがあるが、このような場合も、事業の経費のうち、当該補助金等により支出されたものではない課税仕入れに係る支払対価の額については、取戻し対象特定収入の判定の基礎となる「課税仕入れ等に係る特定収入により支出された課税仕入れに係る支払対価の額の合計額」に含まれないこととなる。

【参　考】

事業の一部の経費に対し補助金等が交付される場合及び補助金等の一部が返還された場合について、具体的な金額を用いて例示すると以下のとおり。

なお、以下の補助金等は、全額課税仕入れに使われたものとする。

《事業の一部の経費に対し補助金等が交付された場合》

・　事業に係る課税仕入れ　200万円
・　交付された補助金等　100万円

⇒　取戻し対象特定収入の判定の基礎となる「課税仕入れ等に係る特定収入により支出された課税仕入れに係る支払対価の額の合計額」は、交付された補助金等の金額である100万円となる。

《上記事例において、補助金等が減額され、その一部が返還された場合》

・　事業に係る課税仕入れ　200万円
・　当初交付された補助金等　100万円
・　返還した補助金等（減額された金額）　10万円

⇒　取戻し対象特定収入の判定の基礎となる「課税仕入れ等に係る特定収入により支出された課税仕入れに係る支払対価の額の合計額」は、当初交付された補助金等100万円から返還した補助金等10万円を控除した残額90万円となる。

（借入金等の返済又は償還のための補助金等の取扱い）

4－13　令第75条第１項第１号《国、地方公共団体等の仕入れに係る消費税額の特例》に規定する借入金等（以下４－13において「借入金等」という。）の返済又は償還のための補助金等（課税仕入れ等に係る特定収入に該当するものに限る。以下４－13において同じ。）の交付を受けた場合の当該補助金等に係る控除対象外仕入れに係る支払対価の額は、当該借入金等に係る事業を行った課税期間において当該借入金等により支出された適格請求書発行事業者以外の者から行った課税仕入れに係る支払対価の額のうち当該補助金等により返済又は償還される部分の金額となる。

また、この場合における同条第９項《取戻し対象特定収入の判定》に基づく取戻し対象特定収入の判定は、借入金等に係る事業を行った課税期間において当該借入金等により支出された課税仕入れに係る支払対価の額の合計額のうち補助金等により返済又は償還される部分の金額を基礎として行うこととなる。

なお、同条第８項《控除対象外仕入れに係る調整計算》に規定する取戻し対象特定収入のあった課税期間は、借入金等の返済又は償還のための補助金等が交付された課税期間となることに留意する。

〔令４課軽２－４　追加〕

解説

消費税法施行令第75条第８項《控除対象外仕入れに係る調整計算》の規定は、「取戻し対象特定収入」（同条第９項《取戻し対象特定収入の判定》に規定する「取戻し対象特定収入」をいう。以下同じ。）につき消費税法第60条第４項《国、地方公共団体等の仕入れに係る消費税額の特例》の規定の適用を受けた場合に、「取戻し対象特定収入」の使途を報告すべき文書等により、消費税法施行令第75条第８項に規定する控除対象外仕入れに係る支払対価の額（以下「控除対象外仕入れに係る支払対価の額」という。）の合計額が明らかにされているときに適用され、「取戻し対象特定収入」に該当するかどうかは、同条第９項の規定に基づき、課税仕入れ等に係る特定収入（同条第４項第１号イに規定する「課税仕入れ等に係る特定収入」をいう。以下同じ。）により支出された課税仕入れに係る支払対価の額の合計額を基礎として判定することとされている。

一方で、同条第１項第１号《国、地方公共団体等の仕入れに係る消費税額の特例》に規定する借入金等（以下「借入金等」という。）を財源として行った事業について、当該借入金等の返済又は償還のための補助金等が交付された場合において、当該補助金等の交付要綱等により当該借入金等の返済又は償還のために交付されるものである旨が記載されているときは、当該補助金等は当該借入金等に係る事業に係る経費のみに使用される収入として使途を特定することとなる（消費税法基本通達16－２－２⑴注書）。

このため、借入金等の返済又は償還のための補助金等（課税仕入れ等に係る特定収入に該当するものに限る。以下同じ。）により支出された控除対象外仕入れに係る支払対価の額については、当該借入金等に係る事業を行った課税期間において当該借入金等により支出された適格請求書発行事業者以外の者から行った課税仕入れに係る支払対価の額のうち当該補助金等により返済又は償還される部分の金額となり、消費税法施行令第75条第９項の規定に基づく取戻し対象特定収入の判定の基礎となる課税仕入れ等に係る特定収入により支出された課税仕入れに係る支払対価の額の合計額については、借入金等に係る事業を行った課税期間において当該借入金等により支出された課税仕入れに係る支払対価の額の合計額のうち補助金等により返済又は償還される部分の金額となる。

なお、当該補助金等に係る消費税法第60条第４項の調整計算については、借入金等の返済又は償還のための補助金等が交付された課税期間において行うこととなるため、消費税法施行令第75条第８項に規定する取戻し対象特定収入のあった課税期間は、当該補助金等が交付された課税期間となる。

本通達は、これらのことを明らかにしたものである。

（令第75条第１項第６号ロに規定する文書により控除対象外仕入れに係る支払対価の額の合計額を明らかにしている場合の適用関係）

４－14　令第75条第１項第６号ロ《国、地方公共団体等の仕入れに係る消費税額の特例》に規定する文書により控除対象外仕入れに係る支払対価の額の合計額を明らかにする場合の同条第８項及び第９項《控除対象外仕入れに係る調整計算及び取戻し対象特定収入の判定》の適用については、次による。

⑴　取戻し対象特定収入の判定単位

令第75条第１項第６号ロに規定する文書により使途を特定した課税

仕入れ等に係る特定収入であっても、課税仕入れ等に係る特定収入ごとに同条第９項に基づく取戻し対象特定収入の判定を行う。

ただし、その課税仕入れ等に係る特定収入が消費税法基本通達16－２－２⑵ニに掲げる方法により使途を特定したものであって、控除対象外仕入れに係る支払対価の額の合計額についても同様の方法により明らかにしている場合のように課税仕入れ等に係る特定収入ごとに同項に基づく取戻し対象特定収入の判定を行うことが困難な場合においては、当該課税仕入れ等に係る特定収入をまとめて、当該判定を行うこととして差し支えない。

㊟　「使途を特定」とは、令第75条第１項第６号及び同条第４項に規定する「…のためにのみ使用することとされている…」に該当することとなる場合をいう。

⑵　控除対象外仕入れに係る支払対価の額

消費税法基本通達16－２－２⑵ニに掲げる方法と同様の方法により、課税期間における支出を基礎として按分計算を行うことで控除対象外仕入れに係る支払対価の額の合計額を明らかにする場合において、当該按分計算により算出した額を控除対象外仕入れに係る支払対価の額として、令第75条第８項及び第９項を適用することは差し支えない。

〔令４課軽２－４　追加〕

解説

消費税法施行令第75条第８項《控除対象外仕入れに係る調整計算》の規定の適用を受けるためには、法令若しくは交付要綱等により国等に使途を報告すべきこととされている文書又は同条第１項第６号ロに規定する文書により、課税仕入れ等に係る特定収入（同条第４項第１号イに規定する「課税仕入れ等に係る特定収入」をいう。以下同じ。）から支出された同条第８項に規定する控除対象外仕入れに係る支払対価の額（以下「控除対象外仕入れに係る支払対価の額」という。）の合計額を明らかにしている必要がある。

この点、国又は地方公共団体の特別会計において資産の譲渡等の対価以外の収入がある場合における同条第１項第６号ロに規定する文書による使途の特定方法については、消費税法基本通達16－２－２（国又は地方公共団体の特別会計が受け入れる補助金等の使途の特定方法）の⑵に示されていることから、消費税法施行令第75条第１項第６号ロに規定する文書により課税仕入れ等に係る特定収入から支出された控除対象外仕入れに係る支払対価の額の合計額を明らかにする場合、消費税法基本通達16－２－２⑵と同様の方法で明らかにすることが考えられる。

本通達は、消費税法基本通達16－２－２⑵ニに掲げる方法と同様の方法による場合の取戻し対象特定収入（消費税法施行令第75条第９項《取戻し対象特定収入の判定》に規定する「取戻し対象特定収入」をいう。以下同じ。）の判定単位及び控除対象外仕入れに係る支払対価の額の取扱いについて、以下のとおり整理し、示したものである。

⑴　取戻し対象特定収入の判定単位

消費税法施行令第75条第９項の規定に基づく取戻し対象特定収入の判定は、同条第１項第６号ロに規定する文書により使途を特定した課税仕入れ等に係る特定収入であっても、４－12（取戻し対象特定収入の判定単位）のとおり、課税仕入れ等に係る特定収入ごとに、その課税仕入れ等に係る特定収入により支出された課税仕入れに係る支払対価の額の合計額を基礎として行うこととなる。

一方で、消費税法基本通達16－２－２⑵イからハまでに掲げる方法によっては使途が特定できない補助金等をまとめて、その課税期間における支出を基礎として按分計算により、使途を特定（課税仕入れ等に係る特定収入に該当するかどうかを判定）し（同通達⑵ニの方法により使途を特定し）、課税仕入れ等に係る特定収入により支出された控除対象外仕入れに係る支払対価の額も同様の方法により明らかにする場合においては、課税仕入れ等に係る特定収入ごとに区分した控除対象外仕入れに係る支払対価の額を算出し、個々に取戻し対象特定収入の判定を行うことは困難である。

このため、上述のような課税仕入れ等に係る特定収入ごとに取戻し対象特定収入の判定を行うことが困難な場合には、当該課税仕入れ等に係る特定収入をまとめて、取戻し対象特定収入の判定を行って差し支えないこととしている。

(2) 控除対象外仕入れに係る支払対価の額

消費税法基本通達16－２－２(2)ニに掲げる方法と同様の方法により課税仕入れ等に係る特定収入により支出された控除対象外仕入れに係る支払対価の額を明らかにする場合、次の算式のように、課税期間における支出の額を基礎として按分計算を行うことが考えられる。

$$\text{課税仕入れ等に係る特定収入により支出された控除対象外仕入れに係る支払対価の額} = \text{補助金等の額} \times \frac{\text{当課税期間における適格請求書発行事業者以外の者からの課税仕入れ等の支出の額}}{\text{当課税期間における支出の額}}$$

(注) 当該計算は、使途の特定と同時に課税仕入れ等に係る特定収入により支出された控除対象外仕入れに係る支払対価の額を算出することから、補助金等の額は、消費税法基本通達16－２－２(1)及び(2)イからハまでによって使途の特定ができない補助金等の額となる。

また、当課税期間における支出には、消費税法基本通達16－２－２(1)又は(2)イ若しくはロにより使途が特定された補助金等の使途としての支出及び借入金等の返済費又は償還費のうち(2)ハにおいて処理済みの部分は含まれない。

当該計算により算出した金額については、実際に課税仕入れ等に係る特定収入により支出された控除対象外仕入れに係る支払対価の額とは異なり、あくまでも割合により算出したものであるが、実際に適格請求書発行事業者以外の者から行った課税仕入れに係る支払対価の額に基づいて算出したものであるから、当該按分計算により算出した額を控除対象外仕入れに係る支払対価の額として、消費税法施行令第75条第８項及び第９項を適用して差し支えないこととしている。

第五　経過措置関係

（免税事業者に係る適格請求書発行事業者の登録申請に関する経過措置）

5－1　28年改正法附則第44条第４項《適格請求書発行事業者の登録等に関する経過措置》の規定により、適格請求書発行事業者の登録開始日（同条第３項に規定する「登録開始日」をいう。）が令和５年10月１日から令和11年９月30日までの日の属する課税期間中である適格請求書発行事業者の登録がされた場合には、当該登録開始日から当該課税期間の末日までの間における課税資産の譲渡等及び特定課税仕入れについては、法第９条第１項本文《小規模事業者に係る納税義務の免除》の規定は適用されないのであるから、当該課税期間において免税事業者である事業者が適格請求書発行事業者の登録を受けようとする場合には、登録申請書のみを提出すればよく、課税事業者選択届出書の提出を要しないことに留意する。

㈲　28年改正法附則第44条第４項の規定の適用を受け、令和５年10月１日から令和11年９月30日までの日の属する課税期間中に適格請求書発行事業者の登録を受けた事業者は、当該登録を受けた課税期間の翌課税期間以後の課税期間についても法第９条第１項本文《小規模事業者に係る納税義務の免除》の規定の適用はないこととなる。

なお、当該事業者（適格請求書発行事業者の登録を受けていないとすれば、同項本文の規定の適用がある事業者に限る。）は、登録開始日の属する課税期間が令和５年10月１日を含む場合、法第57条の２第10項第１号《適格請求書発行事業者の登録の取消しを求める場合の届出》に規定する適格請求書発行事業者の登録の取消しを求める旨の届出書を提出し、当該登録の取消しを受けることで、法第９条第１項本文の規定が適用されるが、登録開始日の属する課税期間が令和５年10月１日を含まない場合、登録開始日の属する課税期間の翌課税期間から登録開始日以後２年を経過する日の属する課税期間までの各課税期間については、同項本文の規定は適用されない。

〔令４課軽２－４　改正〕

解 説

適格請求書発行事業者の登録は、登録を受けようとする課税期間において課税事業者である必要があるため、免税事業者は課税事業者を選択した上で登録申請書を提出することとなる。この点、制度開始時においては大量の申請書の提出が想定される中、登録に関する事務を円滑に行う必要性から、制度開始の２年前である令和３年10月１日から登録申請書の事前提出が認められているほか、一定の場合には、免税事業者であっても登録申請書の提出のみで登録ができることとする経過措置が設けられている。

具体的には、適格請求書発行事業者の登録がされた日（登録開始日）が、令和５年10月１日から令和11年９月30日までの日の属する課税期間中である場合には、当該登録開始日から当該課税期間の末日までの間は、事業者免税点制度（法９①）の適用がないことにより、この場合には、免税事業者であっても課税事業者選択届出書の提出を要さず登録を受けることができることとなる（28年改正法附則44④）。本通達は、このことを念のため明らかにしている。

また、この経過措置の適用を受けて、令和５年10月１日から令和11年９月30日までの日の属する課税期間中に適格請求書発行事業者の登録を受けた事業者は、当該登録を受けた課税期間の翌課税期間以後の課税期間についても適格請求書発行事業者となるため、事業者免税点制度の適用はないこととなる（法９①括弧書き）。

さらに、当該事業者は、あらかじめ登録を取り消した上で、事業者免税点制度の適用を受けようとする場合には、その適用を受けようとする課税期間の前課税期間の末日から起算して30日前の日の前日までに法第57条の２第10項第１号《適格請求書発行事業者の登録の取消しを求める旨の届出》に規定する適格請求書発行事業者の登録の取消しを求める旨の届出書の提出を要することを本通達の注書は、念のため明らかにしている。

なお、この経過措置の適用を受けて、令和５年10月１日の属する課税期間中に適格請求書発行事業者の登録を受けた事業者は、課税事業者選択届出書を提出して課税事業者を選択しているものではないので、法第９条第５項《課税事業者の選択不適用》に規定する課税事業者選択不適用届出書の提出は不要となる。

一方で、登録開始日の属する課税期間が令和５年10月１日を含まない場合、登録開始日の属する課税期間の翌課税期間から登録開始日以後２年を経過する日の属する課税期間までの各課税期間については、事業者免税点制度の適用はないことに留意する必要がある（28年改正法附則44⑤）。

（困難な事情がある場合の意義）

５－２　改正令附則第15条に規定する「困難な事情」については、28年改正法附則第44条第１項ただし書に規定する５年施行日の６月前の日（法第９条の２第１項の規定により法第９条第１項本文の規定の適用を受けないこととなる事業者にあっては、５年施行日の３月前の日）までに登録申請書を提出することにつき困難な事情があれば、その困難の度合いを問わず、改正令附則第15条に規定する経過措置を適用することができることに留意する。

㊟　５年施行日とは、28年改正法附則第32条第３項に規定する「５年施行日」をいい、具体的には令和５年10月１日を指す。

解説

令和５年10月１日から、消費税の仕入税額控除の方式として適格請求書等保存方式が導入されることに伴い、仕入取引に際して交付を受けた請求書等が適格請求書に該当するかどうかを確認できる仕組みとして、適格請求書発行事業者登録制度が創設される（法57の２）。

この登録制度の登録を受けようとする事業者は、登録申請書を提出しなければならないところ、制度開始の２年前に当たる令和３年10月１日から事前申請が可能とされている。また、適格請求書等保存方式の施行日である令和５年10月１日（以下「５年施行日」という。）から登録を受けようとする事業者は、５年施行日の６月前の日（令和５年３月31日）までに（法第９条の２第１項の規定により法第９条第１項本文の規定の適用を受けないこととなる事業者にあっては、５年施行日の３月前の日（令和５年６月30日）までに）、当該申請書をその納税地を所轄する税務署長に提出しなければならないとされている（28年改正法附則44①）。

他方、令和５年10月１日から登録を受けようとする場合のこの事前申請に関し、その期限までに当該申請書を提出することにつき困難な事情がある場合において、当該申請書に当該困難な事情を記載して令和５年10月１日の前日までに提出し、法第57条の２第３項の規定による同条第１項の登録がされたときは、令和５年10月１日に登録を受けたものとみなすとの特例が措置されている（30年改正令附則15）。

本通達は、この事前申請の特例における「困難な事情」については、28年改正法附則第44条第１項ただし書きに規定する６月前の日までに申請書を提出することにつき困難な事情があれば、その困難の度合いを問わず、30年改正令附則第15条に規定する経過措置を適用することができることを明らかにするものである。

参考法令等

消費税法（抄）

※　所得税法等の一部を改正する法律（平成28年法律第15号）及び所得税法等の一部を改正する法律（平成30年法律第７号）による改正後【令和５年10月１日施行】

（定義）

第二条　この法律において、次の各号に掲げる用語の意義は、当該各号に定めるところによる。

一～二　省略

三　個人事業者　事業を行う個人をいう。

四　事業者　個人事業者及び法人をいう。

四の二～六の二　省略

七　人格のない社団等　法人でない社団又は財団で代表者又は管理人の定めがあるものをいう。

七の二　適格請求書発行事業者　第五十七条の二第一項の規定による登録を受けた事業者をいう。

八　資産の譲渡等　事業として対価を得て行われる資産の譲渡及び貸付け並びに役務の提供（代物弁済による資産の譲渡その他対価を得て行われる資産の譲渡若しくは貸付け又は役務の提供に類する行為として政令で定めるものを含む。）をいう。

八の二～八の五　省略

九　課税資産の譲渡等　資産の譲渡等のうち、第六条第一項の規定により消費税を課さないこととされるもの以外のものをいう。

九の二～十一の二　省略

十二　課税仕入れ　事業者が、事業として他の者から資産を譲り受け、若しくは借り受け、又は役務の提供（所得税法第二十八条第一項（給与所得）に規定する給与等を対価とする役務の提供を除く。）を受けること（当該他の者が事業として当該資産を譲り渡し、若しくは貸し付け、又は当該役務の提供をしたとした場合に課税資産の譲渡等に該当することとなるもので、第七条第一項各号に掲げる資産の譲渡等に該当するもの及び第八条第一項その他の法律又は条約の規定により消費税が免除されるもの以外のものに限る。）をいう。

十三　事業年度　法人税法第十三条及び第十四条（事業年度）に規定する事業年度（国、地方公共団体その他これらの条の規定の適用を受けない法人については、政令で定める一定の期間）をいう。

十四　基準期間　個人事業者についてはその年の前々年をいい、法人についてはその事業年度の前々事業年度（当該前々事業年度が一年未満である法人については、その事業年度開始の日の二年前の日の前日から同日以後一年を経過する日までの間に開始した各事業年度を合わせた期間）をいう。

十五～二十　省略

2～4　省略

（課税の対象）

第四条

1～4　省略

5　次に掲げる行為は、事業として対価を得て行われた資産の譲渡とみなす。

一　個人事業者が棚卸資産又は棚卸資産以外の資産で事業の用に供していたものを家事のために消費し、又は使用した場合における当該消費又は使用

二　法人が資産をその役員（法人税法第二条第十五号に規定する役員をいう。）に対して贈与した場合における当該贈与

6、7　省略

（輸出免税等）

第七条　事業者（第九条第一項本文の規定により消費税を納める義務が免除される事業者を除く。）が国内において行う課税資産の譲渡等のうち、次に掲げるものに該当するものについては、消費税を免除する。

一　本邦からの輸出として行われる資産の譲渡又は貸付け

二　外国貨物の譲渡又は貸付け（前号に掲げる資産の譲渡又は貸付けに該当するもの及び輸入品に対する内国消費税の徴収等に関する法律（昭和三十年法律第三十七号）第八条第一項第三号（公売又は売却等の場合における内国消費税の徴収）に掲げる場合に該当することとなつた外国貨物の譲渡を除く。）

三　国内及び国内以外の地域にわたつて行われる旅客若しくは貨物の輸送又は通

信

四　専ら前号に規定する輸送の用に供される船舶又は航空機の譲渡若しくは貸付け又は修理で政令で定めるもの

五　前各号に掲げる資産の譲渡等に類するものとして政令で定めるもの

2　省略

（輸出物品販売場における輸出物品の譲渡に係る免税）

第八条　輸出物品販売場を経営する事業者が、免税購入対象者（外国為替及び外国貿易法（昭和二十四年法律第二百二十八号）第六条第一項第六号（定義）に規定する非居住者であつて、出入国管理及び難民認定法（昭和二十六年政令第三百十九号）第十四条から第十八条まで（上陸の許可）に規定する上陸の許可を受けて在留する者、同法別表第一の一の表の外交若しくは公用の在留資格又は同法別表第一の三の表の短期滞在の在留資格をもつて在留する者その他政令で定める者をいう。以下この条において同じ。）に対し、政令で定める物品で輸出するため政令で定める方法により購入されるものの譲渡（第六条第一項の規定により消費税を課さないこととされるものを除く。）を行つた場合（政令で定める場合にあつては、当該物品の譲渡に係る第二十八条第一項に規定する対価の額の合計額が政令で定める金額以上となるときに限る。）には、当該物品の譲渡については、消費税を免除する。

2～10　省略

（小規模事業者に係る納税義務の免除）

第九条　事業者のうち、その課税期間に係る基準期間における課税売上高が千万円以下である者（適格請求書発行事業者を除く。）については、第五条第一項の規定にかかわらず、その課税期間中に国内において行つた課税資産の譲渡等及び特定課税仕入れにつき、消費税を納める義務を免除する。ただし、この法律に別段の定めがある場合は、この限りでない。

2、3　省略

4　第一項本文の規定により消費税を納める義務が免除されることとなる事業者が、その基準期間における課税売上高（同項に規定する基準期間における課税売上高をいう。第十一条第四項及び第十二条第三項を除き、以下この章において同じ。）が千万円以下である課税期間につき、第一項本文の規定の適用を受けない旨を記載した届出書をその納税地を所轄する税務署長に提出した場合には、当該提出をした事業者が当該提出をした日の属する課税期間の翌課税期間（当該提出をした日の属する課税期間が事業を開始した日の属する課税期間その他の政令で定める課税期間である場合には、当該課税期間）以後の課税期間（その基準期間における課税売上高が千万円を超える課税期間を除く。）中に国内において行う課税資産の譲渡等及び特定課税仕入れについては、同項本文の規定は、適用しない。

5～9　省略

(リース譲渡に係る資産の譲渡等の時期の特例)

第十六条　事業者が所得税法第六十五条第一項（リース譲渡に係る収入及び費用の帰属時期）又は法人税法第六十三条第一項（リース譲渡に係る収益及び費用の帰属事業年度）に規定するリース譲渡に該当する資産の譲渡等（以下この条において「リース譲渡」という。）を行つた場合において、当該事業者がこれらの規定の適用を受けるため当該リース譲渡に係る対価の額につきこれらの規定に規定する延払基準の方法により経理することとしているときは、当該リース譲渡のうち当該リース譲渡に係る賦払金の額で当該リース譲渡をした日の属する課税期間においてその支払の期日が到来しないもの（当該課税期間において支払を受けたものを除く。）に係る部分については、当該事業者が当該課税期間において資産の譲渡等を行わなかつたものとみなして、当該部分に係る対価の額を当該課税期間における当該リース譲渡に係る対価の額から控除することができる。

2～5　省略

(工事の請負に係る資産の譲渡等の時期の特例)

第十七条　事業者が所得税法第六十六条第一項（工事の請負に係る収入及び費用の帰属時期）又は法人税法第六十四条第一項（工事の請負に係る収益及び費用の帰属事業年度）に規定する長期大規模工事（以下この条において「長期大規模工事」という。）の請負に係る契約に基づき資産の譲渡等を行う場合には、当該長期大規模工事の目的物のうちこれらの規定に規定する工事進行基準の方法により計算した収入金額又は収益の額に係る部分については、当該事業者は、これらの規定によりその収入金額が総収入金額に算入されたそれぞれの年の十二月三十一日の属する課税期間又はその収益の額が益金の額に算入されたそれぞれの事業年度終了の日の属する課税期間において、資産の譲渡等を行つたものとすることができる。

2　事業者が所得税法第六十六条第二項又は法人税法第六十四条第二項に規定する工事（以下この条において「工事」という。）の請負に係る契約に基づき資産の譲渡等を行う場合において、当該事業者がこれらの規定の適用を受けるためその工事の請負に係る対価の額につきこれらの規定に規定する工事進行基準の方法により経理することとしているときは、当該工事の目的物のうち当該方法により経理した収入金額又は収益の額に係る部分については、当該事業者は、これらの規定によりその収入金額が総収入金額に算入されたそれぞれの年の十二月三十一日の属する課税期間又はその収益の額が益金の額に算入されたそれぞれの事業年度終了の日の属する課税期間において、資産の譲渡等を行つたものとすることができる。ただし、所得税法第六十六条第二項ただし書又は法人税法第六十四条第二項ただし書に規定する場合に該当することとなつた場合は、所得税法第六十六条第二項ただし書に規定する経理しなかつた年の十二月三十一日の属する課税期間以後の課税期間又は法人税法第六十四条第二項ただし書に規定する経理しなかつた決算に係る事業年度終了の日の属する課税期間以後の課税期間については、この限りでない。

3～5　省略

（小規模事業者等に係る資産の譲渡等の時期等の特例）

第十八条　個人事業者で所得税法第六十七条第一項又は第二項（小規模事業者等の収入及び費用の帰属時期）の規定の適用を受ける者の資産の譲渡等及び課税仕入れを行つた時期は、その資産の譲渡等に係る対価の額を収入した日及びその課税仕入れに係る費用の額を支出した日とすることができる。

2、3　省略

（課税標準）

第二十八条　課税資産の譲渡等に係る消費税の課税標準は、課税資産の譲渡等の対価の額（対価として収受し、又は収受すべき一切の金銭又は金銭以外の物若しくは権利その他経済的な利益の額とし、課税資産の譲渡等につき課されるべき消費税額及び当該消費税額を課税標準として課されるべき地方消費税額に相当する額を含まないものとする。以下この項及び第三項において同じ。）とする。ただし、法人が資産を第四条第五項第二号に規定する役員に譲渡した場合において、その対価の額が当該譲渡の時における当該資産の価額に比し著しく低いときは、その価額に相当する金額をその対価の額とみなす。

2　特定課税仕入れに係る消費税の課税標準は、特定課税仕入れに係る支払対価の額（対価として支払い、又は支払うべき一切の金銭又は金銭以外の物若しくは権利その他経済的な利益の額をいう。）とする。

3～5　省略

（税率）

第二十九条　消費税の税率は、次の各号に掲げる区分に応じ当該各号に定める率とする。

一　課税資産の譲渡等（軽減対象課税資産の譲渡等を除く。）、特定課税仕入れ及び保税地域から引き取られる課税貨物（軽減対象課税貨物を除く。）　百分の七・八

二　軽減対象課税資産の譲渡等及び保税地域から引き取られる軽減対象課税貨物　百分の六・二四

（仕入れに係る消費税額の控除）

第三十条　事業者（第九条第一項本文の規定により消費税を納める義務が免除される事業者を除く。）が、国内において行う課税仕入れ（特定課税仕入れに該当するものを除く。以下この条及び第三十二条から第三十六条までにおいて同じ。）若しくは特定課税仕入れ又は保税地域から引き取る課税貨物については、次の各号に掲げる場合の区分に応じ当該各号に定める日の属する課税期間の第四十五条第一項第二号に掲げる消費税額（以下この章において「課税標準額に対する消費税額」という。）から、当該課税期間中に国内において行つた課税仕入れに係る消費税額（当該課税仕入れに係る適格請求書（第五十七条の四第一項に規定する適格請求書をいう。第九項において同じ。）又は適格簡易請求書（第五十七条の四第二項に規定する適格簡易請求書をいう。第九項において同じ。）の記載事項

を基礎として計算した金額その他の政令で定めるところにより計算した金額をいう。以下この章において同じ。）、当該課税期間中に国内において行つた特定課税仕入れに係る消費税額（当該特定課税仕入れに係る支払対価の額に百分の七・八を乗じて算出した金額をいう。以下この章において同じ。）及び当該課税期間における保税地域からの引取りに係る課税貨物（他の法律又は条約の規定により消費税が免除されるものを除く。以下この章において同じ。）につき課された又は課されるべき消費税額（附帯税の額に相当する額を除く。次項において同じ。）の合計額を控除する。

一　国内において課税仕入れを行つた場合　当該課税仕入れを行つた日

二　国内において特定課税仕入れを行つた場合　当該特定課税仕入れを行つた日

三　保税地域から引き取る課税貨物につき第四十七条第一項の規定による申告書（同条第三項の場合を除く。）又は同条第二項の規定による申告書を提出した場合　当該申告に係る課税貨物（第六項において「一般申告課税貨物」という。）を引き取つた日

四　保税地域から引き取る課税貨物につき特例申告書を提出した場合（当該特例申告書に記載すべき第四十七条第一項第一号又は第二号に掲げる金額につき決定（国税通則法第二十五条（決定）の規定による決定をいう。以下この号において同じ。）があつた場合を含む。以下同じ。）　当該特例申告書を提出した日又は当該申告に係る決定（以下「特例申告に関する決定」という。）の通知を受けた日

2～5　省略

6　第一項に規定する特定課税仕入れに係る支払対価の額とは、特定課税仕入れの対価の額（対価として支払い、又は支払うべき一切の金銭又は金銭以外の物若しくは権利その他経済的な利益の額をいう。）をいい、同項に規定する保税地域からの引取りに係る課税貨物とは、保税地域から引き取つた一般申告課税貨物又は特例申告書の提出若しくは特例申告に関する決定に係る課税貨物をいい、第二項に規定する課税期間における課税売上高とは、当該事業者が当該課税期間中に国内において行つた課税資産の譲渡等の対価の額（第二十八条第一項に規定する対価の額をいう。以下この項において同じ。）の合計額から当該課税期間における売上げに係る税抜対価の返還等の金額（当該課税期間中に行つた第三十八条第一項に規定する売上げに係る対価の返還等の金額から同項に規定する売上げに係る

対価の返還等の金額に係る消費税額に七十八分の百を乗じて算出した金額を控除した金額をいう。）の合計額を控除した残額（当該課税期間が一年に満たない場合には、当該残額を当該課税期間の月数（当該月数は、暦に従つて計算し、一月に満たない端数を生じたときは、これを一月とする。）で除し、これに十二を乗じて計算した金額）をいい、第二項に規定する課税売上割合とは、当該事業者が当該課税期間中に国内において行つた資産の譲渡等（特定資産の譲渡等に該当するものを除く。）の対価の額の合計額のうちに当該事業者が当該課税期間中に国内において行つた課税資産の譲渡等の対価の額の合計額の占める割合として政令で定めるところにより計算した割合をいう。

7　第一項の規定は、事業者が当該課税期間の課税仕入れ等の税額の控除に係る帳簿及び請求書等（請求書等の交付を受けることが困難である場合、特定課税仕入れに係るものである場合その他の政令で定める場合における当該課税仕入れ等の税額については、帳簿）を保存しない場合には、当該保存がない課税仕入れ、特定課税仕入れ又は課税貨物に係る課税仕入れ等の税額については、適用しない。ただし、災害その他やむを得ない事情により、当該保存をすることができなかつたことを当該事業者において証明した場合は、この限りでない。

8　前項に規定する帳簿とは、次に掲げる帳簿をいう。

一　課税仕入れ等の税額が課税仕入れに係るものである場合には、次に掲げる事項が記載されているもの

イ　課税仕入れの相手方の氏名又は名称

ロ　課税仕入れを行つた年月日

ハ　課税仕入れに係る資産又は役務の内容（当該課税仕入れが他の者から受けた軽減対象課税資産の譲渡等に係るものである場合には、資産の内容及び軽減対象課税資産の譲渡等に係るものである旨）

ニ　課税仕入れに係る支払対価の額（当該課税仕入れの対価として支払い、又は支払うべき一切の金銭又は金銭以外の物若しくは権利その他経済的な利益の額とし、当該課税仕入れに係る資産を譲り渡し、若しくは貸し付け、又は当該課税仕入れに係る役務を提供する事業者に課されるべき消費税額及び当該消費税額を課税標準として課されるべき地方消費税額（これらの税額に係る附帯税の額に相当する額を除く。）に相当する額がある場合には、当該相当する額を含む。第三十二条第一項において同じ。）

二　課税仕入れ等の税額が特定課税仕入れに係るものである場合には、次に掲げる事項が記載されているもの

イ　特定課税仕入れの相手方の氏名又は名称

ロ　特定課税仕入れを行つた年月日

ハ　特定課税仕入れの内容

ニ　第一項に規定する特定課税仕入れに係る支払対価の額

ホ　特定課税仕入れに係るものである旨

三　課税仕入れ等の税額が第一項に規定する保税地域からの引取りに係る課税貨物に係るものである場合には、次に掲げる事項が記載されているもの

イ　課税貨物を保税地域から引き取つた年月日（課税貨物につき特例申告書を提出した場合には、保税地域から引き取つた年月日及び特例申告書を提出した日又は特例申告に関する決定の通知を受けた日）

ロ　課税貨物の内容

ハ　課税貨物の引取りに係る消費税額及び地方消費税額（これらの税額に係る附帯税の額に相当する額を除く。次項第五号において同じ。）又はその合計額

9　第七項に規定する請求書等とは、次に掲げる書類及び電磁的記録（電子計算機を使用して作成する国税関係帳簿書類の保存方法等の特例に関する法律第二条第三号（定義）に規定する電磁的記録をいう。第二号において同じ。）をいう。

一　事業者に対し課税資産の譲渡等（第七条第一項、第八条第一項その他の法律又は条約の規定により消費税が免除されるものを除く。次号及び第三号において同じ。）を行う他の事業者（適格請求書発行事業者に限る。次号及び第三号において同じ。）が、当該課税資産の譲渡等につき当該事業者に交付する適格請求書又は適格簡易請求書

二　事業者に対し課税資産の譲渡等を行う他の事業者が、第五十七条の四第五項の規定により当該課税資産の譲渡等につき当該事業者に交付すべき適格請求書又は適格簡易請求書に代えて提供する電磁的記録

三　事業者がその行つた課税仕入れ（他の事業者が行う課税資産の譲渡等に該当するものに限るものとし、当該課税資産の譲渡等のうち、第五十七条の四第一項ただし書又は第五十七条の六第一項本文の規定の適用を受けるものを除く。）につき作成する仕入明細書、仕入計算書その他これらに類する書類で課税仕入

れの相手方の氏名又は名称その他の政令で定める事項が記載されているもの（当該書類に記載されている事項につき、当該課税仕入れの相手方の確認を受けたものに限る。）

四　事業者がその行つた課税仕入れ（卸売市場においてせり売又は入札の方法により行われるものその他の媒介又は取次ぎに係る業務を行う者を介して行われる課税仕入れとして政令で定めるものに限る。）につき当該媒介又は取次ぎに係る業務を行う者から交付を受ける請求書、納品書その他これらに類する書類で政令で定める事項が記載されているもの

五　課税貨物を保税地域から引き取る事業者が税関長から交付を受ける当該課税貨物の輸入の許可（関税法第六十七条（輸出又は輸入の許可）に規定する輸入の許可をいう。）があつたことを証する書類その他の政令で定める書類で次に掲げる事項が記載されているもの

イ　納税地を所轄する税関長

ロ　課税貨物を保税地域から引き取ることができることとなつた年月日（課税貨物につき特例申告書を提出した場合には、保税地域から引き取ることができることとなつた年月日及び特例申告書を提出した日又は特例申告に関する決定の通知を受けた日）

ハ　課税貨物の内容

ニ　課税貨物に係る消費税の課税標準である金額並びに引取りに係る消費税額及び地方消費税額

ホ　書類の交付を受ける事業者の氏名又は名称

10～12　省略

13　第七項に規定する帳簿の記載事項の特例、当該帳簿及び同項に規定する請求書等の保存に関する事項その他前各項の規定の適用に関し必要な事項は、政令で定める。

（仕入れに係る対価の返還等を受けた場合の仕入れに係る消費税額の控除の特例）

第三十二条　事業者が、国内において行つた課税仕入れ（第三十条第一項の規定の適用を受けたものに限る。以下この条において同じ。）又は特定課税仕入れにつき、返品をし、又は値引き若しくは割戻しを受けたことにより、当該課税仕入れに係る支払対価の額若しくは当該特定課税仕入れに係る支払対価の額（同項に規

定する特定課税仕入れに係る支払対価の額をいう。以下この項において同じ。）の全部若しくは一部の返還又は当該課税仕入れに係る支払対価の額若しくは当該特定課税仕入れに係る支払対価の額に係る買掛金その他の債務の額の全部若しくは一部の減額（以下この条において「仕入れに係る対価の返還等」という。）を受けた場合には、次の各号に掲げる場合の区分に応じ当該各号に定める金額を当該仕入れに係る対価の返還等を受けた日の属する課税期間における課税仕入れ等の税額の合計額とみなして、第三十条第一項（同条第二項の規定の適用がある場合には、同項の規定を含む。）の規定を適用する。

一　当該事業者の当該課税期間における第三十条第一項の規定により控除される課税仕入れ等の税額の合計額（以下この章において「仕入れに係る消費税額」という。）の計算につき同条第二項の規定の適用がない場合　当該課税期間における課税仕入れ等の税額の合計額から当該課税期間において仕入れに係る対価の返還等を受けた金額に係る消費税額（当該課税仕入れに係る支払対価の額につき返還を受けた金額又は当該減額を受けた債務の額に百十分の七・八（当該仕入れに係る対価の返還等が他の者から受けた軽減対象課税資産の譲渡等に係るものである場合には、百八分の六・二四）を乗じて算出した金額及び当該特定課税仕入れに係る支払対価の額につき返還を受けた金額又は当該減額を受けた債務の額に百分の七・八を乗じて算出した金額をいう。以下この項及び次項において同じ。）の合計額を控除した残額

二　当該事業者が当該課税期間における仕入れに係る消費税額を第三十条第二項第一号に定める方法により計算する場合　イに掲げる金額にロに掲げる金額を加算した金額

　イ　第三十条第二項第一号イに掲げる金額から課税資産の譲渡等にのみ要する課税仕入れにつき当該課税期間において仕入れに係る対価の返還等を受けた金額に係る消費税額の合計額を控除した残額

　ロ　第三十条第二項第一号ロに掲げる金額から課税資産の譲渡等とその他の資産の譲渡等（同号に規定するその他の資産の譲渡等をいう。第四項第二号ロにおいて同じ。）に共通して要する課税仕入れにつき当該課税期間において仕入れに係る対価の返還等を受けた金額に係る消費税額の合計額に同条第二項第一号ロに規定する課税売上割合を乗じて計算した金額（同条第三項本文の規定の適用がある場合には、同項に規定する承認に係る割合を用いて計算

した金額。第四項第二号ロにおいて同じ。）を控除した残額

三　当該事業者が当該課税期間における仕入れに係る消費税額を第三十条第二項第二号に定める方法により計算する場合　同号に規定する課税仕入れ等の税額の合計額に同号に規定する課税売上割合（以下この号及び第四項第三号において「課税売上割合」という。）を乗じて計算した金額から当該課税期間において仕入れに係る対価の返還等を受けた金額に係る消費税額の合計額に課税売上割合を乗じて計算した金額を控除した残額

2～7　省略

8　第一項第一号に規定する仕入れに係る対価の返還等を受けた金額に係る消費税額の計算の細目に関し必要な事項は、政令で定める。

（納税義務の免除を受けないこととなつた場合等の棚卸資産に係る消費税額の調整）

第三十六条　第九条第一項本文の規定により消費税を納める義務が免除される事業者が、同項の規定の適用を受けないこととなつた場合において、その受けないこととなつた課税期間の初日（第十条第一項、第十一条第一項又は第十二条第五項の規定により第九条第一項本文の規定の適用を受けないこととなつた場合には、その受けないこととなつた日）の前日において消費税を納める義務が免除されていた期間中に国内において譲り受けた課税仕入れに係る棚卸資産又は当該期間における保税地域からの引取りに係る課税貨物で棚卸資産に該当するもの（これらの棚卸資産を原材料として製作され、又は建設された棚卸資産を含む。以下この条において同じ。）を有しているときは、当該課税仕入れに係る棚卸資産又は当該課税貨物に係る消費税額（当該棚卸資産又は当該課税貨物の取得に要した費用の額として政令で定める金額に百十分の七・八（当該課税仕入れに係る棚卸資産が他の者から受けた軽減対象課税資産の譲渡等に係るものである場合又は当該課税貨物が軽減対象課税貨物である場合には、百八分の六・二四）を乗じて算出した金額をいう。第三項及び第五項において同じ。）をその受けないこととなつた課税期間の仕入れに係る消費税額の計算の基礎となる課税仕入れ等の税額とみなす。

2～5　省略

（売上げに係る対価の返還等をした場合の消費税額の控除）

第三十八条　事業者（第九条第一項本文の規定により消費税を納める義務が免除される事業者を除く。）が、国内において行つた課税資産の譲渡等（第七条第一項、第八条第一項その他の法律又は条約の規定により消費税が免除されるものを除く。）につき、返品を受け、又は値引き若しくは割戻しをしたことにより、当該課税資産の譲渡等の対価の額（第二十八条第一項に規定する対価の額をいう。）と当該対価の額に百分の十（当該課税資産の譲渡等が軽減対象課税資産の譲渡等である場合には、百分の八）を乗じて算出した金額との合計額（以下この項及び第三十九条において「税込価額」という。）の全部若しくは一部の返還又は当該課税資産の譲渡等の税込価額に係る売掛金その他の債権の額の全部若しくは一部の減額（以下この項から第四項までにおいて「売上げに係る対価の返還等」という。）をした場合には、当該売上げに係る対価の返還等をした日の属する課税期間の課税標準額に対する消費税額から当該課税期間において行つた売上げに係る対価の返還等の金額に係る消費税額（当該返還をした税込価額又は当該減額をした債権の額に百十分の七・八（当該売上げに係る対価の返還等が軽減対象課税資産の譲渡等に係るものである場合には、百八分の六・二四）を乗じて算出した金額をいう。次項において同じ。）の合計額を控除する。

２～５　省略

（特定課税仕入れに係る対価の返還等を受けた場合の消費税額の控除）

第三十八条の二　事業者（第九条第一項本文の規定により消費税を納める義務が免除される事業者を除く。）が、国内において行つた特定課税仕入れにつき、値引き又は割戻しを受けたことにより、当該特定課税仕入れに係る支払対価の額（第二十八条第二項に規定する支払対価の額をいう。）の全部若しくは一部の返還又は当該特定課税仕入れに係る支払対価の額に係る買掛金その他の債務の額の全部若しくは一部の減額（以下この項から第四項までにおいて「特定課税仕入れに係る対価の返還等」という。）を受けた場合には、当該特定課税仕入れに係る対価の返還等を受けた日の属する課税期間の課税標準額に対する消費税額から当該課税期間における特定課税仕入れに係る対価の返還等を受けた金額に係る消費税額（当該返還を受けた金額又は減額を受けた債務の額に百分の七・八を乗じて算出した金額をいう。次項において同じ。）の合計額を控除する。

２～５　省略

（貸倒れに係る消費税額の控除等）

第三十九条　事業者（第九条第一項本文の規定により消費税を納める義務が免除される事業者を除く。）が国内において課税資産の譲渡等（第七条第一項、第八条第一項その他の法律又は条約の規定により消費税が免除されるものを除く。）を行つた場合において、当該課税資産の譲渡等の相手方に対する売掛金その他の債権につき更生計画認可の決定により債権の切捨てがあつたことその他これに準ずるものとして政令で定める事実が生じたため、当該課税資産の譲渡等の税込価額の全部又は一部の領収をすることができなくなつたときは、当該領収をすることができないこととなつた日の属する課税期間の課税標準額に対する消費税額から、当該領収をすることができなくなつた課税資産の譲渡等の税込価額に係る消費税額（当該税込価額に百十分の七・八（当該税込価額が軽減対象課税資産の譲渡等に係るものである場合には、百八分の六・二四）を乗じて算出した金額をいう。第三項において同じ。）の合計額を控除する。

２～７　省略

（課税資産の譲渡等及び特定課税仕入れについての確定申告）

第四十五条　事業者（第九条第一項本文の規定により消費税を納める義務が免除される事業者を除く。）は、課税期間ごとに、当該課税期間の末日の翌日から二月以内に、次に掲げる事項を記載した申告書を税務署長に提出しなければならない。ただし、国内における課税資産の譲渡等（第七条第一項、第八条第一項その他の法律又は条約の規定により消費税が免除されるものを除く。）及び特定課税仕入れがなく、かつ、第四号に掲げる消費税額がない課税期間については、この限りでない。

一　その課税期間中に国内において行つた課税資産の譲渡等（第七条第一項、第八条第一項その他の法律又は条約の規定により消費税が免除されるものを除く。）に係る税率の異なるごとに区分した課税標準である金額の合計額及びその課税期間中に国内において行つた特定課税仕入れに係る課税標準である金額の合計額並びにそれらの合計額（次号において「課税標準額」という。）

二　税率の異なるごとに区分した課税標準額に対する消費税額

三　前章の規定によりその課税期間において前号に掲げる消費税額から控除をされるべき次に掲げる消費税額の合計額
イ　第三十二条第一項第一号に規定する仕入れに係る消費税額
ロ　第三十八条第一項に規定する売上げに係る対価の返還等の金額に係る消費税額
ハ　第三十八条の二第一項に規定する特定課税仕入れに係る対価の返還等を受けた金額に係る消費税額
ニ　第三十九条第一項に規定する領収をすることができなくなつた課税資産の譲渡等の税込価額に係る消費税額
四　第二号に掲げる消費税額から前号に掲げる消費税額の合計額を控除した残額に相当する消費税額
五　第二号に掲げる消費税額から第三号に掲げる消費税額の合計額を控除してなお不足額があるときは、当該不足額
六　その事業者が当該課税期間につき中間申告書を提出した事業者である場合には、第四号に掲げる消費税額から当該申告書に係る中間納付額を控除した残額に相当する消費税額
七　第四号に掲げる消費税額から中間納付額を控除してなお不足額があるときは、当該不足額
八　前各号に掲げる金額の計算の基礎その他財務省令で定める事項
2～6　省略

(小規模事業者の納税義務の免除が適用されなくなつた場合等の届出)

第五十七条　事業者が次の各号に掲げる場合に該当することとなつた場合には、当該各号に定める者は、その旨を記載した届出書を速やかに当該事業者の納税地を所轄する税務署長に提出しなければならない。
一～三　省略
四　個人事業者（第九条第一項本文の規定により消費税を納める義務が免除される者を除く。）が死亡した場合　当該死亡した個人事業者の相続人
五　省略
2　省略

（適格請求書発行事業者の登録等）

第五十七条の二　国内において課税資産の譲渡等を行い、又は行おうとする事業者であつて、第五十七条の四第一項に規定する適格請求書の交付をしようとする事業者（第九条第一項本文の規定により消費税を納める義務が免除される事業者を除く。）は、税務署長の登録を受けることができる。

2　前項の登録を受けようとする事業者は、財務省令で定める事項を記載した申請書をその納税地を所轄する税務署長に提出しなければならない。この場合において、第九条第一項本文の規定により消費税を納める義務が免除される事業者が、同項本文の規定の適用を受けないこととなる課税期間の初日から前項の登録を受けようとするときは、政令で定める日までに、当該申請書を当該税務署長に提出しなければならない。

3　税務署長は、前項の申請書の提出を受けた場合には、遅滞なく、これを審査し、第五項の規定により登録を拒否する場合を除き、第一項の登録をしなければならない。

4　第一項の登録は、適格請求書発行事業者登録簿に氏名又は名称、登録番号その他の政令で定める事項を登載してするものとする。この場合において、税務署長は、政令で定めるところにより、当該適格請求書発行事業者登録簿に登載された事項を速やかに公表しなければならない。

5　税務署長は、第一項の登録を受けようとする事業者が、次の各号に掲げる場合の区分に応じ当該各号に定める事実に該当すると認めるときは、当該登録を拒否することができる。

一　当該事業者が特定国外事業者（国内において行う資産の譲渡等に係る事務所、事業所その他これらに準ずるものを国内に有しない国外事業者をいう。次号及び次項において同じ。）以外の事業者である場合　次に掲げるいずれかの事実

イ　当該事業者（国税通則法第百十七条第一項（納税管理人）の規定の適用を受ける者に限る。）が同条第二項の規定による納税管理人の届出をしていないこと。

ロ　当該事業者が、この法律の規定に違反して罰金以上の刑に処せられ、その執行を終わり、又は執行を受けることがなくなつた日から二年を経過しない者であること。

二　当該事業者が特定国外事業者である場合　次に掲げるいずれかの事実
イ　消費税に関する税務代理（税理士法（昭和二十六年法律第二百三十七号）第二条第一項第一号（税理士の業務）に掲げる税務代理をいう。次項第二号ハにおいて同じ。）の権限を有する国税通則法第七十四条の九第三項第二号（納税義務者に対する調査の事前通知等）に規定する税務代理人がないこと。
ロ　当該事業者が、国税通則法第百十七条第二項の規定による納税管理人の届出をしていないこと。
ハ　現に国税の滞納があり、かつ、その滞納額の徴収が著しく困難であること。
ニ　当該事業者が、次項の規定により第一項の登録を取り消され（次項第二号ホ又はヘに掲げる事実のいずれかに該当した場合に限る。）、その取消しの日から一年を経過しない者であること。
ホ　当該事業者が、この法律の規定に違反して罰金以上の刑に処せられ、その執行を終わり、又は執行を受けることがなくなつた日から二年を経過しない者であること。

6　税務署長は、次の各号に掲げる適格請求書発行事業者が当該各号に定める事実に該当すると認めるときは、当該適格請求書発行事業者に係る第一項の登録を取り消すことができる。
一　特定国外事業者以外の事業者である適格請求書発行事業者　次に掲げるいずれかの事実
イ　当該適格請求書発行事業者が一年以上所在不明であること。
ロ　当該適格請求書発行事業者が事業を廃止したと認められること。
ハ　当該適格請求書発行事業者（法人に限る。）が合併により消滅したと認められること。
ニ　当該適格請求書発行事業者（国税通則法第百十七条第一項の規定の適用を受ける者に限る。）が同条第二項の規定による納税管理人の届出をしていないこと。
ホ　当該適格請求書発行事業者がこの法律の規定に違反して罰金以上の刑に処せられたこと。
ヘ　前項第一号に定める事実に関する事項について、虚偽の記載をして第二項の規定による申請書を提出し、その申請に基づき第一項の登録を受けた者であること。

二　特定国外事業者である適格請求書発行事業者　次に掲げるいずれかの事実

イ　当該適格請求書発行事業者が事業を廃止したと認められること。

ロ　当該適格請求書発行事業者（法人に限る。）が合併により消滅したと認められること。

ハ　当該適格請求書発行事業者の第四十五条第一項の規定による申告書の提出期限までに、当該申告書に係る消費税に関する税務代理の権限を有することを証する書面（税理士法第三十条（税務代理の権限の明示）（同法第四十八条の十六（税理士の権利及び義務等に関する規定の準用）において準用する場合を含む。）に規定する書面をいう。）が提出されていないこと。

ニ　当該適格請求書発行事業者（国税通則法第百十七条第一項の規定の適用を受ける者に限る。）が同条第二項の規定による納税管理人の届出をしていないこと。

ホ　消費税につき国税通則法第十七条第二項（期限内申告）に規定する期限内申告書の提出がなかつた場合において、当該提出がなかつたことについて正当な理由がないと認められること。

ヘ　現に国税の滞納があり、かつ、その滞納額の徴収が著しく困難であること。

ト　当該適格請求書発行事業者がこの法律の規定に違反して罰金以上の刑に処せられたこと。

チ　前項第二号に定める事実に関する事項について、虚偽の記載をして第二項の規定による申請書を提出し、その申請に基づき第一項の登録を受けた者であること。

7　税務署長は、第一項の登録又は前二項の処分をするときは、その登録又は処分に係る事業者に対し、書面によりその旨を通知する。

8　適格請求書発行事業者は、第四項に規定する適格請求書発行事業者登録簿に登載された事項に変更があつたときは、その旨を記載した届出書を、速やかに、その納税地を所轄する税務署長に提出しなければならない。

9　税務署長は、前項の規定による届出書の提出を受けた場合には、遅滞なく、当該届出に係る事項を適格請求書発行事業者登録簿に登載して、変更の登録をするものとする。この場合において、税務署長は、政令で定めるところにより、当該変更後の適格請求書発行事業者登録簿に登載された事項を速やかに公表しなければならない。

10　適格請求書発行事業者が、次の各号に掲げる場合に該当することとなつた場合には、当該各号に定める日に、第一項の登録は、その効力を失う。

一　当該適格請求書発行事業者が第一項の登録の取消しを求める旨の届出書をその納税地を所轄する税務署長に提出した場合　その提出があつた日の属する課税期間の末日の翌日（その提出が、当該課税期間の末日から起算して三十日前の日から当該課税期間の末日までの間にされた場合には、当該課税期間の翌課税期間の末日の翌日）

二　当該適格請求書発行事業者が事業を廃止した場合（前条第一項の規定により同項第三号に掲げる場合に該当することとなつた旨を記載した届出書を提出した場合に限る。）　事業を廃止した日の翌日

三　当該適格請求書発行事業者である法人が合併により消滅した場合（前条第一項の規定により同項第五号に掲げる場合に該当することとなつた旨を記載した届出書を提出した場合に限る。）　当該法人が合併により消滅した日

11　税務署長は、第六項の規定による登録の取消しを行つたとき、又は前項の規定により第一項の登録がその効力を失つたときは、当該登録を抹消しなければならない。この場合において、税務署長は、政令で定めるところにより、当該登録が取り消された又はその効力を失つた旨及びその年月日を速やかに公表しなければならない。

12　前各項に定めるもののほか、この条の規定の適用に関し必要な事項は、政令で定める。

（適格請求書発行事業者が死亡した場合における手続等）

第五十七条の三　適格請求書発行事業者（個人事業者に限る。以下この条において同じ。）が死亡した場合には、第五十七条第一項の規定にかかわらず、同項第四号に定める者は、同号に掲げる場合に該当することとなつた旨を記載した届出書を、速やかに、当該適格請求書発行事業者の納税地を所轄する税務署長に提出しなければならない。

2　適格請求書発行事業者が死亡した場合における前条第一項の登録は、次項の規定の適用を受ける場合を除き、前項の規定による届出書が提出された日の翌日又

は当該死亡した日の翌日から四月を経過した日のいずれか早い日に、その効力を失う。

3　相続により適格請求書発行事業者の事業を承継した相続人（適格請求書発行事業者を除く。）の当該相続のあつた日の翌日から、当該相続人が前条第一項の登録を受けた日の前日又は当該相続に係る適格請求書発行事業者が死亡した日の翌日から四月を経過する日のいずれか早い日までの期間（次項において「みなし登録期間」という。）については、当該相続人を同条第一項の登録を受けた事業者とみなして、この法律（同条第十項（第一号に係る部分に限る。）を除く。）の規定を適用する。この場合において、当該みなし登録期間中は、当該適格請求書発行事業者に係る同条第四項の登録番号を当該相続人の登録番号とみなす。

4　前項の規定の適用を受けた相続人の被相続人に係る前条第一項の登録は、当該相続人のみなし登録期間の末日の翌日以後は、その効力を失う。

5　税務署長は、第二項又は前項の規定により前条第一項の登録がその効力を失つたときは、当該登録を抹消しなければならない。この場合において、税務署長は、政令で定めるところにより、当該登録がその効力を失つた旨及びその年月日を速やかに公表しなければならない。

6　適格請求書発行事業者の事業を承継した場合における棚卸資産に係る消費税額の調整その他この条の規定の適用に関し必要な事項は、政令で定める。

（適格請求書発行事業者の義務）

第五十七条の四　適格請求書発行事業者は、国内において課税資産の譲渡等（第七条第一項、第八条第一項その他の法律又は条約の規定により消費税が免除されるものを除く。以下この条において同じ。）を行つた場合（第四条第五項の規定により資産の譲渡とみなされる場合、第十七条第一項又は第二項本文の規定により資産の譲渡等を行つたものとされる場合その他政令で定める場合を除く。）において、当該課税資産の譲渡等を受ける他の事業者（第九条第一項本文の規定により消費税を納める義務が免除される事業者を除く。以下この条において同じ。）から次に掲げる事項を記載した請求書、納品書その他これらに類する書類（以下この条から第五十七条の六までにおいて「適格請求書」という。）の交付を求められたときは、当該課税資産の譲渡等に係る適格請求書を当該他の事業者に交付しなければならない。ただし、当該適格請求書発行事業者が行う事業の性質上、適格請求書を交付することが困難な課税資産の譲渡等として政令で定めるものを行う場合は、この限りでない。

一　適格請求書発行事業者の氏名又は名称及び登録番号（第五十七条の二第四項の登録番号をいう。次項第一号及び第三項第一号において同じ。）

二　課税資産の譲渡等を行つた年月日（課税期間の範囲内で一定の期間内に行つた課税資産の譲渡等につきまとめて当該書類を作成する場合には、当該一定の期間）

三　課税資産の譲渡等に係る資産又は役務の内容（当該課税資産の譲渡等が軽減対象課税資産の譲渡等である場合には、資産の内容及び軽減対象課税資産の譲渡等である旨）

四　課税資産の譲渡等に係る税抜価額（対価として収受し、又は収受すべき一切の金銭又は金銭以外の物若しくは権利その他経済的な利益の額とし、課税資産の譲渡等につき課されるべき消費税額及び当該消費税額を課税標準として課されるべき地方消費税額に相当する額を含まないものとする。次項第四号及び第三項第四号において同じ。）又は税込価額（対価として収受し、又は収受すべき一切の金銭又は金銭以外の物若しくは権利その他経済的な利益の額とし、課税資産の譲渡等につき課されるべき消費税額及び当該消費税額を課税標準として課されるべき地方消費税額に相当する額を含むものとする。次項第四号及び第三項第四号において同じ。）を税率の異なるごとに区分して合計した金額及び適用税率（第二十九条第一号又は第二号に規定する税率に七十八分の百を乗じて得た率をいう。次項第五号及び第三項第五号において同じ。）

五　消費税額等（課税資産の譲渡等につき課されるべき消費税額及び当該消費税額を課税標準として課されるべき地方消費税額に相当する額の合計額として前号に掲げる税率の異なるごとに区分して合計した金額ごとに政令で定める方法により計算した金額をいう。）

六　書類の交付を受ける事業者の氏名又は名称

2　前項本文の規定の適用を受ける場合において、同項の適格請求書発行事業者が国内において行つた課税資産の譲渡等が小売業その他の政令で定める事業に係るものであるときは、適格請求書に代えて、次に掲げる事項を記載した請求書、納品書その他これらに類する書類（以下この条から第五十七条の六までにおいて「適格簡易請求書」という。）を交付することができる。

一　適格請求書発行事業者の氏名又は名称及び登録番号
二　課税資産の譲渡等を行つた年月日
三　課税資産の譲渡等に係る資産又は役務の内容（当該課税資産の譲渡等が軽減対象課税資産の譲渡等である場合には、資産の内容及び軽減対象課税資産の譲渡等である旨）
四　課税資産の譲渡等に係る税抜価額又は税込価額を税率の異なるごとに区分して合計した金額
五　消費税額等（前項第五号の規定に準じて計算した金額をいう。）又は適用税率

3　売上げに係る対価の返還等（第三十八条第一項に規定する売上げに係る対価の返還等をいう。以下この項において同じ。）を行う適格請求書発行事業者は、当該売上げに係る対価の返還等を受ける他の事業者に対して、次に掲げる事項を記載した請求書、納品書その他これらに類する書類（以下この条において「適格返還請求書」という。）を交付しなければならない。ただし、当該適格請求書発行事業者が行う事業の性質上、当該売上げに係る対価の返還等に際し適格返還請求書を交付することが困難な課税資産の譲渡等として政令で定めるものを行う場合は、この限りでない。
一　適格請求書発行事業者の氏名又は名称及び登録番号
二　売上げに係る対価の返還等を行う年月日及び当該売上げに係る対価の返還等に係る課税資産の譲渡等を行つた年月日
三　売上げに係る対価の返還等に係る課税資産の譲渡等に係る資産又は役務の内容（当該売上げに係る対価の返還等に係る課税資産の譲渡等が軽減対象課税資産の譲渡等である場合には、資産の内容及び軽減対象課税資産の譲渡等である旨）
四　売上げに係る対価の返還等に係る税抜価額又は税込価額を税率の異なるごとに区分して合計した金額
五　売上げに係る対価の返還等の金額に係る消費税額等（第一項第五号の規定に準じて計算した金額をいう。）又は適用税率

4　適格請求書、適格簡易請求書又は適格返還請求書を交付した適格請求書発行事業者は、これらの書類の記載事項に誤りがあつた場合には、これらの書類を交付した他の事業者に対して、修正した適格請求書、適格簡易請求書又は適格返還請

求書を交付しなければならない。

5　適格請求書発行事業者は、適格請求書、適格簡易請求書又は適格返還請求書の交付に代えて、これらの書類に記載すべき事項に係る電磁的記録（電子計算機を使用して作成する国税関係帳簿書類の保存方法等の特例に関する法律第二条第三号（定義）に規定する電磁的記録をいう。以下この条から第五十七条の六までにおいて同じ。）を提供することができる。この場合において、当該電磁的記録として提供した事項に誤りがあつた場合には、前項の規定を準用する。

6　適格請求書、適格簡易請求書若しくは適格返還請求書を交付し、又はこれらの書類に記載すべき事項に係る電磁的記録を提供した適格請求書発行事業者は、政令で定めるところにより、これらの書類の写し又は当該電磁的記録を保存しなければならない。この場合において、当該電磁的記録の保存については、財務省令で定める方法によるものとする。

7　適格請求書、適格簡易請求書及び適格返還請求書の記載事項その他前各項の規定の適用に関し必要な事項は、政令で定める。

（適格請求書類似書類等の交付の禁止）

第五十七条の五　適格請求書発行事業者以外の者は第一号に掲げる書類及び第三号に掲げる電磁的記録（第一号に掲げる書類の記載事項に係るものに限る。）を、適格請求書発行事業者は第二号に掲げる書類及び第三号に掲げる電磁的記録（第二号に掲げる書類の記載事項に係るものに限る。）を、それぞれ他の者に対して交付し、又は提供してはならない。

一　適格請求書発行事業者が作成した適格請求書又は適格簡易請求書であると誤認されるおそれのある表示をした書類

二　偽りの記載をした適格請求書又は適格簡易請求書

三　第一号に掲げる書類の記載事項又は前号に掲げる書類の記載事項に係る電磁的記録

（任意組合等の組合員による適格請求書等の交付の禁止）

第五十七条の六　民法（明治二十九年法律第八十九号）第六百六十七条第一項（組合契約）に規定する組合契約によつて成立する組合、投資事業有限責任組合契約に関する法律（平成十年法律第九十号）第二条第二項（定義）に規定する投資事業有限責任組合若しくは有限責任事業組合契約に関する法律（平成十七年法律第四十号）第二条（定義）に規定する有限責任事業組合又は外国の法令に基づいて設立された団体であつてこれらの組合に類似するもの（以下この条において「任意組合等」という。）の組合員である適格請求書発行事業者は、第五十七条の四第一項本文、第二項又は第五項の規定にかかわらず、当該任意組合等の事業として国内において行つた課税資産の譲渡等につき適格請求書若しくは適格簡易請求書を交付し、又はこれらの書類に記載すべき事項に係る電磁的記録を提供してはならない。ただし、当該任意組合等の組合員の全てが適格請求書発行事業者である場合において、その旨を記載した届出書を当該任意組合等の業務を執行する政令で定める者（次項において「業務執行組合員」という。）が、政令で定めるところにより、当該業務執行組合員の納税地を所轄する税務署長に提出したときは、当該提出があつた日以後に行う当該課税資産の譲渡等については、この限りでない。

2　前項ただし書の規定による届出書を提出した任意組合等が次に掲げる場合に該当することとなつたときは、当該該当することとなつた日以後に行う課税資産の譲渡等については、同項ただし書の規定は、適用しない。この場合において、当該任意組合等の業務執行組合員は、当該該当することとなつた旨を記載した届出書を、速やかに、その納税地を所轄する税務署長に提出しなければならない。

一　適格請求書発行事業者以外の事業者を新たに組合員として加入させた場合

二　当該任意組合等の組合員のいずれかが適格請求書発行事業者でなくなつた場合

3　前二項に定めるもののほか、任意組合等に係る第五十七条の四の規定の適用に関し必要な事項は、政令で定める。

所得税法等の一部を改正する法律（平成28年法律第15号）附則（抄）

（施行期日）

第一条　この法律は、平成二十八年四月一日から施行する。ただし、次の各号に掲げる規定は、当該各号に定める日から施行する。

一～七の三　省略

八　附則第四十四条及び第四十五条の規定　令和三年十月一日

九　次に掲げる規定　令和五年十月一日

イ　第五条の規定（同条中消費税法第二条第四項の改正規定、同法第四条の改正規定、同法第八条の改正規定、同法第九条第五項の改正規定、同条第七項の改正規定、同法第十二条の三の次に一条を加える改正規定、同法第十五条第六項の改正規定（「第十二条の三」を「第十二条の四」に改める部分に限る。）、同条第七項の改正規定、同条第十一項の改正規定（「第五十七条」の下に「から第五十七条の三まで」を加える部分を除く。）、同法第三十七条の改正規定、同法第三十七条の二の改正規定、同法第五十七条第一項の改正規定、同法第六十二条の改正規定、同法別表第一第四号イの改正規定（「（別表第二」を「（同表」に改める部分に限る。）及び同表第十二号の改正規定（「別表第二」を「別表第二の二」に改める部分を除く。）を除く。）（附則第四十四条第一項、第五十二条第一項及び第百二十八条の二において「五年改正規定」という。）並びに附則第四十六条から第五十三条まで及び第百六十一条の規定

ロ～ニ　省略

十～十六　省略

（適格請求書発行事業者の登録等に関する経過措置）

第四十四条　五年施行日から令和六年三月三十一日までの間のいずれかの日に五年改正規定による改正後の消費税法（以下附則第五十三条までにおいて「新消費税法」という。）第五十七条の二第一項の登録を受けようとする事業者は、五年施行日前においても、同条第二項の規定の例により、同項の申請書を提出することができる。ただし、五年施行日に同条第一項の登録を受けようとする事業者は、

五年施行日の六月前の日（消費税法第九条の二第一項の規定により同法第九条第一項本文の規定の適用を受けないこととなる事業者にあっては、五年施行日の三月前の日）までに、当該申請書をその納税地を所轄する税務署長に提出しなければならない。

2　前項の規定により新消費税法第五十七条の二第二項の申請書を提出した事業者（次項の規定により同条第三項の規定による登録に係る同条第七項の通知を受けた事業者に限る。）は、当該申請書に記載した事項に変更があったときは、五年施行日前においても、同条第八項の規定の例により、同項の届出書を提出しなければならない。

3　税務署長は、第一項の規定により新消費税法第五十七条の二第二項の申請書の提出を受けた場合又は前項の規定により同条第八項の届出書の提出を受けた場合には、五年施行日前においても、同条第三項から第七項まで及び第九項の規定の例により、同条第三項の規定による登録、同条第四項の規定による公表、同条第五項の規定による登録の拒否、同条第六項の規定による登録の取消し、同条第七項の規定による通知及び同条第九項の規定による登録の変更（以下この項において「登録等」という。）をすることができる。この場合において、これらの規定の例によりされた登録等は、五年施行日（同条第一項の登録がされた日（以下第五項までにおいて「登録開始日」という。）が五年施行日の翌日以後である場合には、当該登録開始日）においてこれらの規定により行われたものとみなす。

4　新消費税法第五十七条の二第二項の申請書を提出した事業者（登録開始日が五年施行日から五年施行日以後六年を経過する日までの日の属する課税期間中である事業者に限る。）の当該登録開始日の属する課税期間（その基準期間における課税売上高が千万円を超える課税期間、消費税法第九条第四項の規定による届出書の提出により、又は同法第九条の二第一項、第十条第二項、第十一条第二項から第四項まで、第十二条第一項から第四項まで若しくは第六項、第十二条の二第一項若しくは第二項、第十二条の三第一項若しくは第三項若しくは第十二条の四第一項若しくは第二項の規定により消費税を納める義務が免除されないこととなる課税期間及び当該登録開始日の前日までに同法第十条第一項の相続、同法第十一条第一項の合併又は同法第十二条第五項の吸収分割があったことにより消費税を納める義務が免除されないこととなる課税期間を除く。）のうち当該登録開始日から当該課税期間の末日までの間における課税資産の譲渡等及び特定課税仕入れについては、消費税法第九条第一項本文の規定は、適用しない。

5　前項の規定の適用を受ける事業者の登録開始日の属する課税期間の翌課税期間から登録開始日以後二年を経過する日の属する課税期間までの各課税期間（その基準期間における課税売上高が千万円を超える課税期間及び消費税法第九条第四項の規定による届出書の提出により、又は同法第九条の二第一項、第十条第二項、第十一条第二項若しくは第四項、第十二条第二項から第四項まで若しくは第六項、第十二条の二第一項若しくは第二項、第十二条の三第一項若しくは第三項若しくは第十二条の四第一項若しくは第二項の規定により消費税を納める義務が免除されないこととなる課税期間を除く。）における課税資産の譲渡等及び特定課税仕入れについては、同法第九条第一項本文の規定は、適用しない。ただし、登録開始日の属する課税期間が五年施行日を含む課税期間である場合は、この限りでない。

6　前各項に定めるもののほか、この条の規定の適用に関し必要な事項は、政令で定める。

（適格請求書等の交付に関する経過措置）

第五十条　この附則に別段の定めがあるものを除き、新消費税法第五十七条の四第一項の規定は、五年施行日以後に国内において事業者が行う課税資産の譲渡等について適用する。

2　事業者が、五年施行日前に行った消費税法第十六条第一項に規定するリース譲渡（三十年改正法第五条の規定による改正前の消費税法第十六条第一項に規定する長期割賦販売等及び旧効力消費税法第十六条第一項に規定する長期割賦販売等を含む。以下この項において同じ。）につき、当該リース譲渡に係る賦払金の額で五年施行日以後にその支払の期日が到来するものがあるときは、当該リース譲渡のうち五年施行日以後に行ったものとみなされる部分の課税資産の譲渡等については、新消費税法第五十七条の四第一項の規定は、適用しない。

3　消費税法第十八条第一項の個人事業者が、五年施行日前に行った課税資産の譲渡等につき、当該課税資産の譲渡等の対価の額を収入した日が五年施行日以後であるときは、当該課税資産の譲渡等については、新消費税法第五十七条の四第一項の規定は、適用しない。

4　省略

5　この附則に別段の定めがあるものを除き、新消費税法第五十七条の四第三項の規定は、同条第一項の規定の適用を受けた課税資産の譲渡等につき行った新消費税法第三十八条第一項に規定する売上げに係る対価の返還等について適用する。
6　省略

（適格請求書発行事業者以外の者から行った課税仕入れに係る税額控除に関する経過措置）

第五十二条　事業者（新消費税法第九条第一項本文の規定により消費税を納める義務が免除される事業者を除く。以下この条及び次条において同じ。）が、五年施行日から五年施行日以後三年を経過する日（同条第一項において「適用期限」という。）までの間に国内において行った課税仕入れ（新消費税法第三十条第一項の規定の適用を受けるものを除く。次条第一項において同じ。）のうち、五年改正規定による改正前の消費税法（以下この条及び次条において「旧消費税法」という。）第三十条の規定がなお効力を有するものとしたならば同条第一項の規定の適用を受けるものについては、同条第九項に規定する請求書等又は当該請求書等に記載すべき事項に係る電磁的記録（電子計算機を使用して作成する国税関係帳簿書類の保存方法等の特例に関する法律（平成十年法律第二十五号）第二条第三号に規定する電磁的記録をいう。次項並びに次条第一項及び第二項において同じ。）を新消費税法第三十条第九項に規定する請求書等とみなし、かつ、当該課税仕入れに係る支払対価の額（同条第八項第一号ニに規定する課税仕入れに係る支払対価の額をいう。次条第一項において同じ。）に百十分の七・八（当該課税仕入れが他の者から受けた軽減対象課税資産の譲渡等（新消費税法第二条第一項第九号の二に規定する軽減対象課税資産の譲渡等をいい、消費税法第七条第一項、第五条の規定による改正後の同法第八条第一項その他の法律又は条約の規定により消費税が免除されるものを除く。第三項及び次条第一項において同じ。）に係るものである場合には、百八分の六・二四）を乗じて算出した金額に百分の八十を乗じて算出した金額を新消費税法第三十条第一項に規定する課税仕入れに係る消費税額とみなして、同条の規定を適用する。この場合において、同条第八項第一号ハ中「である旨)」とあるのは、「である旨）及び所得税法等の一部を改正する法律（平成二十八年法律第十五号）附則第五十二条第一項の規定の適用を受ける課税仕入れである旨」とする。

2　前項の規定により新消費税法第三十条第九項に規定する請求書等とみなされる書類又は電磁的記録に係る旧消費税法第三十条第九項の規定の適用については、同項第一号ハ中「内容」とあるのは「内容（当該課税資産の譲渡等が軽減対象課税資産の譲渡等である場合には、資産の内容及び軽減対象課税資産の譲渡等である旨）」と、同号ニ中「課税資産の譲渡等の」とあるのは「税率の異なるごとに区分して合計した課税資産の譲渡等の」と、同項第二号ニ中「内容」とあるのは「内容（当該課税仕入れが他の者から受けた軽減対象課税資産の譲渡等に係るものである場合には、資産の内容及び軽減対象課税資産の譲渡等に係るものである旨）」と、同号ホ中「第一項」とあるのは「税率の異なるごとに区分して合計した第一項」とする。

3　第一項の規定により新消費税法第三十条第九項に規定する請求書等とみなされる書類に係る前項の規定により読み替えて適用する旧消費税法第三十条第九項の規定の適用については、当該書類の交付を受けた事業者が、当該書類に係る課税資産の譲渡等の事実に基づき同項第一号ハに掲げる記載事項（当該記載事項のうち、課税資産の譲渡等が軽減対象課税資産の譲渡等である旨に限る。）又は同号ニに掲げる記載事項に係る追記をした書類を含むものとする。

4　事業者が、第一項の規定の適用を受ける課税仕入れを行った場合における新消費税法第三十二条及び第三十六条第五項の規定の適用については、新消費税法第三十二条第一項第一号中「金額及び」とあるのは「金額（当該仕入れに係る対価の返還等が所得税法等の一部を改正する法律（平成二十八年法律第十五号）附則第五十二条第一項の規定の適用を受ける課税仕入れに係るものである場合には、当該金額に百分の八十を乗じて算出した金額）及び」と、新消費税法第三十六条第五項中「消費税額は」とあるのは「消費税額（当該課税仕入れに係る棚卸資産が所得税法等の一部を改正する法律（平成二十八年法律第十五号）附則第五十二条第一項の規定の適用を受けるものである場合には、当該消費税額に百分の八十を乗じて算出した金額）は」とする。

第五十三条　事業者が、適用期限の翌日から同日以後三年を経過する日までの間に国内において行った課税仕入れのうち、旧消費税法第三十条の規定がなお効力を有するものとしたならば同条第一項の規定の適用を受けるものについては、同条第九項に規定する請求書等又は当該請求書等に記載すべき事項に係る電磁的記録を新消費税法第三十条第九項に規定する請求書等とみなし、かつ、当該課税仕入れに係る支払対価の額に百十分の七・八（当該課税仕入れが他の者から受けた軽減対象課税資産の譲渡等に係るものである場合には、百八分の六・二四）を乗じて算出した金額に百分の五十を乗じて算出した金額を同条第一項に規定する課税仕入れに係る消費税額とみなして、同条の規定を適用する。この場合において、同条第八項第一号ハ中「である旨)」とあるのは、「である旨）及び所得税法等の一部を改正する法律（平成二十八年法律第十五号）附則第五十三条第一項の規定の適用を受ける課税仕入れである旨」とする。

2　前項の規定により新消費税法第三十条第九項に規定する請求書等とみなされる書類又は電磁的記録に係る旧消費税法第三十条第九項の規定の適用については、同項第一号ハ中「内容」とあるのは「内容（当該課税資産の譲渡等が軽減対象課税資産の譲渡等である場合には、資産の内容及び軽減対象課税資産の譲渡等である旨)」と、同号ニ中「課税資産の譲渡等の」とあるのは「税率の異なるごとに区分して合計した課税資産の譲渡等の」と、同項第二号ニ中「内容」とあるのは「内容（当該課税仕入れが他の者から受けた軽減対象課税資産の譲渡等に係るものである場合には、資産の内容及び軽減対象課税資産の譲渡等に係るものである旨)」と、同号ホ中「第一項」とあるのは「税率の異なるごとに区分して合計した第一項」とする。

3　第一項の規定により新消費税法第三十条第九項に規定する請求書等とみなされる書類に係る前項の規定により読み替えて適用する旧消費税法第三十条第九項の規定の適用については、前条第三項の規定を準用する。

4　事業者が、第一項の規定の適用を受ける課税仕入れを行った場合における新消費税法第三十二条及び第三十六条第五項の規定の適用については、新消費税法第三十二条第一項第一号中「金額及び」とあるのは「金額（当該仕入れに係る対価の返還等が所得税法等の一部を改正する法律（平成二十八年法律第十五号）附則第五十三条第一項の規定の適用を受ける課税仕入れに係るものである場合には、当該金額に百分の五十を乗じて算出した金額）及び」と、新消費税法第三十六条第五項中「消費税額は」とあるのは「消費税額（当該課税仕入れに係る棚卸資産が所得税法等の一部を改正する法律（平成二十八年法律第十五号）附則第五十三条第一項の規定の適用を受けるものである場合には、当該消費税額に百分の五十を乗じて算出した金額）は」とする。

消費税法施行令（抄）

※　消費税法施行令等の一部を改正する政令（平成30年政令第135号）による改正後【令和５年10月１日施行】

（事業を開始した日の属する課税期間等の範囲）

第二十条　法第九条第四項に規定する政令で定める課税期間は、次に掲げる課税期間とする。

一　事業者が国内において課税資産の譲渡等に係る事業を開始した日の属する課税期間

二　個人事業者が相続により法第九条第四項の規定の適用を受けていた被相続人の事業を承継した場合における当該相続があつた日の属する課税期間

三　法人が合併（合併により法人を設立する場合を除く。）により法第九条第四項の規定の適用を受けていた被合併法人の事業を承継した場合における当該合併があつた日の属する課税期間

四　法人が吸収分割により法第九条第四項の規定の適用を受けていた分割法人の事業を承継した場合における当該吸収分割があつた日の属する課税期間

（課税仕入れに係る消費税額の計算）

第四十六条　法第三十条第一項に規定する政令で定めるところにより計算した金額は、次の各号に掲げる課税仕入れ（特定課税仕入れに該当するものを除く。以下この章において同じ。）の区分に応じ当該各号に定める金額の合計額に百分の七十八を乗じて算出した金額とする。

一　適格請求書（法第五十七条の四第一項に規定する適格請求書をいう。以下同じ。）の交付を受けた課税仕入れ　当該適格請求書に記載されている同項第五号に掲げる消費税額等のうち当該課税仕入れに係る部分の金額

二　適格簡易請求書（法第五十七条の四第二項に規定する適格簡易請求書をいう。以下同じ。）の交付を受けた課税仕入れ　当該適格簡易請求書に記載されている同項第五号に掲げる消費税額等（当該適格簡易請求書に当該消費税額等の記載がないときは、当該消費税額等として第七十条の十に規定する方法に準じて算出した金額）のうち当該課税仕入れに係る部分の金額

三　法第三十条第九項第二号に掲げる電磁的記録（同項に規定する電磁的記録をいう。以下この項、第四十九条及び第五十条において同じ。）の提供を受けた課税仕入れ　当該電磁的記録に記録されている法第五十七条の四第一項第五号又は第二項第五号に掲げる消費税額等のうち当該課税仕入れに係る部分の金額

四　法第三十条第九項第三号に掲げる書類又は当該書類に記載すべき事項に係る電磁的記録を作成した課税仕入れ　当該書類に記載され、又は当該電磁的記録に記録されている第四十九条第四項第六号に掲げる消費税額等のうち当該課税仕入れに係る部分の金額

五　法第三十条第九項第四号に掲げる書類の交付又は当該書類に記載すべき事項に係る電磁的記録の提供を受けた課税仕入れ　当該書類に記載され、又は当該電磁的記録に記録されている第四十九条第六項第五号に掲げる消費税額等のうち当該課税仕入れに係る部分の金額

六　第四十九条第一項第一号イからニまでに掲げる課税仕入れ　課税仕入れに係る支払対価の額（法第三十条第八項第一号ニに規定する課税仕入れに係る支払対価の額をいう。以下この章において同じ。）に百十分の十（当該課税仕入れが他の者から受けた軽減対象課税資産の譲渡等に係るものである場合には、百八分の八）を乗じて算出した金額（当該金額に一円未満の端数が生じたときは、当該端数を切り捨て、又は四捨五入した後の金額）

2　事業者が、その課税期間に係る前項各号に掲げる課税仕入れについて、その課税仕入れの都度、課税仕入れに係る支払対価の額に百十分の十（当該課税仕入れが他の者から受けた軽減対象課税資産の譲渡等に係るものである場合には、百八分の八）を乗じて算出した金額（当該金額に一円未満の端数が生じたときは、当該端数を切り捨て、又は四捨五入した後の金額）を法第三十条第七項に規定する帳簿に記載している場合には、前項の規定にかかわらず、当該金額を合計した金額に百分の七十八を乗じて算出した金額を、同条第一項に規定する課税仕入れに係る消費税額とすることができる。

3　その課税期間に係る法第四十五条第一項第二号に掲げる税率の異なるごとに区分した課税標準額に対する消費税額の計算につき、同条第五項の規定の適用を受けない事業者は、第一項の規定にかかわらず、前項の規定の適用を受ける場合を除き、当該課税期間中に国内において行つた課税仕入れのうち第一項各号に掲げるものに係る課税仕入れに係る支払対価の額を税率の異なるごとに区分して合計

した金額に、課税資産の譲渡等（特定資産の譲渡等及び軽減対象課税資産の譲渡等に該当するものを除く。）に係る部分については百十分の七・八を、軽減対象課税資産の譲渡等に係る部分については百八分の六・二四をそれぞれ乗じて算出した金額の合計額を、法第三十条第一項に規定する課税仕入れに係る消費税額とすることができる。

（課税仕入れ等の税額の控除に係る帳簿等の記載事項等）

第四十九条　法第三十条第七項に規定する政令で定める場合は、次に掲げる場合とする。

一　課税仕入れが次に掲げる課税仕入れに該当する場合（法第三十条第七項に規定する帳簿に次に掲げる課税仕入れのいずれかに該当する旨及び当該課税仕入れの相手方の住所又は所在地（国税庁長官が指定する者に係るものを除く。）を記載している場合に限る。）

イ　他の者から受けた第七十条の九第二項第一号に掲げる課税資産の譲渡等に係る課税仕入れ

ロ　入場券その他の課税仕入れに係る書類のうち法第五十七条の四第二項各号（第二号を除く。）に掲げる事項が記載されているものが、当該課税仕入れに係る課税資産の譲渡等を受けた際に当該課税資産の譲渡等を行う適格請求書発行事業者により回収された課税仕入れ（イに掲げる課税仕入れを除く。）

ハ　課税仕入れに係る資産が次に掲げる資産のいずれかに該当する場合における当該課税仕入れ（当該資産が棚卸資産（消耗品を除く。）に該当する場合に限る。）

(1)　古物営業法（昭和二十四年法律第百八号）第二条第二項（定義）に規定する古物営業を営む同条第三項に規定する古物商である事業者が、他の者（適格請求書発行事業者を除く。ハにおいて同じ。）から買い受けた同条第一項に規定する古物（これに準ずるものとして財務省令で定めるものを含む。）

(2)　質屋営業法（昭和二十五年法律第百五十八号）第一条第一項（定義）に規定する質屋営業を営む同条第二項に規定する質屋である事業者が、同法第十八条第一項（流質物の取得及び処分）の規定により他の者から所有権を取得した質物

(3) 宅地建物取引業法（昭和二十七年法律第百七十六号）第二条第二号（用語の定義）に規定する宅地建物取引業を営む同条第三号に規定する宅地建物取引業者である事業者が、他の者から買い受けた同条第二号に規定する建物

(4) 再生資源卸売業その他不特定かつ多数の者から再生資源等（資源の有効な利用の促進に関する法律（平成三年法律第四十八号）第二条第四項（定義）に規定する再生資源及び同条第五項に規定する再生部品をいう。）に係る課税仕入れを行う事業を営む事業者が、他の者から買い受けた当該再生資源等

ニ　イからハまでに掲げるもののほか、請求書等（法第三十条第七項に規定する請求書等をいう。）の交付又は提供を受けることが困難な課税仕入れとして財務省令で定めるもの

二　特定課税仕入れに係るものである場合

2　前項第一号に規定する国税庁長官が指定する者から受ける課税資産の譲渡等に係る課税仕入れ（同号に掲げる場合に該当するものに限る。）のうち、不特定かつ多数の者から課税仕入れを行う事業に係る課税仕入れについては、法第三十条第八項第一号の規定により同条第七項の帳簿に記載することとされている事項のうち同号イに掲げる事項は、同号の規定にかかわらず、その記載を省略することができる。

3　他の者から受けた課税資産の譲渡等のうち第七十条の九第二項第二号に掲げる課税資産の譲渡等又は第七十条の十二第一項若しくは第五項の規定の適用を受けた課税資産の譲渡等に係る課税仕入れについては、法第三十条第八項第一号の規定により同条第七項の帳簿に記載することとされている事項のうち同号イに掲げる事項は、同号の規定にかかわらず、当該事項に代えて第七十条の九第二項第二号若しくは第七十条の十二第一項に規定する媒介若しくは取次ぎに係る業務を行う者の氏名若しくは名称又は同条第五項に規定する執行機関の名称とすることができる。

4　法第三十条第九項第三号に規定する政令で定める事項は、次に掲げる事項とする。

一　書類の作成者の氏名又は名称

二　課税仕入れの相手方の氏名又は名称及び登録番号（法第五十七条の二第四項

の登録番号をいう。第六項第一号において同じ。）

三　課税仕入れを行つた年月日（課税期間の範囲内で一定の期間内に行つた課税仕入れにつきまとめて当該書類を作成する場合には、当該一定の期間）

四　課税仕入れに係る資産又は役務の内容（当該課税仕入れが他の者から受けた軽減対象課税資産の譲渡等に係るものである場合には、資産の内容及び軽減対象課税資産の譲渡等に係るものである旨）

五　税率の異なるごとに区分して合計した課税仕入れに係る支払対価の額及び適用税率（法第五十七条の四第一項第四号に規定する適用税率をいう。第六項第四号において同じ。）

六　消費税額等（課税仕入れに係る支払対価の額に百十分の十（当該課税仕入れが他の者から受けた軽減対象課税資産の譲渡等に係るものである場合には、百八分の八）を乗じて算出した金額をいい、当該金額に一円未満の端数が生じたときは、当該端数を処理した後の金額とする。）

5　法第三十条第九項第四号に規定する政令で定める課税仕入れは、他の者から受けた第七十条の九第二項第二号に掲げる課税資産の譲渡等に係る課税仕入れとする。

6　法第三十条第九項第四号に規定する政令で定める事項は、次に掲げる事項とする。

一　書類の作成者の氏名又は名称及び登録番号

二　課税資産の譲渡等を行つた年月日（課税期間の範囲内で一定の期間内に行つた課税資産の譲渡等につきまとめて当該書類を作成する場合には、当該一定の期間）

三　課税資産の譲渡等に係る資産の内容（当該課税資産の譲渡等が軽減対象課税資産の譲渡等である場合には、資産の内容及び軽減対象課税資産の譲渡等である旨）

四　課税資産の譲渡等に係る税抜価額（法第五十七条の四第一項第四号に規定する税抜価額をいう。）又は税込価額（同号に規定する税込価額をいう。）を税率の異なるごとに区分して合計した金額及び適用税率

五　消費税額等（法第五十七条の四第一項第五号の規定に準じて計算した金額をいう。）

六　書類の交付を受ける事業者の氏名又は名称

7　法第三十条第九項第三号及び第四号に掲げる書類には、これらの書類に記載すべき事項に係る電磁的記録を含むものとする。

8　法第三十条第九項第五号に規定する政令で定める書類は、次に掲げる書類とする。

一　関税法第六十七条（輸出又は輸入の許可）に規定する輸入の許可（第三号、第七号、第八号及び第七十一条第四項において「輸入の許可」という。）があつたことを証する書類

二　特例申告書の提出があつたことを証する書類

三　関税法第七十三条第一項（輸入の許可前における貨物の引取り）の規定により税関長の承認を受けて輸入の許可前に保税地域から課税貨物を引き取つた場合における同項の承認があつたことを証する書類

四　国税通則法第三十二条第三項（賦課決定）に規定する賦課決定通知書（同条第一項第一号に掲げる場合にあつては、納税告知書）

五　輸入品に対する内国消費税の徴収等に関する法律第七条第九項（郵便物の内国消費税の納付等）の規定により賦課決定通知書とみなされる同条第一項の郵便物に係る同項の書面

六　輸入品に対する内国消費税の徴収等に関する法律第七条第十項において準用する関税法第七十七条第六項（郵便物の関税の納付等）の規定により税関長の承認を受けて消費税の納付前に郵便物を受け取つた場合における同項の承認があつたことを証する書類

七　国税通則法第十九条第三項（修正申告）に規定する修正申告書（輸入の許可後に提出されたものに限る。）の提出があつたことを証する書類

八　国税通則法第二十八条第一項（更正又は決定の手続）に規定する更正通知書（輸入の許可後に行われた同項の更正に係るものに限る。）又は決定通知書

九　関税法第八十五条第一項（公売代金等の充当及び供託）の規定による公売又は売却に係る代金が充当されたことを証する書類

9　前項各号に掲げる書類には、関税法第百二条第一項（証明書類の交付及び統計の閲覧等）の規定に基づき税関長が交付した同項の証明書類で前項各号に掲げる書類に関するものを含むものとする。

10　第八項各号に掲げる書類（前項の規定の適用を受けるものを含む。）には、これらの書類に係る電磁的記録を含むものとする。

（課税仕入れ等の税額の控除に係る帳簿等の保存期間等）

第五十条　法第三十条第一項の規定の適用を受けようとする事業者は、同条第七項に規定する帳簿及び請求書等を整理し、当該帳簿についてはその閉鎖の日の属する課税期間の末日の翌日、当該請求書等についてはその受領した日（同条第九項第二号に掲げる電磁的記録及び前条第七項及び第十項の電磁的記録にあつては、これらの電磁的記録の提供を受けた日）の属する課税期間の末日の翌日から二月（清算中の法人について残余財産が確定した場合には一月とする。次項及び第三項において同じ。）を経過した日から七年間、これを納税地又はその取引に係る事務所、事業所その他これらに準ずるものの所在地（次項において「納税地等」という。）に保存（同号に掲げる電磁的記録並びに前条第七項及び第十項の電磁的記録にあつては、財務省令で定める方法による保存に限る。以下この項において同じ。）をしなければならない。ただし、財務省令で定める場合に該当する法第三十条第七項に規定する帳簿又は請求書等については、同日から五年間を超えて保存をすることを要しない。

2　法第三十条第一項に規定する課税仕入れに係る消費税額（その課税仕入れに係る資産が金又は白金の地金である場合に限る。）につき同項の規定の適用を受けようとする事業者は、同条第十一項に規定する本人確認書類を整理し、その課税仕入れの日の属する課税期間の末日の翌日から二月を経過した日から七年間、これを納税地等に保存（当該本人確認書類が電磁的記録である場合にあつては、財務省令で定める方法による保存に限る。）をしなければならない。

3　前二項に規定する課税期間の末日の翌日から二月を経過した日から五年を経過した日以後の期間におけるこれらの規定による保存（これらの規定による電磁的記録の保存を除く。）は、財務大臣の定める方法によることができる。

（仕入れに係る対価の返還等を受けた金額に係る消費税額の計算の特例）

第五十二条　仕入れに係る対価の返還等（法第三十二条第一項に規定する仕入れに係る対価の返還等をいう。次項及び次条第一項において同じ。）につき適格返還請求書（法第五十七条の四第三項に規定する適格返還請求書をいう。以下同じ。）の交付を受け、又は適格返還請求書に記載すべき事項に係る同条第五項に規定する電磁的記録の提供を受けた事業者は、法第三十二条第一項の規定にかかわらず、当該適格返還請求書に記載され、又は当該電磁的記録に記録された法第五十七条の四第三項第五号に掲げる消費税額等（当該適格返還請求書に当該消費税額等の記載がない、又は当該電磁的記録に当該消費税額等の記録がないときは、当該消費税額等として第七十条の十に規定する方法に準じて算出した金額）に百分の七十八を乗じて算出した金額を法第三十二条第一項第一号に規定する仕入れに係る対価の返還等を受けた金額に係る消費税額として、同条の規定を適用することができる。

2　事業者が、仕入れに係る対価の返還等を受けた場合において、当該仕入れに係る対価の返還等を受けた金額が他の者から受けた課税資産の譲渡等（軽減対象課税資産の譲渡等に該当するものを除く。）に係る部分と軽減対象課税資産の譲渡等に係る部分とに合理的に区分されていないときは、当該仕入れに係る対価の返還等を受けた金額に、当該仕入れに係る対価の返還等に係る課税仕入れに係る支払対価の額の合計額のうちに軽減対象課税資産の譲渡等に係る課税仕入れに係る支払対価の額の占める割合を乗じて計算した金額を、当該軽減対象課税資産の譲渡等に係る部分の金額として、法第三十二条第一項第一号の規定を適用する。

（納税義務の免除を受けないこととなつた場合等の棚卸資産の取得価額）

第五十四条　法第三十六条第一項に規定する政令で定める金額は、次の各号に掲げる資産の区分に応じ当該各号に定める金額とする。

一　国内において譲り受けた課税仕入れに係る棚卸資産　次に掲げる金額の合計額

イ　当該資産の課税仕入れに係る支払対価の額

ロ　引取運賃、荷役費その他当該資産の購入のために要した費用の額

ハ　当該資産を消費し、又は販売の用に供するために直接要した費用の額

二　保税地域からの引取りに係る課税貨物で棚卸資産に該当するもの　次に掲げる金額の合計額

イ　当該課税貨物に係る消費税の課税標準である金額と当該課税貨物の引取りに係る消費税額及び地方消費税額（これらの税額に係る附帯税の額に相当する額を除く。）との合計額

ロ　引取運賃、荷役費その他当該課税貨物の保税地域からの引取りのために要した費用の額

ハ　当該課税貨物を消費し、又は販売の用に供するために直接要した費用の額

三　前二号に掲げる棚卸資産を原材料として製作され、又は建設された棚卸資産（自己の採掘、採取、栽培、養殖その他これらに準ずる行為（以下この号において「採掘等」という。）に係る棚卸資産を含む。）　次に掲げる金額の合計額

イ　当該資産の製作若しくは建設又は採掘等のために要した原材料費及び経費の額

ロ　当該資産を消費し、又は販売の用に供するために直接要した費用の額

2　前項各号に規定する費用の額並びに原材料費（課税貨物に係るものを除く。）及び経費の額は、課税仕入れに係る支払対価の額に該当する金額に限るものとする。

3～5　省略

（貸倒れの範囲等）

第五十九条　法第三十九条第一項に規定する政令で定める事実は、次に掲げる事実とする。

一　再生計画認可の決定により債権の切捨てがあつたこと。

二　特別清算に係る協定の認可の決定により債権の切捨てがあつたこと。

三　債権に係る債務者の財産の状況、支払能力等からみて当該債務者が債務の全額を弁済できないことが明らかであること。

四　前三号に掲げる事実に準ずるものとして財務省令で定める事実

（課税標準額に対する消費税額の算出方法の特例）

第六十二条　法第四十五条第五項に規定する政令で定める金額は、次の各号に掲げる課税資産の譲渡等（特定資産の譲渡等に該当するものを除く。以下この項、第六十五条第一号及び第六十八条において同じ。）の区分に応じ当該各号に定める金額とし、法第四十五条第五項に規定する政令で定めるところにより計算した金額は、当該各号に定める金額の合計額に百分の七十八を乗じて算出した金額とする。

一　適格請求書を交付した課税資産の譲渡等　当該適格請求書に記載した法第五十七条の四第一項第五号に掲げる消費税額等

二　適格簡易請求書を交付した課税資産の譲渡等　当該適格簡易請求書に記載した法第五十七条の四第二項第五号に掲げる消費税額等

三　適格請求書又は適格簡易請求書に記載すべき事項に係る法第五十七条の四第五項に規定する電磁的記録を提供した課税資産の譲渡等　当該電磁的記録に記録した同条第一項第五号又は第二項第五号に掲げる消費税額等

2　法第四十五条第五項ただし書に規定する政令で定める規定は、法第二十八条第一項ただし書の規定並びに第三十六条第一項及び第三十六条の二第一項の規定とする。

（適格請求書発行事業者の登録申請書の提出期限）

第七十条の二　法第五十七条の二第二項に規定する政令で定める日は、同項に規定する課税期間の初日の前日から起算して一月前の日とする。

（登録の時期等に関する特例）

第七十条の四　登録を受けようとする事業者が、事業を開始した日の属する課税期間その他の財務省令で定める課税期間の初日から登録を受けようとする旨を記載した法第五十七条の二第二項の申請書を当該課税期間の末日までに提出した場合において、同条第三項の規定による登録がされたときは、当該課税期間の初日から登録を受けたものとみなす。

（適格請求書発行事業者登録簿の登載事項及び公表）

第七十条の五　法第五十七条の二第四項に規定する政令で定める事項は、次に掲げる事項とする。

一　氏名又は名称及び登録番号

二　登録年月日

三　法人（人格のない社団等を除く。）にあつては、本店又は主たる事務所の所在地

四　法第五十七条の二第五項第一号に規定する特定国外事業者以外の国外事業者にあつては、国内において行う資産の譲渡等に係る事務所、事業所その他これらに準ずるものの所在地

2　法第五十七条の二第四項、第九項若しくは第十一項又は第五十七条の三第五項の規定による公表は、インターネットを利用して、利用者が容易に検索することができるように体系的に構成された情報を提供する方法により行うものとする。

（適格請求書発行事業者の事業を承継した相続人の手続等）

第七十条の六　法第五十七条の三第三項の規定の適用を受けようとする同項に規定する相続人は、同条第一項の規定による届出書に、相続により適格請求書発行事業者の事業を承継した旨を記載しなければならない。

2　法第五十七条の三第三項の規定の適用を受けている同項に規定する相続人が、同項に規定するみなし登録期間中に法第五十七条の二第二項の申請書をその納税地を所轄する税務署長に提出した場合において、当該みなし登録期間の末日までに当該申請書に係る登録又は同条第五項の処分に係る通知がないときは、同日の翌日から当該通知が当該相続人に到達するまでの期間を法第五十七条の三第三項に規定するみなし登録期間とみなして、同項の規定を適用する。

（登録取消しの届出があつた場合におけるみなし登録期間の特例）

第七十条の七　相続により法第五十七条の三第一項に規定する適格請求書発行事業者（法第五十七条の二第十項第一号の規定による届出書を提出した者に限る。）の事業を承継した相続人に係る法第五十七条の三第三項の規定の適用については、同項中「又は」とあるのは「若しくは」と、「経過する日」とあるのは「経過する日又は同条第十項（第一号に係る部分に限る。）の規定により当該適格請求書発行事業者に係る同条第一項の登録が失効する日の前日」と、「第一号」とあるのは「同号」とする。

（適格請求書発行事業者の事業を承継した相続人の棚卸資産に係る消費税額の調整）

第七十条の八　法第五十七条の三第三項の規定の適用を受ける同項に規定する相続人（同項に規定するみなし登録期間の初日の前日において法第九条第一項本文の規定により消費税を納める義務が免除される事業者に限る。）における法第三十六条第一項の規定の適用については、同項中「又は第十二条第五項」とあるのは、「、第十二条第五項又は第五十七条の三第三項」とする。

2　法第五十七条の三第三項の規定の適用を受ける同項に規定する相続人（同項に規定するみなし登録期間の末日の翌日において法第九条第一項本文の規定により消費税を納める義務が免除される事業者に限る。）における法第三十六条第五項の規定の適用については、同項中「同項の規定の適用を受けることとなつた課税期間の初日の前日」とあるのは「第五十七条の三第三項に規定するみなし登録期間の末日」と、「前日の属する課税期間」とあるのは「みなし登録期間」と、「課税期間に」とあるのは「みなし登録期間に」と、「当該課税期間の」とあるのは「当該みなし登録期間の末日の属する課税期間の」とする。

(適格請求書の交付を免除する課税資産の譲渡等の範囲等)

第七十条の九　法第五十七条の四第一項に規定する政令で定める場合は、次に掲げる場合とする。

一　法第十八条第一項の規定により、資産の譲渡等(前受金に係るものに限る。)に係る対価の額を収入した日に当該資産の譲渡等を行つたものとされる場合

二　法第六十条第二項の規定により、資産の譲渡等の対価を収納すべき会計年度の末日に当該資産の譲渡等を行つたものとされる場合(当該資産の譲渡等を同日の翌日以後に行う場合に限る。)

三　第七十四条第二項の規定により、資産の譲渡等の対価を収納すべき課税期間の末日に当該資産の譲渡等を行つたものとされる場合(当該資産の譲渡等を同日の翌日以後に行う場合に限る。)

2　法第五十七条の四第一項ただし書に規定する政令で定める課税資産の譲渡等は、次に掲げる課税資産の譲渡等(特定資産の譲渡等に該当するものを除く。以下この項、第七十条の十二及び第七十条の十四第五項において同じ。)とする。

一　次に掲げる役務の提供のうち当該役務の提供に係る税込価額(法第五十七条の四第一項第四号に規定する税込価額をいう。)が三万円未満のもの

イ　海上運送法第二条第五項(定義)に規定する一般旅客定期航路事業、同法第十九条の六の二(運賃及び料金等の公示)に規定する人の運送をする貨物定期航路事業及び同法第二十条第二項(不定期航路事業の届出)に規定する人の運送をする不定期航路事業(乗合旅客の運送をするものに限る。)として行う旅客の運送

ロ　道路運送法(昭和二十六年法律第百八十三号)第三条第一号イ(種類)に規定する一般乗合旅客自動車運送事業として行う旅客の運送

ハ　鉄道事業法第二条第二項(定義)に規定する第一種鉄道事業又は同条第三項に規定する第二種鉄道事業として行う旅客の運送

ニ　軌道法第三条(事業の特許)に規定する運輸事業として行う旅客の運送

二　卸売市場(卸売市場法(昭和四十六年法律第三十五号)第四条第一項(中央

卸売市場の認定）又は第十三条第一項（地方卸売市場の認定）の認定を受けた卸売市場その他これらに準ずるものとして農林水産大臣が財務大臣と協議して定める基準を満たす卸売市場（農林水産大臣の確認を受けたものに限る。）をいう。イにおいて同じ。）においてせり売又は入札の方法により行われる課税資産の譲渡等その他の媒介又は取次ぎに係る業務を行う者を介して行われる課税資産の譲渡等のうち次に掲げるもの

イ　卸売市場において、卸売市場法第二条第四項（定義）に規定する卸売業者が同項に規定する卸売をする業務（出荷者から卸売のための販売の委託を受けて行うものに限る。）として行う生鮮食料品等（同条第一項に規定する生鮮食料品等をいう。）の譲渡

ロ　農業協同組合法第四条（法人性）、水産業協同組合法（昭和二十三年法律第二百四十二号）第二条（組合の種類）又は森林組合法（昭和五十三年法律第三十六号）第四条第一項（事業の目的等）に規定する組合（これらの組合に準ずるものとして財務省令で定めるものを含む。）が、当該組合の組合員その他の構成員から販売の委託（販売条件を付さず、かつ、財務省令で定める方法により販売代金の精算が行われるものに限る。）を受けて行う農林水産物の譲渡（当該農林水産物の譲渡を行う者を特定せずに行われるものに限る。）

三　前二号に掲げるもののほか、課税資産の譲渡等の対価の額が通常少額であり、かつ、当該課税資産の譲渡等が不特定かつ多数の者に対して行われるものであつて、当該課税資産の譲渡等が自動販売機により行われることその他の取引の状況から適格請求書を交付することが著しく困難な課税資産の譲渡等として財務省令で定めるもの

3　法第五十七条の四第三項ただし書に規定する政令で定める課税資産の譲渡等は、前項各号に掲げる課税資産の譲渡等とする。

（適格請求書に記載すべき消費税額等の計算）

第七十条の十　法第五十七条の四第一項第五号に規定する政令で定める方法は、次の各号に掲げるいずれかの方法とする。この場合において、当該各号に掲げる方法により算出した金額に一円未満の端数が生じたときは、当該端数を処理するものとする。

一　法第五十七条の四第一項第四号に規定する課税資産の譲渡等に係る税抜価額を税率の異なるごとに区分して合計した金額に百分の十（当該合計した金額が軽減対象課税資産の譲渡等に係るものである場合には、百分の八）を乗じて算出する方法

二　法第五十七条の四第一項第四号に規定する課税資産の譲渡等に係る税込価額を税率の異なるごとに区分して合計した金額に百十分の十（当該合計した金額が軽減対象課税資産の譲渡等に係るものである場合には、百八分の八）を乗じて算出する方法

（適格簡易請求書の交付が認められる事業の範囲）

第七十条の十一　法第五十七条の四第二項に規定する政令で定める事業は、次に掲げる事業とする。

一　小売業、飲食店業、写真業及び旅行業

二　道路運送法第三条第一号ハ（種類）に規定する一般乗用旅客自動車運送事業（当該一般乗用旅客自動車運送事業として行う旅客の運送の引受けが営業所のみにおいて行われるものとして同法第九条の三第一項（一般乗用旅客自動車運送事業の運賃及び料金）の国土交通大臣の認可を受けた運賃及び料金が適用されるものを除く。）

三　駐車場業（不特定かつ多数の者に自動車その他の車両の駐車のための場所を提供するものに限る。）

四　前三号に掲げる事業に準ずる事業で不特定かつ多数の者に資産の譲渡等を行うもの

（媒介者等による適格請求書等の交付の特例）

第七十条の十二　事業者（適格請求書発行事業者に限る。）が、媒介又は取次ぎに係る業務を行う者（適格請求書発行事業者に限る。以下この条において「媒介者等」という。）を介して国内において課税資産の譲渡等を行う場合において、当該媒介者等が当該課税資産の譲渡等の時までに当該事業者から登録を受けている旨の通知を受けているときは、当該媒介者等は、当該課税資産の譲渡等を受ける他の者に対し法第五十七条の四第一項（第一号に係る部分に限る。）の規定により記載すべき事項、同条第二項（第一号に係る部分に限る。）の規定により記載

すべき事項又は同条第三項（第一号に係る部分に限る。）の規定により記載すべき事項に代えて当該媒介者等の氏名又は名称及び法第五十七条の二第四項の登録番号を記載した当該課税資産の譲渡等に係る適格請求書、適格簡易請求書若しくは適格返還請求書（以下第七十条の十四までにおいて「適格請求書等」という。）又は適格請求書等に記載すべき事項に係る電磁的記録（法第五十七条の四第五項に規定する電磁的記録をいう。以下この条及び次条において同じ。）を当該事業者に代わつて交付し、又は提供することができる。この場合において、当該媒介者等は、財務省令で定めるところにより、当該適格請求書等の写し又は当該電磁的記録を保存しなければならない。

2　法第五十七条の四第四項の規定は媒介者等が前項の規定の適用を受けて交付した適格請求書等の記載事項に誤りがあつた場合について、同条第五項後段の規定は媒介者等が前項の規定の適用を受けて提供した適格請求書等に記載すべき事項に係る電磁的記録として提供した事項に誤りがあつた場合について、それぞれ準用する。この場合において、同条第四項中「適格請求書発行事業者」とあるのは、「消費税法施行令第七十条の十二第一項に規定する媒介者等」と読み替えるものとする。

3　媒介者等が第一項の規定により同項の事業者に代わつて適格請求書等を交付し、又は適格請求書等に記載すべき事項に係る電磁的記録を提供した場合には、当該媒介者等は、速やかに当該適格請求書等の写し又は当該電磁的記録を当該事業者に対し交付し、又は提供しなければならない。

4　第一項の通知を行つた事業者が適格請求書発行事業者でなくなつた場合には、当該事業者は、当該通知を受けた媒介者等に対し、速やかにその旨を通知しなければならない。

5　事業者（適格請求書発行事業者に限る。）が、国税徴収法（昭和三十四年法律第百四十七号）第二条第十二号（定義）に規定する強制換価手続により執行機関（同条第十三号に規定する執行機関をいう。以下この条において同じ。）を介して国内において課税資産の譲渡等を行う場合には、当該執行機関は、当該課税資産の譲渡等を受ける他の者に対し法第五十七条の四第一項（第一号に係る部分に限る。）の規定により記載すべき事項に代えて当該執行機関の名称及びこの項の規定の適用を受ける旨を記載した当該課税資産の譲渡等に係る適格請求書又は適格請求書に記載すべき事項に係る電磁的記録を当該事業者に代わつて交付し、又は提供することができる。この場合において、当該執行機関は、財務省令で定めるところにより、当該適格請求書の写し又は当該電磁的記録を保存しなければならない。

6　第二項及び第三項の規定は、前項の規定の適用を受ける執行機関について準用する。

7　前各項に定めるもののほか、媒介者等又は執行機関による適格請求書等の交付に関し必要な事項は、財務省令で定める。

（交付した適格請求書の写し等の保存）

第七十条の十三　適格請求書等を交付した適格請求書発行事業者は、当該適格請求書等の写し（法第五十七条の四第五項の規定により適格請求書等に記載すべき事項に係る電磁的記録を提供した場合にあつては、当該電磁的記録）を整理し、その交付した日（当該電磁的記録を提供した場合にあつては、その提供した日）の属する課税期間の末日の翌日から二月（清算中の法人について残余財産が確定した場合には一月とする。次項において同じ。）を経過した日から七年間、これを納税地又はその取引に係る事務所、事業所その他これらに準ずるものの所在地に保存しなければならない。

2　前項に規定する課税期間の末日の翌日から二月を経過した日から五年を経過した日以後の期間における同項の規定による保存（同項の規定による電磁的記録の保存を除く。）は、財務大臣の定める方法によることができる。

（業務執行組合員の範囲等）

第七十条の十四　法第五十七条の六第一項ただし書に規定する政令で定める者は、次の各号に掲げる任意組合等（同項に規定する任意組合等をいう。以下この条において同じ。）の区分に応じ当該各号に定める者とする。

一　民法（明治二十九年法律第八十九号）第六百六十七条第一項（組合契約）に規定する組合契約によつて成立する組合　当該組合の組合員のうち同法第六百七十条第三項（業務の決定及び執行の方法）に規定する業務執行者（当該業務執行者が複数あるときは当該業務執行者のうち一の業務執行者とし、業務執行者が存在しないときは当該組合の組合員のうち一の組合員とする。）

二　投資事業有限責任組合契約に関する法律（平成十年法律第九十号）第二条第

二項（定義）に規定する投資事業有限責任組合　当該投資事業有限責任組合の業務を執行する無限責任組合員（当該無限責任組合員が複数あるときは、当該無限責任組合員のうち一の組合員とする。）

三　有限責任事業組合契約に関する法律（平成十七年法律第四十号）第二条（定義）に規定する有限責任事業組合　当該有限責任事業組合の業務を執行する同法第二十九条第三項（会計帳簿の作成及び保存）に規定する組合員

四　外国の法令に基づいて設立された団体であつて前三号に掲げる組合に類似するもの　前三号に定める者に準ずる者

2　法第五十七条の六第一項ただし書の規定の適用を受けようとするときは、財務省令で定める事項を記載した届出書に、前項各号に掲げる任意組合等に係る組合契約の契約書その他これに類する書類の写しを添付し、これを当該任意組合等に係る業務執行組合員（同条第一項に規定する業務執行組合員をいう。次項及び第四項において同じ。）の納税地を所轄する税務署長に提出しなければならない。

3　法第五十七条の六第一項ただし書の規定による届出書を提出した業務執行組合員は、当該届出書に記載した事項に変更があつたときは、その旨を記載した届出書に第一項各号に掲げる任意組合等に係る組合契約の契約書その他これに類する書類の写しを添付し、速やかに、これをその納税地を所轄する税務署長に提出しなければならない。

4　法第五十七条の六第一項ただし書の規定による届出書を提出した任意組合等が解散し、かつ、その清算が結了した場合には、当該清算に係る清算人は、その旨を記載した届出書を当該任意組合等に係る業務執行組合員の納税地を所轄する税務署長に提出しなければならない。

5　法第五十七条の六第一項ただし書の規定による届出書を提出した任意組合等の事業に係る課税資産の譲渡等については、法第五十七条の四第一項から第三項までの規定により適格請求書等に記載することとされている事項のうち同条第一項第一号、第二項第一号及び第三項第一号に掲げる事項は、これらの規定にかかわらず、当該任意組合等のいずれかの組合員の氏名又は名称及び当該組合員の法第五十七条の二第四項の登録番号並びに当該任意組合等の名称とすることができる。

消費税法施行令等の一部を改正する政令（平成30年政令第135号）附則（抄）

（施行期日）

第一条　この政令は、平成三十年四月一日から施行する。ただし、次の各号に掲げる規定は、当該各号に定める日から施行する。

一～三　省略

四　附則第十五条から第十九条までの規定　令和三年十月一日

五　第一条の規定（同条中第一号及び第三号に掲げる消費税法施行令の改正規定並びに同令第一条第四項の改正規定、同令第六条第一項第九号の改正規定（同号イ中「別表第一第二号」を「別表第二第二号」に改める部分を除く。）、同令第十条第三項第六号の改正規定、同令第十四条の二第三項第五号の改正規定、同項第六号の改正規定、同令第二十八条第九項の改正規定、同令第三十一条（見出しを含む。）の改正規定、同令第三十二条の改正規定、同令第三十二条の二（見出しを含む。）の改正規定、同令第三十三条、第三十四条（見出しを含む。）、第三十五条（見出しを含む。）及び第三十六条第四項の改正規定、同令第三十六条の二（見出しを含む。）の改正規定、同令第三十七条（見出しを含む。）の改正規定、同令第四十六条第一項の改正規定並びに同令第四十九条第五項第三号の改正規定を除く。）及び第二条の規定並びに附則第六条から第十四条まで及び第二十条から第二十六条までの規定　令和五年十月一日

（登録申請書の提出等に関する経過措置）

第十五条　二十八年改正法附則第四十四条第一項の規定により五年消費税法第五十七条の二第二項の申請書を提出しようとする事業者が、二十八年改正法附則第四十四条第一項ただし書に規定する五年施行日の六月前の日までに当該申請書を提出することにつき困難な事情がある場合において、当該申請書に当該困難な事情を記載して提出し、五年消費税法第五十七条の二第三項の規定による同条第一項の登録がされたときは、二十八年改正法附則第四十四条第一項ただし書の規定にかかわらず、五年施行日に五年消費税法第五十七条の二第一項の登録を受けたものとみなす。

（適格請求書発行事業者の登録に係る小規模事業者に係る納税義務の免除の特例に関する経過措置）

第十六条　二十八年改正法第十条の規定による改正後の租税特別措置法（昭和三十二年法律第二十六号。次項において「新租税特別措置法」という。）第八十六条の五第十三項（同条第十四項において準用する場合を含む。）の規定の適用を受けた課税期間については、二十八年改正法附則第四十四条第四項の規定は、適用しない。

2　新租税特別措置法第八十六条の五第十三項の規定の適用を受ける課税期間以後の課税期間（同項の規定により効力を失うこととされた五年消費税法第五十七条の二第一項の登録により二十八年改正法附則第四十四条第五項本文の規定の適用を受けることとなる課税期間に限る。）については、二十八年改正法附則第四十四条第五項本文の規定は、適用しない。

（仕入れに係る消費税額の控除の特例の適用を受ける旨の届出に関する経過措置）

第十八条　二十八年改正法附則第四十四条第四項の規定の適用を受ける事業者が、消費税法第三十七条第一項に規定する届出書を登録開始日を含む課税期間中にその納税地を所轄する税務署長に提出した場合において、当該届出書に当該届出書を提出した日の属する課税期間について同項の規定の適用を受ける旨を記載したときは、当該課税期間の初日の前日に当該届出書を当該税務署長に提出したものとみなして、同項の規定を適用する。

（適格請求書等の交付に関する経過措置）

第二十条　新令第三十二条の二第一項の事業者が、五年施行日前に行った同項に規定するリース譲渡につき同項の規定の適用を受けた場合において、同条第二項の規定により五年施行日以後に課税資産の譲渡等を行ったものとみなされる同項に規定するリース譲渡延払収益額に係る部分があるときは、当該リース譲渡延払収益額に係る部分の課税資産の譲渡等については、五年消費税法第五十七条の四第一項の規定は、適用しない。

2　新令第三十六条第一項の個人事業者が、五年施行日前に行った同項に規定する延払条件付譲渡につき同項の規定の適用を受けた場合において、当該延払条件付譲渡に係る賦払金の額で五年施行日以後にその支払の期日が到来するものがあるときは、当該賦払金に係る部分の課税資産の譲渡等については、五年消費税法第五十七条の四第一項の規定は、適用しない。

3　新令第三十六条の二第一項の事業者が、五年施行日前に行った同項に規定するリース譲渡につき同項の規定の適用を受けた場合において、同条第二項の規定により五年施行日以後に課税資産の譲渡等を行ったものとみなされる同項に規定するリース譲渡収益額に係る部分があるときは、当該リース譲渡収益額に係る部分の課税資産の譲渡等については、五年消費税法第五十七条の四第一項の規定は、適用しない。

4　消費税法第六十条第三項の規定の適用を受ける同項に規定する法人が、五年施行日前に行った課税資産の譲渡等につき、当該課税資産の譲渡等の対価を収納すべき課税期間の末日が五年施行日以後であるときは、当該課税資産の譲渡等については、五年消費税法第五十七条の四第一項の規定は、適用しない。

（適格請求書発行事業者以外の者から行った課税仕入れに係る消費税額の計算に関する経過措置）

第二十二条　二十八年改正法附則第五十二条第一項の規定の適用を受ける課税仕入れを行った場合における課税仕入れに係る消費税額（五年消費税法第三十条第一項に規定する課税仕入れに係る消費税額をいう。以下この項及び次条第一項において同じ。）の計算については、次の各号に掲げる場合の区分に応じ、当該各号に定める方法により行うものとする。

一　その課税期間に係る課税仕入れに係る消費税額につき、新令第四十六条第一項又は第二項の規定により計算する場合　二十八年改正法附則第五十二条第一項の規定の適用を受ける課税仕入れを行った都度、当該課税仕入れに係る同項の規定によりみなされる課税仕入れに係る消費税額を算出し、その金額に一円未満の端数が生じたときは、当該端数を切り捨て、又は四捨五入する方法

二　その課税期間に係る課税仕入れに係る消費税額につき、新令第四十六条第三項の規定により計算する場合　当該課税期間中に行った二十八年改正法附則第五十二条第一項の規定の適用を受ける課税仕入れについて、当該課税仕入れに係る五年消費税法第三十条第八項第一号ニに規定する課税仕入れに係る支払対価の額を合計した金額を基礎として、二十八年改正法附則第五十二条第一項の規定によりみなされる課税仕入れに係る消費税額を算出する方法

2　二十八年改正法附則第五十二条第一項の規定の適用を受ける課税仕入れについて新令第七十五条第八項の規定の適用を受ける場合における同項の規定の適用については、同項中「金額を」とあるのは、「金額に百分の二十を乗じて算出した金額を」とする。

3　事業者が、二十六年経過措置資産の譲渡等に係る課税仕入れを行った場合における当該課税仕入れに係る二十八年改正法附則第五十二条第一項の規定の適用については、同項中「、百八分の六・二四」とあるのは、「百八分の六・二四とし、当該課税仕入れが他の者から受けた消費税法施行令等の一部を改正する政令（平成三十年政令第百三十五号）附則第七条第二項に規定する二十六年経過措置資産の譲渡等に係るものである場合には百五分の四とする。」とする。

4　事業者が、元年経過措置資産の譲渡等に係る課税仕入れを行った場合における当該課税仕入れに係る二十八年改正法附則第五十二条第一項の規定の適用については、同項中「、百八分の六・二四」とあるのは、「百八分の六・二四とし、当該課税仕入れが他の者から受けた消費税法施行令等の一部を改正する政令（平成三十年政令第百三十五号）附則第七条第三項に規定する元年経過措置資産の譲渡等に係るものである場合には百八分の六・三とする。」とする。

消費税法施行規則（抄）

※　消費税法施行規則等の一部を改正する省令（平成30年財務省令第18号）による改正後【令和５年10月１日施行】

（古物に準ずるものの範囲）

第十五条の三　令第四十九条第一項第一号ハ(1)に規定する財務省令で定めるものは、同号ハ(1)に規定する事業者が、古物営業法（昭和二十四年法律第百八号）第二条第二項（定義）に規定する古物営業と同等の取引方法により買い受ける同条第一項に規定する古物に準ずる物品及び証票（当該事業者に譲渡する者（適格請求書発行事業者を除く。）が使用、鑑賞その他の目的で譲り受けたものに限る。）とする。

（請求書等の交付又は提供を受けることが困難な課税仕入れ）

第十五条の四　令第四十九条第一項第一号ニに規定する財務省令で定める課税仕入れは、次に掲げる課税仕入れとする。

一　他の者から受けた第二十六条の六各号に掲げる課税資産の譲渡等に係る課税仕入れ

二　法人税法（昭和四十年法律第三十四号）第二条第十五号（定義）に規定する役員又は使用人（以下この号及び次号において「使用人等」という。）が勤務する場所を離れてその職務を遂行するため旅行をし、若しくは転任に伴う転居のための旅行をした場合又は就職若しくは退職をした者若しくは死亡による退職をした者の遺族（以下この号において「退職者等」という。）がこれらに伴う転居のための旅行をした場合に、その旅行に必要な支出に充てるために事業者がその使用人等又はその退職者等に対して支給する金品で、その旅行について通常必要であると認められる部分に係る課税仕入れ

三　事業者がその使用人等で通勤する者（以下この号において「通勤者」という。）に対して支給する所得税法（昭和四十年法律第三十三号）第九条第一項第五号（非課税所得）に規定する通勤手当のうち、通勤者につき通常必要であると認められる部分に係る課税仕入れ

（適格請求書等に記載すべき事項に係る電磁的記録の提供を受けた場合等の保存方法）

第十五条の五　令第五十条第一項及び第二項に規定する財務省令で定める方法は、これらの規定に規定する電磁的記録を、電子計算機を使用して作成する国税関係帳簿書類の保存方法等の特例に関する法律施行規則第四条第一項各号（電子取引の取引情報に係る電磁的記録の保存）に掲げる措置のいずれかを行い、同項に規定する要件に準ずる要件に従つて保存する方法とする。

2　令第五十条第一項及び第二項並びに前項の規定にかかわらず、これらの規定により同条第一項及び第二項に規定する電磁的記録を保存する事業者は、当該電磁的記録を出力することにより作成した書面（整然とした形式及び明瞭な状態で出力したものに限る。）を保存する方法によることができる。この場合において、当該事業者は、当該書面を、これらの規定により保存すべき場所に、これらの規定により保存すべき期間、整理して保存しなければならない。

（貸倒れの範囲）

第十八条　令第五十九条第四号に規定する財務省令で定める事実は、次に掲げる事実とする。

一　法令の規定による整理手続によらない関係者の協議決定で次に掲げるものにより債権の切捨てがあつたこと。

イ　債権者集会の協議決定で合理的な基準により債務者の負債整理を定めているもの

ロ　行政機関又は金融機関その他の第三者のあつせんによる当事者間の協議により締結された契約でその内容がイに準ずるもの

二　債務者の債務超過の状態が相当期間継続し、その債務を弁済できないと認められる場合において、その債務者に対し書面により債務の免除を行つたこと。

三　債務者について次に掲げる事実が生じた場合において、その債務者に対して有する債権につき、事業者が当該債権の額から備忘価額を控除した残額を貸倒れとして経理したこと。

イ　継続的な取引を行つていた債務者につきその資産の状況、支払能力等が悪化したことにより、当該債務者との取引を停止した時（最後の弁済期又は最後の弁済の時が当該取引を停止した時以後である場合には、これらのうち最も遅い時）以後一年以上経過した場合（当該債権について担保物がある場合を除く。）

ロ　事業者が同一地域の債務者について有する当該債権の総額がその取立てのために要する旅費その他の費用に満たない場合において、当該債務者に対し支払を督促したにもかかわらず弁済がないとき。

（適格請求書発行事業者の登録申請書の記載事項等）

第二十六条の二　法第五十七条の二第二項に規定する財務省令で定める事項は、次に掲げる事項とする。

一　申請者の氏名又は名称（代表者の氏名を含む。以下この号、次項第一号及び第三項第一号において同じ。）（国外事業者にあつては、日本語及び英語で記載されたものに限る。以下この条において同じ。）、納税地（納税地と住所若しくは居所又は本店若しくは主たる事務所の所在地（以下この号において「住所等」という。）とが異なる場合には、納税地及び住所等（国外事業者にあつては、日本語及び英語で記載されたものに限る。）。以下この号において同じ。）及び法人番号（法人番号を有しない者にあつては、氏名又は名称及び納税地）

二　申請者が特定国外事業者（法第五十七条の二第五項第一号に規定する特定国外事業者をいう。次号において同じ。）である場合には、その旨並びに税務代理人（同項第二号イに規定する税務代理人をいう。次条第一号において同じ。）の氏名又は名称並びに事務所の名称及び所在地

三　申請者が特定国外事業者以外の国外事業者である場合には、国内において行う資産の譲渡等に係る事務所、事業所その他これらに準ずるもの（第二十六条の七第一項及び第二十六条の九において「事務所等」という。）の所在地

四　その他参考となるべき事項

2　法第五十七条の二第八項の規定による届出書には、次に掲げる事項を記載しなければならない。

一　届出者の氏名又は名称、納税地、登録番号（法第五十七条の二第四項の登録番号をいう。以下この条及び第二十六条の九第一項第三号において同じ。）及び法人番号（法人番号を有しない者にあつては、氏名又は名称、納税地及び登録番号）

二　変更の内容

三　その他参考となるべき事項

3　法第五十七条の二第十項第一号の規定による届出書には、次に掲げる事項を記載しなければならない。

一　届出者の氏名又は名称、納税地、登録番号及び法人番号（法人番号を有しない者にあつては、氏名又は名称、納税地及び登録番号）

二　法第五十七条の二第一項の登録の取消しを求める旨

三　その他参考となるべき事項

4　法第五十七条の三第一項の規定による届出書には、次に掲げる事項を記載しなければならない。

一　届出者の氏名、住所又は居所及び個人番号（個人番号を有しない者にあつては、氏名及び住所又は居所）

二　死亡した個人事業者の氏名、納税地及び登録番号

三　当該個人事業者が死亡した年月日

四　その他参考となるべき事項

（特定国外事業者に係る適格請求書発行事業者の登録申請書の添付書類）

第二十六条の三　令第七十条の三に規定する財務省令で定める書類は、次に掲げる書類とする。

一　税務代理人が申請者の消費税に関する税務代理（法第五十七条の二第五項第二号イに規定する税務代理をいう。）の権限を有することを証する書面（同条第六項第二号ハに規定する書面をいう。）

二　その他参考となるべき書類

（事業を開始した日の属する課税期間等の範囲）

第二十六条の四　令第七十条の四に規定する財務省令で定める課税期間は、次に掲げる課税期間とする。

一　事業者（法第五十七条の三第三項の規定の適用を受ける事業者を除く。）が国内において課税資産の譲渡等に係る事業を開始した日の属する課税期間

二　法人が合併（合併により法人を設立する場合を除く。）により法第五十七条の二第一項の登録を受けていた被合併法人の事業を承継した場合における当該合併があつた日の属する課税期間

三　法人が吸収分割により法第五十七条の二第一項の登録を受けていた分割法人の事業を承継した場合における当該吸収分割があつた日の属する課税期間

（適格請求書等の交付義務の特例に係る組合に準ずるものの範囲等）

第二十六条の五　令第七十条の九第二項第二号ロに規定する財務省令で定めるものは、農業協同組合法（昭和二十二年法律第百三十二号）第七十二条の六（法人格）に規定する農事組合法人並びに同号ロに規定する組合に準ずるものであつて、中小企業等協同組合法第三条第一号（種類）に規定する事業協同組合及び当該事業協同組合をもつて組織する同条第三号に規定する協同組合連合会とする。

2　令第七十条の九第二項第二号ロに規定する財務省令で定める方法は、同号ロに規定する組合による同号ロに規定する農林水産物の譲渡の対価の額に係る当該組合の組合員その他の構成員に対する精算につき、一定の期間における当該農林水産物の譲渡に係る対価の額を当該農林水産物の種類、品質、等級その他の区分ごとに平均した価格をもつて算出した金額を基礎として行う方法とする。

（適格請求書等の交付が著しく困難な課税資産の譲渡等）

第二十六条の六　令第七十条の九第二項第三号に規定する財務省令で定める課税資産の譲渡等は、次に掲げる課税資産の譲渡等とする。

一　自動販売機又は自動サービス機により行われる課税資産の譲渡等のうち当該課税資産の譲渡等に係る法第五十七条の四第一項第四号に規定する税込価額が三万円未満のもの

二　法別表第二第四号イに規定する郵便切手類のみを対価とする郵便法（昭和二十二年法律第百六十五号）第一条（この法律の目的）に規定する郵便の役務及び貨物の運送（同法第三十八条第一項（郵便差出箱の設置）に規定する郵便差出箱に差し出された郵便物及び貨物に係るものに限る。）

（媒介者等における適格請求書の写し等の保存）

第二十六条の七　媒介者等（令第七十条の十二第一項に規定する媒介者等をいう。次項及び第三項において同じ。）又は執行機関（同条第五項に規定する執行機関をいう。次項及び第三項において同じ。）は、同条第一項の規定により交付した適格請求書等（同項に規定する適格請求書等をいう。次項において同じ。）若しくは同条第五項の規定により交付した適格請求書（法第五十七条の四第一項に規定する適格請求書をいう。次項において同じ。）の写し又は提供したこれらの書類に記載すべき事項に係る電磁的記録（法第五十七条の四第五項に規定する電磁的記録をいう。以下この条において同じ。）を整理し、その交付し、又は提供した日の属する課税期間の末日の翌日から二月（清算中の法人について残余財産が確定した場合には、一月）を経過した日から七年間、これを納税地又はその取引に係る事務所等の所在地に保存しなければならない。

2　令第七十条の十二第一項の規定により適格請求書等に記載すべき事項に係る電磁的記録を提供した媒介者等又は同条第五項の規定により適格請求書に記載すべき事項に係る電磁的記録を提供した執行機関は、これらの電磁的記録を、電子計算機を使用して作成する国税関係帳簿書類の保存方法等の特例に関する法律施行規則第四条第一項各号（電子取引の取引情報に係る電磁的記録の保存）に掲げる措置のいずれかを行い、同項に規定する要件に準ずる要件に従つて保存するものとする。

3　前二項の規定にかかわらず、これらの規定により電磁的記録を保存する媒介者等又は執行機関は、当該電磁的記録を出力することにより作成した書面（整然とした形式及び明瞭な状態で出力したものに限る。）を保存する方法によることができる。この場合において、当該媒介者等又は執行機関は、当該書面を、第一項の規定により保存すべき場所に、同項の規定により保存すべき期間、整理して保存しなければならない。

4　第一項に規定する課税期間の末日の翌日から二月を経過した日から五年を経過した日以後の期間における同項の規定による保存（同項の規定による電磁的記録の保存を除く。）は、財務大臣の定める方法によることができる。

（適格請求書等に記載すべき事項に係る電磁的記録を提供した場合の保存方法）

第二十六条の八　法第五十七条の四第六項に規定する財務省令で定める方法は、同項に規定する電磁的記録を、電子計算機を使用して作成する国税関係帳簿書類の保存方法等の特例に関する法律施行規則第四条第一項各号（電子取引の取引情報に係る電磁的記録の保存）に掲げる措置のいずれかを行い、同項に規定する要件に準ずる要件に従つて保存する方法とする。

2　令第七十条の十三第一項及び前項の規定にかかわらず、これらの規定により法第五十七条の四第六項に規定する電磁的記録を保存する事業者は、当該電磁的記録を出力することにより作成した書面（整然とした形式及び明瞭な状態で出力したものに限る。）を保存する方法によることができる。この場合において、当該事業者は、当該書面を、令第七十条の十三第一項の規定により保存すべき場所に、同項の規定により保存すべき期間、整理して保存しなければならない。

（業務執行組合員による適格請求書等の交付の届出書の記載事項等）

第二十六条の九　令第七十条の十四第二項に規定する財務省令で定める事項は、次に掲げる事項とする。

一　届出者の氏名又は名称（代表者の氏名を含む。以下この号、次項第一号及び第三項第一号において同じ。）、納税地及び法人番号（法人番号を有しない者にあつては、氏名又は名称及び納税地）

二　届出者に係る法第五十七条の六第一項に規定する任意組合等の名称及び当該任意組合等の事業に係る事務所等の所在地

三　当該任意組合等の全ての組合員の氏名又は名称及び登録番号

四　当該任意組合等の事業の内容及び存続期間

五　その他参考となるべき事項

2　令第七十条の十四第三項の規定による届出書には、次に掲げる事項を記載しなければならない。

一　届出者の氏名又は名称、納税地及び法人番号（法人番号を有しない者にあつては、氏名又は名称及び納税地）

二　届出者に係る法第五十七条の六第一項に規定する任意組合等の名称及び当該任意組合等の事業に係る事務所等の所在地

三　変更の内容

四　その他参考となるべき事項

3　令第七十条の十四第四項の規定による届出書には、次に掲げる事項を記載しなければならない。

一　届出者の氏名又は名称、納税地及び法人番号（法人番号を有しない者にあつては、氏名又は名称及び納税地）

二　届出者に係る法第五十七条の六第一項に規定する任意組合等の名称及び当該任意組合等の事業に係る事務所等の所在地

三　当該任意組合等の清算が結了した年月日

四　その他参考となるべき事項

消費税の仕入税額控除制度における適格請求書等保存方式に関するＱ＆Ａ

令和５年 10 月１日から消費税の仕入税額控除制度において適格請求書等保存方式が開始されます。

この「消費税の仕入税額控除制度における適格請求書等保存方式に関するQ&A」は、事業者の皆様が、令和元年 10月１日に実施された消費税の軽減税率制度への対応とともに適格請求書等保存方式への対応もご検討いただけるよう、適格請求書等保存方式について、わかりやすく解説したものです。

また、今後、寄せられた質問や頂いた疑問点を踏まえて、随時、追加や掲載内容の改訂を行っていく予定です。

平成 30 年６月

（令和４年 11 月改訂）

国税庁軽減税率・インボイス制度対応室

凡例

○　文中、文末引用の条文等の略称は、次のとおりです。

28年改正法……所得税法等の一部を改正する法律（平成28年法律第15号）
改正令………消費税法施行令等の一部を改正する政令（平成30年政令第135号）
消法…………28年改正法による改正前の消費税法（昭和63年法律第108号）
新消法………28年改正法及び所得税法等の一部を改正する法律（平成30年法律第7号）による改正後の消費税法
消令…………改正令による改正前の消費税法施行令（昭和63年政令第360号）
新消令………改正令による改正後の消費税法施行令
新消規………消費税法施行規則等の一部を改正する省令（平成30年財務省令第18号）による改正後の消費税法施行規則（昭和63年大蔵省令第53号）
電帳法………電子計算機を使用して作成する国税関係帳簿書類の保存方法等の特例に関する法律（平成10年法律第25号）
電帳規………電子計算機を使用して作成する国税関係帳簿書類の保存方法等の特例に関する法律施行規則（平成10年大蔵省令第43号）
基通…………消費税法基本通達（平成7年12月25日付課消2－25ほか4課共同「消費税法基本通達の制定について」通達の別冊）
軽減通達……消費税の軽減税率制度に関する取扱通達（平成28年4月12日付課軽2－1ほか5課共同「消費税の軽減税率制度に関する取扱通達の制定について」通達の別冊）
インボイス通達　消費税の仕入税額控除制度における適格請求書等保存方式に関する取扱通達（平成30年6月6日付課軽2－8ほか5課共同「消費税の仕入税額控除制度における適格請求書等保存方式に関する取扱通達の制定について」通達の別冊）

消費税の仕入税額控除制度における
適格請求書等保存方式に関するＱ＆Ａ（令和４年11月改訂）

《　目　次　》

Ⅲ　適格請求書発行事業者の義務等

1　総論

Ⅳ　適格請求書等保存方式の下での仕入税額控除の要件

1　総論

2　請求書等の保存

Ⅰ　適格請求書等保存方式の概要

（適格請求書等保存方式の概要）

問１　令和５年 10 月１日から開始される「適格請求書等保存方式」の概要を教えてください。【令和４年４月改訂】

【答】

複数税率に対応した仕入税額控除の方式として、令和５年 10 月１日から「適格請求書等保存方式」（いわゆる「インボイス制度」）が開始されます（新消法 30、57 の２、57 の４）。

１　適格請求書発行事業者の登録制度

適格請求書等保存方式においては、仕入税額控除の要件として、原則、適格請求書発行事業者から交付を受けた適格請求書の保存が必要になります。

適格請求書を交付しようとする事業者は、納税地を所轄する税務署長に適格請求書発行事業者の登録申請書（以下「登録申請書」といいます。）を提出し、適格請求書発行事業者として登録を受ける必要があり（登録を受けることができるのは、課税事業者に限られます。）、税務署長は、氏名又は名称及び登録番号等を適格請求書発行事業者登録簿に登載し、登録を行います（新消法 57 の２①②④）。登録申請書は、e-Tax を利用して提出できますので、ぜひご利用ください（個人事業者はスマートフォンでも手続が可能となります。）。なお、郵送により提出する場合の送付先は、各国税局（沖縄国税事務所を含みます。以下同じです。）のインボイス登録センターとなります。

また、相手方から交付を受けた請求書等が適格請求書に該当することを客観的に確認できるよう、適格請求書発行事業者の情報については、「国税庁適格請求書発行事業者公表サイト」において公表されます。

（注）　適格請求書とは、次の事項が記載された書類（請求書、納品書、領収書、レシート等）をいいます（新消法 57 の４①）。

① 適格請求書発行事業者の氏名又は名称及び登録番号
② 課税資産の譲渡等を行った年月日
③ 課税資産の譲渡等に係る資産又は役務の内容（課税資産の譲渡等が軽減対象資産の譲渡等である場合には、資産の内容及び軽減対象資産の譲渡等である旨）
④ 課税資産の譲渡等の税抜価額又は税込価額を税率ごとに区分して合計した金額及び適用税率
⑤ 税率ごとに区分した消費税額等（消費税額及び地方消費税額に相当する金額の合計額をいいます。以下同じです。）
⑥ 書類の交付を受ける事業者の氏名又は名称

２　適格請求書の交付義務等

適格請求書発行事業者には、国内において課税資産の譲渡等を行った場合に、相手方（課税事業者に限ります。）から適格請求書の交付を求められたときは適格請求書の交付義務が課されています（新消法 57 の４①）。

ただし、適格請求書発行事業者が行う事業の性質上、適格請求書を交付することが困難な次の取引については、適格請求書の交付義務が免除されます（新消法 57 の４①、新消令 70 の９②、新消規 26 の６）。

①　３万円未満の公共交通機関（船舶、バス又は鉄道）による旅客の運送

②　出荷者等が卸売市場において行う生鮮食料品等の販売（出荷者から委託を受けた受託者が卸売の業務として行うものに限ります。）

③　生産者が農業協同組合、漁業協同組合又は森林組合等に委託して行う農林水産物の販売（無条件委託方式かつ共同計算方式により生産者を特定せずに行うものに限ります。）

④　３万円未満の自動販売機及び自動サービス機により行われる商品の販売等

⑤　郵便切手類のみを対価とする郵便・貨物サービス（郵便ポストに差し出されたものに限ります。）

なお、小売業、飲食店業、タクシー業等の不特定多数の者に対して資産の譲渡等を行う事業については、適格請求書の記載事項を簡易なものとした適格簡易請求書を交付することができます（新消法 57 の４②、新消令 70 の 11）。

また、適格請求書や適格簡易請求書の交付に代えて、これらに係る電磁的記録を提供することもできます（新消法 57 の４⑤）。

３　仕入税額控除の要件

適格請求書等保存方式の下では、一定の事項が記載された帳簿及び請求書等の保存が仕入税額控除の要件となります（新消法 30⑦⑧⑨）。

保存すべき請求書等には、適格請求書のほか、次の書類等も含まれます。

イ　適格簡易請求書

ロ　適格請求書又は適格簡易請求書の記載事項に係る電磁的記録

ハ　適格請求書の記載事項が記載された仕入明細書、仕入計算書その他これらに類する書類（課税仕入れの相手方において課税資産の譲渡等に該当するもので、相手方の確認を受けたものに限ります。）（書類に記載すべき事項に係る電磁的記録を含みます。）

ニ　次の取引について、媒介又は取次ぎに係る業務を行う者が作成する一定の書類（書類に記載すべき事項に係る電磁的記録を含みます。）

・　卸売市場において出荷者から委託を受けて卸売の業務として行われる生鮮食料品等の販売

・　農業協同組合、漁業協同組合又は森林組合等が生産者（組合員等）から委託を受けて行う農林水産物の販売（無条件委託方式かつ共同計算方式によるものに限ります。）

なお、請求書等の交付を受けることが困難であるなどの理由により、次の取引については、一定の事項を記載した帳簿のみの保存で仕入税額控除が認められます（新消法 30⑦、新消令 49①、新消規 15 の４）。

①　適格請求書の交付義務が免除される上記２①の３万円未満の公共交通機関（船舶、バス又は鉄道）による旅客の運送

②　適格簡易請求書の記載事項（取引年月日を除きます。）が記載されている入場券等が使用の際に回収される取引（①に該当するものを除きます。）

③　古物営業を営む者の適格請求書発行事業者でない者からの古物（古物営業を営む者の棚卸資産に該当する場合に限ります。）の購入

④　質屋を営む者の適格請求書発行事業者でない者からの質物（質屋を営む者の棚卸資産に該当する場合に限ります。）の取得
⑤　宅地建物取引業を営む者の適格請求書発行事業者でない者からの建物（宅地建物取引業を営む者の棚卸資産に該当する場合に限ります。）の購入
⑥　適格請求書発行事業者でない者からの再生資源及び再生部品（購入者の棚卸資産に該当する場合に限ります。）の購入
⑦　適格請求書の交付義務が免除される上記２④の３万円未満の自動販売機及び自動サービス機からの商品の購入等
⑧　適格請求書の交付義務が免除される上記２⑤の郵便切手類のみを対価とする郵便・貨物サービス（郵便ポストに差し出されたものに限ります。）
⑨　従業員等に支給する通常必要と認められる出張旅費等（出張旅費、宿泊費、日当及び通勤手当）

（参考）
令和元年９月30日までの請求書等保存方式においては、帳簿及び請求書等の保存が仕入税額控除の要件とされていました。
令和元年10月１日の軽減税率制度の実施から令和５年９月30日までは、区分記載請求書等保存方式となり、帳簿及び区分記載請求書等の保存が仕入税額控除の要件とされています（28年改正法附則34②）。

《仕入税額控除の方式》

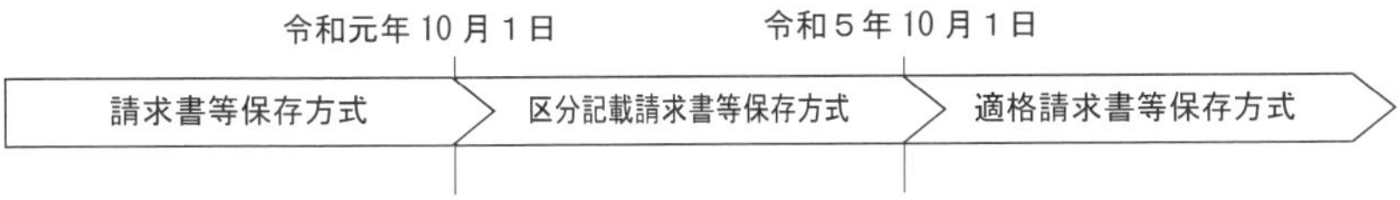

※　令和５年10月１日以後の適格請求書発行事業者が行う課税資産の譲渡等について、適格請求書の交付義務等が課され、同日以後の課税事業者（簡易課税制度を適用して申告する事業者を除きます。）が行う課税仕入れについて、仕入税額控除の要件として、適格請求書等の保存が必要となります。

Ⅱ　適格請求書発行事業者の登録制度

1　登録手続

（登録の手続）

問２　適格請求書発行事業者の登録は、どのような手続で行うのですか。【令和４年４月改訂】

【答】

適格請求書発行事業者の登録を受けようとする事業者（登録を受けることができるのは、課税事業者に限られます。）は、納税地を所轄する税務署長に登録申請書を提出する必要があります（新消法 57 の２②、インボイス通達２－１）。

登録申請書は、e-Tax を利用して提出できますので、ぜひご利用ください（個人事業者はスマートフォンでも手続が可能となります。）。なお、郵送により登録申請書を提出する場合の送付先は、各国税局のインボイス登録センターとなります。

登録申請書の提出を受けた税務署長は、登録拒否要件に該当しない場合には、適格請求書発行事業者登録簿に法定事項を登載して登録を行い、登録を受けた事業者に対して、その旨を通知することとされています（新消法 57 の２③④⑤⑦）。

また、適格請求書発行事業者の情報は、「国税庁適格請求書発行事業者公表サイト」において公表されます。

なお、免税事業者が登録を受ける場合の手続については、問８《免税事業者が令和５年 10 月１日から令和 11 年９月 30 日までの日の属する課税期間中に登録を受ける場合》をご参照ください。

（参考１）「国税庁適格請求書発行事業者公表サイト」で公表される事項は次のとおりです。

⑴　法定の公表事項（新消法 57 の２④⑪、新消令 70 の５①）

①　適格請求書発行事業者の氏名（※）又は名称

②　法人（人格のない社団等を除きます。）については、本店又は主たる事務所の所在地

③　特定国外事業者（国内において行う資産の譲渡等に係る事務所、事業所その他これらに準ずるものを国内に有しない国外事業者をいいます。以下同じです。）以外の国外事業者については、国内において行う資産の譲渡等に係る事務所、事業所その他これらに準ずるものの所在地

④　登録番号

⑤　登録年月日

⑥　登録取消年月日、登録失効年月日

（※）個人事業者の氏名について、「住民票に併記されている外国人の通称」若しくは「住民票に併記されている旧氏（旧姓）」を氏名として公表することを希望する場合又はこれらを氏名と併記して公表することを希望する場合は、登録申請書と併せて、必要事項を記載した「適格請求書発行事業者の公表事項の公表（変更）申出書」をご提出ください。

⑵　本人の申出に基づき追加で公表できる事項

次の①、②の事項について公表することを希望する場合には、必要事項を記載した「適格請求書発行事業者の公表事項の公表（変更）申出書」をご提出ください。

①　個人事業者の「主たる屋号」、「主たる事務所の所在地等」

②　人格のない社団等の「本店又は主たる事務所の所在地」

（参考２）　適格請求書発行事業者の登録申請手続は、e-Tax(注１)又は書面によって行うことができます。

【e-Tax をご利用いただく場合】

・　パソコンで利用可能な「e-Tax ソフト(WEB 版)」

・　スマートフォンやタブレットで利用可能な「e-Tax ソフト(SP 版)」(注２)

を利用して提出することができ、これらのソフトは、画面に表示された質問に回答していくことで、入力漏れ等がなく、スムーズに申請データを作成することができる「問答形式」を採用していますので、ぜひご利用ください。

なお、e-Tax を利用した場合の登録申請手続の詳細（事前準備や上記ソフトを利用する場合の操作マニュアル等）については、インボイス制度特設サイト（「申請手続」関連ページ）の「e-Tax による登録申請手続」をご確認ください。

（注）１　e-Tax の利用には電子証明書（マイナンバーカード等）の取得などの事前準備が必要です。

ただし、税理士による代理送信の場合には、事業者の電子証明書は不要です。

２　個人事業者の方のみがご利用になれます。

【書面により提出いただく場合】

郵送により登録申請書を提出する場合の送付先は、各国税局のインボイス登録センターとなりますので、インボイス制度特設サイト（「申請手続」関連ページ）の「郵送による提出先のご案内」から提出先をご確認ください。

「インボイス制度特設サイト」
（「申請手続」関連ページ）

（登録通知）

問３　適格請求書発行事業者の登録は、どのような方法で通知されますか。【令和３年７月追加】【令和４年４月改訂】

【答】

適格請求書発行事業者の登録の通知については、登録申請書を e-Tax により提出して、登録通知について電子での通知を希望した場合は、通知書等一覧に登録番号等が記載された登録通知書がデータで格納され、その他の場合は、書面にて登録番号等が記載された登録通知書が送付されます。

電子データで登録通知を希望していただくことで、

・　税務署での処理後、速やかに電子通知が行われるため、書面より早期に登録通知書を受領することができる

・　通知書等一覧内にデータ保管されるため、登録通知書の紛失のおそれがない（保管されたデータは、書面により出力することやＰＤＦデータでの保存をすることが可能）

などのメリットがありますので、ぜひご利用ください。

なお、登録通知書は、原則として再発行を行いませんので大切に保管してください。

（登録申請から登録通知までの期間）

問４　登録申請書を提出してから登録の通知を受けるまでにどの程度の期間がかかりますか。【令和３年７月追加】【令和４年４月改訂】

【答】

登録申請書を提出してから登録通知を受けるまでの期間については、一時期に多量の登録申請書が提出された場合は処理に時間を要するなど、登録申請書の提出状況により異なります。

現時点における登録申請書を提出してから登録通知までに要する期間については、「国税庁適格請求書発行事業者公表サイト」に掲載していますのでご確認ください。

なお、登録申請書を e-Tax で提出し、登録通知を電子データで受け取ることを希望される場合は、事前にメールアドレスを登録すると、登録したメールアドレス宛に、登録通知が「通知書等一覧」に格納されたことをお知らせするメールが送信され、すぐに登録通知を確認できますので、ぜひご利用ください。

（参考）　メールアドレスの登録方法については、国税庁ホームページ「インボイス制度特設サイト」の「申請手続」にある「メールアドレス・宛名登録マニュアル e-Tax ソフト（WEB 版）ver.」をご参照ください。

「国税庁適格請求書発行事業者公表サイト」

「メールアドレス・宛名登録マニュアル
e-Tax ソフト（WEB 版）ver.」

（登録の効力）

問５　適格請求書発行事業者の登録の効力は、いつから発生するのですか。【令和３年７月改訂】

【答】

登録申請書の提出を受けた税務署長は、登録拒否要件に該当しない場合には、適格請求書発行事業者登録簿に法定事項を登載して登録を行い、登録を受けた事業者に対して、その旨を通知することとされています（新消法57の２③④⑤⑦）。

登録の効力は、通知の日にかかわらず、適格請求書発行事業者登録簿に登載された日（以下「登録日」といいます。）から生じます。このため、登録日以降の取引については、相手方（課税事業者に限ります。）の求めに応じ、適格請求書を交付する義務があります（インボイス通達２－４）。

なお、登録日から登録の通知を受けるまでの間の取扱いについては、問33《登録日から登録の通知を受けるまでの間の取扱い》をご参照ください。

（参考）　令和５年10月１日より前に登録の通知を受けた場合であっても、登録の効力は登録日である令和５年10月１日に生じることとなります。

（課税期間の中途での登録）

問６　課税事業者は、課税期間の途中であっても、適格請求書発行事業者の登録を受けることができますか。【令和３年７月追加】

【答】

課税事業者は、課税期間の途中であっても、登録申請書を提出し、登録を受けることができます。登録申請書を提出し登録を受けた場合、登録の効力は、登録日から生じます。

なお、新たに設立された法人等の登録時期の特例については、問12《新たに設立された法人等の登録時期の特例》をご参照ください。

（参考）　令和５年10月１日より前に登録の通知を受けた場合であっても、登録の効力は登録日である令和５年10月１日から生じることとなります。

（登録に係る経過措置）

問７　適格請求書等保存方式が開始される令和５年 10 月１日から登録を受けるためには、いつまでに登録申請書を提出すればよいですか。【令和４年４月改訂】

【答】

適格請求書等保存方式が開始される令和５年10月１日から登録を受けようとする事業者は、令和５年３月 31 日まで(注)に納税地を所轄する税務署長に登録申請書を提出する必要があります（28 年改正法附則 44①)。登録申請書は、e-Tax を利用して提出できますので、ぜひご利用ください（個人事業者はスマートフォンでも手続が可能となります。)。なお、郵送により登録申請書を提出する場合の送付先は、各国税局のインボイス登録センターとなります。インボイス登録センターの所在地は問２《登録の手続》をご参照ください。

なお、免税事業者が登録を受けるためには、原則として、消費税課税事業者選択届出書（以下「課税選択届出書」といいます。）を提出し、課税事業者となる必要がありますが、登録日が令和５年 10 月１日から令和 11 年９月 30 日までの日の属する課税期間中である場合は、課税選択届出書を提出しなくても、登録を受けることができます（28 年改正法附則 44④、インボイス通達５－１）。

（注）　令和５年３月 31 日まで(※)に登録申請書を提出できなかったことにつき困難な事情がある場合に、令和５年９月 30 日までの間に登録申請書にその困難な事情を記載して提出し、税務署長により適格請求書発行事業者の登録を受けたときは、令和５年 10 月１日に登録を受けたこととみなされます（改正令附則 15)。

なお、「困難な事情」については、その困難の度合いは問いません（インボイス通達５－２)。

また、「困難な事情」の記載がない登録申請書を提出して令和５年 10 月２日以後に登録を受けた場合の登録日は、その登録を受けた日となります。

※　特定期間の課税売上高又は給与等支払額の合計額が 1,000 万円を超えたことにより課税事業者となる場合（消法９の２①）は令和５年６月 30 日まで

《登録申請のスケジュール》

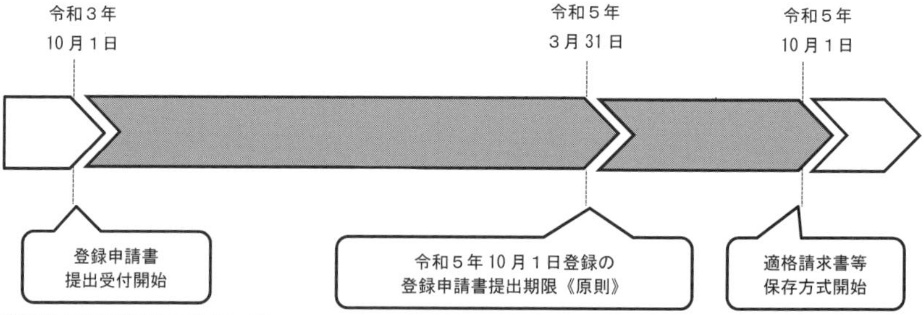

令和５年度税制改正の大綱（閣議決定）を踏まえた、令和５年４月１日以後の登録申請の取扱いについては、国税庁ホームページ「インボイス制度特設サイト」の「申請手続」をご確認ください。	申請手続

（免税事業者が令和５年 10 月１日から令和 11 年９月 30 日までの日の属する課税期間中に登録を受ける場合）

問８　免税事業者が令和５年 10 月１日から令和 11 年９月 30 日までの日の属する課税期間中に登録を受ける場合の取扱いについて教えてください。また、この場合、いつから課税事業者となりますか。【令和４年４月改訂】

【答】

免税事業者が令和５年 10 月１日から令和 11 年９月 30 日までの日の属する課税期間中に登録を受けることとなった場合には、登録日（令和５年 10 月１日より前に登録の通知を受けた場合であっても、登録の効力は登録日から生じることとなります。）から課税事業者となる経過措置が設けられています（28 年改正法附則 44④、インボイス通達５－１）。

したがって、この経過措置の適用を受けることとなる場合は、登録日から課税事業者となり、登録を受けるに当たり、課税選択届出書を提出する必要はありません。

なお、経過措置の適用を受けて適格請求書発行事業者の登録を受けた場合、基準期間の課税売上高にかかわらず、登録日から課税期間の末日までの期間について、消費税の申告が必要となります。

（注）１　この経過措置の適用を受ける登録日の属する課税期間が令和５年 10 月１日を含まない場合は、登録日の属する課税期間の翌課税期間から登録日以後２年を経過する日の属する課税期間までの各課税期間については免税事業者となることはできません（28 年改正法附則 44⑤）。

２　この経過措置の適用を受けない課税期間に登録を受ける場合については、原則どおり、課税選択届出書を提出し、課税事業者となる必要があります。

なお、免税事業者が課税事業者となることを選択した課税期間の初日から登録を受けようとする場合は、その課税期間の初日の前日から起算して１月前の日までに、登録申請書を提出しなければなりません（新消法 57 の２②、新消令 70 の２）。

（課税事業者として消費税の確定申告が必要となる期間（個人事業者の場合））

問９　個人事業者が、令和５年 10 月１日から適格請求書発行事業者の登録を受ける場合における、令和５年１月１日から令和５年 12 月 31 日までの課税期間（令和５年分）の消費税の申告について具体的に教えてください。【令和３年７月追加】【令和４年４月改訂】

【答】

１　令和５年分について免税事業者である個人事業者が適格請求書発行事業者の登録を受けた場合（登録に際して令和５年分を適用開始課税期間とする課税選択届出書を提出した場合を除きます。）

令和５年分について免税事業者である個人事業者が令和５年 10 月１日から適格請求書発行事業者の登録を受けた場合（令和５年 10 月１日より前に登録の通知を受けた場合であっても、登録の効力は登録日である令和５年 10 月１日から生じることとなります。）には、登録日である令和５年 10 月１日以後は課税事業者となりますので、令和５年 10 月１日から令和５年 12 月 31 日までの期間に行った課税資産の譲渡等及び特定課税仕入れについて、令和５年分の消費税の申告が必要となります。

《免税事業者に係る登録の経過措置》

（例）　免税事業者である個人事業者が令和５年 10 月１日に登録を受けるため、令和５年３月 31 日までに登録申請書を提出し、令和５年 10 月１日に登録を受けた場合

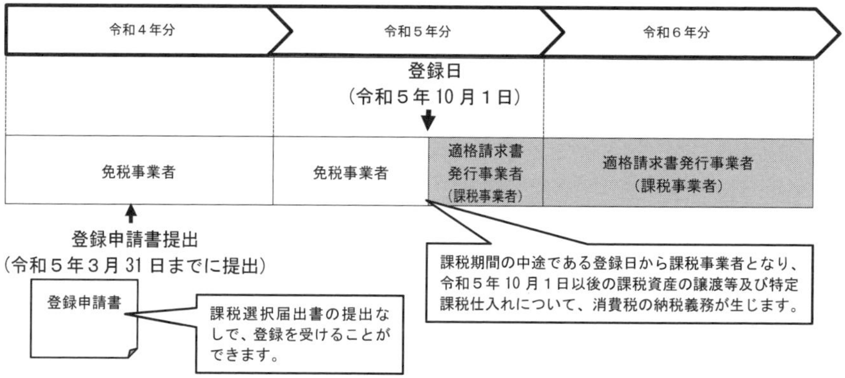

2　令和５年分について課税事業者である個人事業者が適格請求書発行事業者の登録を受けた場合（登録に際して令和５年分を適用開始課税期間とする課税選択届出書を提出した場合を含みます。）

令和５年分について課税事業者である個人事業者が令和５年 10 月１日から適格請求書発行事業者の登録を受けた場合、同日から適格請求書発行事業者となりますが、その課税期間（令和５年１月１日から令和５年 12 月 31 日まで）中に行った課税資産の譲渡等及び特定課税仕入れについて、令和５年分の消費税の申告が必要となります。

（参考１）　令和４年１月１日から令和４年 12 月 31 日までの課税期間（令和４年分）について免税事業者である個人事業者が令和４年中に登録の通知を受けたとしても、適格請求書発行事業者の登録日は令和５年 10 月１日以後となりますので、令和４年分の消費税の申告は必要ありません。

（参考２）　令和５年 10 月１日から登録を受けることとなった場合において、登録日の前日である令和５年９月 30 日に、免税事業者であった期間中に国内において譲り受けた課税仕入れに係る棚卸資産や保税地域からの引取りに係る課税貨物で棚卸資産に該当するものを有しているときは、当該棚卸資産又は課税貨物に係る消費税額について仕入税額控除の適用を受けることができます（改正令附則 17）。

（簡易課税制度を選択する場合の手続等）

問 10　免税事業者が令和５年 10 月１日から令和 11 年９月 30 日までの日の属する課税期間中に登録を受ける場合には、登録を受けた日から課税事業者になるとのことですが、その課税期間から簡易課税制度の適用を受けることができますか。【令和３年７月追加】【令和４年４月改訂】

【答】

免税事業者が令和５年 10 月１日から令和 11 年９月 30 日までの日の属する課税期間中に登録を受けることとなった場合には、登録日（令和５年 10 月１日より前に登録の通知を受けた場合であっても、登録の効力は登録日から生じます。）から課税事業者となる経過措置が設けられています（28 年改正法附則 44④、インボイス通達５－１）。

この経過措置の適用を受ける事業者が、登録日の属する課税期間中にその課税期間から簡易課税制度の適用を受ける旨を記載した「消費税簡易課税制度選択届出書」を、納税地を所轄する税務署長に提出した場合には、その課税期間の初日の前日に消費税簡易課税制度選択届出書を提出したものとみなされます（改正令附則 18）。

したがって、ご質問の場合、登録日の属する課税期間中にその課税期間から簡易課税制度の適用を受ける旨を記載した「消費税簡易課税制度選択届出書」を提出することにより、その課税期間から、簡易課税制度の適用を受けることができます。

《消費税簡易課税制度選択届出書の提出に係る特例》

（例）免税事業者である個人事業者が令和５年 10 月１日から登録を受けた場合で、令和５年分の申告において簡易課税制度の適用を受けるとき

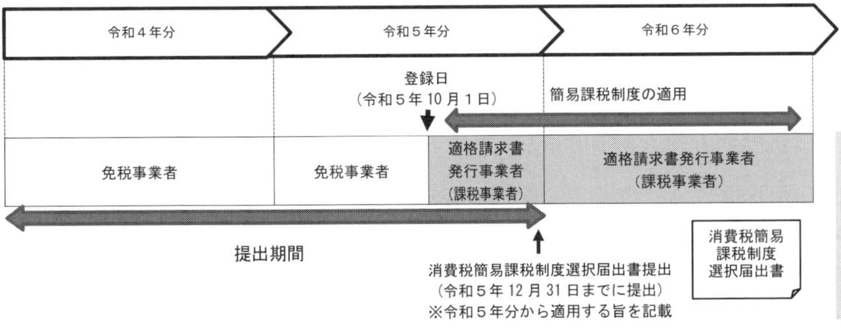

インボイス
Ｑ＆Ａ

（登録の任意性）

問11　当社は、軽減税率対象品目の販売を行っていませんが、適格請求書発行事業者の登録を必ず受けなければなりませんか。

【答】

適格請求書を交付できるのは、登録を受けた適格請求書発行事業者に限られますが、適格請求書発行事業者の登録を受けるかどうかは事業者の任意です（新消法57の2①、57の4①）。

ただし、登録を受けなければ、適格請求書を交付することができないため、取引先が仕入税額控除を行うことができませんので、このような点を踏まえ、登録の必要性をご検討ください。

また、適格請求書発行事業者は、販売する商品に軽減税率対象品目があるかどうかを問わず、取引の相手方（課税事業者に限ります。）から交付を求められたときには、適格請求書を交付しなければなりません。

一方で、消費者や免税事業者など、課税事業者以外の者に対する交付義務はありませんので、例えば、顧客が消費者のみの場合には、必ずしも適格請求書を交付する必要はありません。このような点も踏まえ、登録の必要性をご検討ください。

（新たに設立された法人等の登録時期の特例）

問12　適格請求書等保存方式の開始後、新たに設立した法人が事業開始（設立）と同時に適格請求書発行事業者の登録を受けることはできますか。【令和4年11月改訂】

【答】

適格請求書発行事業者の登録を受けることができるのは、課税事業者に限られます（新消法57の2①）。

新たに設立された法人が免税事業者の場合、事業を開始した日の属する課税期間の末日までに、課税選択届出書を提出すれば、その事業を開始した日の属する課税期間の初日から課税事業者となることができます（消法9④、消令20一）。

また、新たに設立された法人が、事業を開始した日の属する課税期間の初日から登録を受けようとする旨を記載した登録申請書を、事業を開始した日の属する課税期間の末日までに提出した場合において、税務署長により適格請求書発行事業者登録簿への登載が行われたときは、その課税期間の初日に登録を受けたものとみなされます（以下「新たに設立された法人等の登録時期の特例」といいます。）（新消令70の4、新消規26の4、インボイス通達2－2）。

したがって、新たに設立された法人が免税事業者である場合、事業開始（設立）時から、適格請求書発行事業者の登録を受けるためには、設立後、その課税期間の末日までに、課税選択届出書と登録申請書を併せて提出することが必要です。

なお、新たに設立された法人が課税事業者の場合については、事業を開始した課税期間の末日までに、事業を開始した日の属する課税期間の初日から登録を受けようとする旨を記載した登録申請書を提出することで、新たに設立された法人等の登録時期の特例の適用を受けることができます。

（参考）　新設合併、新設分割、個人事業者の新規開業等の場合も同様です。また、個人事業者が法人を設立して事業を開始する場合（引き続き個人事業者として事業を継続する場合を除きます。）は、新たに設立された法人としての手続に加えて、個人事業者としての廃業の手続（「事業廃止届出書」の提出）が必要となります。なお、吸収合併又は吸収分割により、登録を受けていた被合併法人又は分割法人の事業を承継した場合における吸収合併又は吸収分割があった日の属する課税期間についても新たに設立された法人等の登録時期の特例の適用があります（インボイス通達２－７）。

《新たに設立された法人等の登録時期の特例》

（例）　令和Ｘ年 11 月１日に法人（３月決算）を設立し、令和Ｘ＋１年２月１日に登録申請書と課税選択届出書※を併せて提出した法人が免税事業者である場合

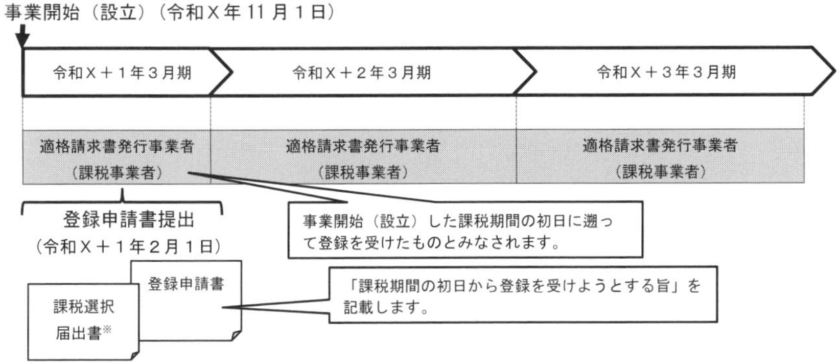

※　免税事業者が令和５年 10 月１日から令和 11 年９月 30 日までの日の属する課税期間中に適格請求書発行事業者の登録を受ける場合、経過措置により、課税選択届出書の提出を要せず、課税事業者となることができます（詳しくは、問８をご参照ください。）。この場合においても、登録申請書に「課税期間の初日から登録を受けようとする旨」を記載することにより、事業を開始（設立）した課税期間の初日に遡って登録を受けたものとみなされ、課税期間の初日（登録日）から課税事業者となります。

（登録の拒否）

問13　適格請求書発行事業者の登録を申請した場合に、登録を拒否される場合はありますか。【令和４年４月改訂】

【答】

登録を受けようとする事業者が、特定国外事業者以外の事業者であって、次のいずれかの事実に該当しなければ、原則として、登録を拒否されることはありません（新消法 57 の２⑤）。

・　納税管理人を定めなければならない事業者が、納税管理人の届出をしていないこと

・　消費税法の規定に違反して罰金以上の刑に処せられ、その執行が終わり、又は執行を受けることがなくなった日から２年を経過しない者であること

（注）１　例えば、法人が消費税法の規定に違反して罰金以上の刑に処せられた場合において、当該法人の代表者が法人とともに罰金以上の刑に処せられたときは、その執行が終わり、又は執行を受けることがなくなった日から２年を経過しなければ、代表者は個人事業者としての登録も受けることができません。

２　「罰金以上の刑」には、各種加算税や延滞税の賦課決定処分は含まれません。

（登録の取りやめ）

問14　当社は３月決算法人であり、令和５年 10 月１日に適格請求書発行事業者の登録を受けていましたが、令和８年４月１日から適格請求書発行事業者の登録を取りやめたいと考えています。この場合、どのような手続が必要ですか。【令和３年７月改訂】

【答】

適格請求書発行事業者は、納税地を所轄する税務署長に「適格請求書発行事業者の登録の取消しを求める旨の届出書」（以下「登録取消届出書」といいます。）を提出することにより、適格請求書発行事業者の登録の効力を失わせることができます（新消法 57 の２⑩一）。

なお、この場合、原則として、登録取消届出書の提出があった日の属する課税期間の翌課税期間の初日に登録の効力が失われることとなります（新消法 57 の２⑩一）。

ただし、登録取消届出書を、その提出のあった日の属する課税期間の末日から起算して 30 日前の日から、その課税期間の末日までの間に提出した場合は、その提出があった日の属する課税期間の翌々課税期間の初日に登録の効力が失われることとなります。

したがって、ご質問の場合については、令和８年３月１日までに登録取消届出書を提出する必要があります。

《適格請求書発行事業者の登録の取消届出》

（例１）　適格請求書発行事業者である法人（３月決算）が令和７年２月１日に登録取消届出書を提出した場合

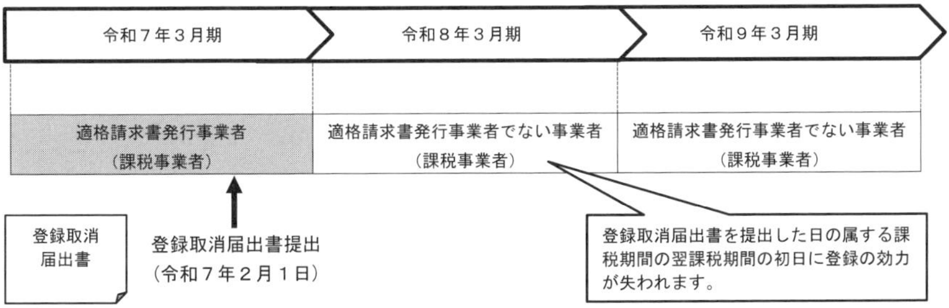

（例２）　適格請求書発行事業者である法人（３月決算）が令和７年３月 15 日に登録取消届出書を提出した場合（届出書を、その提出のあった日の属する課税期間の末日から起算して 30 日前の日から、その課税期間の末日までの間に提出した場合）

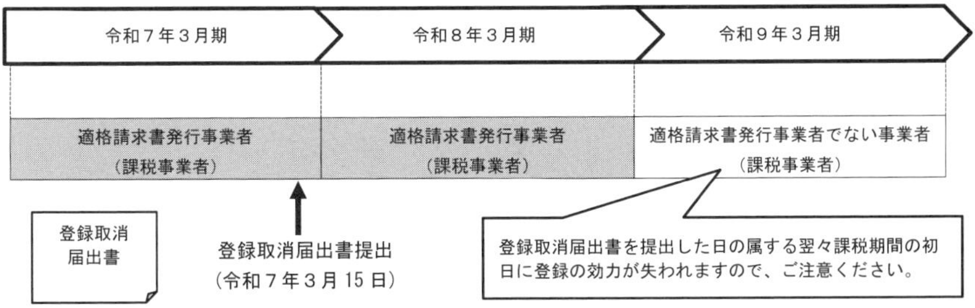

（参考）　課税選択届出書を提出している事業者の場合、適格請求書発行事業者の登録の効力が失われた後の課税期間について、基準期間の課税売上高が 1,000 万円以下であるなどの理由により事業者免税点制度の適用を受ける（免税事業者となる）ためには、適用を受けようとする課税期間の初日の前日までに「消費税課税事業者選択不適用届出書」を提出する必要があります。

例えば、上記例１の場合（課税選択届出書を提出している法人の場合）、令和８年３月期について事業者免税点制度の適用を受けるためには、登録取消届出書を提出した令和７年２月１日から令和７年３月 31 日までの間に「消費税課税事業者選択不適用届出書」を提出する必要があります。

（事業の廃止や法人の合併による消滅があった場合の手続）

問 15　事業の廃止や法人の合併による消滅があった場合の手続について教えてください。【令和３年７月追加】【令和４年 11 月改訂】

【答】

消費税法上、事業者が事業を廃止した場合は「事業廃止届出書」を、合併による消滅の事実があった場合は「合併による法人の消滅届出書」を、納税地を所轄する税務署長に提出する義務があります（消法 57①三、五）。

なお、「事業廃止届出書」を提出した場合は、事業を廃止した日の翌日に、「合併による法人の消滅届出書」を提出した場合は、法人が合併により消滅した日に適格請求書発行事業者の登録の効力が失われます（新消法 57 の２⑩、インボイス通達２－７、２－８）。

（注）　これらの届出書を提出していない場合であっても、税務署長は、事業を廃止したと認められる場合、合併により消滅したと認められる場合に適格請求書発行事業者の登録を取り消すことができます（新消法 57 の２⑥）。

（相続）

問16　適格請求書発行事業者の登録を受けていた親から相続を受け、事業を承継したのですが、適格請求書等保存方式において必要となる手続及び適格請求書発行事業者の登録の効力について教えてください。【令和３年７月追加】

【答】

1　令和５年10月１日より前に死亡した場合

令和５年10月１日から登録を受けることとされていた事業者が、令和５年10月１日より前に死亡した場合は、登録の効力は生じません。したがって、相続により事業を承継した相続人が、適格請求書発行事業者の登録を受けるためには、登録申請書を提出する必要があります（相続人が既に登録申請書を提出していた場合を除きます。）。

令和５年10月１日から登録を受けようとする場合は、原則として、令和５年３月31日までに登録申請書を提出する必要がありますが、令和５年３月31日までに登録申請書を提出できなかったことにつき困難な事情がある場合に、令和５年９月30日までの間に登録申請書にその困難な事情を記載して提出し、税務署長により適格請求書発行事業者の登録を受けたときは、令和５年10月１日に登録を受けたこととみなされる措置が設けられています（改正令附則15）。相続による事業承継は、この困難な事情に該当しますので、令和５年９月30日までに登録申請書を提出していただければ、令和５年10月１日から登録を受けることができます。

なお、登録申請を行った事業者が死亡した場合は、相続人は、「個人事業者の死亡届出書」を提出いただきますようお願いします。

2　令和５年10月１日以後に死亡した場合

令和５年10月１日以後に適格請求書発行事業者が死亡した場合、その相続人は「適格請求書発行事業者の死亡届出書」を提出する必要があり、届出書の提出日の翌日又は死亡した日の翌日から４月を経過した日のいずれか早い日（※）に登録の効力が失われます。

また、相続により事業を承継した相続人が、適格請求書発行事業者の登録を受けるためには、相続人は登録申請書の提出が必要となります（相続人が既に登録を受けていた場合を除きます。）。

なお、相続により適格請求書発行事業者の事業を継承した相続人の相続のあった日の翌日から、その相続人が適格請求書発行事業者の登録を受けた日の前日又はその相続に係る適格請求書発行事業者が死亡した日の翌日から４月を経過する日のいずれか早い日までの期間については、相続人を適格請求書発行事業者とみなす措置（※）が設けられており、この場合、被相続人の登録番号を相続人の登録番号とみなすこととされています。

登録申請書の提出から登録通知を受けるまでには、その審査等に一定の期間を要しますので、相続により事業を承継した相続人が適格請求書発行事業者の登録を受ける場合は、お早めに登録申請書をご提出ください。

（※）相続人を適格請求書発行事業者とみなす措置の適用がある場合、その措置の適用がある期間は被相続人の登録は有効です。

（登録の取消し）

問 17　適格請求書発行事業者の登録が取り消される場合はありますか。【令和４年４月改訂】

【答】

税務署長は、次の場合に適格請求書発行事業者の登録を取り消すことができます（新消法 57 の２⑥）。

① １年以上所在不明であること

② 事業を廃止したと認められること

③ 合併により消滅したと認められること

④ 納税管理人を定めなければならない事業者が、納税管理人の届出をしていないこと

⑤ 消費税法の規定に違反して罰金以上の刑に処せられたこと

⑥ 登録拒否要件に関する事項について、虚偽の記載をした申請書を提出し、登録を受けたこと

このうち、①「１年以上所在不明であること」における「所在不明」については、例えば、消費税の申告書の提出がないなどの場合において、文書の返戻や電話の不通をはじめとして、事業者と必要な連絡が取れないときなどが該当します。

なお、消費税法上、事業者に、②事業の廃止の事実があった場合は「事業廃止届出書」を、③合併による消滅の事実があった場合は「合併による法人の消滅届出書」をそれぞれ提出する義務があります（これらの届出書の提出により登録は失効します。）（消法 57①三、五、新消法 57 の２⑩）。

（適格請求書発行事業者が免税事業者となる場合）

問 18　当社は、適格請求書発行事業者の登録を受けています。翌課税期間の基準期間における課税売上高が 1,000 万円以下ですが、当社は、免税事業者となりますか。【令和４年４月改訂】

【答】

その課税期間の基準期間における課税売上高が 1,000 万円以下の事業者は、原則として、消費税の納税義務が免除され、免税事業者となります。

しかしながら、適格請求書発行事業者は、その基準期間における課税売上高が 1,000 万円以下となった場合でも免税事業者となりません（新消法９①、インボイス通達２－５）。したがって、適格請求書発行事業者である貴社は、翌課税期間（適格請求書等保存方式の開始後）に免税事業者となることはありません。

（登録番号の構成）

問 19　登録番号は、どのような構成ですか。【令和４年４月改訂】

【答】

登録番号[注1]の構成は、次のとおりです（インボイス通達２－３）。

①　法人番号を有する課税事業者

「Ｔ」（ローマ字）＋法人番号（数字 13 桁）

②　①以外の課税事業者（個人事業者、人格のない社団等）

「Ｔ」（ローマ字）＋数字 13 桁[注2]

（注）１　一度付番された登録番号は、変更することはできません。

２　13 桁の数字には、マイナンバー（個人番号）は用いず、法人番号とも重複しない事業者ごとの番号となります。

（参考）　登録番号の記載例

・　T1234567890123

・　T-1234567890123

※　請求書等への表記に当たり、半角・全角は問いません。

2　公表等

（適格請求書発行事業者の情報の公表方法）

問 20　適格請求書発行事業者の情報は、どのような方法で公表されますか。【令和４年４月改訂】

【答】

適格請求書発行事業者の情報（登録日など適格請求書発行事業者登録簿に登載された事項）は、「国税庁適格請求書発行事業者公表サイト」において公表されます（新消法 57 の２④⑪、新消令 70 の５②）。また、適格請求書発行事業者の登録が取り消された場合又は効力を失った場合、その年月日が「国税庁適格請求書発行事業者公表サイト」において公表されます。具体的な公表情報については、次のとおりです。

⑴　法定の公表事項（新消法 57 の２④⑪、新消令 70 の５①）

①　適格請求書発行事業者の氏名（※）又は名称

②　法人（人格のない社団等を除きます。）については、本店又は主たる事務所の所在地

③　特定国外事業者以外の国外事業者については、国内において行う資産の譲渡等に係る事務所、事業所その他これらに準ずるものの所在地

④　登録番号

⑤　登録年月日

⑥　登録取消年月日、登録失効年月日

（※）個人事業者の氏名について、「住民票に併記されている外国人の通称」若しくは「住民票に併記されている旧氏（旧姓）」を氏名として公表することを希望する場合又はこれらを氏名と併記して公表することを希望する場合は、登録申請書と併せて、必要事項を記載した「適格請求書発行事業者の公表事項の公表（変更）申出書」をご提出ください。

⑵　本人の申出に基づき追加で公表できる事項

次の①、②の事項について公表することを希望する場合には、必要事項を記載した「適格請求書発行事業者の公表事項の公表（変更）申出書」をご提出ください。

①　個人事業者の「主たる屋号」、「主たる事務所の所在地等」

②　人格のない社団等の「本店又は主たる事務所の所在地」

（適格請求書発行事業者公表サイト）

問 21　適格請求書発行事業者公表サイトでの適格請求書発行事業者の公表情報の確認方法について教えてください。【令和４年４月改訂】

【答】

「国税庁適格請求書発行事業者公表サイト」では、交付を受けた請求書等に記載された登録番号を基にして検索する方法により、適格請求書発行事業者の氏名・名称や登録年月日などの公表情報を確認することができます。

なお、相手方から交付を受けた請求書等に記載がある登録番号に基づき、検索を行った結果、該当する公表情報がない場合（交付を受けた請求書等の記載内容と異なる情報が表示される場合を含みます。）、請求書等に記載された登録番号が誤っている可能性などがありますので、まずは、相手方にご確認いただきますようお願いします。

（参考）「国税庁適格請求書発行事業者公表サイト」には、登録番号を基にした検索のほか、システム間連携のためのWeb-API 機能や公表情報に係るデータのダウンロード機能があります。これらの機能の詳細については、同サイトで仕様公開しておりますので、ご確認ください。

（適格請求書発行事業者の公表情報の変更等）

問 22　適格請求書発行事業者の公表情報に変更等があった場合の手続について教えてください。【令和３年７月追加】【令和４年４月改訂】

【答】

適格請求書発行事業者の氏名又は名称、法人の本店所在地などの法定の公表事項に変更があった場合は、適格請求書発行事業者は、納税地を所轄する税務署長に「適格請求書発行事業者登録簿の登載事項変更届出書」（個人事業者の氏名について「住民票に併記されている外国人の通称」若しくは「住民票に併記されている旧氏（旧姓）」を公表している場合又はこれらを氏名と併記して公表している場合に、その公表事項等を変更するときは、「適格請求書発行事業者の公表事項の公表（変更）申出書」）を提出する必要があり、これにより、適格請求書発行事業者登録簿の情報及び公表情報が変更されます（新消法 57 の２⑧）。

また、個人事業者等が主たる屋号や主たる事務所の所在地を公表している場合に、その情報に変更等があったとき又は公表をしないこととするときは、当該個人事業者等は、納税地を所轄する税務署長に「適格請求書発行事業者の公表事項の公表（変更）申出書」を提出する必要があり、これにより、公表情報が変更されます。

なお、通知を受けた適格請求書発行事業者の登録番号は変更することはできません。

「適格請求書発行事業者登録簿の登載事項変更届出書」及び「適格請求書発行事業者の公表事項の公表（変更）申出書」は、e-Tax を利用して提出することができますのでぜひご利用ください。また、郵送により提出する場合の送付先は、各国税局のインボイス登録センターとなります。届出の概要については、問２《登録の手続》をご参照ください。

Ⅲ　適格請求書発行事業者の義務等

1　総論

（適格請求書発行事業者の適格請求書の交付義務）

問23　適格請求書発行事業者は、どのような場合に適格請求書の交付義務が課されるのですか。また、交付義務が課されない場合はあるのですか。【令和２年９月改訂】

【答】

適格請求書発行事業者には、国内において課税資産の譲渡等（注１、２）を行った場合に、相手方（課税事業者に限ります。）からの求めに応じて適格請求書を交付する義務が課されています（新消法57の４①）。

なお、適格請求書発行事業者は、適格請求書の交付に代えて、適格請求書に係る電磁的記録を提供することができます（新消法57の４⑤）。

ただし、次の取引は、適格請求書発行事業者が行う事業の性質上、適格請求書を交付することが困難なため、適格請求書の交付義務が免除されます（新消令70の９②）（適格請求書の交付義務が免除される取引の詳細については問34から問40までをご参照ください。）。

①　３万円未満の公共交通機関（船舶、バス又は鉄道）による旅客の運送
②　出荷者等が卸売市場において行う生鮮食料品等の販売（出荷者から委託を受けた受託者が卸売の業務として行うものに限ります。）
③　生産者が農業協同組合、漁業協同組合又は森林組合等に委託して行う農林水産物の販売（無条件委託方式かつ共同計算方式により生産者を特定せずに行うものに限ります。）
④　３万円未満の自動販売機及び自動サービス機により行われる商品の販売等
⑤　郵便切手類のみを対価とする郵便・貨物サービス（郵便ポストに差し出されたものに限ります。）

（注）１　課税資産の譲渡等に係る適用税率は問いませんので、標準税率の取引のみを行っている場合でも、取引の相手方（課税事業者に限ります。）から交付を求められたときは、適格請求書の交付義務があることにご留意ください。
　　　２　免税取引、非課税取引及び不課税取引のみを行った場合については、適格請求書の交付義務は課されません。

（適格簡易請求書の交付ができる事業）

問 24　適格請求書に代えて、適格簡易請求書を交付できるのは、どのような場合ですか。【令和４年 11 月改訂】

【答】

適格請求書発行事業者が、不特定かつ多数の者に課税資産の譲渡等を行う次の事業を行う場合には、適格請求書に代えて、適格請求書の記載事項を簡易なものとした適格簡易請求書を交付することができます（新消法 57 の４②、新消令 70 の 11）。

また、適格簡易請求書についても、その交付に代えて、その記載事項に係る電磁的記録を提供することができます（新消法57の４⑤）。

① 小売業
② 飲食店業
③ 写真業
④ 旅行業
⑤ タクシー業
⑥ 駐車場業（不特定かつ多数の者に対するものに限ります。）
⑦ その他これらの事業に準ずる事業で不特定かつ多数の者に資産の譲渡等を行う事業

①から⑤までの事業については、「不特定かつ多数の者に対するもの」との限定はありませんので、例えば、小売業として行う課税資産の譲渡等は、その形態を問わず、適格簡易請求書を交付することができます。

また、「不特定かつ多数の者に資産の譲渡等を行う事業」であるかどうかは、個々の事業の性質により判断します。例えば、以下のような事業が該当することとなります。

・ 資産の譲渡等を行う者が資産の譲渡等を行う際に相手方の氏名又は名称等を確認せず、取引条件等をあらかじめ提示して相手方を問わず広く資産の譲渡等を行うことが常態である事業
・ 事業の性質上、事業者がその取引において、氏名等を確認するものであったとしても、相手方を問わず広く一般を対象に資産の譲渡等を行っている事業（取引の相手方について資産の譲渡等を行うごとに特定することを必要とし、取引の相手方ごとに個別に行われる取引であることが常態である事業を除きます。）

（適格請求書の様式）

問25　適格請求書の様式は、法令又は通達等で定められていますか。【令和４年４月改訂】

【答】

適格請求書の様式は、法令等で定められていません。

適格請求書として必要な次の事項が記載された書類（請求書、納品書、領収書、レシート等）であれば、その名称を問わず、適格請求書に該当します（新消法57の４①、インボイス通達３－１）。

① 適格請求書発行事業者の氏名又は名称及び登録番号

② 課税資産の譲渡等を行った年月日[※]

③ 課税資産の譲渡等に係る資産又は役務の内容（課税資産の譲渡等が軽減対象資産の譲渡等である場合には、資産の内容及び軽減対象資産の譲渡等である旨）

④ 課税資産の譲渡等の税抜価額又は税込価額を税率ごとに区分して合計した金額及び適用税率

⑤ 税率ごとに区分した消費税額等

⑥ 書類の交付を受ける事業者の氏名又は名称

※ 課税期間の範囲内で一定の期間内に行った課税資産の譲渡等につき適格請求書をまとめて作成する場合には、当該一定の期間を記載することができます。

（手書きの領収書）

問26　当店は、現在、顧客に手書きの領収書を交付しています。 適格請求書等保存方式の開始後においても、その手書きの領収書を適格請求書として交付することはできますか。【令和４年４月改訂】

【答】

手書きの領収書であっても、適格請求書として必要な次の事項が記載されていれば、適格請求書に該当します（新消法57の４①、インボイス通達３－１）。

① 適格請求書発行事業者の氏名又は名称及び登録番号

② 課税資産の譲渡等を行った年月日

③ 課税資産の譲渡等に係る資産又は役務の内容（課税資産の譲渡等が軽減対象資産の譲渡等である場合には、資産の内容及び軽減対象資産の譲渡等である旨）

④ 課税資産の譲渡等の税抜価額又は税込価額を税率ごとに区分して合計した金額及び適用税率

⑤ 税率ごとに区分した消費税額等

⑥ 書類の交付を受ける事業者の氏名又は名称

なお、適格簡易請求書を交付する場合の記載事項については、問49《適格簡易請求書の記載事項》をご参照ください。

（適格返還請求書の交付義務）

問 27　返品や値引き等の売上げに係る対価の返還等を行う場合、適格請求書発行事業者は、何か対応が必要ですか。【令和２年９月改訂】

【答】

適格請求書発行事業者には、課税事業者に返品や値引き等の売上げに係る対価の返還等を行う場合、適格返還請求書の交付義務が課されています（新消法57の４③）。

ただし、適格請求書の交付義務が免除される場合と同様、次の場合には、適格返還請求書の交付義務が免除されます（新消令70の９③）。

①　３万円未満の公共交通機関（船舶、バス又は鉄道）による旅客の運送

②　出荷者等が卸売市場において行う生鮮食料品等の販売（出荷者から委託を受けた受託者が卸売の業務として行うものに限ります。）

③　生産者が農業協同組合、漁業協同組合又は森林組合等に委託して行う農林水産物の販売（無条件委託方式かつ共同計算方式により生産者を特定せずに行うものに限ります。）

④　３万円未満の自動販売機及び自動サービス機により行われる商品の販売等

⑤　郵便切手類のみを対価とする郵便・貨物サービス（郵便ポストに差し出されたものに限ります。）

なお、適格返還請求書の記載事項については、問51から問53までをご参照ください。

（適格請求書に係る電磁的記録による提供）

問 28　当社は、請求書を取引先にインターネットを通じて電子データにより提供していますが、この請求書データを適格請求書とすることができますか。【令和３年７月改訂】

【答】

適格請求書発行事業者は、国内において課税資産の譲渡等を行った場合に、相手方（課税事業者に限ります。）から求められたときは、適格請求書を交付する必要がありますが、交付に代えて、適格請求書に係る電磁的記録を提供することができます（新消法57の４①⑤）。

したがって、貴社は、請求書データに適格請求書の記載事項を記録して提供することにより、適格請求書の交付に代えることができます。

ただし、適格請求書発行事業者が提供した電子データを電磁的に保存しようとする場合には一定の要件を満たした状態で保存する必要がありますが、その具体的な内容については、問71《適格請求書に係る電磁的記録を提供した場合の保存方法》をご参照ください。

（参考）　電磁的記録による提供方法としては、光ディスク、磁気テープ等の記録用の媒体による提供のほか、例えば、次の方法があります（インボイス通達３－２）。

①　ＥＤＩ取引（注）における電子データの提供

②　電子メールによる電子データの提供

③　インターネット上にサイトを設け、そのサイトを通じた電子データの提供

（注）　ＥＤＩ（Electronic Data Interchange）取引とは、異なる企業・組織間で商取引に関連するデータを、通信回線を介してコンピュータ間で交換する取引等をいいます。

（交付した適格請求書に誤りがあった場合の対応）

問 29　交付した適格請求書の記載事項に誤りがあった場合、何か対応が必要ですか。【令和３年７月改訂】

【答】

売手である適格請求書発行事業者は、交付した適格請求書、適格簡易請求書又は適格返還請求書（電磁的記録により提供を行った場合も含みます。）の記載事項に誤りがあったときは、買手である課税事業者に対して、修正した適格請求書、適格簡易請求書又は適格返還請求書を交付しなければなりません（新消法57の４④⑤）。

なお、買手である課税事業者が作成した一定事項の記載のある仕入明細書等の書類で、売手である適格請求書発行事業者の確認を受けたものについても、仕入税額控除の適用のために保存が必要な請求書等に該当しますので（新消法30⑨三）、買手において適格請求書の記載事項の誤りを修正した仕入明細書等を作成し、売手である適格請求書発行事業者に確認を求めることも考えられます。この場合は、売手である適格請求書発行事業者は、改めて修正した適格請求書、適格簡易請求書又は適格返還請求書を交付しなくても差し支えありません。

買手である課税事業者の対応は、問82《交付を受けた適格請求書に誤りがあった場合の対応》をご参照ください。

（修正した適格請求書の交付方法）

問30　交付した適格請求書等に誤りがあった場合に交付する修正した適格請求書等の交付方法について教えてください。【令和３年７月追加】

【答】

適格請求書発行事業者が、適格請求書、適格簡易請求書又は適格返還請求書を交付した場合（電磁的記録により提供を行った場合を含みます。）において、これらの書類の記載事項に誤りがあったときには、これらの書類を交付した相手方に対して、修正した適格請求書、適格簡易請求書又は適格返還請求書を交付しなければなりません（新消法57の４④⑤）。

これらの交付方法は、例えば、

・　誤りがあった事項を修正し、改めて記載事項の全てを記載したものを交付する方法
・　当初に交付したものとの関連性を明らかにし、修正した事項を明示したものを交付する方法

などが考えられます。

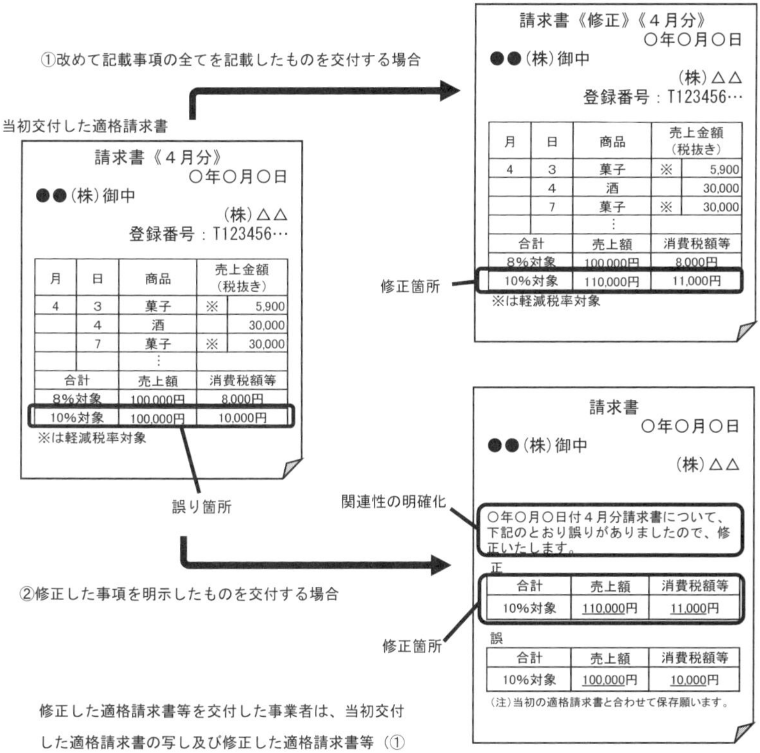

修正した適格請求書等を交付した事業者は、当初交付した適格請求書の写し及び修正した適格請求書等（①又は②）の写しの保存が必要です。

（継続した取引における修正した適格請求書等の交付方法）

問 31　当社は機械用部品の卸売業者です。販売先の小売業者に対しては、１月ごとに請求書を交付しており、単価や数量誤りなどにより当月の請求金額が変わる場合には、以下のとおり、継続的に翌月の請求書において前月の過少請求又は過大請求分を加減算し調整しています。

以下の請求書について登録番号等を追加することで適格請求書の記載事項を満たす場合において、現在と同様に当月分の請求書で前月分の過少請求等を調整する記載は認められますか。【令和４年 11 月追加】

○○㈱御中

請求書

Ｘ年６月請求

税抜合計	消費税（10%）	総計
1,200,000	120,000	1,320,000

≪請求金額明細≫

行	商品名	数量	単価	税抜価格
1	Ａ部品	100	200	20,000
2	Ｂ部品	200	300	60,000
3	Ｃ部品	100	400	40,000
		⋮		
26	Ｚ部品	100	500	50,000

△△商事㈱

※Ｘ年６月請求の変更事項
Ａ部品（数量変更）
誤 100　⇒　正 200
Ｃ部品（単価変更）
誤 400　⇒　正 300

○○㈱御中

請求書

Ｘ年７月請求（翌月分の請求）

税抜合計	消費税（10%）	総計
1,320,000	132,000	1,452,000

≪請求金額明細≫

行	商品名	数量	単価	税抜価格
1	Ａ部品	100	200	20,000
2	Ｂ部品	200	300	60,000
3	Ｃ部品	100	400	40,000
		⋮		
26	Ｚ部品	100	500	50,000
		前月修正		
1	Ａ部品	100	200	20,000
2	Ｃ部品	100	-100	−10,000

△△商事㈱

【答】

適格請求書発行事業者が、適格請求書、適格簡易請求書又は適格返還請求書を交付した場合（電磁的記録により提供を行った場合を含みます。）において、これらの書類の記載事項に誤りがあったときには、これらの書類を交付した相手方に対して、修正した適格請求書、適格簡易請求書又は適格返還請求書を交付しなければなりません（新消法57の４④⑤）。

これらの交付方法として、

・　誤りがあった事項を修正し、改めて記載事項の全てを記載したものを交付する方法
・　当初に交付したものとの関連性を明らかにし、修正した事項を明示したものを交付する方法

などが考えられます（具体的な記載方法については、問30《修正した適格請求書の交付方法》をご参照ください。）。

一方で、ご質問における過少請求等の調整に関しては、単に誤りを修正するもののほか、売上げに係る対価の返還等に該当するものも含まれるものと考えられます。当該対価の返還等については、適格返還請求書を交付することとなりますが、適格返還請求書と適格請求書は一の書類で交付することができます（具体的な方法については、問53《適格請求書と適格返還請求書を一の書類で交付する場合》をご参照ください。）。

したがって、ご質問のような過少請求等について、翌月の請求書において継続的に調整している場合には、当該調整（翌月の請求書において、過少請求等に関する金額を当該請求書における課税資産の譲渡等の対価の額から直接加減算した金額及びその金額に基づき計算した消費税額等を記載する方法）により修正した適格請求書の交付があったものとして取り扱って差し支えありません。

この場合における当月分の適格請求書等に記載すべき「課税資産の譲渡等の税抜価額又は税込価額を税率ごとに区分して合計した金額」及び「税率ごとに区分した消費税額等」は、前月分の過少請求等について加減算を行った調整後の金額となります。

（値増金に係る適格請求書の交付）

問32　当社の行う建設工事等について、その建設工事等の引渡しの日において当該建設工事等の請負代金に係る請求書を交付しています。一方、建設工事等の請負契約に伴い収受する値増金については、相手方との協議によりその収入すべきことが確定することから、当初交付した請求書とは別に値増金に係る請求書を交付しています。この場合、それぞれ交付している請求書を適格請求書とすることで問題ないですか。【令和４年11月追加】

【答】

建設工事等の請負契約に伴い収受する値増金は、当該建設工事等の対価の一部を構成するものですが、その金額の確定時期は区々であり、必ずしも建設工事等の引渡しの時までに確定するものではありません。

そのため、相手方との協議によりその収入すべきことが確定する値増金については、その収入すべき金額が確定した日の属する課税期間の課税標準額に算入することとしています（基通９－１－７）。

このように、ご質問の値増金は、相手方との協議によりその収入すべきことが確定した日の属する課税期間の課税標準額に算入することとしているため、当該値増金が建設工事等の対価の一部を構成するものであったとしても、当初交付している適格請求書とは別に当該値増金に係る適格請求書を交付することとなります。

この場合における適格請求書の次の記載事項は、当該値増金に係る金額を基礎として記載することとなります。

①　課税資産の譲渡等の税抜価額又は税込価額を税率ごとに区分して合計した金額及び適用税率

②　税率ごとに区分した消費税額等

（参考）　協同組合等において農産物の買取販売に係る販売代金の価格修正として組合員が受け取る事業分量配当金についても同様です。

（登録日から登録の通知を受けるまでの間の取扱い）

問33　適格請求書発行事業者の登録を受けた事業者に対しては、その旨が書面で通知されるそうですが、登録日から通知を受けるまでの間の取引については、既に請求書（区分記載請求書等の記載事項である「税率ごとに合計した課税資産の譲渡等の税込価額」を記載しており、「税率ごとに区分した消費税額等」の記載はありません。）を交付しています。改めて、適格請求書の記載事項を満たした書類を交付しなければいけませんか。

【答】

ご質問の場合、登録日から登録の通知を受けるまでの間の取引について、相手方に交付した請求書は、登録番号、税率ごとに区分した消費税額等の記載がなく適格請求書の記載事項を満たしていません。

この場合、通知を受けた後、登録番号や税率ごとに区分した消費税額等を記載し、適格請求書の記載事項を満たした請求書を改めて相手方に交付する必要がありますが、通知を受けた後に登録番号などの適格請求書の記載事項として不足する事項を相手方に書面等（注）で通知することで、既に交付した請求書と合わせて適格請求書の記載事項を満たすことができます（インボイス通達２－４）。

（注）　既に交付した書類との相互の関連が明確であり、書面等の交付を受ける事業者が適格請求書の記載事項を適正に認識できるものに限ります。

2　交付義務の免除

（適格請求書の交付義務が免除される取引）

問34　適格請求書の交付が困難な取引として、交付義務が免除される取引にはどのようなものがありますか。【令和２年９月改訂】

【答】

適格請求書発行事業者には、国内において課税資産の譲渡等を行った場合に、相手方（課税事業者に限ります。）からの求めに応じて適格請求書の交付義務が課されています（新消法57の４①）。

ただし、次の取引は、適格請求書発行事業者が行う事業の性質上、適格請求書を交付することが困難なため、適格請求書の交付義務が免除されます（新消令70の９②）。

①　３万円未満の公共交通機関（船舶、バス又は鉄道）による旅客の運送（以下「公共交通機関特例」といいます。）

②　出荷者等が卸売市場において行う生鮮食料品等の販売（出荷者から委託を受けた受託者が卸売の業務として行うものに限ります。）

③　生産者が農業協同組合、漁業協同組合又は森林組合等に委託して行う農林水産物の販売（無条件委託方式かつ共同計算方式により生産者を特定せずに行うものに限ります。）

④　３万円未満の自動販売機及び自動サービス機により行われる商品の販売等（以下「自動販売機特例」といいます。）

⑤　郵便切手類のみを対価とする郵便・貨物サービス（郵便ポストに差し出されたものに限ります。）

（公共交通機関特例の対象）

問35　公共交通機関特例の対象となる公共交通機関の行う旅客の運送とは、具体的にはどのようなものですか。

【答】

適格請求書の交付義務が免除される公共交通機関特例の対象となるのは、３万円未満の公共交通機関による旅客の運送で、次のものをいいます（新消令70の９②一）。

①　船舶による旅客の運送

一般旅客定期航路事業（海上運送法２⑤）、人の運送をする貨物定期航路事業（同法19の６の２）、人の運送をする不定期航路事業（同法20②）（乗合旅客の運送をするものに限ります。）として行う旅客の運送（対外航路のものを除きます。）

②　バスによる旅客の運送

一般乗合旅客自動車運送事業（道路運送法３一イ）として行う旅客の運送

（注）　路線不定期運行（空港アクセスバス等）及び区域運行（旅客の予約等による乗合運行）も対象となります。

③　鉄道・軌道による旅客の運送

・　鉄道：第一種鉄道事業（鉄道事業法２②）、第二種鉄道事業（同法２③）として行う旅客の運送

・　軌道（モノレール等）：軌道法第３条に規定する運輸事業として行う旅客の運送

（公共交通機関特例の３万円未満の判定単位）

問 36　３万円未満の公共交通機関による旅客の運送かどうかは、どのような単位で判定するのですか。

【答】

適格請求書の交付義務が免除される公共交通機関特例の対象となるのは、３万円未満の公共交通機関による旅客の運送です（新消令70の９②一）。

この３万円未満の公共交通機関による旅客の運送かどうかは、１回の取引の税込価額が３万円未満かどうかで判定します（インボイス通達３－９）。したがって、１商品（切符１枚）ごとの金額や、月まとめ等の金額で判定することにはなりません。

【具体例】

東京 - 新大阪間の新幹線の大人運賃が 13,000 円であり、４人分の運送役務の提供を行う場合には、４人分の 52,000 円で判定することとなります。

（特急料金・入場料金）

問 37　特急列車に乗車するために支払う特急料金や駅構内に入場するために支払う入場料は、公共交通機関特例の対象になりますか。

【答】

適格請求書の交付義務が免除される公共交通機関特例の対象となるのは、３万円未満の公共交通機関による旅客の運送です（新消令70の９②一）。

ご質問の特急料金、急行料金及び寝台料金は、旅客の運送に直接的に附帯する対価として、公共交通機関特例の対象となります。

他方、入場料金や手回品料金は、旅客の運送に直接的に附帯する対価ではありませんので、公共交通機関特例の対象となりません（インボイス通達３－10）。

（卸売市場を通じた委託販売）

問 38　卸売市場を通じた生鮮食料品等の委託販売は、出荷者等の適格請求書の交付義務が免除されるそうですが、具体的には、どのような取引が対象となりますか。【令和２年９月改訂】

【答】

卸売市場法に規定する卸売市場において、同法に規定する卸売業者が卸売の業務として出荷者から委託を受けて行う同法に規定する生鮮食料品等の販売は、適格請求書を交付することが困難な取引として、出荷者等から生鮮食料品等を購入した事業者に対する適格請求書の交付義務が免除されます（新消法57の４①、新消令70の９②ニイ）。

本特例の対象となる卸売市場とは、

①　農林水産大臣の認定を受けた中央卸売市場

②　都道府県知事の認定を受けた地方卸売市場

③　①及び②に準ずる卸売市場として農林水産大臣が財務大臣と協議して定める基準を満たす卸売市場のうち農林水産大臣の確認を受けた卸売市場

とされています。

農林水産大臣が財務大臣と協議して定める基準は、以下の５つが定められています（令和２

年農林水産省告示第683号）。

① 生鮮食料品等（卸売市場法第２条第１項に規定する生鮮食料品等をいいます。②についても同じです。）の卸売のために開設されていること

② 卸売場、自動車駐車場その他の生鮮食料品等の取引及び荷捌きに必要な施設が設けられていること

③ 継続して開場されていること

④ 売買取引の方法その他の市場の業務に関する事項及び当該事項を遵守させるための措置に関する事項を内容とする規程が定められていること

⑤ 卸売市場法第２条第４項に規定する卸売をする業務のうち販売の委託を受けて行われるものと買い受けて行われるものが区別して管理されていること

なお、この場合において、生鮮食料品等を購入した事業者は、卸売の業務を行う事業者など媒介又は取次ぎに係る業務を行う者が作成する一定の書類を保存することが仕入税額控除の要件となります。仕入税額控除の要件については、問74《仕入税額控除の要件》をご参照ください。

【参考】

○ 卸売市場法第２条（定義）

この法律において「生鮮食料品等」とは、野菜、果実、魚類、肉類等の生鮮食料品その他一般消費者が日常生活の用に供する食料品及び花きその他一般消費者の日常生活と密接な関係を有する農畜水産物で政令で定めるものをいう。

２ この法律において「卸売市場」とは、生鮮食料品等の卸売のために開設される市場であつて、卸売場、自動車駐車場その他の生鮮食料品等の取引及び荷さばきに必要な施設を設けて継続して開場されるものをいう。

３ （省略）

４ この法律において「卸売業者」とは、卸売市場に出荷される生鮮食料品等について、その出荷者から卸売のための販売の委託を受け、又は買い受けて、当該卸売市場において卸売をする業務を行う者をいう。

５ （省略）

○ 卸売市場法施行令第１条（一般消費者の日常生活と密接な関係を有する農畜水産物）

卸売市場法第２条第１項の政令で定める農畜産物は、次に掲げるものとする。

一 野菜及び果樹の種苗

二 牛、馬、豚、めん羊及び山羊の原皮

（農協等を通じた委託販売）

問 39　農業協同組合等を通じた農林水産物の委託販売は、組合員等の適格請求書の交付義務が免除されるそうですが、具体的には、どのような取引が対象となりますか。

【答】

農業協同組合法に規定する農業協同組合や農事組合法人、水産業協同組合法に規定する水産業協同組合、森林組合法に規定する森林組合及び中小企業等協同組合法に規定する事業協同組合や協同組合連合会（以下これらを併せて「農協等」といいます。）の組合員その他の構成員が、農協等に対して、無条件委託方式かつ共同計算方式により販売を委託した、農林水産物の販売（その農林水産物の譲渡を行う者を特定せずに行うものに限ります。）は、適格請求書を交付することが困難な取引として、組合員等から購入者に対する適格請求書の交付義務が免除されます（新消法57の４①、新消令70の９②二ロ）。

なお、無条件委託方式及び共同計算方式とは、それぞれ、次のものをいいます（新消令70の９②二ロ、新消規26の５②）。

①　無条件委託方式

出荷した農林水産物について、売値、出荷時期、出荷先等の条件を付けずに、その販売を委託すること

②　共同計算方式

一定の期間における農林水産物の譲渡に係る対価の額をその農林水産物の種類、品質、等級その他の区分ごとに平均した価格をもって算出した金額を基礎として精算すること

また、この場合において、農林水産物を購入した事業者は、農協等が作成する一定の書類を保存することが仕入税額控除の要件となります。仕入税額控除の要件については、問74《仕入税額控除の要件》をご参照ください。

【参考】

○　農業協同組合法第４条（法人性）

農業協同組合及び農業協同組合連合会（以下「組合」と総称する。）は、法人とする。

○　水産業協同組合法第２条（組合の種類）

水産業協同組合（以下この章及び第七章から第九章までにおいて「組合」という。）は、漁業協同組合、漁業生産組合及び漁業協同組合連合会、水産加工業協同組合及び水産加工業協同組合連合会並びに共済水産業協同組合連合会とする。

○　森林組合法第４条（事業の目的）

森林組合、生産森林組合及び森林組合連合会（以下この章、第五章及び第六章において「組合」と総称する。）は、その行う事業によつてその組合員又は会員のために直接の奉仕をすることを旨とすべきであつて、営利を目的としてその事業を行つてはならない。

２　（省略）

○　中小企業等協同組合法第３条（種類）

中小企業等協同組合（以下「組合」という。）は、次に掲げるものとする。

一　事業協同組合

一の二　事業協同小組合

二　信用協同組合

三　協同組合連合会

四　企業組合

インボイスＱ＆Ａ

（自動販売機及び自動サービス機の範囲）

問40　３万円未満の自動販売機や自動サービス機による商品の販売等は、適格請求書の交付義務が免除されるそうですが、具体的にはどのようなものが該当しますか。【令和４年11月改訂】

【答】

適格請求書の交付義務が免除される自動販売機特例の対象となる自動販売機や自動サービス機とは、代金の受領と資産の譲渡等が自動で行われる機械装置であって、その機械装置のみで、代金の受領と資産の譲渡等が完結するものをいいます（インボイス通達３－11）。

したがって、例えば、自動販売機による飲食料品の販売のほか、コインロッカーやコインランドリー等によるサービス、金融機関のATMによる手数料を対価とする入出金サービスや振込サービスのように機械装置のみにより代金の受領と資産の譲渡等が完結するものが該当することとなります。

なお、小売店内に設置されたセルフレジを通じた販売のように機械装置により単に精算が行われているだけのもの、コインパーキングや自動券売機のように代金の受領と券類の発行はその機械装置で行われるものの資産の譲渡等は別途行われるようなもの及びネットバンキングのように機械装置で資産の譲渡等が行われないものは、自動販売機や自動サービス機による商品の販売等に含まれません。

（参考）　コインパーキングは、適格請求書の交付義務が免除される自動販売機特例の対象とはなりませんが、駐車場業（不特定かつ多数の者に対するもの）に該当することから、適格請求書に代えて、適格簡易請求書を交付することができます。

３　適格請求書の交付方法

（媒介者交付特例）

問41　当社（委託者）は、取引先（受託者）に商品の販売を委託し、委託販売を行っています。
　これまで、販売した商品の納品書は取引先から購入者に交付していましたが、この納品書を適格請求書として交付することはできますか。
　なお、当社と取引先はいずれも適格請求書発行事業者です。【令和４年11月改訂】

【答】

適格請求書発行事業者には、課税資産の譲渡等を行った場合、課税事業者からの求めに応じて適格請求書の交付義務が課されています（新消法57の４①）。

委託販売の場合、購入者に対して課税資産の譲渡等を行っているのは、委託者ですから、本来、委託者が購入者に対して適格請求書を交付しなければなりません。

このような場合、受託者が委託者を代理して、委託者の氏名又は名称及び登録番号を記載した、委託者の適格請求書を、相手方に交付することも認められます（代理交付）。

また、次の①及び②の要件を満たすことにより、媒介又は取次ぎを行う者である受託者が、委託者の課税資産の譲渡等について、自己の氏名又は名称及び登録番号を記載した適格請求書又は適格請求書に係る電磁的記録を、委託者に代わって、購入者に交付し、又は提供することができます（以下「媒介者交付特例」といいます。）（新消令70の12①）。

①　委託者及び受託者が適格請求書発行事業者であること
②　委託者が受託者に、自己が適格請求書発行事業者の登録を受けている旨を取引前までに通知していること（通知の方法としては、個々の取引の都度、事前に登録番号を書面等により通知する方法のほか、例えば、基本契約等により委託者の登録番号を記載する方法などがあります（インボイス通達３－７）。）

この媒介者交付特例は、物の販売などを委託し、受託者が買手に商品を販売しているような取引だけではなく、請求書の発行事務や集金事務といった商品の販売等に付随する行為のみを委託しているような場合も対象となります。

なお、媒介者交付特例を適用する場合における受託者の対応及び委託者の対応は、次のとおりです。

【受託者の対応（新消令70の12①③）】

①　交付した適格請求書の写し又は提供した電磁的記録を保存する。
②　交付した適格請求書の写し又は提供した電磁的記録を速やかに委託者に交付又は提供する。

（注）　委託者に交付する適格請求書の写しについては、例えば、複数の委託者の商品を販売した場合や、多数の購入者に対して日々適格請求書を交付する場合などで、コピーが大量になるなど、適格請求書の写しそのものを交付することが困難な場合には、適格請求書の写しと相互の関連が明確な、精算書等の書類等を交付することで差し支えありませんが、この場合には、交付した当該精算書等の写しを保存する必要があります（インボイス通達３－８）。

　なお、精算書等の書類等には、適格請求書の記載事項のうち、「課税資産の譲渡等の税抜価額又は税込価額を税率ごとに区分して合計した金額及び適用税率」や「税率ごとに区分した消費税額等」など、委託者の売上税額の計算に必要な一定事項を記載する必要があります。

【委託者の対応（新消令70の12④）】

① 自己が適格請求書発行事業者でなくなった場合、その旨を速やかに受託者に通知する。

② 委託者の課税資産の譲渡等について、受託者が委託者に代わって適格請求書を交付していることから、委託者においても、受託者から交付された適格請求書の写しを保存する。

したがって、ご質問の場合は、取引先も適格請求書発行事業者ですから、貴社が取引先に自らが適格請求書発行事業者であることを通知することにより、取引先が自らの名称及び登録番号を記載した納品書を作成し、貴社の適格請求書として購入者に交付することができます。

なお、貴社は取引先から交付を受けた適格請求書の写しを保存する必要があります。

【媒介者交付特例の取引図】

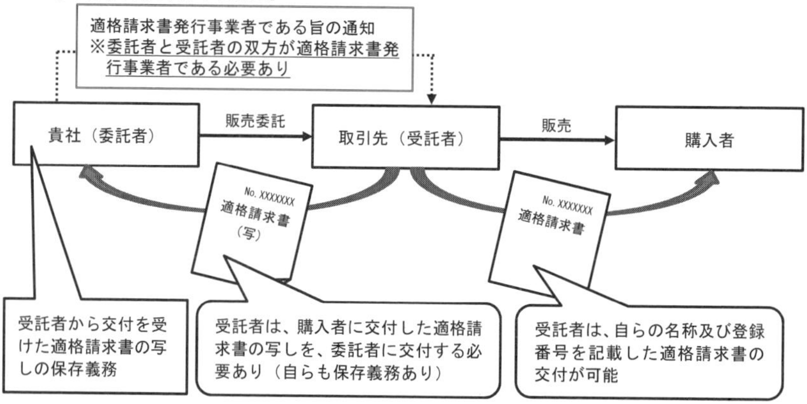

【受託者が委託者に適格請求書の写しに替えて交付する書類（精算書）の記載例】

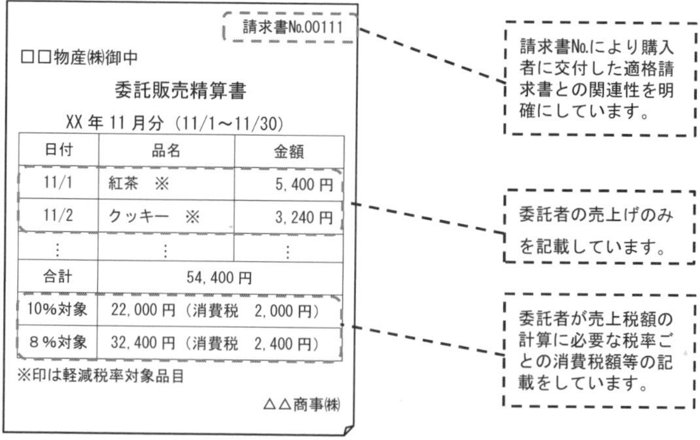

請求書No.により購入者に交付した適格請求書との関連性を明確にしています。
委託者の売上げのみを記載しています。
委託者が売上税額の計算に必要な税率ごとの消費税額等の記載をしています。

請求書No.00111

□□物産㈱御中

委託販売精算書

XX年11月分（11/1～11/30）

日付	品名	金額
11/1	紅茶　※	5,400円
11/2	クッキー　※	3,240円
⋮	⋮	⋮
合計	54,400円	
10%対象	22,000円（消費税　2,000円）	
８%対象	32,400円（消費税　2,400円）	

※印は軽減税率対象品目

△△商事㈱

（注） 媒介者交付特例により適格請求書の交付を行う受託者が、自らの課税資産の譲渡等に係る適格請求書の交付も併せて行う場合、自らの課税資産の譲渡等と委託を受けたものを一の適格請求書に記載しても差し支えありません。

（参考） 事業者（適格請求書発行事業者に限ります。）が国税徴収法第２条第12号に規定する強制換価手続により、執行機関（同条第13号に規定する執行機関をいいます。）を介して国内において課税資産の譲渡等を行う場合には、当該執行機関は、当該課税資産の譲渡等を受ける他の者に対し、「適格請求書発行事業者の氏名又は名称及び登録番号」の記載に代えて「当該執行機関の名称及び本件特例の適用を受ける旨（「公売特例による適格請求書の交付」など）」を記載した適格請求書又は適格請求書に記載すべき事項に係る電磁的記録を交付し、又は提供することができます（新消令70の12⑤）。

なお、この場合、当該執行機関は、強制換価手続を受ける当該事業者から適格請求書発行事業者の登録を受けている旨の通知を受ける必要はありませんが、交付した適格請求書の写しの保存及び事業者への交付は媒介者交付特例と同様に必要となります（新消令70の12②③⑤⑥）。

また、当該執行機関は、適格請求書発行事業者である必要はありません。

【参考】

○　国税徴収法第２条（定義）

この法律において、次の各号に掲げる用語の意義は、当該各号に定めるところによる。

一～十一（省略）

十二　強制換価手続

滞納処分（その例による処分を含む。以下同じ。）、強制執行、担保権の実行としての競売、企業担保権の実行手続及び破産手続をいう。

十三　執行機関

滞納処分を執行する行政機関その他の者（以下「行政機関等」という。）、裁判所（民事執行法（昭和五十四年法律第四号）第百六十七条の二第二項（少額訴訟債権執行の開始等）に規定する少額訴訟債権執行にあつては、裁判所書記官）、執行官及び破産管財人をいう。

（複数の委託者から委託を受けた場合の媒介者交付特例の適用）

問42　当社（受託者）は、複数の取引先（委託者）から委託を受けて、受託販売を行っています。一の売上先に対して、複数の取引先の商品の販売を行うことがあり、その場合、媒介者交付特例により、当社が一括して適格請求書を交付することは可能でしょうか。【平成30年11月追加】【令和４年11月改訂】

【答】

次の①及び②の要件を満たすことにより、媒介又は取次ぎを行う者である受託者が、委託者の課税資産の譲渡等について、自己（受託者）の氏名又は名称及び登録番号を記載した適格請求書又は適格請求書に係る電磁的記録を、委託者に代わって、購入者に交付し、又は提供することができます（新消令70の12①）。

①　委託者及び受託者が適格請求書発行事業者であること

②　委託者が受託者に、自己が適格請求書発行事業者の登録を受けている旨を取引前までに通知していること（通知の方法としては、個々の取引の都度、事前に登録番号を書面等により通知する方法のほか、例えば、基本契約等により委託者の登録番号を記載する方法などがあります（インボイス通達３－７）。）

この媒介者交付特例の適用により、ご質問のように複数の委託者に係る商品を一の売上先に販売した場合であっても、１枚の適格請求書により交付を行うことが可能です。

この場合、適格請求書の記載事項である課税資産の譲渡等の税抜価額又は税込価額は、委託者ごとに記載し、消費税額等の端数処理についても委託者ごとに行うことが原則となります。

ただし、受託者が交付する適格請求書単位で、複数の委託者の取引を一括して記載し、消費税額等の端数処理を行うことも差し支えありません。この場合において、受託者が各委託者に適格請求書の写しに替えて交付する精算書等（適格請求書の写しに替えて精算書等の書類等を交付することで差し支えない場合については、問41《媒介者交付特例》の【受託者の対応（新消令70の12①③）】をご参照ください。）に記載する消費税額等の合計額と、売上先に交付した適格請求書に記載した消費税額等とが必ずしも一致しないことも生じますが、各委託者の税込対価の合計額から消費税額等を計算するなど、合理的な方法によることとしている場合には差し支えありません。

また、委託者に適格請求書発行事業者とそれ以外の者が混在していたとしても、適格請求書発行事業者とそれ以外の者とに区分することにより、適格請求書発行事業者に係るもののみを適格請求書とすることができます。

【媒介者交付特例により各委託者の取引について１枚の適格請求書を交付する場合の記載例】

各委託者の課税資産の譲渡等の内容について一括して記載することも認められます。

□□㈱御中

請求書

XX 年 11 月分

日付	品名	金額
11/1	紅茶　※	5, 400 円
11/2	クッキー　※	3, 240 円
11/9	食器	6, 600 円
⋮	⋮	⋮
合計	55, 000 円	
10%対象	32, 000 円（消費税　2, 909 円）	
８%対象	23, 000 円（消費税　1, 704 円）	

※印は軽減税率対象品目

△△商事㈱
登録番号 T1234567890123

受託者の氏名又は名称及び登録番号を記載して交付できます。
※各委託者の氏名又は名称及び登録番号の記載は不要です。

消費税額等の端数処理は、各委託者の取引を一括して、税率ごとに行うことも認められます。

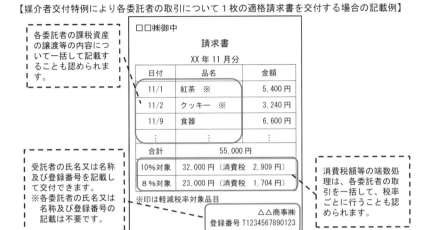

【受託者が委託者に適格請求書の写しとして交付する書類（精算書）の記載例（一括記載の場合）】

○　委託者に交付する書類（精算書）

◎◎㈱御中

精算書

XX 年 11 月分（11/ 1 ～11/30）

商品名	支払金額（税込）	消費税
食器	7, 100 円	
ごみ袋	1, 300 円	
10%対象合計	8, 400 円	（763 円）

合計	8, 400 円

△△商事㈱

㈱●●御中

精算書

XX 年 11 月分（11/ 1 ～11/30）

商品名	支払金額（税込）	消費税
食器	14, 300 円	
おしぼり	1, 500 円	
10%対象合計	15, 800 円	（1, 436 円）

合計	15, 800 円

△△商事㈱

○　購入者に交付する適格請求書

XX 年 12 月 1 日

□□㈱御中

請求書

XX 年 11 月分（11/ 1 ～11/30）

請求額	24, 200 円

商品名	請求金額（税込）	消費税（10%）
食器	21, 400 円	
ごみ袋	1, 300 円	
おしぼり	1, 500 円	
合計	24, 200 円	（2, 200 円）

△△商事㈱

登録番号 T1234567890123

購入者の消費税額等　2, 200 円

委託者の消費税額等（合計）　2, 199 円

（注）　必ずしも一致させる必要はありません。

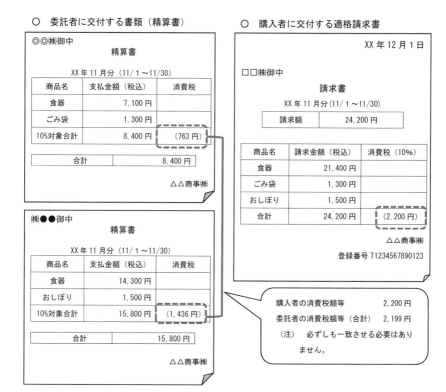

（参考）　複数の委託者の取引を一括して代理交付する場合

受託者（代理人）が複数の委託者（被代理人）の取引について代理して適格請求書を交付する場合は、各委託者の氏名又は名称及び登録番号を記載する必要があります。

また、複数の委託者の取引を一括して請求書に記載して交付する場合、委託者ごとに課税資産の譲渡等の税抜価額又は税込価額を記載し、消費税額等も委託者ごとに計算し、端数処理を行わなければなりません。

【代理交付により複数の委託者の取引を記載して交付する場合の記載例】

□□㈱御中

請求書

XX 年 11 月分

取引先名	日付	品名	金額
××㈱ 登録番号…	11/1	紅茶　※	5,400 円
	11/2	クッキー　※	3,240 円
	11/9	食器	6,600 円
	⋮	⋮	⋮
	10%対象	11,000 円（消費税　1,000 円）	
	８％対象	15,000 円（消費税　1,111 円）	
㈱○○ 登録番号…	11/12	割り箸	1,100 円
	11/14	ごみ袋	550 円
	11/20	牛肉　※	6,480 円
	⋮	⋮	⋮
	10%対象	12,000 円（消費税　1,091 円）	
	８％対象	17,000 円（消費税　1,259 円）	
合計（税込）	55,000 円		

※印は軽減税率対象品目

△△商事㈱

各委託者（被代理人）の氏名又は名称及び登録番号を記載する必要があります。

各委託者（被代理人）の課税資産の譲渡等の内容について区分して記載する必要があります。

消費税額等の端数処理は、各委託者（被代理人）の取引を区分して、税率ごとに行います。

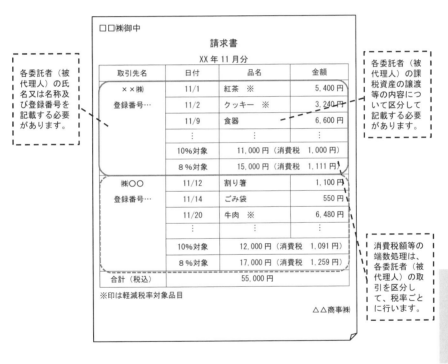

（任意組合等に係る事業の適格請求書の交付）

問 43　当社は、取引先数社と任意組合であるＪＶを組成し、建設工事を行っています。このような任意組合により事業を行う場合、取引の相手方に対し、どのように適格請求書を交付すればよいですか。【令和３年７月改訂】

【答】

民法第667条第１項に規定する組合契約によって成立する組合、投資事業有限責任組合契約に関する法律第２条第２項に規定する投資事業有限責任組合若しくは有限責任事業組合契約に関する法律第２条に規定する有限責任事業組合又は外国の法令に基づいて設立された団体であってこれらの組合に類似するもの（以下「任意組合等」といいます。）が事業として行う課税資産の譲渡等については、その組合員の全てが適格請求書発行事業者であり、民法第670条第３項に規定する業務執行者などの業務執行組合員が、納税地を所轄する税務署長に「任意組合等の組合員の全てが適格請求書発行事業者である旨の届出書」を提出した場合に限り、適格請求書を交付することができます（新消法57の６①、新消令70の14①②）。

この場合、任意組合等のいずれかの組合員が適格請求書を交付することができ、その写しの保存は、適格請求書を交付した組合員が行うこととなります。

なお、次の場合に該当することとなったときは、該当することとなった日以後の取引について、適格請求書を交付することができなくなります。

①　適格請求書発行事業者でない新たな組合員を加入させた場合

②　当該任意組合等の組合員のいずれかが適格請求書発行事業者でなくなった場合

これらの場合に該当することとなったときは、業務執行組合員が速やかに納税地を所轄する税務署長に「任意組合等の組合員が適格請求書発行事業者でなくなった旨等の届出書」を提出しなければなりません（新消法57の６②）。

（参考）　任意組合等の事業に係る適格請求書の記載事項については問65《任意組合が交付する適格請求書の記載事項》をご参照ください。

（適格請求書発行事業者とそれ以外の事業者の共有資産の譲渡等）

問 44　当社は、適格請求書発行事業者です。適格請求書発行事業者でない事業者と共有している建物を売却することになりましたが、適格請求書はどのように交付すればよいですか。

【答】

適格請求書発行事業者が適格請求書発行事業者以外の者と資産を共有している場合、その資産の譲渡や貸付けについては、所有者ごとに取引を合理的に区分し、相手方の求めがある場合には、適格請求書発行事業者の所有割合に応じた部分について、適格請求書を交付しなければなりません（インボイス通達３－５）。

したがって、貴社は、建物の売却代金のうち、貴社の所有割合（例えば持分など）に対応する部分を基礎として、適格請求書を交付することとなります。

4　適格請求書の記載事項

（適格請求書に記載が必要な事項）

問 45　当社は、事業者に対して飲食料品及び日用雑貨の卸売を行っています。軽減税率制度の実施後、買手の仕入税額控除のための請求書等の記載事項を満たすものとして、次の請求書を取引先に交付しています。

今後、令和５年 10 月からの適格請求書等保存方式の開始を踏まえ、適格請求書の記載事項を満たす請求書を取引先に交付したいと考えていますが、どのような対応が必要ですか。
【令和４年４月改訂】

請求書

㈱○○御中　　　　XX 年 11 月 30 日

11 月分 131,200 円（税込）

日付	品名	金額
11/1	小麦粉　※	5,400 円
11/1	牛肉　　※	10,800 円
11/2	ｷｯﾁﾝﾍﾟｰﾊﾟｰ	2,200 円
⋮	⋮	⋮
合　計		131,200 円
10%対象		88,000 円
８%対象		43,200 円

※　軽減税率対象品目

△△商事㈱

【答】

適格請求書には、次の事項が記載されていることが必要です（区分記載請求書等保存方式における請求書等の記載事項に加え、①、④及び⑤の下線部分が追加されます。）（新消法57の４①）。

① 適格請求書発行事業者の氏名又は名称及び登録番号
② 課税資産の譲渡等を行った年月日
③ 課税資産の譲渡等に係る資産又は役務の内容（課税資産の譲渡等が軽減対象資産の譲渡等である場合には、資産の内容及び軽減対象資産の譲渡等である旨）
④ 課税資産の譲渡等の税抜価額又は税込価額を税率ごとに区分して合計した金額及び適用税率
⑤ 税率ごとに区分した消費税額等
⑥ 書類の交付を受ける事業者の氏名又は名称

このため、貴社の対応としては、次の記載例のように、適格請求書として必要な事項（上記①、④及び⑤の下線部分）を記載することが必要です。

（注）　上記の記載事項のうち、①の登録番号を記載しないで作成した請求書等は、令和元年10月１日から実施された軽減税率制度における区分記載請求書等として取り扱われます。

【適格請求書の記載例】

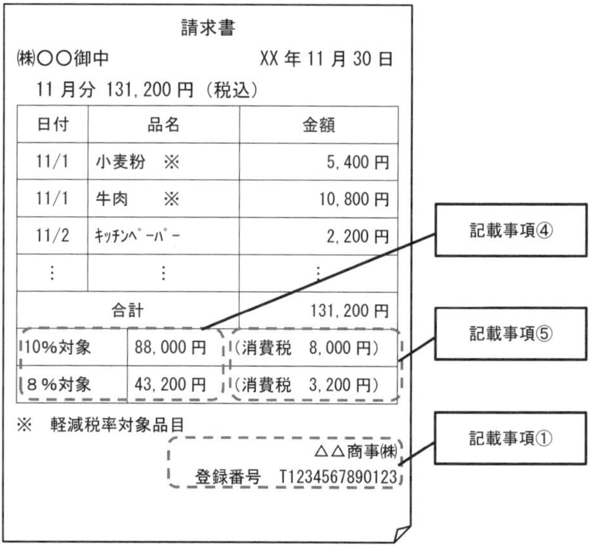
請求書

㈱○○御中　　　　XX 年 11 月 30 日

11 月分 131,200 円（税込）

日付	品名	金額
11/1	小麦粉　※	5,400 円
11/1	牛肉　※	10,800 円
11/2	ｷｯﾁﾝﾍﾟｰﾊﾟｰ	2,200 円
⋮	⋮	⋮
合計		131,200 円
10%対象	88,000 円	（消費税　8,000 円）
８％対象	43,200 円	（消費税　3,200 円）

※　軽減税率対象品目

△△商事㈱

登録番号　T1234567890123

（参考）　令和元年 10 月１日から令和５年９月 30 日（適格請求書等保存方式の開始前）までの間において、適格請求書として必要な事項が記載されている請求書等については、区分記載請求書等として必要な事項が記載されていることとなります（消法 30⑨、28 年改正法附則 34②）。

（注）１　区分記載請求書等の記載事項

① 書類の作成者の氏名又は名称

② 課税資産の譲渡等を行った年月日

③ 課税資産の譲渡等に係る資産又は役務の内容（課税資産の譲渡等が軽減対象資産の譲渡等である場合には、資産の内容及び軽減対象資産の譲渡等である旨）

④ 税率ごとに合計した課税資産の譲渡等の税込価額

⑤ 書類の交付を受ける当該事業者の氏名又は名称

２　区分記載請求書等の記載事項のうち、④の「税率ごとに合計した課税資産の譲渡等の税込価額」については、適格請求書等の記載事項である「課税資産の譲渡等の税抜価額を税率ごとに区分して合計した金額」及び「税率ごとに区分した消費税額等」を記載することとして差し支えありません。

○　請求書等保存方式、区分記載請求書等保存方式及び適格請求書等保存方式の請求書等の記載事項の比較（消法30⑨、28年改正法附則34②、新消法57の４①）

請求書等保存方式 （令和元年９月30日まで）	区分記載請求書等保存方式 （令和元年10月１日から 令和５年９月30日までの間）	適格請求書等保存方式 （令和５年10月１日から）
①　書類の作成者の氏名又は名称	①　書類の作成者の氏名又は名称	①　適格請求書発行事業者の氏名又は名称及び登録番号
②　課税資産の譲渡等を行った年月日	②　課税資産の譲渡等を行った年月日	②　課税資産の譲渡等を行った年月日
③　課税資産の譲渡等に係る資産又は役務の内容	③　課税資産の譲渡等に係る資産又は役務の内容 （課税資産の譲渡等が軽減対象資産の譲渡等である場合には、資産の内容及び軽減対象資産の譲渡等である旨）	③　課税資産の譲渡等に係る資産又は役務の内容 （課税資産の譲渡等が軽減対象資産の譲渡等である場合には、資産の内容及び軽減対象資産の譲渡等である旨）
④　課税資産の譲渡等の税込価額	④　税率ごとに合計した課税資産の譲渡等の税込価額	④　税率ごとに区分した課税資産の譲渡等の税抜価額又は税込価額の合計額及び適用税率 ⑤　税率ごとに区分した消費税額等
⑤　書類の交付を受ける当該事業者の氏名又は名称	⑤　書類の交付を受ける当該事業者の氏名又は名称	⑥　書類の交付を受ける当該事業者の氏名又は名称

（注）１　区分記載請求書等保存方式の下では、請求書等保存方式における請求書等の記載事項に下線（実線）部分が追加されています。

２　適格請求書等保存方式の下では、区分記載請求書等の記載事項に下線（点線）部分が追加・変更されます。

インボイスＱ＆Ａ

（屋号による記載）

問46　現在、当社は、請求書を交付する際に記載する名称について、屋号を使用しています。適格請求書に記載する名称も屋号で認められますか。

【答】

現行、請求書等に記載する名称については、例えば、請求書に電話番号を記載するなどし、請求書を交付する事業者を特定することができる場合、屋号や省略した名称などの記載でも差し支えありません。

適格請求書に記載する名称についても同様に、例えば、電話番号を記載するなどし、適格請求書を交付する事業者を特定することができれば、屋号や省略した名称などの記載でも差し支えありません。

（記号、番号による適格請求書発行事業者の氏名又は名称及び登録番号の記載）

問47　現在、当社は、名称に代えて、取引先と共有する取引先コード（取引先コード表により当社の名称等の情報を共有しています。）を請求書に記載しています。

取引先コードの内容に登録番号を追加することにより、適格請求書の記載事項を満たすことになりますか。

【答】

適格請求書には、「適格請求書発行事業者の氏名又は名称及び登録番号」の記載が必要となります（新消法57の４①一）。

登録番号と紐付けて管理されている取引先コード表などを適格請求書発行事業者と相手先の間で共有しており、買手においても取引先コードから登録番号が確認できる場合には、取引先コードの表示により「適格請求書発行事業者の氏名又は名称及び登録番号」の記載があると認められます。したがって、貴社の請求書は、適格請求書の記載事項を満たすことになります（インボイス通達３－３）。

なお、売手が適格請求書発行事業者でなくなった場合は、速やかに取引先コード表を修正する必要があるほか、事後的な確認を行うために、売手が適格請求書発行事業者である期間が確認できる措置を講じておく必要があります。

（適格請求書に記載する消費税額等の端数処理）

問48　適格請求書には、税率ごとに区分した消費税額等の記載が必要となるそうですが、消費税額等を計算する際の１円未満の端数処理はどのように行えばよいですか。【令和３年７月改訂】

【答】

適格請求書の記載事項である消費税額等に１円未満の端数が生じる場合は、一の適格請求書につき、税率ごとに１回の端数処理を行う必要があります（新消令70の10、インボイス通達３－12）。

なお、切上げ、切捨て、四捨五入などの端数処理の方法については、任意の方法とすることができます。

（注）　一の適格請求書に記載されている個々の商品ごとに消費税額等を計算し、１円未満の端数処理を行い、その合計額を消費税額等として記載することは認められません。

【一定期間の取引をまとめた請求書を適格請求書として交付する場合の記載例】

請求書

㈱○○御中　　　　XX年11月1日

10月分（10/1～10/31）100,000円（税込）

日付	品名	金額
10/1	小麦粉　※	5,000円
10/1	牛肉　※	8,000円
10/2	ｷｯﾁﾝﾍﾟｰﾊﾟｰ	2,000円
⋮	⋮	⋮
合計	100,000円（消費税 8,416円）	
10%対象	60,000円	（消費税 5,454円）
８%対象	40,000円	（消費税 2,962円）

※印は軽減税率対象商品

△△商事㈱

登録番号　T1234567890123

消費税額等の端数処理は、適格請求書単位で、税率ごとに１回行います。
10%対象：
60,000円×10/110≒5,454円
８%対象：
40,000円×８/108≒2,962円
（注）　商品ごとの端数処理は認められません。

（適格簡易請求書の記載事項）

問 49　当社は、小売業（スーパーマーケット）を営む事業者です。軽減税率制度の実施後、買手の仕入税額控除のための請求書等の記載事項を満たすものとして、次のレシートを取引先に交付しています。

小売業などは、適格請求書の交付に代えて、記載事項を簡易なものとした適格簡易請求書を交付することができるそうですが、その記載事項について教えてください。【令和４年４月改訂】

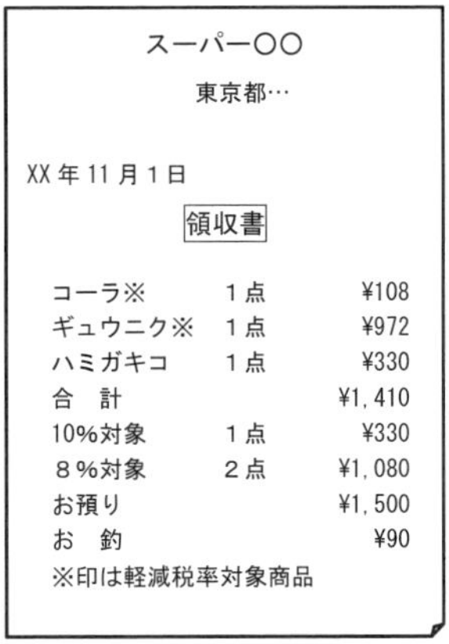

スーパー○○

東京都…

XX 年 11 月１日

領収書

コーラ※	１点	¥108
ギュウニク※	１点	¥972
ハミガキコ	１点	¥330
合　計		¥1,410
10%対象	１点	¥330
８%対象	２点	¥1,080
お預り		¥1,500
お　釣		¥90

※印は軽減税率対象商品

【答】

適格請求書等保存方式においては、適格請求書発行事業者が、小売業など不特定かつ多数の者に課税資産の譲渡等を行う一定の事業（適格簡易請求書を交付することができる事業については問24《適格簡易請求書の交付ができる事業》をご参照ください。）を行う場合には、適格請求書に代えて、適格簡易請求書を交付することができます（新消法57の４②、新消令70の11）。

適格簡易請求書の記載事項は、適格請求書の記載事項よりも簡易なものとされており、適格請求書の記載事項と比べると、「書類の交付を受ける事業者の氏名又は名称」の記載が不要である点、「税率ごとに区分した消費税額等」又は「適用税率」のいずれか一方の記載で足りる点が異なります。

なお、具体的な記載事項は、次のとおりです。

①　適格請求書発行事業者の氏名又は名称及び登録番号

②　課税資産の譲渡等を行った年月日

③　課税資産の譲渡等に係る資産又は役務の内容（課税資産の譲渡等が軽減対象資産の譲渡等である場合には、資産の内容及び軽減対象資産の譲渡等である旨）

④　課税資産の譲渡等の税抜価額又は税込価額を税率ごとに区分して合計した金額

⑤　税率ごとに区分した消費税額等又は適用税率（※）

※　「税率ごとに区分した消費税額等」と「適用税率」を両方記載することも可能です。

（注）　上記の記載事項のうち、①の登録番号を記載しないで作成したレシートは、令和元年10月１日から令和５年９月30日（適格請求書等保存方式の開始前）までの間における区分記載請求書等に該当します。

（参考）　これまでも仕入税額控除の要件として保存が必要な請求書等の記載事項について、小売業など不特定かつ多数の者に課税資産の譲渡等を行う一定の事業に係るものである場合には、請求書等の交付を受ける相手方の氏名又は名称の記載は不要とされています（消法30⑨一）。

【適格簡易請求書の記載例（適用税率のみを記載する場合）】

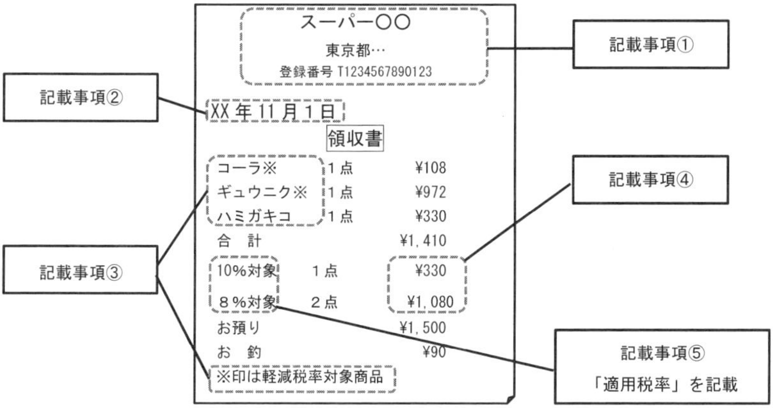

【適格簡易請求書の記載例（税率ごとに区分した消費税額等のみを記載する場合）】

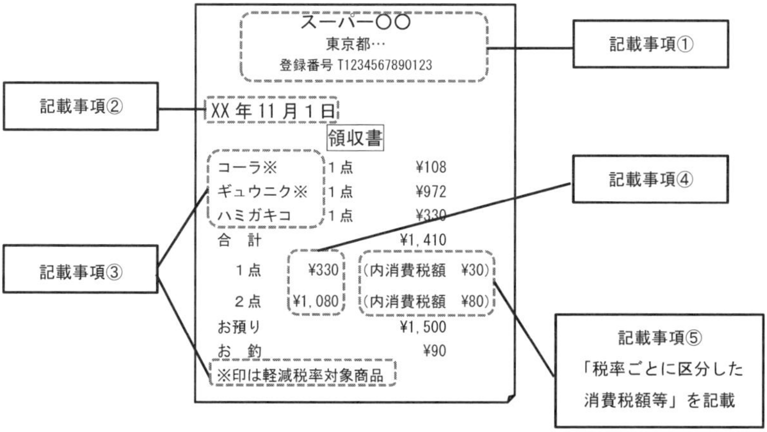

○　適格請求書と適格簡易請求書の記載事項の比較（新消法 57 の４①②）

適格請求書	適格簡易請求書
①　適格請求書発行事業者の氏名又は名称及び登録番号 ②　課税資産の譲渡等を行った年月日 ③　課税資産の譲渡等に係る資産又は役務の内容（課税資産の譲渡等が軽減対象資産の譲渡等である場合には、資産の内容及び軽減対象資産の譲渡等である旨） ④　課税資産の譲渡等の税抜価額又は税込価額を税率ごとに区分して合計した金額及び適用税率 ⑤　税率ごとに区分した消費税額等 ⑥　書類の交付を受ける事業者の氏名又は名称	①　適格請求書発行事業者の氏名又は名称及び登録番号 ②　課税資産の譲渡等を行った年月日 ③　課税資産の譲渡等に係る資産又は役務の内容（課税資産の譲渡等が軽減対象資産の譲渡等である場合には、資産の内容及び軽減対象資産の譲渡等である旨） ④　課税資産の譲渡等の税抜価額又は税込価額を税率ごとに区分して合計した金額 ⑤　税率ごとに区分した消費税額等又は適用税率

（参考）

○　請求書等保存方式、区分記載請求書等保存方式及び適格請求書等保存方式における小売業など不特定かつ多数の者に課税資産の譲渡等を行う一定の事業を行う場合の請求書等の記載事項の比較（消法 30⑨、28 年改正法附則 34②、新消法 57 の４②）

請求書等保存方式 （令和元年９月30日まで）	区分記載請求書等保存方式 （令和元年 10 月１日から 令和５年９月30日までの間）	適格請求書等保存方式 （令和５年10月１日から） （適格簡易請求書）
①　書類の作成者の氏名又は名称 ②　課税資産の譲渡等を行った年月日 ③　課税資産の譲渡等に係る資産又は役務の内容 ④　課税資産の譲渡等の税込価額	①　書類の作成者の氏名又は名称 ②　課税資産の譲渡等を行った年月日 ③　課税資産の譲渡等に係る資産又は役務の内容（課税資産の譲渡等が軽減対象資産の譲渡等である場合には、資産の内容及び軽減対象資産の譲渡等である旨） ④　税率ごとに合計した課税資産の譲渡等の税込価額	①　適格請求書発行事業者の氏名又は名称及び登録番号 ②　課税資産の譲渡等を行った年月日 ③　課税資産の譲渡等に係る資産又は役務の内容（課税資産の譲渡等が軽減対象資産の譲渡等である場合には、資産の内容及び軽減対象資産の譲渡等である旨） ④　課税資産の譲渡等の税抜価額又は税込価額を税率ごとに区分して合計した金額 ⑤　税率ごとに区分した消費税額等又は適用税率

（注）１　区分記載請求書等保存方式の下では、請求書等保存方式における請求書等の記載事項に下線（実線）部分が追加されています。

２　適格請求書等保存方式の下では、区分記載請求書等の記載事項に下線（点線）部分が追加・変更されます。

（税抜価額と税込価額が混在する場合）

問50　当社は、小売業（スーパーマーケット）を経営する事業者です。当社のレジシステムで買い物客に発行するレシートは、一般の商品は、税抜価額を記載していますが、たばこなどの一部の商品は税込価額を記載しています。この場合、適格簡易請求書に記載する「課税資産の譲渡等の税抜価額又は税込価額を税率ごとに区分して合計した額」及び「税率ごとに区分した消費税額等」は、どのように算出すればよいのですか。【令和３年７月追加】【令和４年４月改訂】

【答】

適格請求書の記載事項である消費税額等に１円未満の端数が生じる場合は、一の適格請求書につき、税率ごとに１回の端数処理を行う必要があります（新消令70の10、インボイス通達３－12）。この取扱いについては、適格簡易請求書に消費税額の記載を行う場合についても同様です。

ご質問のように、一の適格簡易請求書において、税抜価額を記載した商品と税込価額を記載した商品が混在するような場合、いずれかに統一して「課税資産の譲渡等の税抜価額又は税込価額を税率ごとに区分して合計した額」を記載するとともに、これに基づいて「税率ごとに区分した消費税額等」を算出して記載する必要があります。

なお、税抜価額又は税込価額のいずれかに統一して「課税資産の譲渡等の税抜価額又は税込価額を税率ごとに区分して合計した額」を記載する際における１円未満の端数処理については、「税率ごとに区分した消費税額等」を算出する際の端数処理ではありませんので、この場合にどのように端数処理を行うかについては、事業者の任意となります。

ただし、たばこなど、法令・条例の規定により「税込みの小売定価」が定められている商品や再販売価格維持制度の対象となる商品と、税抜価額で記載するその他の商品を合わせて一の適格簡易請求書に記載する場合については、「税込みの小売定価」を税抜化せず、「税込みの小売定価」を合計した金額及び「税率の異なるごとの税抜価額」を合計した金額を表示し、それぞれを基礎として消費税額等を算出し、算出したそれぞれの金額について端数処理して記載することとしても差し支えありません。

《税抜価格に統一する場合の適格簡易請求書の記載例》

スーパー〇〇

東京都…

T12345…

XX 年 11 月 1 日

領収書

コーラ※	1点	¥105 税抜
ビール	1点	¥1,031 税抜
たばこ	1点	¥540 税込
税抜金額		
10%対象	2点	¥1,522
8%対象	1点	¥105
消費税額		
10%対象	2点	¥152
8%対象	1点	¥8
合計金額	3点	¥1,787
お預り		¥1,800
お　釣		¥13

※印は軽減税率対象商品

税抜価額の税率ごとの合計額の算出の際の端数処理の方法は事業者の任意となります。

消費税額の計算は、上記税率ごとの合計額から算出します（端数処理は一の適格簡易請求書につき税率ごとに 1 回である必要があります）。

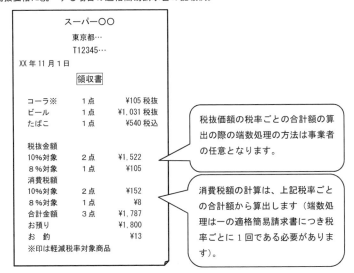

（適格返還請求書の記載事項）

問51　適格返還請求書の記載事項について教えてください。

【答】

適格請求書発行事業者には、課税事業者に売上げに係る対価の返還等を行う場合、適格返還請求書を交付する義務が課されています（新消法57の４③）。

適格返還請求書の記載事項は、次のとおりです。

① 適格請求書発行事業者の氏名又は名称及び登録番号

② 売上げに係る対価の返還等を行う年月日及びその売上げに係る対価の返還等の基となった課税資産の譲渡等を行った年月日（適格請求書を交付した売上げに係るものについては、課税期間の範囲で一定の期間の記載で差し支えありません。）

③ 売上げに係る対価の返還等の基となる課税資産の譲渡等に係る資産又は役務の内容（売上げに係る対価の返還等の基となる課税資産の譲渡等が軽減対象資産の譲渡等である場合には、資産の内容及び軽減対象資産の譲渡等である旨）

④ 売上げに係る対価の返還等の税抜価額又は税込価額を税率ごとに区分して合計した金額

⑤ 売上げに係る対価の返還等の金額に係る消費税額等又は適用税率

【適格返還請求書の記載例】

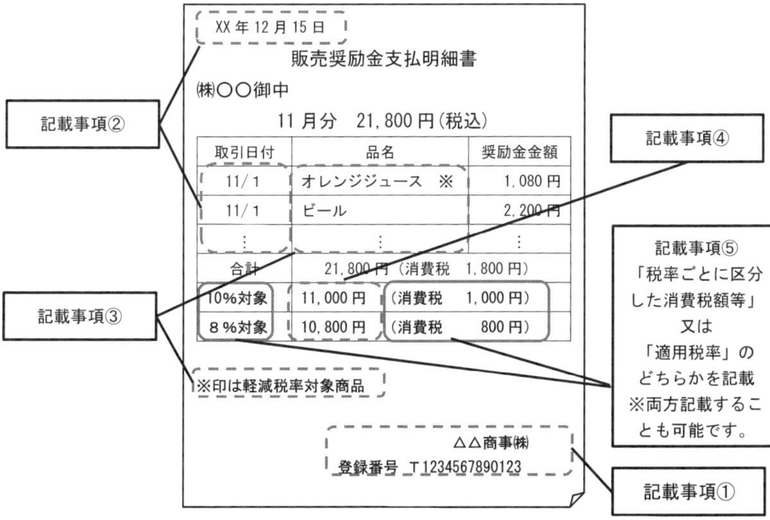

XX年12月15日

販売奨励金支払明細書

㈱〇〇御中

11月分　21,800円（税込）

取引日付	品名	奨励金金額
11/1	オレンジジュース　※	1,080円
11/1	ビール	2,200円
⋮	⋮	⋮
合計	21,800円（消費税　1,800円）	
10%対象	11,000円	（消費税　1,000円）
８%対象	10,800円	（消費税　800円）

※印は軽減税率対象商品

△△商事㈱

登録番号　T1234567890123

（売上げに係る対価の返還等の基となった課税資産の譲渡等を行った年月日の記載）

問52　適格返還請求書には、「売上げに係る対価の返還等の基となった課税資産の譲渡等を行った年月日」を記載する必要があるとのことですが、日々、商品の返品が行われているため、個々の商品について正確な販売年月日を把握することが困難です。そのため、例えば、10月中に返品を受けた商品は、前月である９月中に販売したものの返品として処理している場合には「９月末日」を、同商品について最後に販売したものの返品として処理している場合には「最終販売年月日」を、それぞれ「売上げに係る対価の返還等の基となった課税資産の譲渡等を行った年月日」として記載することも認められるでしょうか。【令和元年７月追加】

【答】

適格請求書発行事業者には、課税事業者に対して売上げに係る対価の返還等を行う場合、適格返還請求書を交付する義務が課されており、適格返還請求書には、「売上げに係る対価の返還等の基となった課税資産の譲渡等を行った年月日」を記載することとされています（新消法57の４③）。

この点、「売上げに係る対価の返還等の基となった課税資産の譲渡等を行った年月日」は、課税期間の範囲内で一定の期間の記載で差し支えありませんので、例えば、月単位や「○月～△月分」といった記載も認められることとなります。

他方、返品等の処理を合理的な方法により継続して行っているのであれば、当該返品等の処理に基づき合理的と認められる年月日を記載することとしても差し支えありませんので、ご質問のように「前月末日」や「最終販売年月日」を「売上げに係る対価の返還等の基となった課税資産の譲渡等を行った年月日」として記載することも、そのような処理が合理的な方法として継続して行われているのであれば、認められることとなります。

なお、その年月日が、適格請求書発行事業者の登録前の期間に属するものであるときは、適格返還請求書の交付義務はありません（インボイス通達３－14）。

（適格請求書と適格返還請求書を一の書類で交付する場合）

問 53　当社は、事業者に対して食料品及び日用雑貨の卸売を行っています。取引先と販売奨励金に係る契約を締結しており、一定の商品を対象として、取引高に応じて、取引先に販売奨励金を支払うこととしています。 　また、販売奨励金の精算に当たっては、当月分の請求書において、当月分の請求金額から前月分の販売奨励金の金額を控除する形式で行っています。適格請求書等保存方式においては、請求書の記載についてどのような対応が必要ですか。【令和２年９月改訂】

【答】

ご質問の販売奨励金は、貴社の売上げに係る対価の返還等に該当します。したがって、貴社は、取引先に対し、課税資産の譲渡等と売上げに係る対価の返還等を行っていることから、取引先に対し、適格請求書と適格返還請求書を交付する義務があります。

この場合において、貴社が交付する請求書に、適格請求書と適格返還請求書それぞれに必要な記載事項を記載して１枚の書類で交付することも可能です。

具体的には、当月販売した商品について、適格請求書として必要な事項を記載するとともに、前月分の販売奨励金について、適格返還請求書として必要な事項を記載すれば、１枚の請求書を交付することで差し支えありません。

また、継続して、課税資産の譲渡等の対価の額から売上げに係る対価の返還等の金額を控除した金額及びその金額に基づき計算した消費税額等を税率ごとに請求書等に記載することで、適格請求書に記載すべき「課税資産の譲渡等の税抜価額又は税込価額を税率ごとに区分して合計した金額」及び「税率ごとに区分した消費税額等」と適格返還請求書に記載すべき「売上げに係る対価の返還等の税抜価額又は税込価額を税率ごとに区分して合計した金額」及び「売上げに係る対価の返還等の金額に係る消費税額等」の記載を満たすこともできます（インボイス通達３－16）。

（注）　この場合、課税資産の譲渡等の金額から売上げに係る対価の返還等の金額を控除した金額に基づく消費税額等の計算については、税率ごとに１回の端数処理となります。

【課税資産の譲渡等の金額と対価の返還等の金額をそれぞれ記載する場合】

請求書

㈱○○御中　　　　XX 年 12 月 15 日

11 月分　98,300 円（税込）

（11/ 1 ～11/30）

日付	品名	金額
11/ 1	ｵﾚﾝｼﾞｼﾞｭｰｽ　※	5,400 円
11/ 1	ビール	11,000 円
11/ 2	ﾘﾝｺﾞｼﾞｭｰｽ　※	2,160 円
：	：	：
合計	109,200 円（消費税 9,200 円）	
10%対象	66,000 円（消費税 6,000 円）	
８%対象	43,200 円（消費税 3,200 円）	
販売奨励金		
10/12	ﾘﾝｺﾞｼﾞｭｰｽ　※	1,080 円
：	：	：
合計	10,900 円（消費税 900 円）	
10%対象	5,500 円（消費税 500 円）	
８%対象	5,400 円（消費税 400 円）	
請求金額	98,300 円	

※は軽減税率対象商品

△△商事㈱

登録番号 T1234567890123

適格請求書として必要な記載事項

適格返還請求書として必要な記載事項

【対価の返還等を控除した後の金額を記載する場合の記載例】

請求書

㈱○○御中　　　　XX 年 12 月 15 日

11 月分　98,300 円（税込）

（11/ 1 ～11/30）

日付	品名	金額
11/ 1	ｵﾚﾝｼﾞｼﾞｭｰｽ　※	5,400 円
11/ 1	ビール	11,000 円
11/ 2	ﾘﾝｺﾞｼﾞｭｰｽ　※	2,160 円
：	：	：
合計	109,200 円（消費税 9,200 円）	
販売奨励金		
10/12	ﾘﾝｺﾞｼﾞｭｰｽ　※	1,080 円
：	：	：
合計	10,900 円（消費税 900 円）	
請求金額	98,300 円（消費税 8,300 円）	
10%対象	60,500 円（消費税 5,500 円）	
８%対象	37,800 円（消費税 2,800 円）	

※は軽減税率対象商品

△△商事㈱

登録番号 T1234567890123

継続的に、
①課税資産の譲渡等の対価の額から売上げに係る対価の返還等の金額を控除した金額及び
②その金額に基づき計算した消費税額等を
税率ごとに記載すれば記載事項を満たします。

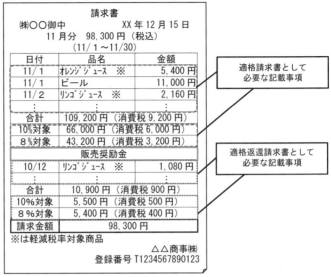

（販売奨励金等の請求書）

問 54　当社は、販売促進の目的で、一定の商品を対象として、取引高に応じて、取引先（当社の売上先）に販売奨励金を支払うこととしています。

販売奨励金の精算に当たっては、取引先から交付される奨励金請求書に基づき支払い、消費税については、売上げに係る対価の返還等として処理しています。この場合、適格請求書等保存方式においては、当社から取引先に対して、改めて、適格返還請求書を交付する必要がありますか。【平成 30 年 11 月追加】

【答】

ご質問の販売奨励金は、貴社の売上げに係る対価の返還等に該当します（基通14－１－２）ので、貴社は、取引先に対し、適格返還請求書を交付する義務があります（新消法57の４③）。

適格返還請求書の記載事項は、次のとおりです。

① 適格請求書発行事業者の氏名又は名称及び登録番号

② 売上げに係る対価の返還等を行う年月日及びその売上げに係る対価の返還等の基となった課税資産の譲渡等を行った年月日（適格請求書を交付した売上げに係るものについては、課税期間の範囲で一定の期間の記載で差し支えありません。）

③ 売上げに係る対価の返還等の基となる課税資産の譲渡等に係る資産又は役務の内容（売上げに係る対価の返還等の基となる課税資産の譲渡等が軽減対象資産の譲渡等である場合には、資産の内容及び軽減対象資産の譲渡等である旨）

④ 売上げに係る対価の返還等の税抜価額又は税込価額を税率ごとに区分して合計した金額

⑤ 売上げに係る対価の返還等の金額に係る税率ごとに区分した消費税額等又は適用税率

ご質問の場合、取引先が作成する書類である奨励金請求書に販売奨励金に関する適格返還請求書として必要な事項が記載されていれば、貴社と相手方との間で、貴社の売上げに係る対価の返還等の内容について記載された書類が共有されていますので、貴社は、改めて、適格返還請求書を交付しなくても差し支えありません。

【適格返還請求書として必要な事項が記載された販売奨励金に係る請求書の記載例】

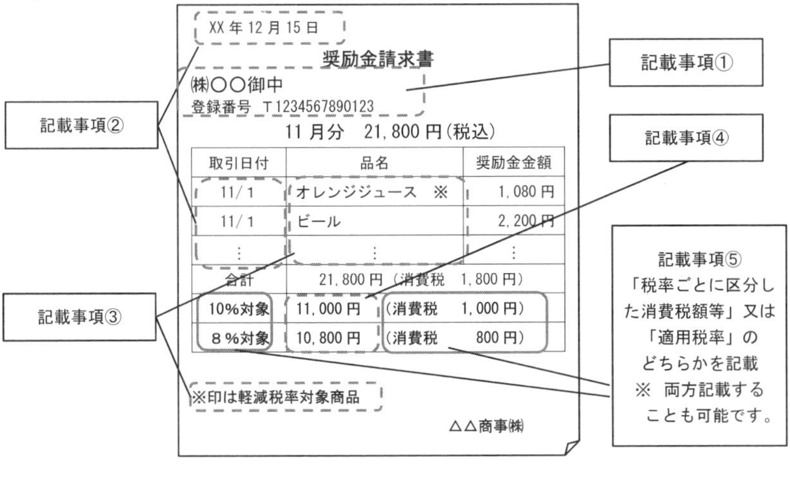

（適格請求書に係る電磁的記録の内容）

問55　当社は、書類に代えて、インターネットを利用して電子メールで請求書に係る電磁的記録を提供しています。
　適格請求書に代えて、適格請求書に係る電磁的記録を提供できるそうですが、この電磁的記録には、どのような内容を記録する必要がありますか。

【答】

適格請求書発行事業者は、国内において課税資産の譲渡等を行った場合に、相手方（課税事業者に限ります。）から求められたときは適格請求書を交付しなければなりませんが、適格請求書の交付に代えて、適格請求書に係る電磁的記録を提供することができます（新消法57の４①⑤）。

なお、提供する電磁的記録は、次のとおり適格請求書の記載事項と同じ内容の記録である必要があります。

①　電磁的記録を提供する適格請求書発行事業者の氏名又は名称及び登録番号

②　課税資産の譲渡等を行った年月日

③　課税資産の譲渡等に係る資産又は役務の内容（課税資産の譲渡等が軽減対象資産の譲渡等である場合には、資産の内容及び軽減対象資産の譲渡等である旨）

④　課税資産の譲渡等の税抜価額又は税込価額を税率ごとに区分して合計した金額及び適用税率

⑤　税率ごとに区分した消費税額等

⑥　電磁的記録の提供を受ける事業者の氏名又は名称

また、電磁的記録による提供方法については、問28《適格請求書に係る電磁的記録による提供》をご参照ください。

（一定期間の取引をまとめた請求書の交付）

問56　当社は、取引の都度、取引先に商品名を記載した納品書を交付するとともに、請求については１か月分をまとめて、請求書を交付しています。軽減税率制度の実施後、以下のように、請求書において、１か月分の取引に係る納品書番号を記載した上で、税率ごとの税込金額の合計額を記載しています。令和５年10月からは、請求書を適格請求書として交付しようと考えていますが、どのような対応が必要ですか。【令和２年９月改訂】

請求書

㈱○○御中　　XX年11月１日

10月分（10/１～10/31）

109,200円（税込）

納品書番号	金額
№0011	11,960円
№0012	7,640円
№0013	9,800円
⋮	⋮
合　計	109,200円
10%対象	66,000円
８%対象	43,200円

△△商事㈱

納品№0013　　納品書

㈱○○御中　　△△商事㈱

納品№0012　　納品書

㈱○○御中　　△△商事㈱

納品№0011　　納品書

㈱○○御中　　△△商事㈱

下記の商品を納品いたします。

XX年10月１日

品名	金額
牛肉　※	5,400円
じゃがいも　※	2,160円
割り箸	1,100円
ビール	3,300円
合計	11,960円

※印は軽減税率対象商品

【答】

適格請求書とは、次の事項が記載された請求書、納品書等の書類をいいますが、一の書類のみで全ての記載事項を満たす必要はなく、交付された複数の書類相互の関連が明確であり、適格請求書の交付対象となる取引内容を正確に認識できる方法（例えば、請求書に納品書番号を記載するなど）で交付されていれば、その複数の書類の全体により適格請求書の記載事項を満たすことになります（インボイス通達３－１）。

①　適格請求書発行事業者の氏名又は名称及び登録番号

②　課税資産の譲渡等を行った年月日

③　課税資産の譲渡等に係る資産又は役務の内容（課税資産の譲渡等が軽減対象資産の譲渡等である場合には、資産の内容及び軽減対象資産の譲渡等である旨）

④　課税資産の譲渡等の税抜価額又は税込価額を税率ごとに区分して合計した金額及び適用税率

⑤　税率ごとに区分した消費税額等

⑥　適格請求書の交付を受ける事業者の氏名又は名称

したがって、ご質問の場合、次の対応が考えられます。

1　請求書に適格請求書として必要な事項を全て記載する場合

適格請求書として必要な事項を全て記載することにより、請求書の交付のみをもって、適格請求書の交付義務を果たすことができます。この場合、納品書の様式を変更していただく必要はありません。

【適格請求書として必要な記載事項を全て請求書に記載する場合の記載例】

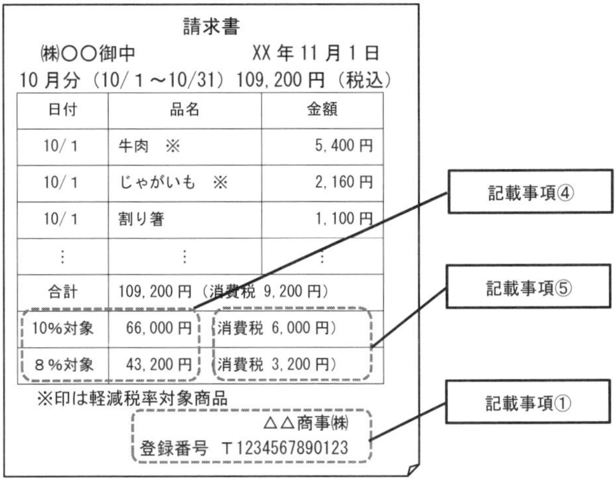

請求書

㈱〇〇御中　　　　　XX 年 11 月 1 日

10 月分（10/ 1 ～10/31）109, 200 円（税込）

日付	品名	金額
10/ 1	牛肉　※	5, 400 円
10/ 1	じゃがいも　※	2, 160 円
10/ 1	割り箸	1, 100 円
⋮	⋮	⋮
合計	109, 200 円（消費税 9, 200 円）	
10%対象	66, 000 円	消費税 6, 000 円）
８%対象	43, 200 円	消費税 3, 200 円）

※印は軽減税率対象商品

△△商事㈱

登録番号　T1234567890123

２　請求書のみでは適格請求書の記載事項が不足するため、納品書で不足する記載事項を補完する場合

請求書に、登録番号、税率ごとに区分した消費税額等及び適用税率を記載するとともに、日々の取引の内容（軽減税率の対象である旨を含みます。）については、納品書に記載することにより、２種類の書類で適格請求書の記載事項を満たすことができます。

したがって、この場合、請求書と納品書を交付することにより、適格請求書の交付義務を果たすことができます。

【請求書に不足する適格請求書の記載事項を納品書で補完する場合の記載例】

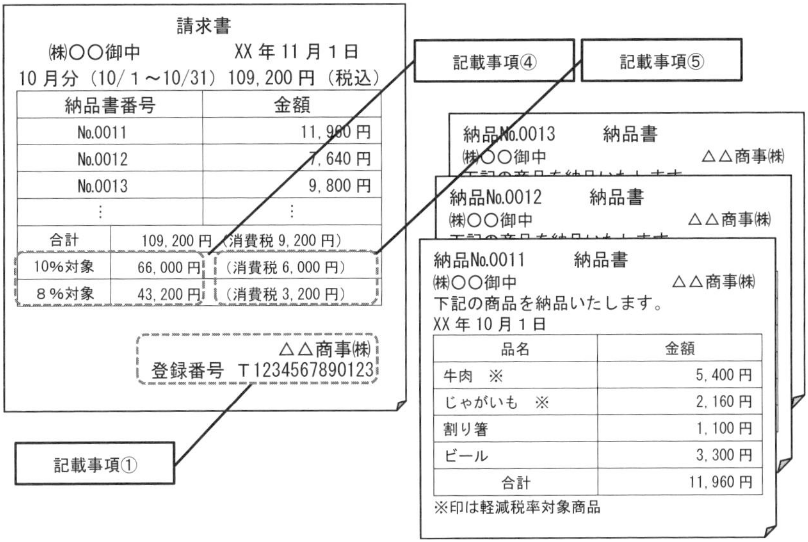

（複数の取引をまとめた請求書の交付）

問57　当社は、複数の事業所がある顧客に対しては、その事業所ごとに契約を締結し取引を行っています。一方、請求書は、以下のように複数の契約をまとめて交付しています。

現在、契約ごとに消費税額等の端数処理を行い、ご請求金額欄における消費税額等はその端数処理をした消費税額等の合計額を記載していますが、令和５年 10 月から、この請求書に登録番号を追加すれば適格請求書の記載事項を満たすことになりますか。【令和４年 11 月追加】

請求書

㈱○○御中　　　XX 年 11 月 1 日

10 月分（10/１～10/31）

利用金額合計	消費税額等（10%）	ご請求金額
87,951 円	8,794 円	96,745 円

【請求金額内訳】

契約種別	利用金額（税抜）	消費税額等（10%）
Ａ契約	11,961 円	1,196 円
Ｂ契約	34,758 円	3,475 円
Ｃ契約	41,232 円	4,123 円

△△商事㈱

【答】

適格請求書に記載する消費税額等は、適格請求書に記載した税率ごとに合計した課税資産の譲渡等に係る税抜価額又は税込価額に、一定の割合（税抜価額の場合100分の10（又は100分の８）、税込価額の場合110分の10（又は108分の8））を乗じて算出し、その算出した消費税額等に１円未満の端数が生じた場合にその端数を処理するため、適格請求書に記載する消費税額等の端数処理は一の適格請求書につき、税率ごとに１回行うこととなります（新消令70の10、インボイス通達３-12）。

ご質問の請求書については、契約ごとに課税資産の譲渡等の税抜金額及び消費税額等を記載しているものですが、一の書類として交付しているものであるため、この書類を適格請求書とする場合、当該一の書類に係る課税資産の譲渡等の税抜価額又は税込価額の合計額から消費税額等を算出する必要があります。

この点、ご質問の請求書に記載されている消費税額等は、契約ごとの課税資産の譲渡等の税抜価額から算出して端数処理した消費税額等を合計しているため、適格請求書の記載事項を満たしません。

なお、例えば、以下の場合のように、課税資産の譲渡等の税込価額を合計し、その合計金額から算出した消費税額等を記載することにより、適格請求書の記載事項である消費税額等とすることができます。この場合、契約ごとに算出した消費税額等を参考として記載することは問題ありませんが、法令で求められる適格請求書の記載事項としての消費税額等にはなりませんのでご留意ください。

【課税資産の譲渡等の税込価額の合計金額から算出した消費税額等を記載することにより適格請求書とする場合】

請求書

㈱○○御中　　　　　　　　　　　　　　　　　　XX 年 11 月 1 日

10 月分（10/1～10/31）

ご請求金額	消費税額等（10%）
96,745 円	8,795 円

【請求金額内訳】

契約種別	利用金額（税込）	参考：消費税額等
A契約	13,157 円	1,196 円
B契約	38,233 円	3,475 円
C契約	45,355 円	4,123 円

△△商事㈱

登録番号 T…

消費税額等の計算方法は、課税資産の譲渡等の税込価額の合計額である 96,745 円を適用税率で割り返して算出しています。
96,745 円×10/110＝8,795 円

インボイスQ＆A

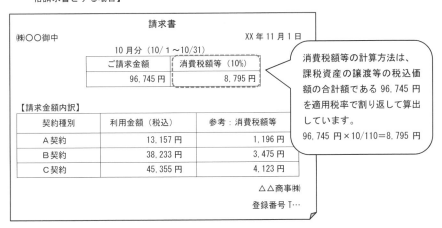

（複数書類で適格請求書の記載事項を満たす場合の消費税額等の端数処理）

問58　当社は、商品の納品の都度、取引先に納品書を交付しており、そこには、当社の名称、商品名、納品書ごとの合計金額を記載しています。令和５年 10 月から、納品書に税率ごとに区分して合計した税込価額、適用税率と納品書ごとに計算した消費税額等の記載を追加するとともに、請求書に登録番号の記載を追加すれば、納品書と請求書を合わせて適格請求書の記載事項を満たすことになりますか。また、その場合、端数処理はどのように行えばよいでしょうか。【平成 30 年 11 月追加】【令和４年４月改訂】

【答】

適格請求書とは、必要な事項が記載された請求書、納品書等の書類をいいますが、一の書類のみで全ての記載事項を満たす必要はなく、交付された複数の書類相互の関連が明確であり、適格請求書の交付対象となる取引内容を正確に認識できる方法（例えば、請求書に納品書番号を記載する方法など）で交付されていれば、これら複数の書類に記載された事項により適格請求書の記載事項を満たすことができます（インボイス通達３－１）。

このため、ご質問のように納品書に「課税資産の譲渡等の税抜価額又は税込価額を税率ごとに区分して合計した金額及び適用税率」及び「税率ごとに区分した消費税額等」の記載を追加するとともに、「登録番号」を請求書に記載した場合は、納品書と請求書を合わせて適格請求書の記載事項を満たすこととなります。

この場合、納品書に「税率ごとに区分した消費税額等」を記載するため、納品書につき税率ごとに１回の端数処理を行うこととなります。

請求書

㈱○○御中　　XX 年 11 月１日

10 月分（10/１～10/31）

109,200 円（税込）

納品書番号	金額
№0011	12,800 円
№0012	5,460 円
№0013	5,480 円
⋮	⋮
合　計	109,200 円

△△商事㈱

登録番号 T1234567890123

納品№0013　　納品書

㈱○○御中　　△△商事㈱

納品№0012　　納品書

㈱○○御中　　△△商事㈱

納品№0011　　納品書

㈱○○御中　　△△商事㈱

下記の商品を納品いたします。

XX 年 10 月１日

品名	金額
牛肉　※	5,400 円
じゃがいも　※	2,300 円
割り箸	1,100 円
ビール	4,000 円
合計	12,800 円
10％対象	5,100 円（消費税 464 円）
８％対象	7,700 円（消費税 570 円）

※印は軽減税率対象商品

「税率ごとに区分した消費税額等」

※端数処理は納品書につき税率ごとに１回

（参考）

この場合、請求書に「税率ごとの消費税額等」の記載は不要ですが、納品書に記載した消費税額等の合計額を記載しても差し支えありません。

例）合計　109,200 円（消費税８％：3,200 円／10％：6,000 円）

　　合計　109,200 円（消費税 9,200 円）　等

なお、当該消費税額等の合計額については、法令上において記載を求める適格請求書の記載事項としての消費税額等にはなりませんので ご留意ください。

（外貨建取引における適格請求書の記載事項）

問 59　当社は、米ドル建てにより取引を行っており、当該取引に係る資産の譲渡等の対価の額については、法人税における処理と同様に取引を行った日の対顧客直物電信売相場（TTS）と対顧客直物電信買相場（TTB）の仲値（TTM）により円換算を行っています。このような外貨建取引に係る適格請求書は、どのように記載すればよいですか。【令和４年４月追加】【令和４年 11 月改訂】

【答】

米ドルなどの外貨建てによる取引であっても、適格請求書に記載が必要な事項は問45《適格請求書に記載が必要な事項》と同様ですが、「税率の異なるごとに区分した消費税額等」を除き、記載事項を外国語や外貨により記載しても問題ありません。

しかし、外貨建てによる取引であっても、「税率の異なるごとに区分した消費税額等」については、円換算した金額を記載する必要があります。

具体的には、以下のいずれかの計算方法により、円換算して「税率の異なるごとに区分した消費税額等」を算出することとなります。

1　税率ごとに区分して合計した対価の額（外貨税抜）を円換算後、消費税額等を算出する方法

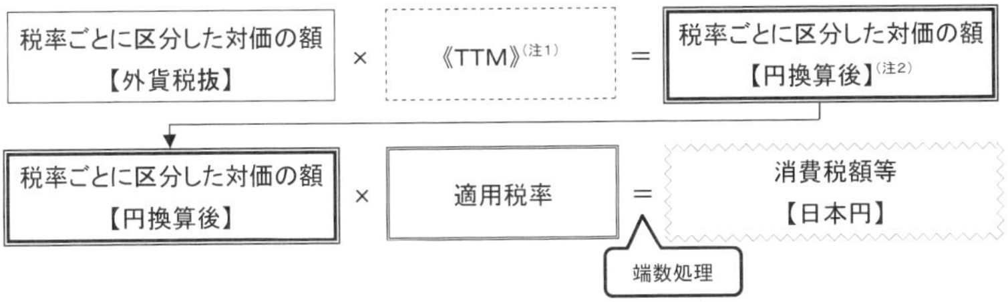

2　税率ごとに区分して合計した対価の額（外貨税込）を円換算後、消費税額等を算出する方法

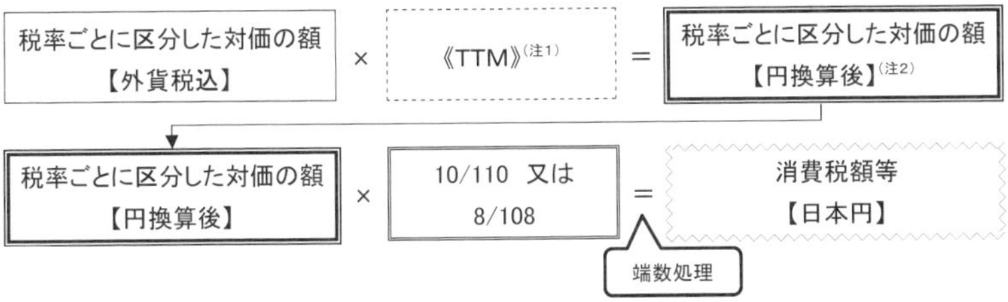

3　税率ごとに区分して合計した対価の額（外貨税抜）から計算過程の消費税額等（外貨）を算出後、円換算する方法

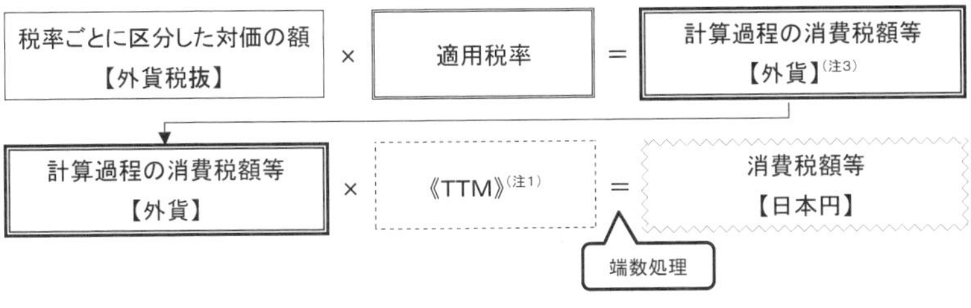

4　税率ごとに区分して合計した対価の額（外貨税込）から計算過程の消費税額等（外貨）を算出後、円換算する方法

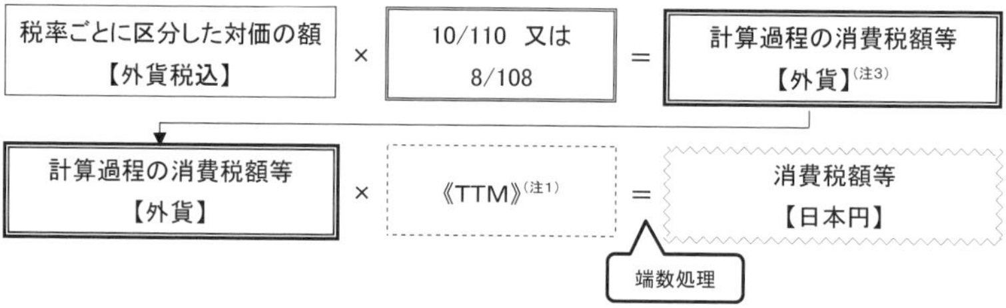

（注）1　消費税額等の算出に係る円換算の方法は、資産の譲渡等の対価の額の円換算の方法（基通10－１－７）と同様、所得税又は法人税の課税所得金額の計算において外貨建ての取引に係る売上金額その他の収入金額を円換算する際の取扱いの例により行うこととなります。

ただし、適格請求書等を交付するときにおいて、所得税又は法人税の例により円換算することが困難な場合における消費税額等の算出に係る円換算の方法は、例えば、適格請求書等を交付する日における換算レートや決済日における換算レート等を継続して使用するなど、合理的な方法によることとして差し支えありません。

2　税率ごとに区分した対価の額を円換算する際、端数処理を行うかどうかは事業者の任意となります。なお、ここでの端数処理は、税率ごとに区分した対価の額の計算であり、適格請求書の記載事項としての「消費税額等」の端数処理には該当しません。

3　消費税額等の端数処理は、「１円未満」の端数が生じた場合に行うものであるため、計算過程の外貨建ての消費税額等を算出する際に、端数処理を行うことはできません。

【税率ごとに区分して合計した対価の額（外貨税抜）を円換算後、消費税額等を算出する場合（上記１による場合）の記載例】

（TTM：115.21円）

Description	Taxable amount	Tax amount	JPY Tax Amount
Beef ＊	$189	$15.12	—
Wood chopsticks	$23	$2.3	—
Fish ＊	$150	$12	—
Spoon	$31	$3.1	—
Reduced tax rate (8%)	$339	$27.12	¥3,124
Standard tax rate(10%)	$54	$5.4	¥622

×TTM　×適用税率

Reduced tax rate(8%)

＄339 × 115.21 ＝ 39,056.19 → 39,056円（税率ごとに区分した対価の額【円換算後】）

39,056円 × 8% ＝ 3,124.48 → 3,124円（消費税額等）

Standard tax rate(10%)

＄54 × 115.21 ＝ 6,221.34 → 6,221円（税率ごとに区分した対価の額【円換算後】）

6,221円 × 10% ＝ 622.1 → 622円（消費税額等）

※　外貨建てのTax amountは、インボイスの記載事項として求められるものではなく、参考として記載するものとなります。

（一括値引きがある場合の適格簡易請求書の記載）

問 60　当社は、小売業（スーパーマーケット）を営む事業者です。当社では、飲食料品と飲食料品以外のものを同時に販売した際に、合計金額（税込み）から 1,000 円の値引きができる割引券を発行しています。
　令和５年 10 月から、顧客が割引券を使用し、値引きを行った場合、当社が発行するレシートには、どのような記載が必要となりますか。【平成 30 年 11 月追加】

【答】

　飲食料品と飲食料品以外の資産を同時に譲渡し、割引券等の利用により、その合計額から一括して値引きを行う場合、税率ごとに区分した値引き後の課税資産の譲渡等の対価の額に対してそれぞれ消費税が課されることとなります。

　そのため、適格簡易請求書であるレシート等における「課税資産の譲渡等の税抜価額又は税込価額を税率ごとに区分して合計した金額」は、値引き後のものを明らかにする必要があります。

　なお、税率ごとに区分された値引き前の課税資産の譲渡等の税抜価額又は税込価額と税率ごとに区分された値引額がレシート等において明らかとなっている場合は、これらにより値引き後の課税資産の譲渡等の税抜価額又は税込価額を税率ごとに区分して合計した金額が確認できるため、このような場合であっても、値引き後の「課税資産の譲渡等の税抜価額又は税込価額を税率ごとに区分して合計した金額」が明らかにされているものとして取り扱われます。

　また、レシート等に記載する「消費税額等」については、値引き後の「課税資産の譲渡等の税抜価額又は税込価額を税率ごとに区分して合計した金額」から計算することとなります。

　ご質問の場合、レシートの記載方法としては次のようなものがあります。

（参考）　顧客が割引券等を利用したことにより、同時に行った資産の譲渡等を対象として一括して対価の額の値引きが行われており、その資産の譲渡等に係る適用税率ごとの値引額又は値引き後の税抜価額又は税込価額を税率ごとに区分して合計した金額が明らかでないときは、割引券等による値引額をその資産の譲渡等に係る価額の比率によりあん分し、適用税率ごとの値引額を区分し、値引き後の税抜価額又は税込価額を税率ごとに区分して合計した金額を算出することとされています。

　その資産の譲渡等に際して顧客へ交付する領収書等の書類により適用税率ごとの値引額又は値引き後の税抜価額又は税込価額を税率ごとに区分して合計した金額が確認できるときは、その資産の譲渡等に係る値引額又は値引き後の税抜価額又は税込価額の合計額が、適用税率ごとに合理的に区分されているものに該当することとされています。

　したがって、例えば、軽減税率の適用対象とならない課税資産の譲渡等の税抜価額又は税込価額からのみ値引きしたとしても、値引額又は値引き後の税抜価額又は税込価額を税率ごとに区分して合計した金額が領収書等の書類により確認できるときは、適用税率ごとに合理的に区分されているものに該当します。

（例）　雑貨 3,300 円（税込み）、牛肉 2,160 円（税込み）を販売した場合

【値引き後の「税込価額を税率ごとに区分して合計した金額」を記載する方法】

スーパー〇〇
東京都・・・
登録番号Ｔ1234567890123
XX 年 11 月 1 日

領 収 書

牛肉 ※	¥2,160
雑貨	¥3,300
小計	¥5,460
割引	¥1,000
合計	¥4,460

①（10％対象 ¥2,696　内消費税 ¥245）
（８％対象 ¥1,764　内消費税 ¥130）

※印は軽減税率対象商品

① 値引き後の税込価額を税率ごとに区分して合計した金額

（注）　値引額は以下のとおり、資産の価額の比率であん分し、税率ごとに区分しています。

10％対象：1,000×3,300/5,460≒604

８％対象：1,000×2,160/5,460≒396

また、値引き後の税込価額は次のとおり計算しています。

10％対象：3,300－604＝2,696

８％対象：2,160－396＝1,764

「消費税額等」は値引き後の税込価額から計算します。

【値引き前の「税抜価額又は税込価額を税率ごとに区分して合計した金額」と税率ごとの値引額を記載する方法】

スーパー〇〇
東京都・・・
登録番号Ｔ1234567890123
XX 年 11 月 1 日

領 収 書

牛肉 ※	¥2,160
雑貨	¥3,300
小計	¥5,460

①（10％対象 ¥3,300）
（８％対象 ¥2,160）

割引	¥1,000

②（10％対象 ¥604）
（８％対象 ¥396）

合計 ¥4,460
（10％対象消費税 ¥245）
（８％対象消費税 ¥130）

※印は軽減税率対象商品

① 値引き前の税込価額を税率ごとに区分して合計した金額

② 税率ごとの値引額

（注）　値引額は以下のとおり、資産の価額の比率であん分し、税率ごとに区分しています。

10％対象：1,000×3,300/5,460≒604

８％対象：1,000×2,160/5,460≒396

※　①及び②の記載がそれぞれある場合、値引き後の「税込価額を税率ごとに区分して合計した金額」の記載があるものとして取り扱われます。

（10％対象：3,300－604＝2,696
８％対象：2,160－396＝1,764）

「消費税額等」は値引き後の税込価額から計算します。

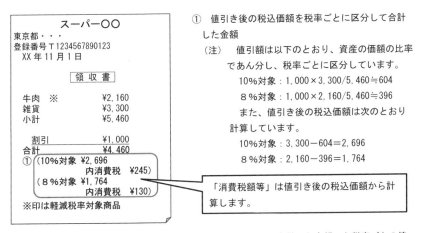

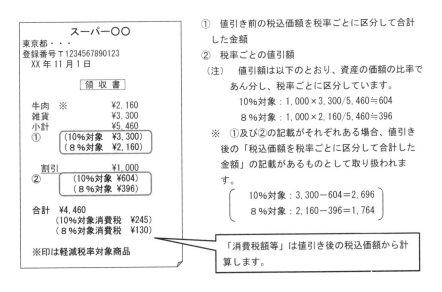

（端数値引きがある場合の適格請求書の記載）

問 61　当社は、事業者に対して食料品などの卸売を行っています。取引先に対する請求に際して、当該請求金額の合計額の端数を値引きすることがあるのですが(いわゆる「出精値引き」)、適格請求書等保存方式においては、請求書の記載についてどのような対応が必要ですか。【令和４年４月追加】

【答】

ご質問のように課税資産の譲渡等の対価の額の端数を値引きする場合、値引きの時期が課税資産の譲渡等を行う前か後かで以下のように対応が分けられます。

① 既に行った課税資産の譲渡等の対価の額に係る値引きである場合、売上げに係る対価の返還等として処理する

② これから行う課税資産の譲渡等の対価の額に係る値引きである場合、課税資産の譲渡等の対価の額から直接減額して処理する

なお、値引きの時期が課税資産の譲渡等を行う前か後かについて厳密な区分が困難である場合は、①と②のいずれの処理を行っても差し支えありません。

1　売上げに係る対価の返還等として処理する方法（上記①）

既に行った課税資産の譲渡等の対価の額の端数の値引きである場合、当該課税資産の譲渡等に対する値引きについては適格返還請求書を交付することとなりますが、適格請求書と適格返還請求書のそれぞれの記載事項を満たして一の書類で記載することもできます。

この場合、貴社が行う出精値引きは既に行った個々の取引のいずれかに対して値引きを行う性質のものではなく、その請求全体に対して値引きを行うものであるため、適格返還請求書の記載事項である「売上げに係る対価の返還等の基となる課税資産の譲渡等に係る資産又は役務の内容」は、適格請求書の記載事項である「課税資産の譲渡等に係る資産又は役務の内容」と同一となることから、記載する必要はありません。

また、例えば、標準税率の取引のみを行っているなど、取引に係る適用税率が単一である場合、適格返還請求書の記載事項である売上げに係る対価の返還等の金額に係る「適用税率」に関しても同様に、適格請求書の記載事項である「適用税率」とは別に記載する必要はありません。

なお、適格返還請求書は、売上げに係る対価の返還等の金額に係る消費税額等又は適用税率のいずれか一方のみの記載が求められている（両方記載することも可能です。）ことから、適用税率を記載した場合は、「売上げに係る対価の返還等の金額に係る消費税額等」の記載を省略することができます。

貴社が帳簿に記載する「売上げに係る対価の返還等に係る課税資産の譲渡等に係る資産又は役務の内容」については、端数値引きによる対価の返還等であることが明らかな記載であれば問題ありません。

【売上げに係る対価の返還等として処理する際に交付すべき適格請求書と適格返還請求書を一の書類で交付する場合の記載例】

請求書

㈱○○御中　　　　　　XX年11月1日

No	日付	品名	金額
1	10/1	オレンジジュース※	100円
2	10/1	キッチンペーパー	1,000円
3	10/1	リンゴジュース※	300円
⋮	⋮	⋮	⋮
10%対象		税抜 5,200円	消費税額　520円
８%対象		税抜 5,100円	消費税額　408円
総計			11,228円
値引き	No２	10%対象	▲228円
御請求額			11,000円

※印は軽減税率対象商品

△△商事㈱

登録番号　T1234567890123

本件出精値引きの場合には、「売上げに係る対価の返還等の基となる課税資産の譲渡等に係る資産又は役務の内容」について、個別の取引内容を記載する必要はありません。

値引き	~~No２~~	10%対象	▲228円

また、税率が単一の場合は、「売上げに係る対価の返還等の金額に係る適用税率」を記載する必要はありません。

出精値引き	~~No２~~	~~10%対象~~	▲228円

2　課税資産の譲渡等の対価の額から直接減額して処理する方法（上記②）

これから行う課税資産の譲渡等の値引きである場合、課税資産の譲渡等の対価の額から直接減額して処理することとなりますので、適格請求書には、値引き後の対価の額に係る消費税額等の記載が必要となります。

また、標準税率及び軽減税率対象の取引を同時に行う場合の出精値引きについては、当該出精値引額をその資産の譲渡等の価額の比率によりあん分し、適用税率ごとに区分する必要があります。

なお、この場合において、例えば、標準税率対象のものからのみ値引きを行うとしても値引額又は値引き後の対価の額が明らかとなっていれば、合理的に区分されているものに該当します（軽減通達15）。軽減対象資産の譲渡等とそれ以外の資産の譲渡等を一括して値引きする場合の適格簡易請求書の記載方法については、問60《一括値引きがある場合の適格簡易請求書の記載》をご参照ください。

【課税資産の譲渡等の対価の額から直接減額して処理する場合の記載例】

請求書

㈱○○御中　　XX 年 11 月 1 日

No	日付	品名	金額
1	10/1	オレンジジュース※	100 円
2	10/1	キッチンペーパー	1,000 円
3	10/1	リンゴジュース※	300 円
⋮	⋮	⋮	⋮
10%対象		税抜 5,200 円	消費税額 520 円
８%対象		税抜 5,100 円	消費税額 408 円
総計			11,228 円
出精値引き			▲228 円
値引き後総計			11,000 円
10%対象		税抜 5,096 円	消費税額 509 円
８%対象		税抜 4,996 円	消費税額 399 円

※印は軽減税率対象商品

△△商事㈱

登録番号　T1234567890123

「出精値引き」額を合理的に区分

（資産の譲渡等の税抜価額の比率で按分）

《10%対象》

228 円×5,200/（5,200＋5,100）

≒ 115 円（税込値引額）

（5,200 円＋520 円）－115 円＝5,605 円（値引き後の税込対価の額）

5,605 円×10/110≒509 円（値引き後の対価に係る消費税額）

5,605 円－509 円＝5,096 円（値引き後の税抜対価の額）

《８%対象》

228 円×5,100 /（5,200＋5,100）

≒ 113 円（税込値引額）

（5,100 円＋408 円）－113 円 ＝ 5,395 円（値引き後の税込対価の額）

5,395 円×8/108≒399 円（値引き後の対価に係る消費税額）

5,395 円－399 円＝4,996 円（値引き後の税抜対価の額）

標準税率 10%対象（又は軽減税率８%対象）のものからのみ値引きを行ったとしても、値引額又は値引き後の対価の額が明らかとなっていれば、合理的に区分されているものに該当します。

出精値引き		▲228 円
値引き後総計		11,000 円
10%対象	税抜 4,993 円	消費税額 499 円
８%対象	税抜 5,100 円	消費税額 408 円

《10%対象》

（5,200 円＋520 円）－228 円

＝5,492 円

5,492 円×10/110≒499 円

5,492 円－499 円＝4,993 円

（物品切手等を値引販売した場合の適格請求書の記載事項）

問62　当社で主催する演劇の入場券について、一定の販売方法においては、券面金額から一定金額を値引きして販売しています。例えば、12,000円の入場券について、1,000円引きの11,000円で販売しています。このような場合において、当該入場券と引換えに行う演劇に係る適格請求書（又は適格簡易請求書）の記載事項はどのようになりますか。【令和４年11月追加】

【答】

適格請求書（又は適格簡易請求書）に記載する「課税資産の譲渡等の税抜価額（又は税込価額）を税率ごとに区分して合計した金額」は、売手において課税売上げとして計上する金額を基礎として記載することとなります。

この点、貴社は、当該入場券を11,000円で販売しているとのことですので、当該入場券と引換えに行う演劇（役務の提供）の対価（課税売上げとして計上する金額）は、11,000円となります。

したがって、当該入場券と引換えに行う演劇について適格請求書（又は適格簡易請求書）を交付する場合、当該適格請求書等に記載する「課税資産の譲渡等の税抜価額（又は税込価額）を税率ごとに区分して合計した金額」は、券面金額としている12,000円ではなく、実際に受領した金額11,000円を基礎とした金額となります。

（参考）　当該入場券のような物品切手等で適格簡易請求書の記載事項（取引年月日を除きます。）が記載されているものが、引換給付の際に適格請求書発行事業者により回収される場合、当該物品切手等により役務の提供等を受ける買手は、一定の事項を記載した帳簿の保存のみで仕入税額控除の適用を受けることができます（新消令49①一ロ）。

このような物品切手等を値引販売する場合も、当該物品切手等に記載すべき「課税資産の譲渡等の税抜価額（又は税込価額）を税率ごとに区分して合計した金額」は値引後の金額を基礎とした金額となります。

インボイスQ&A

（書面と電磁的記録による適格請求書の交付）

問 63　当社は、ＥＤＩ取引を行っており、受発注や納品などの日々の取引については、取引先と電磁的記録を交換することにより行っています。ただし、請求書については、月まとめで、書面により取引先に交付しています。

請求書を適格請求書とするために、請求書には、以下のように登録番号等の記載を行い、日々の取引の明細については、電磁的記録である請求明細（税率ごとに分けて作成します。）を参照しようと考えています。

このような場合であっても、適格請求書を交付したことになりますか。

（注）　ＥＤＩ（Electronic Data Interchange）取引とは、異なる企業・組織間で商取引に関連するデータを、通信回線を介してコンピュータ間で交換する取引等をいいます。

○　請求書（書面で交付）

請求書

㈱○○御中　　XX 年 11 月 1 日

XX 年 10 月分

（10/１～10/31）

ご請求金額　109,200 円（税込）

合計	109,200 円（消費税 9,200 円）
10%対象	66,000 円（消費税 6,000 円）
８%対象	43,200 円（消費税 3,200 円）

△△商事㈱

登録番号　Ｔ1234567890123

○　請求明細（電磁的記録で提供）

㈱○○　請求明細

（８％対象分）

XX 年 10 月分（10/１～10/31）

日付	品名	金額（税込）
10/１	牛肉	5,400 円

㈱○○　請求明細

（10%対象分）

XX 年 10 月分（10/１～10/31）

日付	品名	金額（税込）
10/１	ｷｯﾁﾝﾍﾟｰﾊﾟｰ	2,200 円
10/２	割り箸	1,100 円
⋮	⋮	⋮

【答】

適格請求書とは、次の事項が記載された請求書、納品書等の書類をいいますが、一の書類のみで全ての記載事項を満たす必要はなく、書類相互（書類と電磁的記録）の関連が明確であり、適格請求書の交付対象となる取引内容を正確に認識できる方法で交付されていれば、複数の書類や、書類と電磁的記録の全体により、適格請求書の記載事項を満たすことになります。

①　適格請求書発行事業者の氏名又は名称及び登録番号

②　課税資産の譲渡等を行った年月日

③　課税資産の譲渡等に係る資産又は役務の内容（当該課税資産の譲渡等が軽減税率の対象となるものであれば、その内容及び軽減税率の対象である旨）

④　課税資産の譲渡等の税抜価額又は税込価額を税率ごとに区分して合計した金額及び適用税率

⑤　税率ごとに区分した消費税額等

⑥　適格請求書の交付を受ける事業者の氏名又は名称

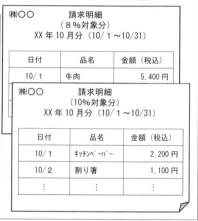

したがって、ご質問の場合、課税資産の譲渡等の内容（軽減税率の対象である旨を含みます。）を含む請求明細に係る電磁的記録を提供した上で、それ以外の記載事項のある月まとめの請求書を交付することで、これら全体により、適格請求書の記載事項を満たすことになります。

なお、請求明細に係る電磁的記録については、提供した適格請求書に係る電磁的記録と同様の措置等を行い、保存する必要があります。提供した適格請求書に係る電磁的記録の保存方法については、問71《適格請求書に係る電磁的記録を提供した場合の保存方法》をご参照ください。

（軽減税率の適用対象となる商品がない場合）

問64　当社は、日用雑貨の卸売を行う事業者です。当社では、軽減税率の適用対象となる商品の販売がありません。軽減税率制度の実施後、買手の仕入税額控除のための請求書等の記載事項を満たすものとして、次の請求書を取引先に交付しています。

当社が交付する請求書を適格請求書とするためには、記載内容にどのような変更が必要でしょうか。【平成30年11月追加】【令和２年９月改訂】

請求書

㈱○○御中　　　　XX年11月30日

11月分 88,000円（税込）

日付	品名	金額
11/2	コップ	5,500円
11/3	花瓶	4,400円
⋮	⋮	⋮
合計		88,000円

△△商事㈱

【答】

適格請求書の記載事項は、次のとおりです（区分記載請求書等保存方式における請求書等の記載事項に加え、①、④及び⑤の下線部分が追加されます。）（新消法57の４①）。

① 適格請求書発行事業者の氏名又は名称及び登録番号

② 課税資産の譲渡等を行った年月日

③ 課税資産の譲渡等に係る資産又は役務の内容（課税資産の譲渡等が軽減対象資産の譲渡等である場合には、資産の内容及び軽減対象資産の譲渡等である旨）

④ 課税資産の譲渡等の税抜価額又は税込価額を税率ごとに区分して合計した金額及び適用税率

⑤ 税率ごとに区分した消費税額等

⑥ 書類の交付を受ける事業者の氏名又は名称

このため、貴社の対応としては、次の記載例のように、適格請求書として必要な事項（上記①、④及び⑤の下線部分）を記載することが必要です。

ご質問のように、販売する商品が軽減税率の適用対象とならないもののみであれば、「軽減対象資産の譲渡等である旨」の記載は不要であり、これまでと同様に課税資産の譲渡等の対価の額（税込価格）の記載があれば、結果として「課税資産の譲渡等の税抜価額又は税込価額を税率ごとに区分して合計した金額」の記載があるものとなります。

なお、適用税率（10%）や消費税額等の記載が必要となる点には、ご留意ください。

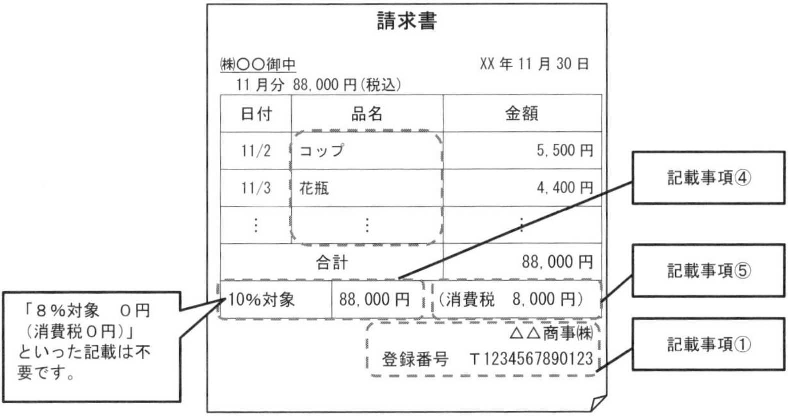

（任意組合が交付する適格請求書の記載事項）

問 65　民法上の任意組合（組合員の全てが適格請求書発行事業者であり、その旨の届出書を所轄税務署長に提出しています。）の事業として行った取引について、適格請求書を交付する場合、適格請求書には、組合員全ての「氏名又は名称及び登録番号」を記載する必要がありますか。

【答】

任意組合等の事業として行われる取引については、その組合員の全てが適格請求書発行事業者であり、業務執行組合員が、その旨を記載した届出書に、当該任意組合等の契約書の写しを添付し、納税地を所轄する税務署長に提出した場合に限り、適格請求書を交付することができます（新消法57の６①、新消令70の14①）。

この場合、交付する適格請求書に記載する「適格請求書発行事業者の氏名又は名称及び登録番号」は、原則として組合員全員のものを記載することとなりますが、次の事項（①及び②）を記載することも認められます（新消令70の14⑤）。

① その任意組合等の、いずれかの組合員の「氏名又は名称及び登録番号」(一又は複数の組合員の「氏名又は名称及び登録番号」で差し支えありません。)

② その任意組合等の名称

（令和５年９月30日以前の請求書への登録番号の記載）

問66　当社は、令和３年10月に登録申請書を提出し、適格請求書等保存方式が開始される前（令和５年９月 30 日以前）に登録番号が通知されました。

令和５年９月30日以前に交付する区分記載請求書等に登録番号を記載しても問題ないですか。【令和４年４月改訂】

【答】

ご質問のように、区分記載請求書等に登録番号を記載しても、区分記載請求書等の記載事項が記載されていれば、取引の相手方は、区分記載請求書等保存方式の間（令和元年10月１日から令和５年９月30日まで）における仕入税額控除の要件である区分記載請求書等を保存することができますので、区分記載請求書等に登録番号を記載しても差し支えありません。

また、適格請求書の発行に対応したレジシステム等の改修を行い、適格請求書の記載事項を満たした請求書等を発行する場合にも、その請求書等は、区分記載請求書等として必要な記載事項を満たしていますので、区分記載請求書等保存方式の間に交付しても問題ありません。

（注）　区分記載請求書等の記載事項のうち、税率ごとに区分して合計した税込価額については、適格請求書の記載事項である課税資産の譲渡等の税抜価額を税率ごとに区分して合計した金額及び税率ごとに区分した消費税額等を記載することとして差し支えありません。

○　区分記載請求書等と適格請求書の記載事項の比較（28 年改正法附則 34②、新消法 57 の４①）

区分記載請求書等 （令和元年 10 月１日から 令和５年９月 30 日までの間）	適格請求書 （令和５年 10 月１日から）
①　書類の作成者の氏名又は名称	①　適格請求書発行事業者の氏名又は名称及び<u>登録番号</u>
②　課税資産の譲渡等を行った年月日	②　課税資産の譲渡等を行った年月日
③　課税資産の譲渡等に係る資産又は役務の内容（課税資産の譲渡等が軽減対象資産の譲渡等である場合には、資産の内容及び軽減対象資産の譲渡等である旨）	③　課税資産の譲渡等に係る資産又は役務の内容（課税資産の譲渡等が軽減対象資産の譲渡等である場合には、資産の内容及び軽減対象資産の譲渡等である旨）
④　税率ごとに合計した課税資産の譲渡等の税込価額	④　税率ごとに区分した課税資産の譲渡等の<u>税抜価額又は税込価額の合計額及び適用税率</u>
	⑤　税率ごとに区分した<u>消費税額等</u>
⑤　書類の交付を受ける当該事業者の氏名又は名称	⑥　書類の交付を受ける当該事業者の氏名又は名称

（注）　適格請求書等保存方式の下では、区分記載請求書等の記載事項に下線部分が追加されます。

（登録日である令和５年 10 月１日をまたぐ請求書の記載事項）

問 67　当社は、令和５年 10 月１日に適格請求書発行事業者の登録を受ける予定です。当社は、売上げの請求書について、毎月 15 日締めとしています。適格請求書等保存方式が開始する令和５年 10 月１日をまたぐ令和５年９月 16 日から 10 月 15 日までの期間に係る請求書の記載についてどのような対応が必要ですか。【令和４年４月追加】

【答】

適格請求書発行事業者には、登録日以後の取引について、相手方（課税事業者に限ります。）の求めに応じ、適格請求書を交付する義務があります。

登録日をまたぐ一定の期間の取引に係る請求書については、登録日以後の課税資産の譲渡等について適格請求書を交付することとなるため、課税資産の譲渡等の対価の額や税率ごとに区分した消費税額等の記載に当たっては、登録日前の課税資産の譲渡等に係るものと登録日以後の課税資産の譲渡等に係るものとに区分するなどの対応が必要となります。

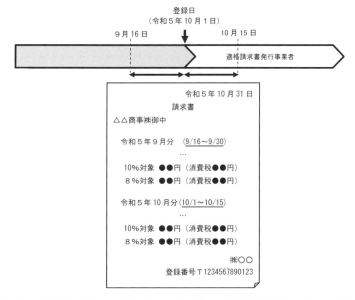

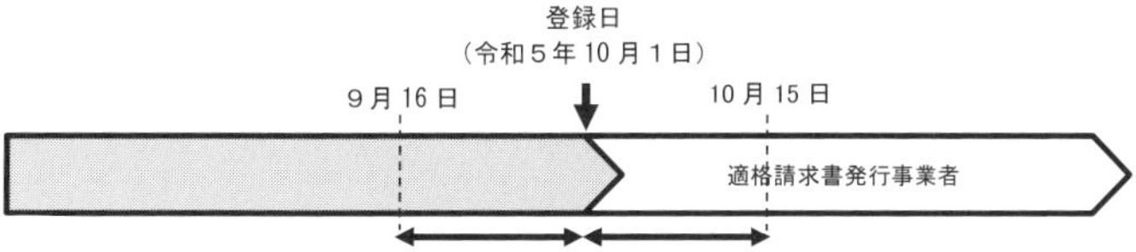

令和５年 10 月 31 日
請求書
△△商事㈱御中

令和５年９月分　(9/16～9/30)
…
10%対象　●●円（消費税●●円）
８%対象　●●円（消費税●●円）

令和５年 10 月分 (10/1～10/15)
…
10%対象　●●円（消費税●●円）
８%対象　●●円（消費税●●円）

㈱〇〇
登録番号Ｔ1234567890123

ただし、ご質問のように、登録日が令和５年10月１日（適格請求書等保存方式の開始日）である場合については、買手において登録日前後の課税仕入れがいずれも仕入税額控除の対象となることから、登録日をまたぐ請求書を適格請求書とするときは、登録日前後の課税資産の譲渡等（令和５年９月16日から30日までの期間と令和５年10月１日から15日までの期間）を区分することなく請求書に記載して交付することも認められます。

（参考）　売上税額の計算について、交付する適格請求書に令和５年10月１日以後（10月１日から15日までの期間）に係る課税資産の譲渡等の対価の額や税率ごとに区分した消費税額等を記載していない場合、売上税額の「積上げ計算」ができないことから、「割戻し計算」を行う必要があります（売上税額の「積上げ計算」を行う場合は令和５年９

月30日以前と令和５年10月１日以後を区分して記載するなどの対応が必要となります。)。

また、この場合、請求書の交付を受けた相手方においては、令和５年９月30日以前の課税仕入れについては区分記載請求書、令和５年10月１日以後の課税仕入れについては適格請求書として取り扱われますが、令和５年10月１日以後の課税仕入れについて「積上げ計算」を行う場合など、その区分が必要である場合は、取引事実等に基づき金額を合理的に区分して計算するか、売手に同日以後分の適格請求書の交付を求めるなどの対応を行うこととなります。

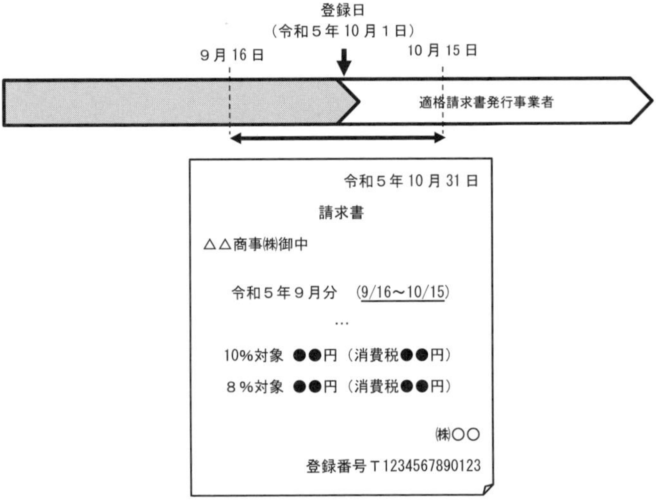

（注）１　令和５年10月２日以後に登録を受ける場合は、令和５年10月１日から登録日前までに行った課税資産の譲渡等について適格請求書を交付することはできないことから、この場合の登録日をまたぐ請求書は、登録日前後の課税資産の譲渡等を区分して請求書等に記載するなど、登録日以後の課税資産の譲渡等についてのみ適格請求書を交付する対応が必要となります。

２　登録日前後の課税資産の譲渡等を区分して請求書等に記載する場合で登録日以後の課税資産の譲渡等が明確に区分できないときは、例えば、継続的に役務の提供が行われ、一定の期間において検針等に基づき対価の額が確定する取引について検針等の対象となる日数等により対価の額を区分するなど、取引事実等に基づいて合理的に区分することとなります。

５　適格請求書等の写しの保存

（適格請求書等の写しの範囲）

問 68　適格請求書発行事業者は、交付した適格請求書の写しの保存が義務付けられるとのことですが、「交付した適格請求書の写し」とは、交付した書類を複写したものでなければならないのですか。【令和元年７月追加】

【答】

適格請求書発行事業者には、交付した適格請求書の写し及び提供した適格請求書に係る電磁的記録の保存義務があります（新消法 57 の４⑥）。

「交付した適格請求書の写し」とは、交付した書類そのものを複写したものに限らず、その適格請求書の記載事項が確認できる程度の記載がされているものもこれに含まれますので、例えば、適格簡易請求書に係るレジのジャーナル、複数の適格請求書の記載事項に係る一覧表や明細表などの保存があれば足りることとなります。

※　自己が一貫して電子計算機を使用して作成した適格請求書については、その写しを電磁的記録により保存することも認められます。詳しくは、問 70《適格請求書の写しの電磁的記録による保存》をご参照ください。また、適格請求書に係る電磁的記録を提供した場合の保存については、問 71《適格請求書に係る電磁的記録を提供した場合の保存方法》をご参照ください。

（適格請求書の写しの保存期間等）

問 69　交付した適格請求書の写しや提供した適格請求書に係る電磁的記録については、何年間保存が必要ですか。

【答】

適格請求書発行事業者には、交付した適格請求書の写し及び提供した適格請求書に係る電磁的記録の保存義務があります（新消法57の４⑥）。

この適格請求書の写しや電磁的記録については、交付した日又は提供した日の属する課税期間の末日の翌日から２月を経過した日から７年間、納税地又はその取引に係る事務所、事業所その他これらに準ずるものの所在地に保存しなければなりません（新消令70の13①）。

（参考）　仕入税額控除の要件として保存すべき請求書等についても、同様です（新消令50①）。

（適格請求書の写しの電磁的記録による保存）

問 70　当社は、自己の業務システムで作成した適格請求書を出力し、書面で交付しています。 　適格請求書発行事業者は、交付した適格請求書の写しを保存しなければなりませんが、書面で交付した適格請求書の写しとして、当該システムで作成したデータを保存することも認められますか。【令和４年 11 月改訂】

【答】

適格請求書発行事業者には、交付した適格請求書の写しの保存義務があります（新消法57の４⑥）。

こうした国税に関する法律の規定により保存が義務付けられている書類で、自己が一貫して電子計算機を使用して作成したものについては、電帳法に基づき、電磁的記録による保存をもって書類の保存に代えることができることとされています（電帳法４②）。

なお、作成したデータでの保存に当たっては、次の要件を満たす必要があります。

① 適格請求書に係る電磁的記録の保存等に併せて、システム関係書類等（システム概要書、システム仕様書、操作説明書、事務処理マニュアル等）の備付けを行うこと（電帳規２②一、③）

② 適格請求書に係る電磁的記録の保存等をする場所に、その電磁的記録の電子計算機処理の用に供することができる電子計算機、プログラム、ディスプレイ及びプリンタ並びにこれらの操作説明書を備え付け、その電磁的記録をディスプレイの画面及び書面に、整然とした形式及び明瞭な状態で、速やかに出力できるようにしておくこと（電帳規２②二、③）

③ 国税に関する法律の規定による適格請求書に係る電磁的記録の提示若しくは提出の要求に応じることができるようにしておくこと又は適格請求書に係る電磁的記録について、次の要件を満たす検索機能を確保しておくこと（電帳規２②三、③）

・ 取引年月日、その他の日付を検索条件として設定できること

・ 日付に係る記録項目は、その範囲を指定して条件を設定することができること

（参考１） 複数の適格請求書の記載事項に係る一覧表等を適格請求書の写しとして電磁的記録により保存する場合には、消費税法上は、必ずしも交付した適格請求書として出力する必要はなく、上記①～③の要件を満たした当該一覧表等の電磁的記録を保存することで問題ありません。

（参考２） 電帳法上の保存方法等については、国税庁ホームページに掲載されている、「電子帳簿保存法取扱通達解説（趣旨説明）」や「電子帳簿保存法一問一答」を参考としてください。

（適格請求書に係る電磁的記録を提供した場合の保存方法）

問71　当社は、適格請求書の交付に代えて、適格請求書に係る電磁的記録を提供しています。 　提供した電磁的記録については、保存しなければならないとのことですが、どのような方法で保存すればよいですか。【令和３年７月改訂】

【答】

適格請求書発行事業者は、国内において課税資産の譲渡等を行った場合に、相手方（課税事業者に限ります。）から求められたときは適格請求書を交付しなければなりませんが、適格請求書の交付に代えて、適格請求書に係る電磁的記録を相手方に提供することができます（新消法57の４①⑤）。

その場合、適格請求書発行事業者は、提供した電磁的記録を

・　電磁的記録のまま、又は

・　紙に印刷して、

その提供した日の属する課税期間の末日の翌日から２月を経過した日から７年間、納税地又はその取引に係る事務所、事業所その他これらに準ずるものの所在地に保存しなければなりません（新消法57の４⑥、新消令70の13①、新消規26の８）。

また、その電磁的記録をそのまま保存しようとするときには、以下の措置を講じる必要があります（新消規26の８①）。

①　次のイからニのいずれかの措置を行うこと

イ　適格請求書に係る電磁的記録を提供する前にタイムスタンプを付し、その電磁的記録を提供すること（電帳規４①一）

ロ　次に掲げる方法のいずれかにより、タイムスタンプを付すとともに、その電磁的記録の保存を行う者又はその者を直接監督する者に関する情報を確認することができるようにしておくこと（電帳規４①二）

・　適格請求書に係る電磁的記録の提供後、速やかにタイムスタンプを付すこと

・　適格請求書に係る電磁的記録の提供からタイムスタンプを付すまでの各事務の処理に関する規程を定めている場合において、その業務の処理に係る通常の期間を経過した後、速やかにタイムスタンプを付すこと

ハ　適格請求書に係る電磁的記録の記録事項について、次のいずれかの要件を満たす電子計算機処理システムを使用して適格請求書に係る電磁的記録の提供及びその電磁的記録を保存すること（電帳規４①三）

・　訂正又は削除を行った場合には、その事実及び内容を確認することができること

・　訂正又は削除することができないこと

ニ　適格請求書に係る電磁的記録の記録事項について正当な理由がない訂正及び削除の防止に関する事務処理の規程を定め、当該規程に沿った運用を行い、当該電磁的記録の保存に併せて当該規程の備付けを行うこと（電帳規４①四）

②　適格請求書に係る電磁的記録の保存等に併せて、システム概要書の備付けを行うこと（電帳規２②一、４①）

③　適格請求書に係る電磁的記録の保存等をする場所に、その電磁的記録の電子計算機処理の用に供することができる電子計算機、プログラム、ディスプレイ及びプリンタ並びにこれらの操作説明書を備え付け、その電磁的記録をディスプレイの画面及び書面に、整然とした形

式及び明瞭な状態で、速やかに出力できるようにしておくこと（電帳規２②二、４①）

④　適格請求書に係る電磁的記録について、次の要件を満たす検索機能を確保しておくこと（電帳規２⑥六、４①）

※　国税に関する法律の規定による電磁的記録の提示又は提出の要求に応じることができるようにしているときはⅱ及びⅲの要件が不要となり、その判定期間に係る基準期間における売上高が1,000万円以下の事業者が国税に関する法律の規定による電磁的記録の提示又は提出の要求に応じることができるようにしているときは検索機能の全てが不要となります。

ⅰ　取引年月日その他の日付、取引金額及び取引先を検索条件として設定できること

ⅱ　日付又は金額に係る記録項目については、その範囲を指定して条件を設定することができること

ⅲ　二以上の任意の記録項目を組み合わせて条件を設定できること

他方、適格請求書に係る電磁的記録を紙に印刷して保存しようとするときには、整然とした形式及び明瞭な状態で出力する必要があります（新消規26の８②）。

（参考）　電帳法上の保存方法等については、国税庁ホームページに掲載されている、「電子帳簿保存法取扱通達解説（趣旨説明）」や「電子帳簿保存法一問一答」を参考としてください。

（提供した適格請求書に係る電磁的記録の保存方法）

問72　当社は、適格請求書の交付に代えて、適格請求書に係る電磁的記録を提供しています。提供した電磁的記録については、電帳法に準じた方法により保存することとされていますが、当該電磁的記録がXML形式等の取引情報に関する文字の羅列である場合、電帳法における保存要件の一つである「整然とした形式及び明瞭な状態」での画面及び書面への出力は、どの程度の表示が求められるのでしょうか。例えば、適格請求書の記載事項を示す文言（例えば、「取引年月日」という文言）も必要となるのでしょうか。【令和４年11月追加】

【答】

適格請求書発行事業者が適格請求書の交付に代えて、適格請求書に係る電磁的記録を提供した場合において、電帳法に準じた方法により、当該電磁的記録を保存することで、消費税法における適格請求書の写しの保存要件を満たすこととなります。適格請求書に係る電磁的記録を提供した場合の保存方法の詳細については、問71《適格請求書に係る電磁的記録を提供した場合の保存方法》をご参照ください。

ご質問において保存する電磁的記録は、XML形式等の取引情報に関する文字の羅列とのことですが、請求書等のフォーマットなどにより視覚的に確認・出力されるものについては、保存要件を満たすこととなります（電帳法一問一答【電子取引関係】問33参照）。

具体的には、以下の出力（印刷）イメージのように適格請求書であることが視覚的に確認でき、内容が記載事項のどの項目を示しているか認識できるものであれば、消費税法上は、必ずしも、適格請求書の記載事項を示す文言（「取引年月日」や「課税資産の譲渡等の税抜金額又は税込金額を税率ごとに区分して合計した金額」という文言など）が必要となるものではありません。

なお、電帳法においては、「取引情報（取引に関して受領し、又は交付する注文書、契約書、

送り状、領収書、見積書その他これらに準ずる書類に通常記載される事項）に係る電磁的記録」を保存する必要があり（電帳法２五、７）、当該電磁的記録をディスプレイの画面及び書面に、整然とした形式及び明瞭な状態で、速やかに出力することができるようにしておく必要があります（電帳規４①柱書、２②二）。

したがって、原則としては、電磁的に授受をした内容に含まれる「通常記載される事項」は全て出力（表示）することができる必要がありますが、その記載事項（金額等）が一見して何を表しているかが明らかである場合には、当該記載事項に係る項目が出力されていなくても差し支えありません。

ただし、授受した「通常記載される事項」に係る電磁的記録について、要件を満たして保存を行う必要があるのでご注意ください。

≪出力（印刷）イメージ≫

㈱○○　御中			XX 年 11 月 30 日
			△△商事㈱
			登録番号 T123…
			54, 800
XX/11/1	ビール	課 10%	30, 000
XX/11/1	缶詰	軽 8%	8, 000
XX/11/9	ビール	課 10%	10, 000
XX/11/9	缶詰	軽 8%	2, 000
請求時消費税〈10%〉			4, 000
請求時消費税〈8%〉			800
課税 10%　税込額			44, 000
内消費税			4, 000
課税 8%　税込額			10, 800
内消費税			800

（提供した適格請求書に係る電磁的記録の保存形式）

問 73　当社は、適格請求書の交付に代えて、適格請求書に係る電磁的記録（PDF 形式）を提供しています。提供した電磁的記録については、電帳法に準じた方法により保存することとされていますが、保存する電磁的記録は、相手方に提供した PDF 形式のものではなく、この PDF 形式を作成するための基となった XML 形式の電磁的記録でも認められますか。【令和４年 11 月追加】

【答】

適格請求書発行事業者が適格請求書の交付に代えて、適格請求書に係る電磁的記録を提供した場合であって、電帳法に準じた方法により、当該電磁的記録を保存したときは、消費税法における適格請求書の写しの保存要件を満たすこととなります。適格請求書に係る電磁的記録を提供した場合の保存方法の詳細については、問71《適格請求書に係る電磁的記録を提供した場合の保存方法》をご参照ください。

この場合、保存する電磁的記録は、必ずしも、相手方に提供した電磁的記録そのものに限られたものではなく、取引内容が変更されるおそれのない合理的な方法により編集された電磁的記録により保存することも可能です（電帳法一問一答【電子取引関係】問35参照）。

ご質問の場合、相手方に提供する電磁的記録は、PDF形式とのことですが、例えば、データベースからフォーマットに出力してPDF形式の請求書を作成するといった、そのPDF形式がXML形式の電磁的記録から取引内容が変更されるおそれがなく合理的な方法により編集されたものであれば、PDF形式の基となったXML形式の電磁的記録を保存することでも差し支えありません。

なお 、当該電磁的記録の保存に当たっては、相手方に提供したPDF形式として出力できるなど、整然とした形式及び明瞭な状態でディスプレイ等に出力できるようにしておく必要がありますのでご注意ください。

Ⅳ　適格請求書等保存方式の下での仕入税額控除の要件

１　総論

（仕入税額控除の要件）

問74　適格請求書等保存方式の下での仕入税額控除の要件を教えてください。【令和４年４月改訂】

【答】

適格請求書等保存方式の下では、一定の事項が記載された帳簿及び請求書等の保存が仕入税額控除の要件とされます（新消法30⑦）。

保存すべき請求書等には、適格請求書のほか、次の書類等も含まれます（新消法30⑨）。

イ　適格簡易請求書

ロ　適格請求書又は適格簡易請求書の記載事項に係る電磁的記録

ハ　適格請求書の記載事項が記載された仕入明細書、仕入計算書その他これに類する書類（課税仕入れの相手方において課税資産の譲渡等に該当するもので、相手方の確認を受けたものに限ります。）（書類に記載すべき事項に係る電磁的記録を含みます。）

ニ　次の取引について、媒介又は取次ぎに係る業務を行う者が作成する一定の書類（書類に記載すべき事項に係る電磁的記録を含みます。）

・　卸売市場において出荷者から委託を受けて卸売の業務として行われる生鮮食料品等の販売

・　農業協同組合、漁業協同組合又は森林組合等が生産者（組合員等）から委託を受けて行う農林水産物の販売（無条件委託方式かつ共同計算方式によるものに限ります。）

なお、請求書等の交付を受けることが困難であるなどの理由により、次の取引については、一定の事項を記載した帳簿のみの保存で仕入税額控除が認められます（新消法30⑦、新消令49①、新消規15の４）。

①　公共交通機関特例の対象として適格請求書の交付義務が免除される３万円未満の公共交通機関による旅客の運送

②　適格簡易請求書の記載事項（取引年月日を除きます。）が記載されている入場券等が使用の際に回収される取引（①に該当するものを除きます。）

③　古物営業を営む者の適格請求書発行事業者でない者からの古物（古物営業を営む者の棚卸資産に該当するものに限ります。）の購入

④　質屋を営む者の適格請求書発行事業者でない者からの質物（質屋を営む者の棚卸資産に該当するものに限ります。）の取得

⑤　宅地建物取引業を営む者の適格請求書発行事業者でない者からの建物（宅地建物取引業を営む者の棚卸資産に該当するものに限ります。）の購入

⑥　適格請求書発行事業者でない者からの再生資源及び再生部品（購入者の棚卸資産に該当するものに限ります。）の購入

⑦　適格請求書の交付義務が免除される３万円未満の自動販売機及び自動サービス機からの商品の購入等

⑧　適格請求書の交付義務が免除される郵便切手類のみを対価とする郵便・貨物サービス（郵便ポストに差し出されたものに限ります。）

⑨　従業員等に支給する通常必要と認められる出張旅費等（出張旅費、宿泊費、日当及び通勤手当）

２　請求書等の保存

（提供された適格請求書に係る電磁的記録の書面による保存）

問 75　当社は、取引先から請求書を電子データにより提供を受けました。これを出力して保存することで、仕入税額控除の要件を満たしますか。
　なお、提供を受けた請求書データは、適格請求書の記載事項を満たしています。【令和４年11 月改訂】

【答】

　ご質問の請求書の電子データのように、適格請求書に係る電磁的記録による提供を受けた場合であっても、電磁的記録を整然とした形式及び明瞭な状態で出力した書面を保存することで、仕入税額控除の適用に係る請求書等の保存要件を満たします（新消規15の5②）。

（参考）　令和３年度の税制改正により、電帳法において、所得税（源泉徴収に係る所得税を除きます。）及び法人税の保存義務者については、令和４年１月１日以後行う電子取引に係る電磁的記録を書面やマイクロフィルムに出力してその電磁的記録の保存に代えられる措置が廃止されましたので、全ての電子取引の取引情報に係る電磁的記録を一定の要件の下、保存しなければならないこととされました。
　なお、令和４年１月１日から令和５年12月31日までの間に電子取引を行う場合には、授受した電磁的記録について要件に従って保存をすることができないことについて、納税地等の所轄税務署長がやむを得ない事情があると認め、かつ、保存義務者が税務調査等の際に、税務職員からの求めに応じ、その電磁的記録を整然とした形式及び明瞭な状態で出力した書面の提示又は提出をすることができる場合には、その保存要件にかかわらず電磁的記録の保存が可能となり、また、その電磁的記録の保存に代えてその電磁的記録を出力することにより作成した書面による保存をすることも認められます（この取扱いを受けるに当たり税務署への事前申請等の手続は必要ありません。）。
　また、令和６年１月１日以後に行う電子取引の取引情報については要件に従った電子データの保存が必要ですので、そのために必要な準備をお願いします。
　電帳法上の保存方法等については、国税庁ホームページに掲載されている、「電子帳簿保存法取扱通達解説（趣旨説明）」や「電子帳簿保存法一問一答」を参考としてください。

（仕入明細書の相手方への確認）

問76　当社は、現在、自ら作成した仕入明細書を相手方の確認を受けた上で請求書等として保存しています。適格請求書等保存方式の下でも仕入明細書を保存することによって、仕入税額控除のための請求書等の保存要件を満たすそうですが、相手方への確認は、どのように行えばよいですか。【令和２年９月改訂】

【答】

仕入税額控除の適用を受けるための請求書等に該当する仕入明細書等は、相手方の確認を受けたものに限られます（新消法30⑨三、インボイス通達４－６）。この相手方の確認を受ける方法としては、例えば、

① 仕入明細書等の記載内容を、通信回線等を通じて相手方の端末機に出力し、確認の通信を受けた上で、自己の端末機から出力したもの

② 仕入明細書等に記載すべき事項に係る電磁的記録につきインターネットや電子メールなどを通じて課税仕入れの相手方へ提供し、相手方から確認の通知等を受けたもの

③ 仕入明細書等の写しを相手方に交付し、又は仕入明細書等の記載内容に係る電磁的記録を相手方に提供した後、一定期間内に誤りのある旨の連絡がない場合には記載内容のとおり確認があったものとする基本契約等を締結した場合におけるその一定期間を経たもの

があります。

なお、③については、

・ 仕入明細書等に「送付後一定期間内に誤りのある旨の連絡がない場合には記載内容のとおり確認があったものとする」旨の通知文書等を添付して相手方に送付し、又は提供し、了承を得る。

・ 仕入明細書等又は仕入明細書等の記載内容に係る電磁的記録に「送付後一定期間内に誤りのある旨の連絡がない場合には記載内容のとおり確認があったものとする」といった文言を記載し、又は記録し、相手方の了承を得る。

といったように、仕入明細書等の記載事項が相手方に示され、その内容が確認されている実態にあることが明らかであれば、相手方の確認を受けたものとなります。

（参考）　区分記載請求書等保存方式においても、仕入れを行った者が作成する仕入明細書等の書類で、一定事項が記載されており、相手方の確認を受けたものについては、仕入税額控除のために保存が必要な請求書等に該当します。

ただし、適格請求書等保存方式における仕入明細書等と区分記載請求書等保存方式における仕入明細書等の記載事項は異なりますので、ご注意ください。

○　仕入明細書等の記載事項の比較（消法30⑨二、28年改正法附則34②、新消令49④）

請求書等保存方式 （令和元年９月30日まで）	区分記載請求書等保存方式 （令和元年10月１日から 令和５年９月30日までの間）	適格請求書等保存方式 （令和５年10月１日から）
①　書類の作成者の氏名又は名称 ②　課税仕入れの相手方の氏名又は名称 ③　課税仕入れを行った年月日 ④　課税仕入れに係る資産又は役務の内容 ⑤　課税仕入れに係る支払対価の額	①　書類の作成者の氏名又は名称 ②　課税仕入れの相手方の氏名又は名称 ③　課税仕入れを行った年月日 ④　課税仕入れに係る資産又は役務の内容（課税仕入れが他の者から受けた軽減対象資産の譲渡等に係るものである場合には、資産の内容及び軽減対象資産の譲渡等に係るものである旨） ⑤　税率ごとに合計した課税仕入れに係る支払対価の額	①　書類の作成者の氏名又は名称 ②　課税仕入れの相手方の氏名又は名称及び登録番号 ③　課税仕入れを行った年月日 ④　課税仕入れに係る資産又は役務の内容（課税仕入れが他の者から受けた軽減対象資産の譲渡等に係るものである場合には、資産の内容及び軽減対象資産の譲渡等に係るものである旨） ⑤　税率ごとに合計した課税仕入れに係る支払対価の額及び適用税率 ⑥　税率ごとに区分した消費税額等

（注）１　区分記載請求書等保存方式の下では、請求書等保存方式における仕入明細書等の記載事項に下線（実線）部分が追加されています。

２　適格請求書等保存方式の下では、区分記載請求書等保存方式における仕入明細書等の記載事項に下線部分（点線）が追加されます。

（仕入明細書等の記載事項）

問 77　当店は、食料品及び日用雑貨の小売を行っています。軽減税率制度の実施後、仕入先への代金の支払に当たり、以下のような仕入明細書を作成し、仕入先の確認を受け、保存しています。

令和５年 10 月１日からは、適格請求書等保存方式における請求書等としての記載事項を満たすためには、仕入明細書について、どのような対応が必要ですか。【令和４年４月改訂】

仕入明細書

㈱○○御中　　　　　　XX 年 11 月 30 日

△△商店㈱

11 月分　131,200 円（税込）

日付	品名	金額
11/１	いちご　※	5,400 円
11/２	牛肉　※	10,800 円
11/２	ｷｯﾁﾝﾍﾟｰﾊﾟｰ	2,200 円
⋮	⋮	⋮
支払金額合計（税込）		131,200 円
10%対象		88,000 円
８%対象		43,200 円

※印は軽減税率対象商品

【答】

区分記載請求書等保存方式においても、仕入側が作成した一定事項の記載のある仕入明細書等の書類で、相手方の確認を受けたものについては、仕入税額控除の要件として保存すべき請求書等に該当します（消法30⑨二）。

適格請求書等保存方式の下でも同様に仕入明細書等による仕入税額控除は可能ですが、課税仕入れの相手方において課税資産の譲渡等に該当するものであり、次の事項が記載されていることが必要となります（区分記載請求書等保存方式における仕入明細書の記載事項に加え、②、⑤及び⑥の下線部分が追加されています。）（新消法30⑨三、新消令49④）。

①　仕入明細書の作成者の氏名又は名称

②　課税仕入れの相手方の氏名又は名称及び<u>登録番号</u>

③　課税仕入れを行った年月日

④　課税仕入れに係る資産又は役務の内容（課税仕入れが他の者から受けた軽減対象資産の譲渡等に係るものである場合には、資産の内容及び軽減対象資産の譲渡等に係るものである旨）

⑤　税率ごとに合計した課税仕入れに係る支払対価の額及び<u>適用税率</u>

⑥　<u>税率ごとに区分した消費税額等</u>

（注）　上記の記載事項のうち、②の登録番号を記載しないで作成した仕入明細書は、令和元年 10 月１日から令和５年９月 30 日（適格請求書等保存方式の開始前）までの間における区分記載請求書等として取り扱われます。

【仕入明細書の記載例】

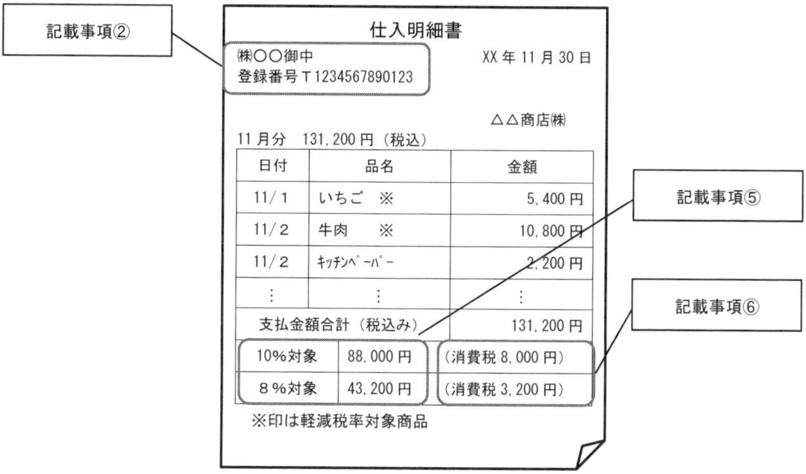

仕入明細書

㈱〇〇御中
登録番号Ｔ1234567890123

XX 年 11 月 30 日

△△商店㈱

11 月分　131, 200 円（税込）

日付	品名	金額
11/1	いちご　※	5, 400 円
11/2	牛肉　※	10, 800 円
11/2	ｷｯﾁﾝﾍﾟｰﾊﾟｰ	2, 200 円
⋮	⋮	⋮
支払金額合計（税込み）		131, 200 円
10％対象	88, 000 円	（消費税 8, 000 円）
８％対象	43, 200 円	（消費税 3, 200 円）

※印は軽減税率対象商品

（参考）　仕入明細書等の電磁的記録による保存

仕入税額控除の要件として保存が必要な請求書等には、上記①から⑥までの記載事項に係る電磁的記録も含まれます（新消令49⑦）。

したがって、上記①から⑥までの記載事項を記録した電磁的記録を保存することで、仕入税額控除のための請求書等の保存要件を満たします。

なお、仕入明細書等の電磁的記録の保存方法は、提供を受けた適格請求書に係る電磁的記録の保存方法と同様となります（新消令50①、新消規15の５）。この電磁的記録の保存方法については、問91《提供を受けた適格請求書に係る電磁的記録の保存方法》をご参照ください。

（書面と電磁的記録を合わせた仕入明細書）

問 78　当社は、ＥＤＩ取引を行っており、取引先と電磁的記録を交換することにより、日々の受発注などを行っています。また、決済に当たっては、取引先から請求書が交付されず、当社から取引先に、月まとめで支払通知書を書面で交付しています（いわゆる請求レス取引）。

支払通知書には相手方の登録番号等の記載を行いますが、日々の取引の明細については、取引先から提供される電磁的記録である取引明細（税率ごとに分けて作成されています。）を参照しようと考えています。

このような場合、相手方の確認を受けた上で、書面の支払通知書と取引明細の電磁的記録を合わせて保存することで、仕入税額控除の要件である仕入明細書の保存があることとなりますか。【令和２年９月改訂】

（注）ＥＤＩ（Electronic Data Interchange）取引とは、異なる企業・組織間で商取引に関連するデータを、通信回線を介してコンピュータ間で交換する取引等をいいます。

○　支払通知書（書面で交付）

XX 年 12 月 15 日

支払通知書

△△商事㈱御中

登録番号Ｔ1234567890123

XX 年 11 月分（11/１～11/30）

109,200 円（税込）

合計	109,200 円（消費税 9,200 円）
10%対象	66,000 円（消費税 6,000 円）
８%対象	43,200 円（消費税 3,200 円）

㈱○○

○　取引明細（電磁的記録で提供）

㈱○○　取引明細（８%対象分）

XX 年 11 月分（11/１～11/30）

㈱○○　取引明細（10%対象分）

XX 年 11 月分（11/１～11/30）

日付	品名	金額（税込）
11/１	ｷｯﾁﾝﾍﾟｰﾊﾟｰ	2,200 円
11/２	割り箸	1,100 円
⋮	⋮	⋮

【答】

相手方から確認を受けた仕入明細書を仕入税額控除の要件として保存すべき請求書等とするには、次の事項が記載されていることが必要です（区分記載請求書等保存方式における仕入明細書の記載事項に加え、次の②、⑤及び⑥の下線部分が追加されました。）（新消法30⑨三、新消令49④）。また、保存すべき請求書等には仕入明細書に係る電磁的記録も含まれます（新消令49⑤）。

①　仕入明細書の作成者の氏名又は名称

②　課税仕入れの相手方の氏名又は名称及び登録番号

③　課税仕入れを行った年月日

④　課税仕入れに係る資産又は役務の内容（課税仕入れが他の者から受けた軽減対象資産の譲渡等に係るものである場合には、資産の内容及び軽減対象資産の譲渡等に係るものである旨）

⑤　税率ごとに合計した課税仕入れに係る支払対価の額及び適用税率

⑥　税率ごとに区分した消費税額等

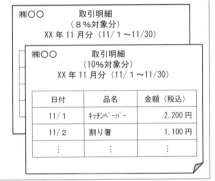

なお、保存が必要な請求書等の記載事項は、一の書類だけで記載事項を満たす必要はなく、

複数の書類や、書類と電磁的記録について、これらの書類（書類と電磁的記録）相互の関連が明確であり、適格請求書の交付対象となる取引内容を正確に認識できる方法で交付されていれば、その複数の書類や電磁的記録の全体により適格請求書の記載事項を満たすことができます。

したがって、ご質問の場合、課税資産の譲渡等の内容（軽減税率の対象である旨を含みます。）を記録した取引明細に係る電磁的記録と書面で作成する支払通知書の全体により、請求書等の記載事項を満たすため、貴社は、書面で作成した支払通知書と取引明細に係る電磁的記録を合わせて保存することで、仕入税額控除のための請求書等の保存要件を満たすこととなります。

また、取引明細に係る電磁的記録の保存方法は、提供を受けた適格請求書に係る電磁的記録の保存方法と同様となります（新消令50①、新消規15の５）。この電磁的記録の保存方法については、問91《提供を受けた適格請求書に係る電磁的記録の保存方法》をご参照ください。

（仕入明細書に記載する課税仕入れに係る支払対価の額）

問 79　適格請求書等保存方式の下では、記載事項を満たす仕入明細書には、「税率ごとに合計した課税仕入れに係る支払対価の額」と「税率ごとに区分した消費税額等」の記載が必要とのことですが、税抜きの仕入金額と消費税額等を記載することで、必要な記載事項を満たすことになりますか。【平成 30 年 11 月追加】

【答】

適格請求書等保存方式の下で、仕入税額控除の要件として保存すべき仕入明細書には、次の事項が記載されていることが必要です（新消法30⑨三、新消令49④）。

①　仕入明細書の作成者の氏名又は名称
②　課税仕入れの相手方の氏名又は名称及び登録番号
③　課税仕入れを行った年月日
④　課税仕入れに係る資産又は役務の内容（課税仕入れが他の者から受けた軽減対象資産の譲渡等に係るものである場合には、資産の内容及び軽減対象資産の譲渡等に係るものである旨）
⑤　税率ごとに合計した課税仕入れに係る支払対価の額及び適用税率
⑥　税率ごとに区分した消費税額等

ご質問の「税率ごとに合計した課税仕入れに係る支払対価の額」については、税込金額となりますが、税率ごとに区分した仕入金額の税抜きの合計額及び税率ごとに区分した消費税額等を記載することで、その記載があるものとして取り扱われます。

（仕入明細書において対価の返還等について記載した場合）

問 80　当社は、食品及び日用雑貨の販売を行う事業者です。当社の商品販売売上げに関しては、請求書の交付をすることなく、相手方から交付される次の支払通知書に基づき支払を受けています。また、返品があった場合には、支払通知書にその内容等が記載されていますが、こうした場合であっても、適格請求書等保存方式においては、改めて、適格返還請求書を交付する必要がありますか。

なお、相手方は、仕入税額控除の適用を受けるために、支払通知書を保存しています。

【平成 30 年 11 月追加】【令和４年４月改訂】

支払通知書

㈱○○御中　　　　　　XX 年 11 月 30 日

（送付後一定期間内に連絡がない場合、確認があったものといたします。）

△△商店㈱

11 月分　129,020 円（税込）

日付	品名	金額
11/1	いちご　※	5,400 円
11/2	牛肉　※	10,800 円
11/2	ｷｯﾁﾝﾍﾟｰﾊﾟｰ	2,200 円
⋮	⋮	⋮
	合計金額	131,200 円
	10%対象	88,000 円
	８％対象	43,200 円
11/12	クッキー【返品】（XX 年 10 月仕入分）※	▲1,080 円
11/12	割り箸【返品】（XX 年９月仕入分）	▲1,100 円
	返品合計金額	▲2,180 円
	10%対象	▲1,100 円
	８％対象	▲1,080 円
	支払金額合計（税込）	129,020 円

※印は軽減税率対象商品

【答】

適格請求書発行事業者には、課税事業者に返品や値引き等の売上げに係る対価の返還等を行う場合、適格返還請求書の交付義務が課されています（新消法57の４③）。

適格返還請求書の記載事項は、次のとおりです。

① 適格請求書発行事業者の氏名又は名称及び登録番号

② 売上げに係る対価の返還等を行う年月日及びその売上げに係る対価の返還等の基となった課税資産の譲渡等を行った年月日（適格請求書を交付した売上げに係るものについては、課税期間の範囲で一定の期間の記載で差し支えありません。）

③ 売上げに係る対価の返還等の基となる課税資産の譲渡等に係る資産又は役務の内容（売上げに係る対価の返還等の基となる課税資産の譲渡等が軽減対象資産の譲渡等である場合には、

資産の内容及び軽減対象資産の譲渡等である旨）
④　売上げに係る対価の返還等の税抜価額又は税込価額を税率ごとに区分して合計した金額
⑤　売上げに係る対価の返還等の金額に係る税率ごとに区分した消費税額等又は適用税率

また、課税仕入れの相手方において課税資産の譲渡等に該当する場合において、仕入側が作成した次の記載事項のある仕入明細書等の書類で、相手方の確認を受けたものについては、仕入税額控除の要件として保存すべき請求書等に該当します（新消法30⑨三、新消令49④）。
①　仕入明細書の作成者の氏名又は名称
②　課税仕入れの相手方の氏名又は名称及び登録番号
③　課税仕入れを行った年月日
④　課税仕入れに係る資産又は役務の内容（課税仕入れが他の者から受けた軽減対象資産の譲渡等に係るものである場合には、資産の内容及び軽減対象資産の譲渡等に係るものである旨）
⑤　税率ごとに合計した課税仕入れに係る支払対価の額及び適用税率
⑥　税率ごとに区分した消費税額等

ご質問の場合、相手方が仕入税額控除のために作成・保存している支払通知書に、返品に関する適格返還請求書として必要な事項が記載されていれば、貴社と相手方の間で、貴社の売上げに係る対価の返還等の内容について確認されていますので、貴社は、改めて適格返還請求書を交付しなくても差し支えありません。

なお、支払通知書に適格返還請求書として必要な事項を合わせて記載する場合に、事業者ごとに継続して、課税仕入れに係る支払対価の額から売上げに係る対価の返還等の金額を控除した金額及びその金額に基づき計算した消費税額等を税率ごとに支払通知書に記載することで、仕入明細書に記載すべき「税率ごとに合計した課税仕入れに係る支払対価の額」及び「税率ごとに区分した消費税額等」と適格返還請求書に記載すべき「売上げに係る対価の返還等の税抜価額又は税込価額を税率ごとに区分して合計した金額」及び「売上げに係る対価の返還等の金額に係る税率ごとに区分した消費税額等」の記載を満たすこともできます。

【仕入明細書に適格返還請求書の記載事項を合わせて記載する場合の記載例】

支払通知書

㈱○○御中　　　　　　　　XX 年 11 月 30 日

登録番号 T 1234567890123

（送付後一定期間内に連絡がない場合、確認があったものといたします。）

△△商店㈱

11 月分　支払金額合計　129, 020 円（税込）

日付	品名	金額
11/ 1	いちご　※	5, 400 円
11/ 2	牛肉　　※	10, 800 円
11/ 2	ｷｯﾁﾝﾍﾟｰﾊﾟｰ	2, 200 円
⋮	⋮	⋮
11/12	クッキー【返品】（XX 年 10 月仕入分）※	▲1, 080 円
11/12	割り箸【返品】（XX 年９月仕入分）	▲1, 100 円
⋮	⋮	⋮

10%対象	仕入金額	88, 000 円（消費税 8, 000 円）	返品金額	▲1, 100 円（▲消費税 100 円）
８%対象		43, 200 円（消費税 3, 200 円）		▲1, 080 円（▲消費税 80 円）

※印は軽減税率対象商品

仕入額から返品額を控除した金額を継続して記載していれば、次のように仕入金額を記載することも認められます。

（例）

10%対象 86, 900 円

（消費税 7, 900 円）

８%対象 42, 120 円

（消費税 3, 120 円）

適格返還請求書に記載が必要となる事項です。

（適格請求書と仕入明細書を一の書類で交付する場合）

問 81　当社は、現在、自ら作成した仕入明細書を相手方の確認を受けた上で請求書等として保存しています。仕入明細書には、当社が行った商品の配送について、配送料として記載し、仕入金額から控除しており、これは、当社の売上げとして計上しています。この場合、仕入明細書とは別にその配送料に係る適格請求書を相手方に交付しなければならないのでしょうか。
【平成 30 年 11 月追加】【令和２年９月改訂】

仕入明細書

㈱○○御中　　　　XX 年 11 月 30 日
△△商店㈱

11 月分　127,900 円（税込）

日付	品名	金額
11/1	いちご　※	5,400 円
11/2	牛肉　※	10,800 円
11/2	ｷｯﾁﾝﾍﾟｰﾊﾟｰ	2,200 円
⋮	⋮	⋮
仕入金額合計（税込）		131,200 円
10%対象		88,000 円
８%対象		43,200 円
控除金額	11 月分配送料	3,300 円
支払金額合計（税込）		127,900 円

※印は軽減税率対象商品

【答】

適格請求書発行事業者には、国内において課税資産の譲渡等を行った場合に、相手方（課税事業者に限ります。）からの求めに応じて適格請求書を交付する義務が課されています（新消法57 の４①）。

ご質問の場合、貴社が行う配送（課税資産の譲渡等）の対価として収受する配送料については、別途、相手方の求めに応じて適格請求書を交付する義務があります。このため、配送料に係る適格請求書を仕入明細書とは別に交付する、又は仕入明細書に合わせて配送料に係る適格請求書の記載事項を１枚の書類で交付するといった方法により対応する必要があります。

なお、仕入明細書と適格請求書の記載事項は、それぞれ次のとおりです。

1　仕入明細書の記載事項（新消令 49④）

①　仕入明細書の作成者の氏名又は名称

②　課税仕入れの相手方の氏名又は名称及び登録番号

③　課税仕入れを行った年月日

④　課税仕入れに係る資産又は役務の内容（課税仕入れが他の者から受けた軽減対象資産の譲渡等に係るものである場合には、資産の内容及び軽減対象資産の譲渡等に係るものである旨）

⑤　税率ごとに合計した課税仕入れに係る支払対価の額及び適用税率

⑥　税率ごとに区分した消費税額等

2　適格請求書の記載事項

㋑　適格請求書発行事業者の氏名又は名称及び登録番号

㋺　課税資産の譲渡等を行った年月日

㋩　課税資産の譲渡等に係る資産又は役務の内容（課税資産の譲渡等が軽減対象資産の譲渡等である場合には、資産の内容及び軽減対象資産の譲渡等である旨）

㊁　課税資産の譲渡等の税抜価額又は税込価額を税率ごとに区分して合計した金額及び適用税率

㋭　税率ごとに区分した消費税額等

㋬　書類の交付を受ける事業者の氏名又は名称

【仕入明細書と適格請求書を一の書類で交付する場合の記載例】

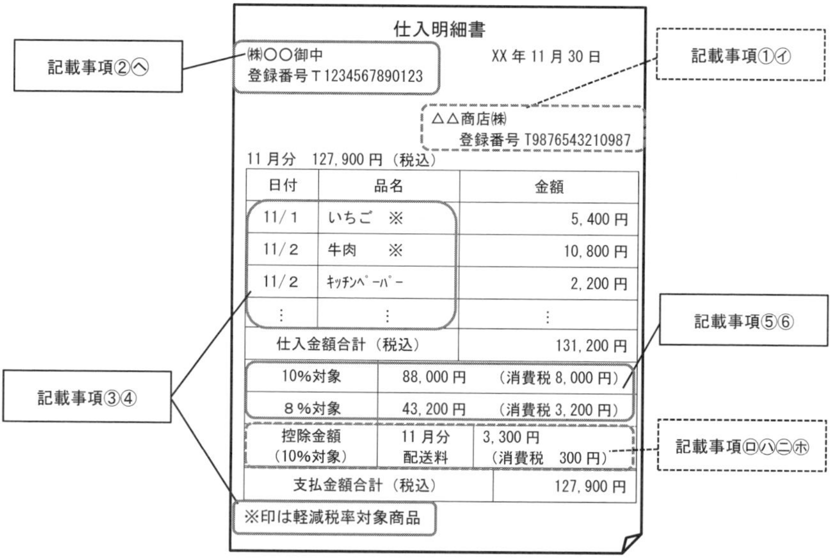

（交付を受けた適格請求書に誤りがあった場合の対応）

問 82　記載事項に誤りがある適格請求書の交付を受けた事業者が、その課税仕入れについて仕入税額控除の適用に係る請求書等の保存要件を満たすために必要となる対応について教えてください。【令和３年７月追加】

【答】

買手である課税事業者は、交付を受けた適格請求書又は適格簡易請求書（電磁的記録により提供を受けた場合も含みます。）の記載事項に誤りがあったときは、売手である適格請求書発行事業者に対して修正した適格請求書又は適格簡易請求書の交付を求め、その交付を受けることにより、修正した適格請求書又は適格簡易請求書を保存する必要があります（自ら追記や修正を行うことはできません。）。

なお、買手である課税事業者が作成した一定事項の記載のある仕入明細書等の書類で、売手である適格請求書発行事業者の確認を受けたものについても、仕入税額控除の適用のために保存が必要な請求書等に該当しますので（新消法 30⑨三）、買手において適格請求書の記載事項の誤りを修正した仕入明細書等を作成し、売手である適格請求書発行事業者の確認を受けた上で、その仕入明細書等を保存することもできます。

売手である適格請求書発行事業者の対応は、問 29《交付した適格請求書に誤りがあった場合の対応》を、仕入明細書等の記載事項については、問 77《仕入明細書等の記載事項》をご参照ください。

（任意組合の構成員が保存しなければならない請求書等）

問83　当社は、取引先数社と任意組合を組成し、イベントを行っています。現行、仕入先から交付される請求書等は、幹事会社が保管し、当社を含めた構成員は、幹事会社から精算書の交付を受けています。
　適格請求書等保存方式においては、構成員である当社も仕入先から適格請求書の交付を受け、保存する必要がありますか。

【答】

適格請求書等保存方式の下では、適格請求書など請求書等の保存が仕入税額控除の要件となります（新消法30⑦⑨）。

任意組合の共同事業として課税仕入れを行った場合に、幹事会社が課税仕入れの名義人となっている等の事由により各構成員の持分に応じた適格請求書の交付を受けることができないときにおいて、幹事会社が仕入先から交付を受けた適格請求書のコピーに各構成員の出資金等の割合に応じた課税仕入れに係る対価の額の配分内容を記載したものは、貴社及びその他の構成員における仕入税額控除のために保存が必要な請求書等に該当するものとして取り扱われますので、その保存をもって、仕入税額控除のための請求書等の保存要件を満たすことになります。

また、任意組合の構成員に交付する適格請求書のコピーが大量となる等の事情により、立替払を行った幹事会社が、コピーを交付することが困難なときは、幹事会社が仕入先から交付を受けた適格請求書を保存し、精算書を交付することにより、貴社は幹事会社が作成した（立替えを受けた構成員の負担額が記載されている）精算書の保存をもって、仕入税額控除を行うことができます（インボイス通達４－２）。

この場合、幹事会社は、精算書に記載されている仕入れ（経費）について、仕入税額控除が可能なものか（すなわち、適格請求書発行事業者からの仕入れか、適格請求書発行事業者以外の者からの仕入れか）を明らかにし、また、適用税率ごとに区分するなど、各構成員が仕入税額控除を受けるに当たっての必要な事項を記載しておく必要があります。

なお、仕入税額控除の要件として保存が必要な帳簿には、課税仕入れの相手方の氏名又は名称の記載が必要となりますし、適格請求書のコピーにより、その仕入れ（経費）が適格請求書発行事業者から受けたものか否かを確認できなくなるため、幹事会社と構成員の間で、課税仕入れの相手方の氏名又は名称及び登録番号を確認できるようにしておく必要があります。

ただし、これらの事項について、別途、書面等で通知する場合のほか、継続的な取引に係る契約書等で、別途明らかにされている等の場合には、精算書において明らかにしていなくても差し支えありません。

（立替金）

問 84　当社は、取引先のＢ社に経費を立て替えてもらう場合があります。
この場合、経費の支払先であるＣ社から交付される適格請求書には立替払をしたＢ社の名称が記載されますが、Ｂ社からこの適格請求書を受領し、保存しておけば、仕入税額控除のための請求書等の保存要件を満たすこととなりますか。【令和４年 11 月改訂】

【答】

貴社が、Ｃ社から立替払をしたＢ社宛に交付された適格請求書をＢ社からそのまま受領したとしても、これをもって、Ｃ社から貴社に交付された適格請求書とすることはできません。

ご質問の場合において、立替払を行ったＢ社から、立替金精算書等の交付を受けるなどにより、経費の支払先であるＣ社から行った課税仕入れが貴社のものであることが明らかにされている場合には、その適格請求書及び立替金精算書等の書類の保存をもって、貴社は、Ｃ社からの課税仕入れに係る請求書等の保存要件を満たすこととなります（インボイス通達４－２）。

また、この場合、立替払を行うＢ社が適格請求書発行事業者以外の事業者であっても、Ｃ社が適格請求書発行事業者であれば、仕入税額控除を行うことができます。

なお、立替払の内容が、請求書等の交付を受けることが困難であるなどの理由により、一定の事項を記載した帳簿のみの保存で仕入税額控除が認められる課税仕入れに該当することが確認できた場合、貴社は、一定の事項を記載した帳簿を保存することにより仕入税額控除を行うことができます。この場合、適格請求書及び立替金精算書等の保存は不要となります。

帳簿のみの保存で仕入税額控除が認められる課税仕入れについては、問92《帳簿のみの保存で仕入税額控除が認められる場合》を、帳簿の記載事項については、問98《帳簿のみの保存で仕入税額控除が認められる場合の帳簿への一定の記載事項》をご参照ください。

【立替金の取引図】

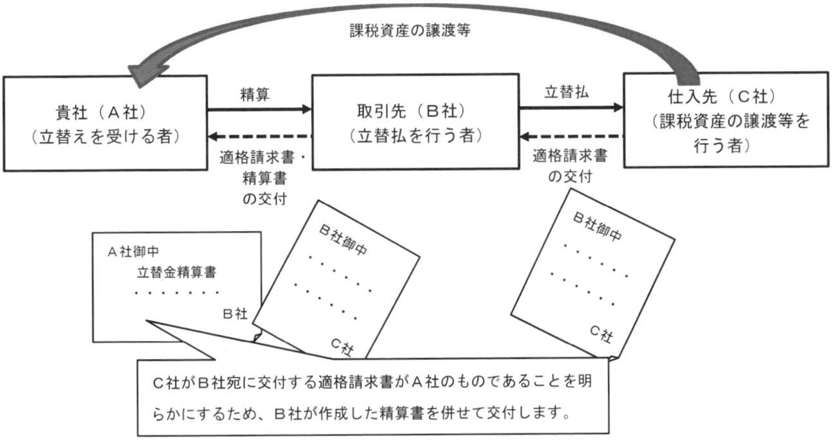

（参考）　Ａ社を含む複数者分の経費を一括してＢ社が立替払している場合、原則として、Ｂ社はＣ社から受領した適格請求書をコピーし、経費の支払先であるＣ社から行った課税仕

入れがＡ社及び各社のものであることを明らかにするために、Ｂ社が作成した精算書を添えるなどし、Ａ社を含む立替えを受けた者に交付する必要があります。

しかしながら、立替えを受けた者に交付する適格請求書のコピーが大量となるなどの事情により、立替払を行ったＢ社が、コピーを交付することが困難なときは、Ｂ社がＣ社から交付を受けた適格請求書を保存し、立替金精算書を交付することにより、Ａ社はＢ社が作成した（立替えを受けた者の負担額が記載されている）立替金精算書の保存をもって、仕入税額控除を行うことができます。

この場合、立替払いを受けたＡ社等は、立替金精算書の保存をもって適格請求書の保存があるものとして取り扱われるため、立替払を行った取引先のＢ社は、その立替金が仕入税額控除可能なものか（すなわち、適格請求書発行事業者からの仕入れか、適格請求書発行事業者以外の者からの仕入れか）を明らかにし、また、適用税率ごとに区分するなど、Ａ社が仕入税額控除を受けるに当たっての必要な事項を立替金精算書に記載しなければなりません。

したがって、立替金精算書に記載する「消費税額等」については、課税仕入れの相手方であるＣ社から交付を受けた適格請求書に記載された消費税額等を基礎として、立替払いを受ける者の負担割合を乗じて按分した金額によるなど合理的な方法で計算した「消費税額等」を記載する必要があります。また、立替金精算書に記載する複数の事業者ごとの消費税額等の合計額が適格請求書に記載された「消費税額等」と一致しないことも生じますが、この消費税額等が合理的な方法により計算されたものである限り、当該立替金精算書により仕入税額控除を行うこととして差し支えありません。

なお、仕入税額控除の要件として保存が必要な帳簿には、課税仕入れの相手方の氏名又は名称の記載が必要であるほか、その仕入れ（経費）が適格請求書発行事業者から受けたものか否かを確認できるよう、立替払を行ったＢ社とＡ社の間で、課税仕入れの相手方の氏名又は名称及び登録番号を確認できるようにしておく必要があります。

ただし、これらの事項について、別途、書面等で通知する場合のほか、継続的な取引に係る契約書等で、別途明らかにされているなどの場合には、精算書において明らかにしていなくても差し支えありません。

（口座振替・口座振込による家賃の支払）

問85　当社は、事務所を賃借しており、口座振替により家賃を支払っています。不動産賃貸契約書は作成していますが、請求書や領収書の交付は受けておらず、家賃の支払の記録としては、銀行の通帳に口座振替の記録が残るだけです。このような契約書の締結後に口座振替等により代金を支払い、請求書や領収書の交付を受けない取引の場合、請求書等の保存要件を満たすためにはどうすればよいですか。【令和４年４月改訂】

【答】

通常、契約書に基づき代金決済が行われ、取引の都度、請求書や領収書が交付されない取引であっても、仕入税額控除を受けるためには、原則として、適格請求書の保存が必要です。

この点、適格請求書は、一定期間の取引をまとめて交付することもできますので、相手方（貸主）から一定期間の賃借料についての適格請求書の交付を受け、それを保存することによる対応も可能です。

なお、適格請求書として必要な記載事項は、一の書類だけで全てが記載されている必要はなく、複数の書類で記載事項を満たせば、それらの書類全体で適格請求書の記載事項を満たすことになりますので、契約書に適格請求書として必要な記載事項の一部が記載されており、実際に取引を行った事実を客観的に示す書類とともに保存しておけば、仕入税額控除の要件を満たすこととなります。

ご質問の場合には、適格請求書の記載事項の一部（例えば、課税資産の譲渡等の年月日以外の事項）が記載された契約書とともに通帳（課税資産の譲渡等の年月日の事実を示すもの）を併せて保存することにより、仕入税額控除の要件を満たすこととなります。

また、口座振込により家賃を支払う場合も、適格請求書の記載事項の一部が記載された契約書とともに、銀行が発行した振込金受取書を保存することにより、請求書等の保存があるものとして、仕入税額控除の要件を満たすこととなります。

なお、このように取引の都度、請求書等が交付されない取引について、取引の中途で取引の相手方（貸主）が適格請求書発行事業者でなくなる場合も想定され、その旨の連絡がない場合には貴社（借主）はその事実を把握することは困難となります（適格請求書発行事業者以外の者に支払う取引対価の額については、原則として、仕入税額控除を行うことはできません。）。そのため、必要に応じ、「国税庁適格請求書発行事業者公表サイト」で相手方が適格請求書発行事業者か否かを確認してください。

（参考）　令和５年９月30日以前からの契約について

令和５年９月30日以前からの契約について、契約書に登録番号等の適格請求書として必要な事項の記載が不足している場合には、別途、登録番号等の記載が不足していた事項の通知を受け、契約書とともに保存していれば差し支えありません。

（見積額が記載された適格請求書の保存等）

問 86　当社では、水道光熱費など検針等に一定期間を要し、課税仕入れを行った課税期間の末日までに支払対価の額が確定しない課税仕入れについては、対価の額を見積もることにより仕入税額控除を行っています。適格請求書等保存方式において、このような見積額による仕入税額控除の取扱いはどのようになりますか。【令和元年７月追加】【令和４年 11 月改訂】

【答】

ご質問のように、課税期間の末日までにその支払対価の額が確定せず、見積額で仕入税額控除を行う場合の取扱いについては、以下のとおりとなります。

なお、以下の①、②のいずれの場合も、その後確定した対価の額が見積額と異なるときは、確定した対価の額に基づく課税仕入れに係る消費税額と見積額に基づく課税仕入れに係る消費税額との差額を、その確定した日の属する課税期間における課税仕入れに係る消費税額に加算又は減算することとなります（仕入税額の計算方法として、割戻し計算による場合、確定した対価の額と見積額との差額をその確定した日の属する課税期間の課税仕入れに係る支払対価の額に加算し、又は当該課税仕入れに係る支払対価の額から控除することとなります。）。

①　見積額が記載された適格請求書の交付を受ける場合

取引の相手方から見積額が記載された適格請求書の交付を受ける場合、これを保存することで見積額による仕入税額控除が認められます（注）1。

その後、確定額が見積額と異なる場合には、確定額が記載された適格請求書（対価の額を修正した適格請求書）の交付を受けた上で、これを保存する必要があります。

②　見積額が記載された適格請求書の交付を受けられない場合

見積額が記載された適格請求書の交付を受けられない場合であっても、電気・ガス・水道水の供給のような適格請求書発行事業者から継続して行われる取引（注）2については、見積額が記載された適格請求書や仕入明細書の保存がなくとも、その後、金額が確定したときに交付される適格請求書を保存することを条件として、課税仕入れを行う事業者が課税期間の末日の現況により適正に見積もった金額で、仕入税額控除を行うこととして差し支えありません。

（注）１　見積額を記載した仕入明細書を自ら作成し、相手方の確認を受けた場合は、これを保存することで見積額による仕入税額控除が認められます。確定額が見積額と異なる場合の取扱いは、上記と同様です。

２　このほか、例えば、機械等の保守点検、弁護士の顧問契約のように契約等に基づき継続的に課税資産の譲渡等が行われ、金額が確定した際に適格請求書の交付を受ける蓋然性の高い取引がこれに該当します。

（出来高検収書の保存による仕入税額控除）

問87　当社は、請け負った建設工事について、当該建設工事の一部を他の事業者（以下「下請業者」といいます。）に請け負わせています。下請業者に対しては、下請業者が行った工事の出来高について検収を行い、当該検収の内容及び出来高に応じた金額を記載した書類（以下「出来高検収書」といいます。）を作成し、それに基づき請負金額を支払っています。

現在、当該出来高検収書については、下請業者に記載事項の確認を受けており、これを保存することにより仕入税額控除を行っていますが、適格請求書等保存方式において、このような出来高検収書により仕入税額控除の適用を受けることは可能でしょうか。【令和４年11月追加】

【答】

適格請求書等保存方式の下においても、建設工事を請け負った事業者（以下「元請業者」といいます。）が作成した出来高検収書を、下請業者に記載事項の確認を受けた上で保存することにより、仕入税額控除の適用を受けること（基通11－６－６）については、現行の取扱いと変わりません。

なお、出来高検収書は、適格請求書等保存方式における仕入明細書等の記載事項を満たす必要があります※。仕入明細書等の記載事項については、問77≪仕入明細書等の記載事項≫をご参照ください。

※　元請業者が出来高検収書を下請業者に交付し、それに基づき下請業者が請求書を作成・交付する場合において、当該請求書を仕入税額控除の適用を受けるために保存する場合には、当該請求書が適格請求書の記載事項を満たす必要があります。適格請求書の記載事項については、問25≪適格請求書の様式≫をご参照ください。

したがって、ご質問の場合、貴社の取引の相手方である下請業者が適格請求書発行事業者であって、現在作成している出来高検収書を適格請求書等保存方式の下における仕入明細書等の記載事項を満たすものとして下請業者の確認を受けることにより、適格請求書等保存方式においてもその出来高検収書により仕入税額控除を行うことができます。

ただし、下請業者の行う建設工事について、当該下請業者が適格請求書発行事業者でなくなったことにより、適格請求書の交付ができないものであることが判明した場合には、出来高検収書により仕入税額控除の対象とした消費税額を、その交付ができないことが明らかとなる建設工事完了日の属する課税期間における課税仕入れに係る消費税額から控除することとなります（仕入税額の計算方法として、割戻し計算による場合、仕入税額控除の対象とした課税仕入れに係る支払対価の額をその建設工事完了日の属する課税期間における課税仕入れに係る支払対価の額から控除することとなります。）。

（短期前払費用）

問 88　当社は、法人税基本通達２－２－14 の取扱いの適用を受けている前払費用について、その支出した日の属する課税期間の課税仕入れとしています。

　また、当該前払費用は相手方から交付を受けた請求書等に基づき支払っています。

　適格請求書等保存方式において、相手方から交付を受ける請求書等が適格請求書の記載事項を満たすものであった場合、引き続き、当該前払費用について、支出した日の属する課税期間の課税仕入れとして仕入税額控除の適用を受けることができますか。【令和４年 11 月追加】

【答】

　法人税の計算において、前払費用（一定の契約に基づき継続的に役務の提供を受けるために支出した費用のうち支出した事業年度終了の時においてまだ提供を受けていない役務に対応するものをいいます。以下同じです。）の額でその支払った日から１年以内に提供を受ける役務に係るものを支払った場合、その支払った額に相当する金額を継続してその支払った日の属する事業年度の損金の額に算入しているときは、当該前払費用を損金の額に算入することが認められています（法人税基本通達２－２－14）（所得税についても同様です。）。

　消費税の計算についても、当該取扱いの適用を受ける前払費用に係る課税仕入れは、その支出した日の属する課税期間において行ったものとして取り扱うこととしており（基通11－３－８）、これは、適格請求書等保存方式においても同様です。

　このような前払費用については、適格請求書等保存方式においても、現行制度と同様にその支出した日の属する課税期間において行ったものとして取り扱うこととなりますが、当該前払費用に係る課税仕入れについて仕入税額控除の適用を受けるためには、原則として、適格請求書の保存が必要となります。

　したがって、ご質問のように当該前払費用に係る適格請求書等を保存している場合は、引き続き、支出した日の属する課税期間の課税仕入れとして仕入税額控除の適用を受けることができます。

　また、当該前払費用に係る課税仕入れが適格請求書発行事業者から行われるものである場合には、当該前払費用を支出した日の属する課税期間において適格請求書の交付を受けられなかったとしても、事後に交付される適格請求書を保存することを条件として、当該前払費用として支出した額を基礎として仕入税額控除の適用を受けることとして差し支えありません。

　なお、当該前払費用として仕入税額控除の適用を受けた金額が契約変更等により変動した場合の対応については、問86《見積額が記載された適格請求書の保存等》をご参照ください。

（郵便切手類又は物品切手等により課税仕入れを行った場合における課税仕入れの時期）

問 89　当社は、購入した郵便切手類又は物品切手等のうち、自社で引換給付を受けるものについては、継続的に郵便切手類又は物品切手等を購入した時に課税仕入れを計上しています。
適格請求書等保存方式において、引き続き、郵便切手類又は物品切手等を購入した時に課税仕入れを計上しているものについて仕入税額控除の適用を受けることができますか。【令和４年 11 月追加】

【答】

郵便切手類又は物品切手等は、購入時においては原則として、課税仕入れには該当せず、役務又は物品の引換給付を受けた時にその引換給付を受けた事業者の課税仕入れとなりますが、現行の取扱いとして、郵便切手類又は物品切手等を購入した事業者が、その購入した郵便切手類又は物品切手等のうち、自ら引換給付を受けるものにつき、継続してその郵便切手類又は物品切手等の対価を支払った日の属する課税期間の課税仕入れとしている場合には、これを認めています（基通11－３－７）。

他方、適格請求書等保存方式においては、仕入税額控除の適用を受けるためには、原則として、適格請求書等の保存が必要となりますが、郵便切手類のみを対価とする郵便ポスト等への投函による郵便サービスは、適格請求書の交付義務が免除されており、買手においては、一定の事項を記載した帳簿の保存のみで仕入税額控除の適用を受けることができます（新消令49①一二、新消規15の４一）。

また、物品切手等で適格簡易請求書の記載事項（取引年月日を除きます。）が記載されているものが、引換給付を受ける際に適格請求書発行事業者により回収される場合、当該物品切手等により役務又は物品の引換給付を受ける買手は、一定の事項を記載した帳簿の保存のみで仕入税額控除の適用を受けることができます（新消令49①一ロ）。

したがって、このような郵便切手類及び物品切手等（適格請求書発行事業者により回収されることが明らかなものに限ります。）のうち、自ら引換給付を受けるものについては、適格請求書等保存方式においても、引き続き、購入（対価の支払）時に課税仕入れとして計上し、一定の事項を記載した帳簿を保存することにより、仕入税額控除の適用を受けることができます。

なお、上記（一定の事項を記載した帳簿の保存のみで仕入税額控除の適用を受けることができるもの）以外の物品切手等に係る課税仕入れは、購入（対価の支払）時ではなく、適格請求書等の交付を受けることとなるその引換給付を受けた時に課税仕入れを計上し、仕入税額控除の適用を受けることとなります。

（物品切手等により課税仕入れを行った場合における課税仕入れに係る支払対価の額）

問90　当社は、購入した物品切手等により引換給付を受けた場合、当該物品切手等の購入金額を課税仕入れに係る支払対価の額としています。
適格請求書等保存方式においては、物品切手等により引換給付を受ける場合であっても、原則として、適格請求書等の保存が必要とのことですが、引き続き、物品切手等の購入金額を基礎として仕入税額控除の適用を受けることになりますか。【令和４年11月追加】

【答】

現行の取扱いにおいて、物品切手等による引換給付として課税仕入れを行った場合の課税仕入れに係る支払対価の額は、事業者がその物品切手等の取得に要した金額としています（基通11－４－３）。

他方、適格請求書等保存方式においては、仕入税額控除の適用を受けるためには、原則として、適格請求書等の保存が必要となりますので、物品切手等の取得（購入）に要した金額の如何にかかわらず、当該適格請求書等に記載された金額を基礎として仕入税額控除の適用を受けることとなります。

なお、物品切手等に適格簡易請求書の記載事項（取引年月日を除きます。）が記載されているものが、引換給付を受ける際に適格請求書発行事業者により回収される場合、当該物品切手等により役務又は物品の引換給付を受ける買手は、一定の事項を記載した帳簿の保存のみで仕入税額控除の適用を受けることができますが（新消令49①一ロ）、このような物品切手等には、適格簡易請求書の記載事項（取引年月日を除きます。）が記載されていることから、当該物品切手により引換給付を受ける課税仕入れについては、当該物品切手等に記載された金額を基礎として仕入税額控除の適用を受けることとなります。

（参考）　仕入税額の計算方法については、問108《仕入税額の計算方法》をご参照ください。

（提供を受けた適格請求書に係る電磁的記録の保存方法）

問91　当社は、取引先から、適格請求書の交付に代えて、適格請求書に係る電磁的記録の提供を受けています。仕入税額控除の要件を満たすためには、電磁的記録をどのような方法で保存すればよいですか。【令和３年７月改訂】

【答】

相手方から適格請求書の交付に代えて、適格請求書に係る電磁的記録による提供を受けた場合、仕入税額控除の適用を受けるためには、その電磁的記録を保存する必要があります（新消法30⑦⑨二）。

提供を受けた電磁的記録をそのまま保存しようとするときには、以下の措置を講じる必要があります（新消令50①、新消規15の５）。

①　次のイからニのいずれかの措置を行うこと

イ　タイムスタンプが付された適格請求書に係る電磁的記録を受領すること（受領した者がタイムスタンプを付す必要はありません。）（電帳規４①一）

ロ　次に掲げる方法のいずれかにより、タイムスタンプを付すとともに、その電磁的記録の保存を行う者又はその者を直接監督する者に関する情報を確認することができるようにしておくこと（電帳規４①二）

・　適格請求書に係る電磁的記録の提供を受けた後、速やかにタイムスタンプを付すこと

・　適格請求書に係る電磁的記録の提供からタイムスタンプを付すまでの各事務の処理に関する規程を定めている場合において、その業務の処理に係る通常の期間を経過した後、速やかにタイムスタンプを付すこと

ハ　適格請求書に係る電磁的記録の記録事項について、次のいずれかの要件を満たす電子計算機処理システムを使用して適格請求書に係る電磁的記録の受領及びその電磁的記録を保存すること（電帳規４①三）

・　訂正又は削除を行った場合には、その事実及び内容を確認することができること

・　訂正又は削除することができないこと

ニ　適格請求書に係る電磁的記録の記録事項について正当な理由がない訂正及び削除の防止に関する事務処理の規程を定め、当該規程に沿った運用を行い、当該電磁的記録の保存に併せて当該規程の備付けを行うこと（電帳規４①四）

②　適格請求書に係る電磁的記録の保存等に併せて、システム概要書の備付けを行うこと（電帳規２②一、４①）

③　適格請求書に係る電磁的記録の保存等をする場所に、その電磁的記録の電子計算機処理の用に供することができる電子計算機、プログラム、ディスプレイ及びプリンタ並びにこれらの操作説明書を備え付け、その電磁的記録をディスプレイの画面及び書面に、整然とした形式及び明瞭な状態で、速やかに出力できるようにしておくこと（電帳規２②二、４①）

④　適格請求書に係る電磁的記録について、次の要件を満たす検索機能を確保しておくこと（電帳規２⑥六、４①）

※　国税に関する法律の規定による電磁的記録の提示又は提出の要求に応じることができるようにしているときはⅱ及びⅲの要件が不要となり、その判定期間に係る基準期間における売上高が1,000万円以下の事業者が国税に関する法律の規定による電磁的記録の提示又は提出の要求に応じることができるようにしているときは検索機能の全てが不要となります。

ⅰ　取引年月日その他の日付、取引金額及び取引先を検索条件として設定できること

ⅱ　日付又は金額に係る記録項目については、その範囲を指定して条件を設定することができること

ⅲ　二以上の任意の記録項目を組み合わせて条件を設定できること

他方、提供を受けた適格請求書に係る電磁的記録を紙に印刷して保存しようとするときは、整然とした形式及び明瞭な状態で出力する必要があります（新消規15の５②）。

（参考）　電帳法上の保存方法等については、国税庁ホームページに掲載されている、「電子帳簿保存法取扱通達解説（趣旨説明）」や「電子帳簿保存法一問一答」を参考としてください。

３　帳簿のみの保存で仕入税額控除が認められる場合

（帳簿のみの保存で仕入税額控除が認められる場合）

問 92　適格請求書等保存方式の下では、帳簿及び請求書等の保存が仕入税額控除の要件ですが、一定の事項を記載した帳簿のみの保存で仕入税額控除の要件を満たすのは、どのような場合ですか。

【答】

適格請求書等保存方式の下では、帳簿及び請求書等の保存が仕入税額控除の要件とされます（新消法30⑦）。

ただし、請求書等の交付を受けることが困難であるなどの理由により、次の取引については、一定の事項を記載した帳簿のみの保存で仕入税額控除が認められます（新消令49①、新消規15の４）。

① 適格請求書の交付義務が免除される３万円未満の公共交通機関による旅客の運送

② 適格簡易請求書の記載事項（取引年月日を除きます。）が記載されている入場券等が使用の際に回収される取引（①に該当するものを除きます。）

③ 古物営業を営む者の適格請求書発行事業者でない者からの古物（古物営業を営む者の棚卸資産に該当するものに限ります。）の購入

④ 質屋を営む者の適格請求書発行事業者でない者からの質物（質屋を営む者の棚卸資産に該当するものに限ります。）の取得

⑤ 宅地建物取引業を営む者の適格請求書発行事業者でない者からの建物（宅地建物取引業を営む者の棚卸資産に該当するものに限ります。）の購入

⑥ 適格請求書発行事業者でない者からの再生資源及び再生部品（購入者の棚卸資産に該当するものに限ります。）の購入

⑦ 適格請求書の交付義務が免除される３万円未満の自動販売機及び自動サービス機からの商品の購入等

⑧ 適格請求書の交付義務が免除される郵便切手類のみを対価とする郵便・貨物サービス（郵便ポストに差し出されたものに限ります。）

⑨ 従業員等に支給する通常必要と認められる出張旅費等（出張旅費、宿泊費、日当及び通勤手当）

（公共交通機関による旅客の運送）

問 93　取引先への移動に際し、券売機で乗車券を購入し、公共交通機関である鉄道を利用した場合に、仕入税額控除の要件として請求書等の保存は必要ですか。

【答】

適格請求書の交付義務が免除される３万円未満の公共交通機関による旅客の運送については、一定の事項を記載した帳簿のみの保存で仕入税額控除が認められます（新消法30⑦、新消令49①一イ、70の９②一）。

一方、３万円以上の公共交通機関を利用した場合には、その利用に係る適格請求書の保存が仕入税額控除の要件となりますので、ご留意ください。

ただし、この場合であっても、公共交通機関である鉄道事業者から適格簡易請求書の記載事項（取引年月日を除きます。）を記載した乗車券の交付を受け、その乗車券が回収される場合は、一定の事項を記載した帳簿のみの保存で仕入税額控除が認められます（新消令49①一ロ）。

なお、この場合の帳簿の記載事項については、問98をご参照ください。

（参考）

・　適格請求書の交付義務が免除される取引：問 34 参照

・　公共交通機関特例の３万円未満の判定単位：問 36 参照

（古物商等の古物の買取り等）

問 94　当社は、中古車販売業（古物商）を営んでおり、事業者及び消費者から中古車の仕入れを行っています。 適格請求書等保存方式の下では、消費者からの仕入れは、仕入税額控除を行うことはできないのですか。

【答】

古物営業法上の許可を受けて古物営業を営む古物商が、適格請求書発行事業者以外の者から同法に規定する古物（古物商が事業として販売する棚卸資産に該当するものに限ります。）を買い受けた場合には、一定の事項が記載された帳簿のみの保存で仕入税額控除が認められます（新消法30⑦、新消令49①一ハ(1)）。したがって、貴社が消費者から中古車の仕入れを行った場合には、一定の事項を記載した帳簿を保存することで、仕入税額控除が認められます。

なお、相手方が適格請求書発行事業者である場合は、適格請求書の交付を受け、それを保存する必要があります。

この場合の帳簿の記載事項については、問98《帳簿のみの保存で仕入税額控除が認められる場合の帳簿への一定の記載事項》をご参照ください。

また、古物商が適格請求書発行事業者以外の者から古物を買い取る場合のほか、適格請求書発行事業者以外の者から仕入れを行う、次の場合も同様に、仕入税額控除のために保存が必要な請求書等の交付を受けることが困難な場合として、一定の事項が記載された帳簿のみの保存で仕入税額控除が認められます（新消令49①一ハ(2)～(4)）。

①　質屋営業法に規定する質屋営業を営む質屋が、適格請求書発行事業者以外の者から質物（質屋が事業として販売する棚卸資産に該当するものに限ります。）を取得する場合

②　宅地建物取引業法に規定する宅地建物取引業者が、適格請求書発行事業者以外の者から同法に規定する建物（宅地建物取引業者が事業として販売する棚卸資産に該当するものに限ります。）を購入する場合

③　再生資源卸売業その他不特定かつ多数の者から資源の有効な利用の促進に関する法律に規定する再生資源及び再生部品を購入する事業を営む事業者が、適格請求書発行事業者以外の者から再生資源及び再生部品（購入する事業者が事業として販売する棚卸資産に該当するものに限ります。）を購入する場合

【参考】

○　古物営業法第２条（定義）

この法律において「古物」とは、一度使用された物品（鑑賞的美術品及び商品券、乗車券、郵便切手その他政令で定めるこれらに類する証票その他の物を含み、大型機械類（船舶、航空機、工作機械その他これらに類する物をいう。）で政令で定めるものを除く。以下同じ。）若しくは使用されない物品で使用のために取引されたもの又はこれらの物品に幾分の手入れをしたものをいう。

２　この法律において「古物営業」とは、次に掲げる営業をいう。

一　古物を売買し、若しくは交換し、又は委託を受けて売買し、若しくは交換する営業であつて、古物を売却すること又は自己が売却した物品を当該売却の相手方から買い受けることのみを行うもの以外のもの

二　古物市場（古物商間の古物の売買又は交換のための市場をいう。以下同じ。）を経営する営業

三　古物の売買をしようとする者のあつせんを競りの方法(政令で定める電子情報処理組織を使用する競りの方法その他の政令で定めるものに限る。）により行う営業（前号に掲げるものを除く。以下「古物競りあつせん業」という。）

３　この法律において「古物商」とは、次条第一項の規定による許可を受けて前項第一号に掲げる営業を営む者をいう。

４・５　（省略）

○　質屋営業法第１条（定義）

この法律において「質屋営業」とは、物品（有価証券を含む。第二十二条を除き、以下同じ。）を質に取り、流質期限までに当該質物で担保される債権の弁済を受けないときは、当該質物をもつてその弁済に充てる約款を附して、金銭を貸し付ける営業をいう。

２　この法律において「質屋」とは、質屋営業を営む者で第二条第一項の規定による許可を受けたものをいう。

○　宅地建物取引業法第２条（用語の定義）

この法律において次の各号に掲げる用語の意義は、それぞれ当該各号の定めるところによる。

一　（省略）

二　宅地建物取引業　宅地若しくは建物（建物の一部を含む。以下同じ。）の売買若しくは交換又は宅地若しくは建物の売買、交換若しくは貸借の代理若しくは媒介をする行為で業として行うものをいう。

三　宅地建物取引業者　第三条第一項の免許を受けて宅地建物取引業を営む者をいう。

四　（省略）

○　資源の有効な利用の促進に関する法律第２条（定義）

この法律において「使用済物品等」とは、一度使用され、又は使用されずに収集され、若しくは廃棄された物品（放射性物質及びこれによって汚染された物を除く。）をいう。

２・３　（省略）

４　この法律において「再生資源」とは、使用済物品等又は副産物のうち有用なものであって、原材料として利用することができるもの又はその可能性のあるものをいう。

５　この法律において「再生部品」とは、使用済物品等のうち有用なものであって、部品その他製品の一部として利用することができるもの又はその可能性のあるものをいう。

（出張旅費、宿泊費、日当等）

問 95　社員に支給する国内の出張旅費、宿泊費、日当等については、社員は適格請求書発行事業者ではないため、適格請求書の交付を受けることができませんが、仕入税額控除を行うことはできないのですか。

【答】

社員に支給する出張旅費、宿泊費、日当等のうち、その旅行に通常必要であると認められる部分の金額については、課税仕入れに係る支払対価の額に該当するものとして取り扱われます（基通11－２－１）。この金額については、一定の事項を記載した帳簿のみの保存で仕入税額控除が認められます（新消法30⑦、新消令49①一ニ、新消規15の４二、インボイス通達４－９）。

なお、帳簿のみの保存で仕入税額控除が認められる「その旅行に通常必要であると認められる部分」については、所得税基本通達９－３に基づき判定しますので、所得税が非課税となる範囲内で、帳簿のみの保存で仕入税額控除が認められることになります。

また、この場合の帳簿の記載事項については、問98をご参照ください。

【参考】

○　所得税基本通達９－３（非課税とされる旅費の範囲）

法第９条第１項第４号の規定により非課税とされる金品は、同号に規定する旅行をした者に対して使用者等からその旅行に必要な運賃、宿泊料、移転料等の支出に充てるものとして支給される金品のうち、その旅行の目的、目的地、行路若しくは期間の長短、宿泊の要否、旅行者の職務内容及び地位等からみて、その旅行に通常必要とされる費用の支出に充てられると認められる範囲内の金品をいうのであるが、当該範囲内の金品に該当するかどうかの判定に当たっては、次に掲げる事項を勘案するものとする。

⑴　その支給額が、その支給をする使用者等の役員及び使用人の全てを通じて適正なバランスが保たれている基準によって計算されたものであるかどうか。

⑵　その支給額が、その支給をする使用者等と同業種、同規模の他の使用者等が一般的に支給している金額に照らして相当と認められるものであるかどうか。

（通勤手当）

問 96　社員に支給する通勤手当については、社員は適格請求書発行事業者ではないため、適格請求書の交付を受けることができませんが、仕入税額控除を行うことはできないのですか。

【答】

従業員等で通勤する者に支給する通勤手当のうち、通勤に通常必要と認められる部分の金額については、課税仕入れに係る支払対価の額として取り扱われます（基通11－２－２）。この金額については、一定の事項を記載した帳簿のみの保存で仕入税額控除が認められます（新消法30⑦、新消令49①一ニ、新消規15の４三、インボイス通達４－10）。

なお、帳簿のみの保存で仕入税額控除が認められる「通勤者につき通常必要と認められる部分」については、通勤に通常必要と認められるものであればよく、所得税法施行令第20条の２において規定される非課税とされる通勤手当の金額を超えているかどうかは問いません。

また、この場合の帳簿の記載事項については、問98をご参照ください。

４　帳簿の保存

（適格請求書等保存方式における帳簿に記載が必要な事項）

問 97　令和５年 10 月１日から、仕入税額控除の方式は、「適格請求書等保存方式」となりますが、仕入税額控除の要件として保存が必要な帳簿の記載事項について教えてください。【令和４年４月改訂】

【答】

令和元年９月30日まで、仕入税額控除については、一定の帳簿及び請求書等の保存が要件とされていました（請求書等保存方式）。

令和元年10月１日から令和５年９月30日（適格請求書等保存方式の開始前）までの間は、この仕入税額控除の要件について、請求書等保存方式を基本的に維持しつつ、軽減税率の適用対象となる商品の仕入れかそれ以外の仕入れかの区分を明確にするための記載事項を追加した帳簿及び請求書等の保存が要件とされています（区分記載請求書等保存方式）。

具体的には、請求書等保存方式において必要とされている記載事項に、次の事項が追加されています（28年改正法附則34②）。

１　帳簿

課税仕入れが他の者から受けた軽減対象資産の譲渡等に係るものである場合にはその旨

２　区分記載請求書等

・　課税資産の譲渡等が軽減対象資産の譲渡等である場合にはその旨

・　税率ごとに合計した課税資産の譲渡等の税込価額

令和５年10月１日から開始される適格請求書等保存方式の下でも、帳簿及び請求書等の保存が要件とされているところ、保存すべき帳簿の記載事項については次のとおりであり、区分記載請求書等保存方式の下での帳簿の記載事項と同様です（相手方の登録番号の記載は不要です。）。

①　課税仕入れの相手方の氏名又は名称

②　課税仕入れを行った年月日

③　課税仕入れに係る資産又は役務の内容（課税仕入れが他の者から受けた軽減対象資産の譲渡等に係るものである場合には、資産の内容及び軽減対象資産の譲渡等に係るものである旨）

④　課税仕入れに係る支払対価の額

（参考）　取引先コード等による表示

帳簿に記載する課税仕入れの相手方の氏名又は名称は、取引先コード等の記号・番号等による表示で差し支えありません。

また、課税仕入れに係る資産又は役務の内容についても、商品コード等の記号・番号等による表示で差し支えありませんが、この場合、課税資産の譲渡等であるか、また、軽減対象資産の譲渡等に係るものであるときは、軽減対象資産の譲渡等に係るものであるかの判別が明らかとなるものである必要があります（インボイス通達４－５）。

○　請求書等保存方式、区分記載請求書等保存方式及び適格請求書等保存方式の帳簿の記載事項の比較（消法30⑧、28年改正法附則34②、新消法30⑧）

請求書等保存方式（令和元年９月30日まで）	区分記載請求書等保存方式（令和元年10月１日から令和５年９月30日までの間）	適格請求書等保存方式（令和５年10月１日から）
①　課税仕入れの相手方の氏名又は名称 ②　課税仕入れを行った年月日 ③　課税仕入れに係る資産又は役務の内容 ④　課税仕入れに係る支払対価の額	①　課税仕入れの相手方の氏名又は名称 ②　課税仕入れを行った年月日 ③　課税仕入れに係る資産又は役務の内容（課税仕入れが他の者から受けた軽減対象資産の譲渡等に係るものである場合には、資産の内容及び軽減対象資産の譲渡等に係るものである旨） ④　課税仕入れに係る支払対価の額	①　課税仕入れの相手方の氏名又は名称 ②　課税仕入れを行った年月日 ③　課税仕入れに係る資産又は役務の内容（課税仕入れが他の者から受けた軽減対象資産の譲渡等に係るものである場合には、資産の内容及び軽減対象資産の譲渡等に係るものである旨） ④　課税仕入れに係る支払対価の額

（注）１　区分記載請求書等保存方式の下では、請求書等保存方式における帳簿の記載事項に下線部分が追加されています。

２　適格請求書等保存方式の下でも、区分記載請求書等保存方式における帳簿の記載事項と同様の記載事項です。

（帳簿のみの保存で仕入税額控除が認められる場合の帳簿への一定の記載事項）

問98　３万円未満の公共交通機関による旅客の運送などは、請求書等の保存が不要で、一定の事項を記載した帳簿のみの保存で仕入税額控除を行うことができるそうですが、この場合の帳簿への記載事項について教えてください。【令和４年11月改訂】

【答】

請求書等の交付を受けることが困難であるなどの理由により、次の取引については、一定の事項を記載した帳簿の保存のみで仕入税額控除が認められます（新消法30⑦、新消令49①、新消規15の４）。

①　適格請求書の交付義務が免除される３万円未満の公共交通機関による旅客の運送

②　適格簡易請求書の記載事項（取引年月日を除きます。）が記載されている入場券等が使用の際に回収される取引

③　古物営業を営む者の適格請求書発行事業者でない者からの古物の購入

④　質屋を営む者の適格請求書発行事業者でない者からの質物の取得

⑤　宅地建物取引業を営む者の適格請求書発行事業者でない者からの建物の購入

⑥　適格請求書発行事業者でない者からの再生資源又は再生部品の購入

⑦　適格請求書の交付義務が免除される３万円未満の自動販売機及び自動サービス機からの商品の購入等

⑧　適格請求書の交付義務が免除される郵便切手類のみを対価とする郵便・貨物サービス（郵便ポストにより差し出されたものに限ります。）

⑨　従業員等に支給する通常必要と認められる出張旅費等（出張旅費、宿泊費、日当及び通勤手当）

この場合、帳簿の記載事項に関し、通常必要な記載事項に加え、次の事項の記載が必要となります。

・ 帳簿のみの保存で仕入税額控除が認められるいずれかの仕入れに該当する旨

例：①に該当する場合、「３万円未満の鉄道料金」

②に該当する場合、「入場券等」

・ 仕入れの相手方の住所又は所在地（一定の者を除きます。）

例：⑦に該当する場合、「○○市　自販機」、「××銀行□□支店ATM」

（注） 帳簿に仕入れの相手方の住所又は所在地の記載が不要な一定の者は、次のとおりです（インボイス通達４－７）。

イ 適格請求書の交付義務が免除される３万円未満の公共交通機関（船舶、バス又は鉄道）による旅客の運送について、その運送を行った者

ロ 適格請求書の交付義務が免除される郵便役務の提供について、その郵便役務の提供を行った者

ハ 課税仕入れに該当する出張旅費等（出張旅費、宿泊費、日当及び通勤手当）を支払った場合の当該出張旅費等を受領した使用人等

ニ 上記③から⑥の課税仕入れ（③から⑤に係る課税仕入れについては、古物営業法、質屋営業法又は宅地建物取引業法により、業務に関する帳簿等へ相手方の氏名及び住所を記載することとされているもの以外のものに限り、⑥に係る課税仕入れについては、事業者以外の者から受けるものに限ります。）を行った場合の当該課税仕入れの相手方

（参考） 古物営業を営む場合、古物営業法において、商品を仕入れた際の対価の総額が１万円以上（税込み）の場合には、帳簿（いわゆる「古物台帳」）に①取引年月日、②古物の品目及び数量、③古物の特徴、④相手方の住所、氏名、職業及び年齢、⑤相手方の確認方法を記載し、保存しなければならないこととされています（古物営業法16、18）。

帳簿のみの保存で仕入税額控除が認められる場合の帳簿の記載事項は、「①課税仕入れの相手方の氏名又は名称及び住所又は所在地（古物台帳に、取引の相手方の氏名や住所を記載することとされていない場合には不要）」、「②課税仕入れを行った年月日」、「③課税仕入れに係る資産又は役務の内容」、「④課税仕入れに係る支払対価の額」、「⑤帳簿のみの保存で仕入税額控除が認められるいずれかの仕入れに該当する旨」ですが、古物台帳には①から④の事項が記載されていることになります。

なお、帳簿のみの保存で仕入税額控除が認められる場合の帳簿の記載事項としては、⑤の事項も必要となるため、古物台帳と⑤の事項について記載した帳簿（総勘定元帳等）を合わせて保存することで、帳簿の保存要件を満たすことができます。

この場合、古物台帳については帳簿の保存期間（課税期間の末日の翌日から２月を経過した日から７年間）保存しておく必要がある点にご留意ください（消令71②）。

５　経過措置

（免税事業者からの仕入れに係る経過措置）

問99　適格請求書等保存方式の開始後一定期間は、免税事業者からの仕入税額相当額の一定割合を控除できる経過措置があるそうですが、この場合の仕入税額控除の要件について教えてください。【令和４年４月改訂】

【答】

適格請求書等保存方式の下では、適格請求書発行事業者以外の者（消費者、免税事業者又は登録を受けていない課税事業者）からの課税仕入れについては、仕入税額控除のために保存が必要な請求書等の交付を受けることができないことから、仕入税額控除を行うことができません（新消法30⑦）。

ただし、適格請求書等保存方式開始から一定期間は、適格請求書発行事業者以外の者からの課税仕入れであっても、仕入税額相当額の一定割合を仕入税額とみなして控除できる経過措置が設けられています（28年改正法附則52、53）。

経過措置を適用できる期間等は、次のとおりです。

期　間	割　合
令和５年10月１日から令和８年９月30日まで	仕入税額相当額の 80%
令和８年10月１日から令和11年９月30日まで	仕入税額相当額の 50%

なお、この経過措置の適用を受けるためには、次の事項が記載された帳簿及び請求書等の保存が要件となります。

１　帳簿

区分記載請求書等保存方式の記載事項に加え、例えば、「80%控除対象」など、経過措置の適用を受ける課税仕入れである旨の記載が必要となります。

具体的には、次の事項となります。

①　課税仕入れの相手方の氏名又は名称

②　課税仕入れを行った年月日

③　課税仕入れに係る資産又は役務の内容（課税仕入れが他の者から受けた軽減対象資産の譲渡等に係るものである場合には、資産の内容及び軽減対象資産の譲渡等に係るものである旨）及び経過措置の適用を受ける課税仕入れである旨

④　課税仕入れに係る支払対価の額

（参考１）　③の「経過措置の適用を受ける課税仕入れである旨」の記載については、個々の取引ごとに「80%控除対象」、「免税事業者からの仕入れ」などと記載する方法のほか、例えば、本経過措置の適用対象となる取引に、「※」や「☆」といった記号・番号等を表示し、かつ、これらの記号・番号等が「経過措置の適用を受ける課税仕入れである旨」を別途「※（☆）は80%控除対象」などと表示する方法も認められます。

２　請求書等

区分記載請求書等と同様の記載事項が必要となります（区分記載請求書等に記載すべき事項に係る電磁的記録を含みます。）。

具体的には、次の事項となります。

① 書類の作成者の氏名又は名称

② 課税資産の譲渡等を行った年月日

③ 課税資産の譲渡等に係る資産又は役務の内容（課税資産の譲渡等が軽減対象資産の譲渡等である場合には、資産の内容及び軽減対象資産の譲渡等である旨）

④ 税率ごとに合計した課税資産の譲渡等の税込価額

⑤ 書類の交付を受ける当該事業者の氏名又は名称

（参考２） 適格請求書発行事業者以外の者から受領した請求書等の内容について、③かっこ書きの「資産の内容及び軽減対象資産の譲渡等である旨」及び④の「税率ごとに合計した課税資産の譲渡等の税込価額」の記載がない場合に限り、受領者が自ら請求書等に追記して保存することが認められます。

なお、提供された請求書等に係る電磁的記録を整然とした形式及び明瞭な状態で出力した書面に追記して保存している場合も同様に認められます。

Ⅴ　適格請求書等保存方式の下での税額計算

（適格請求書等保存方式の下での税額計算の概要）

問 100　適格請求書等保存方式における税額計算の方法について教えてください。【令和４年 11 月改訂】

【答】

軽減税率制度の実施後は、消費税率が軽減税率と標準税率の複数となることから、売上げと仕入れを税率ごとに区分して税額計算を行う必要がありますが、売上税額から仕入税額を控除するといった消費税額の計算方法は、適格請求書等保存方式においても現行と変わりません。

具体的な売上税額と仕入税額の計算方法は、次のとおりとなります。

1　売上税額（詳細については、問101をご参照ください。）

⑴　原則（割戻し計算）

税率ごとに区分した課税期間中の課税資産の譲渡等の税込価額の合計額に、108分の100又は110分の100を掛けて税率ごとの課税標準額を算出し、それぞれの税率（6.24%又は7.8%）を掛けて売上税額を算出します（新消法45）。

①　軽減税率の対象となる売上税額

軽減税率の対象となる課税売上げ（税込み）	×	100/108	=	軽減税率の対象となる課税標準額
軽減税率の対象となる課税標準額	×	6.24%	=	軽減税率の対象となる売上税額

②　標準税率の対象となる売上税額

標準税率の対象となる課税売上げ（税込み）	×	100/110	=	標準税率の対象となる課税標準額
標準税率の対象となる課税標準額	×	7.8%	=	標準税率の対象となる売上税額

③　売上税額の合計額

軽減税率の対象となる売上税額	＋	標準税率の対象となる売上税額	=	売上税額の合計額

⑵　特例（積上げ計算）

相手方に交付した適格請求書又は適格簡易請求書（以下これらを併せて「適格請求書等」といいます。）の写しを保存している場合（適格請求書等に係る電磁的記録を保存している場合を含みます。）には、これらの書類に記載した消費税額等の合計額に100分の78を掛けて算出した金額を売上税額とすることができます（新消法45⑤、新消令62①）。

なお、<u>売上税額を積上げ計算した場合、仕入税額も積上げ計算しなければなりません。</u>

適格請求書等に記載した消費税額等の合計額	×	78/100	=	売上税額の合計額

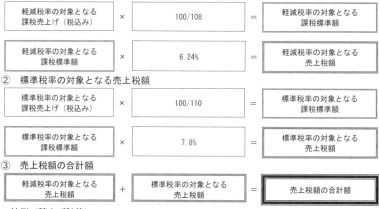

2　仕入税額（詳細については、問108及び問110をご参照ください。）

⑴　原則（積上げ計算）

相手方から交付を受けた適格請求書などの請求書等（提供を受けた電磁的記録を含みます。）に記載されている消費税額等のうち課税仕入れに係る部分の金額の合計額に100分の78を掛けて仕入税額を算出します（新消法30①、新消令46①②）。

請求書等に記載された消費税額等のうち課税仕入れに係る部分の金額の合計額	×	78/100	＝	仕入税額の合計額

⑵　特例（割戻し計算）

税率ごとに区分した課税期間中の課税仕入れに係る支払対価の額の合計額に、108分の6.24又は110分の7.8を掛けて算出した金額を仕入税額とすることができます（新消令46③）。

なお、割戻し計算により仕入税額を計算できるのは、売上税額を割戻し計算している場合に限られます。

①　軽減税率の対象となる仕入税額

軽減税率の対象となる課税仕入れ（税込み）	×	6.24/108	＝	軽減税率の対象となる仕入税額

②　標準税率の対象となる仕入税額

標準税率の対象となる課税仕入れ（税込み）	×	7.8/110	＝	標準税率の対象となる仕入税額

③　仕入税額の合計

軽減税率の対象となる仕入税額	＋	標準税率の対象となる仕入税額	＝	仕入税額の合計額

（参考）売上税額と仕入税額の計算方法

売上税額	仕入税額
【割戻し計算】（原則） 売上税額は、税率の異なるごとに区分した課税標準である金額の合計額にそれぞれ税率を掛けて計算します。 この方法を採用する場合、仕入税額は積上げ計算（原則）又は割戻し計算（特例）のいずれかを選択することができます。	【積上げ計算】（原則） 仕入税額は、原則として適格請求書等に記載された消費税額等を積み上げて計算します。 【割戻し計算】（特例） 課税期間中に国内において行った課税仕入れに係る支払対価の額を税率の異なるごとに区分した金額の合計額にそれぞれの税率に基づき割り戻し、仕入税額を計算することもできます。
【積上げ計算】（特例） 相手方に交付した適格請求書等の写しを保存している場合（適格請求書に係る電磁的記録を保存している場合を含みます。）には、これらの書類に記載した消費税額等を積み上げて売上税額を計算することができます。	【積上げ計算】（原則） 仕入税額は、原則として適格請求書等に記載された消費税額等を積み上げて計算します。 売上税額の計算において「積上げ計算」を選択した場合、仕入税額の計算では「割戻し計算」を適用することはできません。

※　売上税額の計算方法において、「割戻し計算」と「積上げ計算」を併用することは認められていますが、仕入税額の計算方法において、「積上げ計算」と「割戻し計算」を併用することはできません。

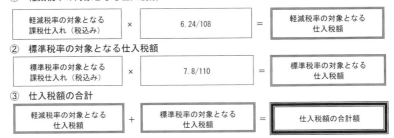

（売上税額の計算方法）

問101　適格請求書等保存方式における売上税額の計算方法について教えてください。

【答】

適格請求書等保存方式における売上税額については、原則として、課税期間中の課税資産の譲渡等の税込金額の合計額に110分の100（軽減税率の対象となる場合は108分の100）を掛けて計算した課税標準額に7.8％（軽減税率の対象となる場合は6.24％）を掛けて算出します（割戻し計算）。

また、これ以外の方法として、交付した適格請求書及び適格簡易請求書の写し（電磁的記録により提供したものも含みます。）を保存している場合に、そこに記載された税率ごとの消費税額等の合計額に100分の78を乗じて計算した金額とすることもできます（積上げ計算）（新消法45⑤、新消令62）。

ただし、適格簡易請求書の記載事項は、「適用税率又は税率ごとに区分した消費税額等」であるため、「適用税率」のみを記載して交付する場合、税率ごとの消費税額等の記載がないため、積上げ計算を行うことはできません。

なお、売上税額の計算は、取引先ごとに割戻し計算と積上げ計算を分けて適用するなど、併用することも認められますが、併用した場合であっても売上税額の計算につき積上げ計算を適用した場合に当たるため、仕入税額の計算方法に割戻し計算を適用することはできません（インボイス通達３－13）。

（売上税額の積上げ計算における適格請求書の交付の範囲）

問102　当社はスーパーマーケットを経営しています。交付した適格請求書及び適格簡易請求書の写しを保存している場合には、売上税額の積上げ計算をすることができるとのことですが、例えば、商品販売時に顧客に対して適格簡易請求書であるレシートを交付しようとしたところ、顧客がこれを受け取らなかった場合などは、交付がないとして売上税額の積上げ計算はできないのですか。【令和元年７月追加】

【答】

適格請求書等保存方式における売上税額の計算方法については、原則の割戻し計算のほか、相手方に「交付」した適格請求書等の写しを保存している場合（適格請求書等に係る電磁的記録を保存している場合を含みます。）に、そこに記載された税率ごとの消費税額等の合計額に100分の78を掛けて算出した金額を売上税額とする積上げ計算も認められています（新消法45⑤、新消令62）。

この点、ご質問のように、適格請求書等を交付しようとしたものの顧客が受け取らなかったため、物理的な「交付」ができなかったような場合や交付を求められたとき以外レシートを出力していない場合であっても、適格請求書発行事業者においては、当該適格請求書等の写しを保存しておけば、「交付した適格請求書等の写しの保存」があるものとして、売上税額の積上げ計算を行って差し支えありません。

※　適格請求書等の写しの範囲については、問68《適格請求書等の写しの範囲》をご参照ください。

（仕入明細書を受領した場合における売上税額の積上げ計算）

問103　当社は売上税額の積上げ計算を行うため、適格請求書を交付して、その写しを保存することとしています。しかし、取引先の中には、仕入明細書により支払が行われ、当社が作成した適格請求書を受けとってもらえない取引先もあります。

そういった取引先に対する売上げについては、売上税額の積上げ計算を行うために必要な「交付した適格請求書の写し」の保存を行うことができません。このような場合、当該取引先に対する売上げに係る売上税額の積上げ計算を行うことはできないのでしょうか。

なお、確認をするために取引先から受領した仕入明細書については、当社でも保存しています。【令和４年４月追加】

【答】

適格請求書等保存方式における売上税額の計算方法については、割戻し計算のほか、相手方に「交付」した適格請求書等の写しを保存している場合（適格請求書等に係る電磁的記録を保存している場合を含みます。）に、そこに記載された税率ごとの消費税額等の合計額に100分の78を掛けて算出した金額を売上税額とする積上げ計算も認められています（新消法45⑤、新消令62）。

また、買手である取引先が、仕入明細書を仕入税額控除の要件として保存すべき請求書等とするには、当該仕入明細書に記載されている事項について売手である貴社の確認を受けることが必要です。

この確認の結果、貴社と相手方との間で仕入明細書に記載された消費税額等について共有されることになりますので、ご質問のように、取引当事者間での取決め等により、仕入明細書により代金の支払が行われ、売手が適格請求書を交付することができない場合であっても、仕入明細書に記載されている事項の確認に当たって仕入明細書を受領しており、かつ、当該受領した仕入明細書を適格請求書等の写しと同様の期間・方法により保存している場合には、「交付した適格請求書等の写しの保存」があるものとして、売上税額の積上げ計算を行って差し支えありません。

※　適格請求書の写しの保存期間や方法については、問69《適格請求書の写しの保存期間等》をご参照ください。

（媒介者交付特例における精算書による売上税額の積上げ計算）

問104　当社は、委託先に商品の販売を委託しており、毎月、販売に係る精算書を受領しています。その精算書には、適格請求書の記載事項が全て記載されているのですが、これを基に売上税額の積上げ計算をしてもいいのですか。【令和３年７月追加】

【答】

売上税額の計算は、交付した適格請求書及び適格簡易請求書の写し（電磁的記録により提供したものも含みます。）を保存している場合に、そこに記載された税率ごとの消費税額等の合計額に100分の78を乗じて計算した金額とすることができます（積上げ計算）（新消法45⑤、新消令62）。

また、委託販売における受託者が媒介者交付特例を適用して適格請求書を交付する場合においては、

①　買手に交付した適格請求書の写し又は提供した電磁的記録を保存する

②　買手に交付した適格請求書の写し又は提供した電磁的記録を速やかに委託者に交付又は提供する

こととされており、②について、例えば、複数の委託者の商品を販売した場合や、多数の購入者に対して日々適格請求書を交付する場合などで、コピーが大量になるなど、適格請求書の写しそのものを交付することが困難な場合には、適格請求書の写しと相互の関連が明確な、精算書等の書類等を交付することで差し支えないとされています（インボイス通達３－８）。

したがって、ご質問のように、委託先から適格請求書の記載事項が全て記載されている精算書の交付を受けている場合は、その精算書を基に売上税額の積上げ計算をして差し支えありません。

（委託販売等の手数料に係る委託者の売上税額の計算）

問105　当社は、委託販売等に係る資産の譲渡等を行った場合の売上税額の計算について、資産の譲渡等の金額から、受託者に支払う委託販売手数料を控除した残額を委託者における資産の譲渡等の金額としていますが、適格請求書等保存方式の開始後の取扱いについて教えてください。なお、当社が行う委託販売等は軽減税率の適用対象ではありません。【令和３年７月追加】【令和４年４月改訂】

【答】

委託販売等について、委託販売等に係る委託者においては、受託者が委託商品の譲渡等をしたことに伴い収受した又は収受すべき金額が委託者における資産の譲渡等の金額となりますが、軽減税率の適用対象とならない課税資産の譲渡等のみを行うことを委託している場合、その課税期間中に行った委託販売等の全てについて、その資産の譲渡等の金額から受託者に支払う委託販売手数料を控除した残額を委託者における資産の譲渡等の金額とすることも認められています（基通10-1-12、軽減通達16）。

適格請求書等保存方式の開始後、行った課税仕入れについて仕入税額控除の適用を受けるためには、原則として、受託者から交付を受けた適格請求書等の保存が必要となります。したがって、その資産の譲渡等の金額から受託者に支払う委託販売手数料（課税仕入れ）を控除した残額を委託者における資産の譲渡等の金額とするためには、当該委託販売手数料に係る適格請求書等の保存が必要となります。

（委託販売等の手数料に係る受託者の売上税額等の計算）

問106　当社は、委託販売等に係る資産の譲渡等について受託し、その手数料を受け取っており、売上税額の計算について、委託された商品の譲渡等に伴い収受した又は収受すべき金額を課税資産の譲渡等の金額とし、委託者に支払う金額を課税仕入れに係る金額としていますが、適格請求書等保存方式の開始後の取扱いについて教えてください。なお、当社が委託された商品の販売は軽減税率の適用対象ではありません。【令和３年７月追加】【令和４年４月改訂】

【答】

委託販売等について、委託販売等に係る受託者においては、委託者から受ける委託販売手数料が役務の提供の対価となりますが、委託者から軽減税率の適用対象とならない課税資産の譲渡等のみを行うことを委託されている場合、委託された商品の譲渡等に伴い収受した又は収受すべき金額を課税資産の譲渡等の金額とし、委託者に支払う金額を課税仕入れに係る金額とすることも認められています（基通10-1-12）。

適格請求書保存方式の開始後においても、委託された商品の販売が軽減税率の適用対象でない場合には、引き続き、委託された商品の譲渡等に伴い収受した又は収受すべき金額を課税資産の譲渡等の金額とし、委託者に支払う金額を課税仕入れに係る金額とすることができます。この場合、委託者に支払う金額に係る課税仕入れに関し、適格請求書等の保存は不要です。

（課税期間をまたぐ適格請求書による売上税額の計算）

問 107　当社は、３月決算の法人で、売上げの請求書については、毎月 20 日締めとしています。３月 21 日から４月 20 日までの期間に係る適格請求書には、同期間に係る消費税額を記載しているのですが、これを基に売上税額について、積上げ計算することができますか。【令和３年７月追加】【令和４年 11 月改訂】

【答】

売上税額の計算については、交付した適格請求書及び適格簡易請求書の写し（電磁的記録により提供したものを含みます。）を保存している場合に、そこに記載された税率ごとの消費税額等の合計額に100分の78を乗じて計算した金額とすることができます（積上げ計算）（新消法45⑤、新消令62）。

ご質問のような適格請求書を交付した場合、翌課税期間（４月１日から４月20日まで）の消費税額も合計して記載されていることになるため、これを基に売上税額の積上げ計算をすることはできません。

なお、売上税額の計算は、割戻し計算と積上げ計算を併用することが認められています。したがって、ご質問のような期間（３月21日から３月31日まで（期末を含む請求書の期間）及び４月１日から４月20日まで（期首を含む請求書の期間））の取引については割戻し計算とし、それ以外の期間（４月21日から翌年３月20日）の取引については積上げ計算とすることも可能です。

また、課税期間をまたぐ期間（３月21日から３月31日及び４月１日から４月20日）に係る取引をまとめて一の適格請求書とする場合、当該適格請求書において、課税期間の範囲に応じて適格請求書の記載事項をそれぞれ区分して記載していれば、その課税期間で区分した税率ごとに合計した課税資産の譲渡等に係る税込対価（税抜対価）の額から算出した消費税額等を当該適格請求書に係る消費税額等としても差し支えありません。

一方で、課税期間をまたがない期間について一の適格請求書を交付する場合においては、その期間内で任意に区分した期間に応じた税率ごとに合計した課税資産の譲渡等に係る税込対価（税抜対価）の額から算出した消費税額等を記載したとしても、当該消費税額等は、適格請求書の記載事項としての消費税額等とはなりません。

（注）　法人税基本通達２－６－１により決算締切日を継続して３月20日としているような場合、消費税の資産の譲渡等の時期についても、同様とすることが認められています（基通９－６－２）。このように決算締切日により、法人税及び消費税の申告をしている場合には、売上税額の積上げ計算のための課税期間ごとの区分の対応は不要です。

【参考】

○　法人税基本通達２－６－１（決算締切日）

法人が、商慣習その他相当の理由により、各事業年度に係る収入及び支出の計算の基礎となる決算締切日を継続してその事業年度終了の日以前おおむね10日以内の一定の日としている場合には、これを認める。

（注）　（省略）

（仕入税額の計算方法）

問108　適格請求書等保存方式における仕入税額の計算方法について教えてください。【令和４年11月改訂】

【答】

適格請求書等保存方式における仕入税額の計算方法は、次のとおりです。

1　積上げ計算

原則として、交付された適格請求書などの請求書等に記載された消費税額等のうち課税仕入れに係る部分の金額の合計額に100分の78を掛けて算出します（請求書等積上げ計算）（新消法30①、新消令46①）。

また、これ以外の方法として、課税仕入れの都度（注1）、課税仕入れに係る支払対価の額に110分の10（軽減税率の対象となる場合は108分の８）を乗じて算出した金額（１円未満の端数が生じたときは、端数を切捨て又は四捨五入します。）を仮払消費税額等（注2）などとし、帳簿に記載（計上）している場合は、その金額の合計額に100分の78を掛けて算出する方法も認められます（帳簿積上げ計算）（新消令46②）。

なお、仕入税額の計算に当たり、請求書等積上げ計算と帳簿積上げ計算を併用することも認められますが、これらの方法と割戻し計算（下記「２」参照）を併用することは認められません（インボイス通達４－３）。

（注）１　例えば、課税仕入れに係る適格請求書の交付を受けた際に、当該適格請求書を単位として帳簿に仮払消費税額等として計上している場合のほか、課税期間の範囲内で一定の期間内に行った課税仕入れにつきまとめて交付を受けた適格請求書を単位として帳簿に仮払消費税額等として計上している場合が含まれます（インボイス通達４－４）。

なお、帳簿積上げ計算において計上する仮払消費税額等については、受領した適格請求書ではない納品書又は請求書を単位として計上することや継続的に買手の支払基準といった合理的な基準による単位により計上することでも差し支えありません。

２　課税仕入れに係る支払対価の額には消費税額等を含みますので、帳簿に記載する仮払消費税額等は、一般的に、適格請求書等の請求書等に記載された課税仕入れに係る支払対価の額に110分の10（軽減税率の対象となる場合は108分の８）を乗じて算出するものと考えられますが、例えば、課税仕入れに係る税抜対価の額が記載された納品書を基礎として帳簿に仮払消費税額等を記載する場合において、当該税抜対価の額に100分の10（軽減税率の対象となる場合は100分の８）を乗じて算出する方法も認められます。

2　割戻し計算

課税期間中の課税仕入れに係る支払対価の額を税率ごとに合計した金額に110分の7.8（軽減税率の対象となる部分については108分の6.24）を掛けて算出することができます（新消法30①、新消令46③）。

ただし、仕入税額を割戻し計算することができるのは、売上税額を割戻し計算する場合に限ります。

（外貨建取引における仕入税額の計算方法）

> 問 109　当社は、一部の取引について米ドル建てにより仕入れを行っており、当該取引に係る法人税の処理については、取引を行った日の対顧客直物電信売相場（TTS）と対顧客直物電信買相場（TTB）の仲値（TTM）により円換算を行っており、消費税の処理についても同様としております。
>
> 　このような場合に、適格請求書等保存方式における仕入税額の計算方法は、どのようになりますか。【令和４年 11 月追加】

【答】

外貨建取引の場合における仕入税額の計算方法の留意点は以下のとおりです。

なお、適格請求書等保存方式における仕入税額の計算方法は、問108≪仕入税額の計算方法≫をご参照ください。

1　積上げ計算

(1)　請求書等積上げ計算の場合（新消法30①、新消令46①）

取引先から交付を受けた適格請求書などの請求書等を基礎として計算することとなりますので、外貨建取引に係る適格請求書等を取引先から交付を受けた場合、当該適格請求書等に記載された「税率の異なるごとに区分した消費税額等」を基礎として計算することとなります。外貨建取引に係る適格請求書の記載事項については、問59≪外貨建取引における適格請求書の記載事項≫をご参照ください。

この場合において、当該適格請求書等に記載された消費税額等が貴社の円換算の方法と異なるところにより算出されていたものであったとしても、問題ありません（当該適格請求書等に記載された「税率の異なるごとに区分した消費税額等」を基礎として計算することとなります。）。

(2)　帳簿積上げ計算の場合（新消令46②）

課税仕入れに係る支払対価の額から帳簿に記載（計上）する仮払消費税額等を算出することとなるため、外貨建取引の場合、以下のいずれかの計算方法により、仮払消費税額等を算出することとなります。

なお、税抜経理により記帳している事業者については、現在行っている外貨建取引に係る記帳方法と異なるものではありませんが、仮払消費税額等を算出する際の端数処理は、切捨て又は四捨五入となりますのでご留意ください。

①　課税仕入れに係る支払対価の額（外貨税込）を円換算後、仮払消費税額等を算出する方法

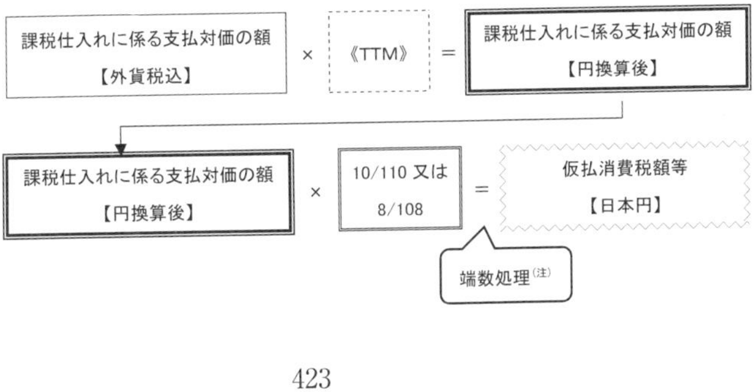

② 課税仕入れに係る支払対価の額（外貨税込）から計算過程の仮払消費税額等（外貨）を算出後、円換算する方法

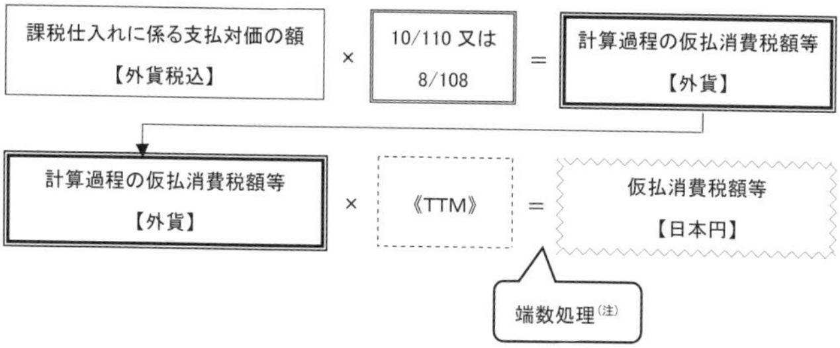

（注） 1円未満の端数が生じたときは、端数を切捨て又は四捨五入します。

2 割戻し計算（新消法30①、新消令46③）

割戻し計算により行う場合、課税期間中の課税仕入れに係る支払対価の額を税率ごとに合計した金額を基礎として仕入税額を算出することから、外貨建取引の場合、帳簿に記載された円換算後の課税仕入れに係る支払対価の額を基礎として行うこととなります。

なお、仕入税額を割戻し計算することができるのは、売上税額を割戻し計算する場合に限ります。

（適格請求書などの請求書等に記載された消費税額による仕入税額の積上げ計算）

問110　仕入税額の計算について、適格請求書に記載のある消費税額等に基づいて積上げ計算する場合、消費税額等の記載がない適格簡易請求書の交付を受けたときは、どのように計算すればよいですか。

【答】

適格請求書又は適格簡易請求書に記載された消費税額等を基礎として、仕入税額を積み上げて計算する場合には、次の区分に応じた金額を基として仕入税額を計算することとなります（新消令46①）。

① 交付を受けた適格請求書（電磁的記録により提供されたものも含みます。）に記載された消費税額等のうち課税仕入れに係る部分の金額

② 交付を受けた適格簡易請求書（電磁的記録により提供されたものも含みます。）に記載された消費税額等のうち課税仕入れに係る部分の金額
（適格簡易請求書に適用税率のみの記載があり、消費税額等が記載されていない場合は、適格請求書に消費税額等を記載する際の計算方法と同様の方法により計算した金額のうち課税仕入れに係る部分の金額）

③ 作成した仕入明細書（電磁的記録により作成したものも含みます。）に記載された消費税額等のうち課税仕入れに係る部分の金額

④ 卸売市場において、委託を受けて卸売の業務として行われる生鮮食料品等の譲渡及び農業協同組合等が委託を受けて行う農林水産物の譲渡について、受託者から交付を受けた書類（電磁的記録により提供されたものも含みます。）に記載された消費税額等のうち課税仕入れに係る部分の金額

⑤ 公共交通機関特例など、帳簿のみの保存で仕入税額控除が認められるものについては、課税仕入れに係る支払対価の額に110分の10（軽減税率の対象となる場合は108分の８）を掛けて算出した金額（１円未満の端数が生じたときは、端数を切捨て又は四捨五入します。）

したがって、ご質問の場合は、上記②の場合ですので、適格簡易請求書に記載された金額が、税込金額の場合は、その金額に110分の10（軽減税率の対象となる場合は108分の８）を掛けて消費税額等を算出し、また、税抜金額の場合は、その金額に100分の10（軽減税率の対象となる場合は100分の８）を掛けて消費税額等を算出し、その金額を基礎として、仕入税額の積上げ計算を行います。

（課税期間をまたぐ適格請求書による仕入税額の計算）

問111　当社は、３月決算の法人です。取引先から、３月21日から４月20日までの期間をまとめた消費税額が記載されている適格請求書の交付を受けたのですが、これを基に仕入税額について積上げ計算することができますか。【令和３年７月追加】【令和４年４月改訂】

【答】

仕入税額の積上げ計算については、交付された適格請求書などの請求書等に記載された消費税額等のうち課税仕入れに係る部分の金額の合計額に100分の78を掛けて算出します（請求書等積上げ計算）（新消法30①、新消令46①）。

ご質問のような適格請求書の交付を受けた場合、当課税期間（３月21日から３月31日まで）の消費税額等と翌課税期間（４月１日から４月20日まで）の消費税額等が合計して記載されていることになるため、これを基に仕入税額の請求書等積上げ計算をする場合は、当課税期間に係る消費税額と翌課税期間に係る消費税額について、それぞれの期間の取引に係る消費税額を算出し、それぞれの期間が含まれる課税期間においてそれぞれ積上げ計算をする必要があります。

また、仕入税額の積上げ計算は、課税仕入れの都度、課税仕入れに係る支払対価の額に110分の10（軽減税率の対象となる場合は108分の８）を乗じて算出した金額（１円未満の端数が生じたときは、端数を切捨て又は四捨五入します。）を仮払消費税額等などとし、帳簿に記載（計上）している場合は、その金額の合計額に100分の78を掛けて算出する方法も認められます（帳簿積上げ計算）（新消令46②）。

このため、ご質問の適格請求書について、当課税期間に行った課税仕入れにつき、帳簿積上げ計算することもできます。

（参考）　仕入税額の計算に当たり、請求書等積上げ計算と帳簿積上げ計算を併用することも認められますが、これらの方法と割戻し計算を併用することは認められません（インボイス通達４－３）。

（注）　法人税基本通達２－６－１により決算締切日を継続して３月20日としているような場合、消費税の課税仕入れの時期についても、同様とすることが認められています（基通11－３－１）。このように決算締切日により、法人税及び消費税の申告をしている場合には、仕入税額の積上げ計算のための課税期間ごとの区分の対応は不要です。

【参考】

○　法人税基本通達２－６－１（決算締切日）

法人が、商慣習その他相当の理由により、各事業年度に係る収入及び支出の計算の基礎となる決算締切日を継続してその事業年度終了の日以前おおむね10日以内の一定の日としている場合には、これを認める。

（注）（省略）

（免税事業者からの課税仕入れに係る経過措置を適用する場合の税額計算）

問112　適格請求書等保存方式開始後６年間は、免税事業者からの課税仕入れについても一定割合の仕入税額控除の適用を受けられるとのことですが、その場合の仕入税額控除の具体的な計算方法を教えてください。【令和４年４月追加】

【答】

適格請求書等保存方式の下では、原則、適格請求書発行事業者以外の者からの課税仕入れについては、仕入税額控除を行うことはできませんが、制度開始後６年間は、仕入税額相当額の一定割合を仕入税額とみなして控除できる経過措置が設けられています。本経過措置の適用を受けるために必要な要件については、問99《免税事業者からの仕入れに係る経過措置》をご参照ください。

本経過措置を適用する場合に仕入税額とみなす金額の具体的な計算方法は、次のとおりとなります。

1　仕入税額について「積上げ計算」を適用している場合

本経過措置の適用を受ける場合においても「積上げ計算」により計算する必要があります。

本経過措置の適用を受ける課税仕入れの都度、その課税仕入れに係る支払対価の額に110分の7.8（軽減税率の対象となる場合は108分の6.24）を乗じて算出した金額に100分の80（注）を乗じて算出します（その金額に１円未満の端数が生じたときは、その端数を切捨て又は四捨五入します。）（改正令附則22①一、23①一）。

なお、本経過措置の適用を受ける課税仕入れを区分して管理し、課税期間の中途や期末において、当該区分した課税仕入れごとに上記の計算を行うこととしても差し支えありません。

2　仕入税額について「割戻し計算」を適用している場合

本経過措置の適用を受ける場合においても「割戻し計算」により計算する必要があります。

課税期間中に行った本経過措置の適用を受ける課税仕入れに係る支払対価の額の合計金額に110分の7.8（軽減税率の対象となる場合は108分の6.24）を乗じて算出した金額に100分の80（注）を乗じて算出します（改正令附則22①二、23①二）。

（注）　経過措置を適用できる期間に応じた割合は、以下のとおりとなります。

期　間	割　合
令和５年10月１日から令和８年９月30日まで	仕入税額相当額の80%
令和８年10月１日から令和11年９月30日まで	仕入税額相当額の50%

消費税法等の施行に伴う法人税の取扱いについて

（令和３年２月９日付課法２－６による改正後）

（用語の意義）

1　この通達において、次に掲げる用語の意義は、それぞれ次に定めるところによる。（平成９年課法２－１、令元年課法２－10、令３年課法２－６により改正）

⑴　法　法人税法（昭和40年法律第34号）をいう。

⑵　令　法人税法施行令（昭和40年政令第97号）をいう。

⑶　消法　消費税法（昭和63年法律第108号）をいう。

⑷　消法令　消費税法施行令（昭和63年政令第360号）をいう。

⑸　措置法　租税特別措置法（昭和32年法律第26号）をいう。

⑹　消費税等　消費税及び地方消費税をいう。

⑺　税抜経理方式　消費税等の額とこれに係る取引の対価の額とを区分して経理をする方式をいう。

⑻　税込経理方式　消費税等の額とこれに係る取引の対価の額とを区分しないで経理をする方式をいう。

⑼　課税期間　消法第19条第１項《課税期間》に規定する課税期間をいう。

⑽　課税仕入れ等　消法第２条第１項第12号《定義》に規定する課税仕入れ又は同項第２号に規定する保税地域からの同項第11号に規定する課税貨物の引取りをいう。

⑾　特定課税仕入れ　消法第５条第１項《納税義務者》に規定する特定課税仕入れをいう。

⑿　仮受消費税等の額　課税期間中に行った消法第２条第１項第９号に規定する課税資産の譲渡等につき課されるべき消費税の額及び当該消費税の額を課税標準として課されるべき地方消費税の額に相当する金額をこれらに係る取引の対価の額と区分する経理をする場合における当該課されるべき消費税の額及び当該課されるべき地方消費税の額に相当する金額をいう。

⒀　仮払消費税等の額　課税期間中に行った課税仕入れ等に係る消法第30条第２項《仕入れに係る消費税額の控除》に規定する課税仕入れ等の税額及び当該課税仕入れ等の税額に係る地方消費税の額に相当する金額（以下⒂までにおいて

「課税仕入れ等に係る消費税額等」という。）をこれらに係る取引の対価の額と区分する経理をする場合における当該課税仕入れ等に係る消費税額等をいう。

⒁　控除対象外消費税額等　令第139条の４第５項《資産に係る控除対象外消費税額等の損金算入》の「控除をすることができない金額及び当該控除をすることができない金額に係る地方消費税の額に相当する金額の合計額」をいう。

⒂　控除対象消費税額等　消法第30条第１項の規定の適用を受ける場合における課税仕入れ等に係る消費税額等のうち控除対象外消費税額等以外の金額をいう。

（税抜経理方式と税込経理方式の選択適用）

2　法人（消法第９条第１項本文《小規模事業者に係る納税義務の免除》の規定により消費税を納める義務が免除されるものを除く。以下３の２までにおいて同じ。）が行う取引に係る消費税等の経理処理につき、当該法人の行う全ての取引について税抜経理方式又は税込経理方式のいずれかの方式に統一していない場合には、その行う全ての取引についていずれかの方式を適用して法人税の課税所得金額を計算するものとする。ただし、法人が売上げ等の収益に係る取引につき税抜経理方式で経理をしている場合において、固定資産、繰延資産及び棚卸資産（以下「固定資産等」という。）の取得に係る取引又は販売費及び一般管理費等（以下「経費等」という。）の支出に係る取引のいずれかの取引について税込経理方式で経理をしたときは、当該取引については税込経理方式を、当該取引以外の取引にあっては税抜経理方式を適用して法人税の課税所得金額を計算する。（平９年課法２－１、令元年課法２－10、令３年課法２－６により改正）

㈱　ただし書の適用に当たっては、固定資産等のうち棚卸資産の取得に係る取引について、固定資産及び繰延資産と異なる方式を適用した場合には、継続して適用した場合に限りその適用した方式によるほか、次に定めるところによる。

⑴　個々の固定資産等又は個々の経費等ごとに異なる方式を適用しない。

⑵　消費税と地方消費税について異なる方式を適用しない。

（売上げと仕入れで経理方式が異なる場合の取扱い）

3　法人が国内において行う売上げ等の収益に係る取引について税込経理方式で経理をしている場合には、固定資産等の取得に係る取引又は経費等の支出に係る取引の全部又は一部について税抜経理方式で経理をしている場合であっても、2《税抜経理方式と税込経理方式の選択適用》にかかわらず、税込経理方式を適用して法人税の課税所得金額を計算することに留意する。(令3年課法2－6により追加)

㈨ この取扱いは、消法第6条第1項《非課税》の規定により消費税を課さないこととされている資産の譲渡等のみを行う法人が、固定資産等の取得に係る取引又は経費等の支出に係る取引の全部又は一部について税抜経理方式で経理をしている場合についても同様とする。

(仮受消費税等又は仮払消費税等と異なる金額で経理をした場合の取扱い)

3の2 法人が行う取引に係る消費税等の経理処理について税抜経理方式によっている場合において、次に掲げる場合に該当するときは、それぞれ次に定めるところにより法人税の課税所得金額を計算することに留意する。(令3年課法2－6により追加)

(1) 仮受消費税等の額又は仮払消費税等の額を超える金額を取引の対価の額から区分して経理をしている場合　その超える部分の金額を売上げ等の収益に係る取引の対価の額又は固定資産等の取得に係る取引若しくは経費等の支出に係る取引の対価の額に含める。

㈨ 減価償却資産の取得に係る取引において仮払消費税等の額を超えて取引の対価の額から区分して経理をしたことによりその取得価額に含まれることとなる金額につき損金経理をしている場合には、その損金経理をした金額は法第31条第1項《減価償却資産の償却費の計算及びその償却の方法》に規定する「償却費として損金経理をした金額」に含まれるものとする。

(2) 仮受消費税等の額又は仮払消費税等の額に満たない金額を取引の対価の額から区分して経理をしている場合　その満たない部分の金額を売上げ等の収益に係る取引の対価の額又は固定資産等の取得に係る取引若しくは経費等の支出に係る取引の対価の額から除く。

(期末一括税抜経理方式)

4 税抜経理方式による経理処理は、原則として取引(請求書の交付を含む。)の都度行うのであるが、消法令第46条第2項《課税仕入れに係る消費税額の計算》

の規定の適用を受ける場合を除き、その経理処理を事業年度終了の時において一括して行うことができるものとする。（令３年課法２－６により改正）

（免税事業者の消費税等の処理）

5　消法第９条第１項本文《小規模事業者に係る納税義務の免除》の規定により消費税を納める義務が免除される法人については、その行う取引について税抜経理方式で経理をしている場合であっても、２《税抜経理方式と税込経理方式の選択適用》にかかわらず、税込経理方式を適用して法人税の課税所得金額を計算することに留意する。（平９年課法２－１、令３年課法２－６により改正）

（特定課税仕入れに係る消費税等の額）

5の2　特定課税仕入れの取引については、取引時において消費税等の額に相当する金銭の受払いがないのであるから、税抜経理方式を適用することとなる法人であっても、当該特定課税仕入れの取引の対価の額と区分すべき消費税等の額はないことに留意する。

ただし、法人が当該特定課税仕入れの取引につき課されるべき消費税の額及び当該消費税の額を課税標準として課されるべき地方消費税の額に相当する金額を当該取引の対価の額と区分して、例えば、仮受金及び仮払金等としてそれぞれ計上するなど仮勘定を用いて経理をしている場合には、当該仮受金又は仮払金等として経理をした金額はそれぞれ仮受消費税等の額又は仮払消費税等の額に該当するものとして、法人税の課税所得金額を計算することに留意する。（平27年課法２－８により追加、令３年課法２－６により改正）

㈡　この取扱いによった場合においても、２《税抜経理方式と税込経理方式の選択適用》の適用については、税込経理方式で経理をしたことにはならないことに留意する。

（仮払消費税等及び仮受消費税等の清算）

6　税抜経理方式を適用することとなる法人は、課税期間の終了の時における仮受消費税等の額の合計額から仮払消費税等の額の合計額（控除対象外消費税額等に相当する金額を除く。以下６において同じ。）を控除した金額と当該課税期間に係る納付すべき消費税等の額とに差額が生じた場合は、当該差額については、当

経理通達

該課税期間を含む事業年度において益金の額又は損金の額に算入するものとする。

課税期間の終了の時における仮払消費税等の額の合計額から仮受消費税等の額の合計額を控除した金額と当該課税期間に係る還付を受ける消費税等の額とに差額が生じた場合についても同様とする。（平９年課法２－１、平27年課法２－８、令３年課法２－６により改正）

（消費税等の損金算入の時期）

7　税込経理方式を適用することとなる法人が納付すべき消費税等の額は、納税申告書に記載された税額については当該納税申告書が提出された日の属する事業年度の損金の額に算入し、更正又は決定に係る税額については当該更正又は決定があった日の属する事業年度の損金の額に算入する。ただし、当該法人が申告期限未到来の当該納税申告書に記載すべき消費税等の額を損金経理により未払金に計上したときの当該金額については、当該損金経理をした事業年度の損金の額に算入する。（平９年課法２－１、令３年課法２－６により改正）

（消費税等の益金算入の時期）

8　税込経理方式を適用することとなる法人が還付を受ける消費税等の額は、納税申告書に記載された税額については当該納税申告書が提出された日の属する事業年度の益金の額に算入し、更正に係る税額については当該更正があった日の属する事業年度の益金の額に算入する。ただし、当該法人が当該還付を受ける消費税等の額を収益の額として未収入金に計上したときの当該金額については、当該収益に計上した事業年度の益金の額に算入する。（平９年課法２－１、令３年課法２－６により改正）

（少額の減価償却資産の取得価額等の判定）

9　令第133条《少額の減価償却資産の取得価額の損金算入》、令第133条の２《一括償却資産の損金算入》又は令第134条《繰延資産となる費用のうち少額のものの損金算入》の規定を適用する場合において、これらの規定における金額基準を満たしているかどうかは、法人がこれらの規定の適用がある減価償却資産に係る取引につき適用することとなる税抜経理方式又は税込経理方式に応じ、その適用することとなる方式により算定した価額により判定することに留意する。

措置法に規定する特別償却等において定められている金額基準又は措置法第61条の4第6項第2号《交際費等の損金不算入》に規定する金額基準についても、同様とする。（平10年課法2－7、平19年課法2－3、平26年課法2－6、令3年課法2－6、令4課法2－14により改正）

（資産の評価損益等に係る時価）

10　資産又は時価評価資産について、次に掲げる規定を適用する場合におけるそれぞれ次に定める価額は、当該資産又は当該時価評価資産につき法人が適用することとなる税抜経理方式又は税込経理方式に応じ、その適用することとなる方式による価額をいうものとする。（平16年課法2－10、平19年課法2－3、平22年課法2－7、平29年課法2－17、令3年課法2－6、令4課法2－14により改正）

⑴　法第25条第3項《資産の評価益》　令第24条の2第5項第1号《再生計画認可の決定に準ずる事実等》に規定する「当該再生計画認可の決定があった時の価額」

⑵　法第33条第2項《資産の評価損》　同項に規定する「評価換えをした日の属する事業年度終了の時における当該資産の価額」

⑶　法第33条第4項　令第68条の2第4項第1号《再生計画認可の決定に準ずる事実等》に規定する「当該再生計画認可の決定があった時の価額」

⑷　法第62条の9第1項《非適格株式交換等に係る株式交換完全子法人等の有する資産の時価評価損益》　同項に規定する「時価評価資産」に係る「非適格株式交換等の直前の時の価額」又は「その時の価額」

⑸　法第64条の11第1項《通算制度の開始に伴う資産の時価評価損益》同項に規定する「時価評価資産」に係る「その時の価額」

⑹　法第64条の12第1項《通算制度への加入に伴う資産の時価評価損益》同項に規定する「時価評価資産」に係る「その時の価額」

⑺　法第64条の13第1項《通算制度からの離脱等に伴う資産の時価評価損益》同項に規定する「時価評価資産」に係る「その時の価額」

㈡　令第123条の11第1項第5号《非適格株式交換等に係る株式交換完全子法人等の有する資産の時価評価損益》又は第131条の15第1項第5号《通算制度の開始に伴う資産の時価評価損益》、第131条の16第1項第3号《通算制度への加入に伴う資産の時価評価損益》若しくは第131条の17第３項第４号《通算制度からの離脱等に伴う資産の時価評価損益》に規定する「資産の価額」についても、同様とする。

(寄附金に係る時価)

11　法第37条第７項及び第８項《寄附金の損金不算入》の規定を適用する場合における「資産のその贈与の時における価額」又は「資産のその譲渡の時における価額」は、当該資産につき法人が適用することとなる税抜経理方式又は税込経理方式に応じ、その適用することとなる方式による価額をいい、「経済的な利益のその供与の時における価額」は、売上げ等の収益に係る取引につき法人が適用することとなる方式に応じ、その適用することとなる方式による価額をいうものとする。(平16年課法２－10、令３年課法２－６により改正)

(交際費等に係る消費税等の額)

12　法人が支出した措置法第61条の４第６項《交際費等の損金不算入》に規定する交際費等（以下「交際費等」という。）に係る消費税等の額は、交際費等の額に含まれることに留意する。

ただし、法人が当該交際費等の支出に係る取引につき税抜経理方式を適用することとなる場合には、当該交際費等に係る課税仕入れ等の消費税等の額のうち控除対象消費税額等は交際費等の額に含めないものとする。(平26年課法２－６、平28年課法２－11、令４年課法２－14により改正)

(注)

1　税込経理方式を適用することとなる場合には、交際費等に係る課税仕入れ等の消費税等の額は、その全額が交際費等の額に含まれることになる。

2　税抜経理方式を適用することとなる場合における交際費等に係る課税仕入れ等の消費税の額のうち控除対象外消費税額等に相当する金額は、交際費等の額に含まれることになる。

3　２により交際費等の額に含まれることとなる金額のうち、措置法第61条の４第６項に規定する飲食費に係る金額については、同項の飲食費の額に含まれる。

4　控除対象外消費税額等のうち特定課税仕入れ（その支払対価の額が交際費等

の額に該当するものに限る。）に係る金額は、本文の「交際費等に係る課税仕入れ等の消費税等の額」に含まれないことに留意する。

(資産に係る控除対象外消費税額等の処理)

13　令第139条の４第５項《資産に係る控除対象外消費税額等の損金算入》に規定する資産に係る控除対象外消費税額等の合計額（以下「資産に係る控除対象外消費税額等」という。）については、同条の規定の適用を受け、又は受けないことを選択することができるが、同条の規定の適用を受ける場合には、資産に係る控除対象外消費税額等の全額について同条の規定を適用することになることに留意する。したがって、法人が資産に係る控除対象外消費税額等の一部について損金経理をしなかった場合には、その損金経理をしなかった資産に係る控除対象外消費税額等については、当該事業年度後の事業年度において同条第４項の規定を適用するのであるから留意する。

（平６年課法２－１、平９年課法２－１、平16年課法２－10、令３年課法２－６、令４年課法２－14により改正）

(注)　この取扱いの後段の適用を受ける場合において、法人が資産に係る控除対象外消費税額等の一部について資産の取得価額に算入したときは、その資産の取得価額に算入した資産に係る控除対象外消費税額等は、当該資産の取得価額から除いて法人税の課税所得金額を計算することに留意する。

(資産の範囲)

14　令第139条の４《資産に係る控除対象外消費税額等の損金算入》の資産には、棚卸資産、固定資産のほか繰延資産が含まれるが、前払費用（一定の契約に基づき継続的に役務の提供を受けるために支出した費用のうち当該事業年度終了の時においてまだ提供を受けていない役務に対応するものをいう。）は含まれないことに留意する。

（平６年課法２－１、平16年課法２－10、令３年課法２－６により改正）

(適格請求書発行事業者以外の者から行った課税仕入れに係る消費税等の処理)

14の２　国内において行った消法第２条第１項第７号の２《定義》に規定する適格請求書発行事業者以外の者から行った同項第12号に規定する課税仕入れ（特定課

税仕入れ並びに消法令第46条第１項第５号及び第６号《課税仕入れに係る消費税額の計算》に掲げる課税仕入れを除く。）に係る取引について税抜経理方式で経理をしている場合であっても、その取引の対価の額と区分して経理をした消費税等の額に相当する金額を当該課税仕入れに係る取引の対価の額に含めて法人税の課税所得金額を計算することになることに留意する。（令３年課法２－６により追加）

㈱１　３の２⑴㈱《仮受消費税等又は仮払消費税等と異なる金額で経理をした場合の取扱い》の取扱いは、本文の取扱いの適用を受ける場合についても同様とする。

２　本文の取扱いによった場合においても、２《税抜経理方式と税込経理方式の選択適用》の適用については、税込経理方式で経理をしたことにはならないことに留意する。

（控除対象外消費税額等の対象となる消費税法の規定）

14の３　税抜経理方式を適用することとなる法人が国内において行う課税仕入れ等（消法第２条第１項第７号の２《定義》に規定する適格請求書発行事業者以外の者から行った同項第12号に規定する課税仕入れ（特定課税仕入れ並びに消法令第46条第１項第５号及び第６号《課税仕入れに係る消費税額の計算》に掲げる課税仕入れを除く。）を除く。）につき、消法第30条第２項《仕入れに係る消費税額の控除》のほか、例えば、次の規定の適用を受ける場合には、当該規定の適用を受ける取引に係る仮払消費税等の額は、控除対象外消費税額等となることに留意する。（令３年課法２－６により追加）

⑴　消法第30条第７項及び第10項から第12項まで（同条第７項及び第11項にあっては、ただし書を除く。）

⑵　消法第36条第５項《納税義務の免除を受けないこととなった場合等の棚卸資産に係る消費税額の調整》

（附則）

（経過的取扱い⑴……改正前の消費税法等の適用がある場合）

改正法令（所得税法及び消費税法の一部を改正する法律（平成６年法律第109号）、地方税法等の一部を改正する法律（平成６年法律第111号）及び地方税法等の一部を改正する法律の一部の施行に伴う関係政令の整備等に関する政令（平成９年政令第17号））による改正前の消費税法及び法人税法施行令の規定の適用を受ける場合の取扱いについては、この通達の改正前の取扱いの例による。（平９年課法２－１により追加）

（経過的取扱い⑵……限界控除の適用がある場合）

所得税法及び消費税法の一部を改正する法律（平成６年法律第109号）附則第20条《小規模事業者等に係る限界控除に関する経過措置》によりなお効力を有することとされる旧消費税法第40条《小規模事業者等に係る限界控除》の適用がある場合の取扱いについては、改正前の６《仮払消費税及び仮受消費税の清算》の取扱いの例による。この場合において、改正前の６中「消費税」とあるのは「消費税等」と、「仮受消費税」とあるのは「仮受消費税等」と、「仮払消費税」とあるのは「仮払消費税等」と、「控除対象外消費税額」とあるのは「控除対象外消費税額等」とする。（平９年課法２－１により追加）

（経過的取扱い）

この法令解釈通達による改正後の取扱いは、平成26年４月１日以後に行う消費税法第２条第１項第12号に規定する課税仕入れ（社会保障の安定財源の確保等を図る税制の抜本的な改革を行うための地方税法及び地方交付税法の一部を改正する法律附則第４条第３項に規定する経過措置対象課税仕入れ等で同項第４号又は第５号に掲げるものに該当するもの（以下「経過措置対象課税仕入れ」という。）を除く。）及び同日以後に消費税法第２条第１項第２号に規定する保税地域から引き取る同項第11号に規定する課税貨物について適用し、同日前に行った同項第12号に規定する課税仕入れ（経過措置対象課税仕入れを含む。）及び同日前に同項第２号に規定する保税地域から引き取った同項第11号に規定する課税貨物については、なお従前の例による。（平成26年課法２－１により追加）

（経過的取扱い⑴……改正通達の適用時期）

別に定めるものを除き、この法令解釈通達による改正後の取扱いは、令和５年10月１日以後に国内において法人が行う資産の譲渡等（消法第２条第１項第８号《定義》に規定する資産の譲渡等をいう。以下同じ。）、国内において法人が行う課税仕入れ（同項第12号に規定する課税仕入れをいう。以下同じ。）及び保税地域（同項第２号に規定する保税地域をいう。以下同じ。）から引き取られる課税貨物（同項第11号に規定する課税貨物をいう。以下同じ。）に係る消費税について適用し、同日前に国内において法人が行った資産の譲渡等、国内において法人が行った課税仕入れ及び保税地域から引き取った課税貨物に係る消費税については、なお従前の例による。（令３年課法２－６により追加）

（経過的取扱い⑵……適格請求書発行事業者以外の者から行った課税仕入れに係る税額控除に関する経過措置）

法人が国内において行った課税仕入れ等につき、所得税法等の一部を改正する法律（平成28年法律第15号。以下「平成28年改正法」という。）附則第52条第１項《適格請求書発行事業者以外の者から行った課税仕入れに係る税額控除に関する経過措置》（消費税法施行令等の一部を改正する政令（平成30年政令第135号。以下「平成30年改正令」という。）附則第22条第３項又は第４項《適格請求書発行事業者以外の者から行った課税仕入れに係る消費税額の計算に関する経過措置》の規定により読み替えて適用する場合を含む。以下同じ。）の規定の適用を受ける場合には、この法令解釈通達による改正後の14の２《適格請求書発行事業者以外の者から行った課税仕入れに係る消費税等の処理》の取扱いは、適用しない。この場合において、当該課税仕入れ等に係る取引について税抜経理方式を適用するときは、法人税法施行令等の一部を改正する政令（平成30年政令第132号）附則第14条第３項《資産に係る控除対象外消費税額等の損金算入に関する経過措置》の規定による読替え後の令第139条の４第５項《資産に係る控除対象外消費税額等の損金算入》に規定する当該課税仕入れ等の税額及び当該課税仕入れ等の税額に係る地方消費税の額に相当する金額の合計額をこの法令解釈通達による改正後の１⒀《用語の意義》に規定する仮払消費税等の額とする。

平成28年改正法附則第53条第１項《適格請求書発行事業者以外の者から行った課税仕入れに係る税額控除に関する経過措置》（平成30年改正令附則第23条第３項又は第４項《適格請求書発行事業者以外の者から行った課税仕入れに係る消費税額の計算に関する経過措置》の規定により読み替えて適用する場合を含む。）の規定の適用を受ける場合についても同様とする。（令３年課法２－６により追加、令和４年課法２－14により改正）

（経過的取扱い⑴…連結申告法人に改正前の法等の適用がある場合）

所得税法等の一部を改正する法律（令和２年法律第８号。以下「令和２年改正法」という。）による改正前の法第２条第16号《定義》に規定する連結申告法人が連結改正法令（令和２年改正法のうち令和２年改正法第３条の規定（令和２年改正法附則第１条第５号ロに掲げる改正規定に限る。）及び第16条の規定に係る部分、法人税法施行令等の一部を改正する政令（令和２年政令第207号）並びに法人税法施行規則等の一部を改正する省令（令和２年財務省令第56号）をいう。）及び４年改正法令（所得税法等の一部を改正する法律（令和４年法律第４号）、法人税法施行令等の一部を改正する政令（令和４年政令第137号）、租税特別措置法施行令等の一部を改正する政令（令和４年政令第148号）、法人税法施行規則等の一部を改正する省令（令和４年財務省令第14号）及び租税特別措置法施行規則等の一部を改正する省令（令和４年財務省令第23号）をいう。）による改正前の法、令及び法人税法施行規則並びに措置法、租税特別措置法施行令及び租税特別措置法施行規則の規定の適用を受ける場合の取扱いについては、この法令解釈通達による改正前の15《連結納税に係る取扱い》の取扱いの例による。（令和４年課法２－14により追加）

（経過的取扱い⑵……改正通達の適用時期）

この法令解釈通達による改正後の12《交際費等に係る消費税等の額》の取扱い（「措置法第61条の４第４項」を「措置法第61条の４第６項」に改める部分を除く。）は、令和５年10月１日以後に国内において法人が行う課税仕入れ（消法第２条第１項第12号《定義》に規定する課税仕入れをいう。以下同じ。）及び同日以後に法人が保税地域（同項第２号に規定する保税地域をいう。以下同じ。）から引き取る課税貨物（同項第11号に規定する課税貨物をいう。以下同じ。）に係る消費税について適用し、同日前に国内において法人が行った課税仕入れ及び同日前に法人が保税地域から引き取った課税貨物に係る消費税については、なお従前の例による。（令和４年課法２－14により追加）

令和３年改正消費税経理通達関係Ｑ＆Ａ

令和５年 10 月１日から消費税の仕入税額控除制度において適格請求書等保存方式（いわゆる「インボイス制度」）が導入されます。

これに伴い、国税庁では令和３年２月に平成元年３月１日付直法２－１「消費税法等の施行に伴う法人税の取扱いについて」（法令解釈通達）（以下「消費税経理通達」といいます。）の改正を行いました。

このＱ＆Ａは、具体的な事例に関して、改正後の消費税経理通達を基に、法人税の所得金額の計算における消費税及び地方消費税の取扱いをまとめたものです。

令和３年２月
国　税　庁
法人番号 7000012050002

〔凡　　例〕

○　文中、文末引用の法令等の略称は以下のとおりです。

28年改正法………所得税法等の一部を改正する法律（平成28年法律第15号）
30年改正令………法人税法施行令等の一部を改正する政令（平成30年政令第132号）
法法………………法人税法（昭和40年法律第34号）
法令………………法人税法施行令（昭和40年政令第97号）
法規………………法人税法施行規則（昭和40年大蔵省令第12号）
新消法……………28年改正法による改正後の消費税法（昭和63年法律第108号）
旧消法……………28年改正法による改正前の消費税法（昭和63年法律第108号）
措法………………租税特別措置法（昭和32年法律第26号）
別表………………法人税確定申告書別表
消費税経理通達…平成元年３月１日付直法２－１「消費税法等の施行に伴う法人税の取扱いについて」（法令解釈通達）
新経理通達………令和３年２月９日付課法２－６「『消費税法等の施行に伴う法人税の取扱いについて』の一部改正について」（法令解釈通達）による改正後の消費税経理通達
旧経理通達………令和３年２月９日付課法２－６「『消費税法等の施行に伴う法人税の取扱いについて』の一部改正について」（法令解釈通達）による改正前の消費税経理通達
経過的取扱い……令和３年２月９日付課法２－６「『消費税法等の施行に伴う法人税の取扱いについて』の一部改正について」（法令解釈通達）経過的取扱い

※　このＱ＆Ａは、令和３年２月９日現在公布されている法令及び同日現在の通達に基づいて作成しています。

《目　次》

Ⅰ　令和３年２月の消費税経理通達の改正の趣旨

問１　令和３年２月の消費税経理通達の改正の趣旨を教えてください。

【回答】

消費税の納付税額は、税の累積を排除するため、課税売上げに係る消費税額から課税仕入れ等に係る消費税額を控除して算出することとされており、この控除することを「仕入税額控除」といいます。

令和５年10月１日からは、複数税率に対応した消費税の仕入税額控除の方式として「適格請求書等保存方式」（以下「インボイス制度」といいます。）が導入され、インボイス制度の下では、仕入税額控除の要件として、原則、税務署長に申請して登録を受けた課税事業者である「適格請求書発行事業者」から交付を受けた「適格請求書」等の保存が必要になります（新消法30⑦⑧⑨）。

この仕入税額控除の適用を受ける課税仕入れに係る消費税額は、インボイス制度導入前においては、課税仕入れに係る支払対価の額に110分の7.8（軽減税率の対象となる場合は108分の6.24）を乗じて算出した金額とされています（旧消法30①、28年改正法附則34②）。

一方、インボイス制度導入後においては、仕入税額控除の適用を受ける課税仕入れに係る消費税額は、適格請求書又は適格簡易請求書の記載事項に基づき計算した金額その他の政令で定めるところにより計算した金額とされ、適格請求書発行事業者以外の者（消費者、免税事業者又は登録を受けていない課税事業者）から行った課税仕入れは、原則として仕入税額控除の適用を受けることができなくなります（新消法30①）。

ところで、消費税の納税義務者である法人は、法人税の所得金額の計算に当たり、消費税及び地方消費税（以下「消費税等」といいます。）の経理処理については、

・　消費税等の額とこれに係る取引の対価の額とを区分して経理する「税抜経理方式」と、
・　消費税等の額とこれに係る取引の対価の額とを区分しないで経理する「税込経理方式」

とのうちいずれかを選択できることとされています（旧経理通達３）。

このうち、税抜経理方式によった場合、インボイス制度導入前は、課税仕入れに係る仮払消費税等の額として計上する金額は、地方消費税も加味したところで、課税仕入れに係る支払対価の額（消費税等の額がある場合にはその額を含みます。以下同じです。）に110分の10（軽減税率の対象となる場合は108分の８）を乗じて算出した金額に相当する額とされていました。例えば、法人が国内において資産（軽減税率の対象ではないものとします。）を取得し、対価として11,000円を支払った場合の仕訳は、次のようになります。

（借方）	資　　産	10,000円	（貸方）	現　　金	11,000円
	仮払消費税等	1,000円			

しかしながら、インボイス制度導入後は、課税仕入れであっても適格請求書又は適格簡易請求書の保存がないものは原則として仕入税額控除の適用を受けることができないため、適格請求書発行事業者以外の者からの課税仕入れ（古物営業を営む者が棚卸資産を取得する取引等を除きます。以下同じです。）について仕入税額控除の適用を受ける課税仕入れに係る消費税額はないこととなります。この点、法人税では、仕入税額控除の適用を受ける課税仕入れ等の税額及び当該課税仕入れ等の税額に係る地方消費税の額に相当する金額の合計額が仮払消費税等の

額とされていますので、税務上は仮払消費税等の額がないこととなります（法令139の4⑤⑥、法規28②）。

このため、令和3年2月、消費税経理通達を改正し、仮に法人が適格請求書発行事業者以外の者からの課税仕入れについてインボイス制度導入前のように仮払消費税等の額として経理した金額があっても、税務上は当該仮払消費税等の額として経理した金額を取引の対価の額に算入して法人税の所得金額の計算を行うことを明らかにしました。具体的な税務調整の例については、以下の問を参照してください。

※　消費税経理通達と同日に改正された平成元年3月29日付直所3－8ほか1課共同「消費税法等の施行に伴う所得税の取扱いについて」（法令解釈通達）（以下「所得税に係る消費税経理通達」といいます。）についても、同様の改正の趣旨となります。

〔参考〕適格請求書発行事業者以外の者からの課税仕入れに係る経過措置

インボイス制度導入後6年間は、適格請求書発行事業者以外の者からの課税仕入れについても、仕入税額相当額の一定割合を課税仕入れに係る消費税額とみなす経過措置が設けられています。

具体的には、次の課税仕入れの区分に応じてそれぞれ次の算式により算出した金額が仕入税額控除の適用を受ける課税仕入れに係る消費税額に該当します（28年改正法附則52、53）。

・令和5年10月1日から令和8年9月30日までの間に行われた課税仕入れ

（当該課税仕入れに係る支払対価の額）×（7.8/110）※×（80/100）＝ 仕入税額控除の適用を受ける課税仕入れに係る消費税額

・令和8年10月1日から令和11年9月30日までの間に行われた課税仕入れ

（当該課税仕入れに係る支払対価の額）×（7.8/110）※×（50/100）＝ 仕入税額控除の適用を受ける課税仕入れに係る消費税額

※　軽減税率が適用される場合は108分の6.24。

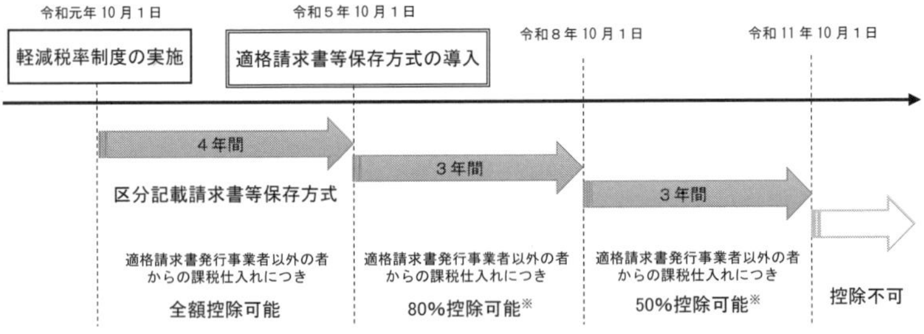

※　この経過措置による仕入税額控除の適用に当たっては、適格請求書発行事業者以外の者から受領する区分記載請求書等と同様の事項が記載された請求書等及びこの経過措置の適用を受ける旨（80%控除・50%控除の特例を受ける課税仕入れである旨）を記載した帳簿の保存が必要です。

Ⅱ　免税事業者から課税仕入れを行った場合の法人税の取扱い

問２　当社（飲食業）は、インボイス制度導入後である令和11年10月１日に免税事業者から国内にある店舗用の建物を取得し、その対価として1,100万円を支払いました。当社は税抜経理方式で経理していますが、この場合の課税仕入れに係る法人税の取扱いはどうなりますか。

【回答】

1,100万円を建物の取得価額として法人税の所得金額の計算を行うことになります。

【解説】

インボイス制度導入後（令和11年10月１日以降）は、課税仕入れであっても適格請求書又は適格簡易請求書の保存がないものは仕入税額控除の適用を受けることができないため、適格請求書発行事業者以外の者（消費者、免税事業者又は登録を受けていない課税事業者）からの課税仕入れについて仕入税額控除の適用を受ける課税仕入れに係る消費税額はないこととなります（新消法30①）。

このため、法人が税抜経理方式で経理している場合において、適格請求書発行事業者以外の者からの課税仕入れについて仮払消費税等の額として取引の対価の額と区分して経理する金額はなく、支払対価の額を建物の取得価額として法人税の所得金額の計算を行うことになります（新経理通達14の２）。

※　所得税に係る消費税経理通達についても同様の取扱いとなります（所得税に係る消費税経理通達11の２）。

問３　当社（飲食業）は、インボイス制度導入後である令和５年10月１日に免税事業者から国内にある店舗用の建物を取得し、その対価として1,100万円を支払いました。当社は税抜経理方式で経理していますが、この場合の課税仕入れに係る法人税の取扱いはどうなりますか。

【回答】

支払対価の額のうち、80万円を仮払消費税等の額として取引の対価から区分し、1,020万円を建物の取得価額として法人税の所得金額の計算を行うことになります。

【解説】

インボイス制度導入後、令和５年10月１日から令和８年９月30日までの間に行われた適格請求書発行事業者以外の者（消費者、免税事業者又は登録を受けていない課税事業者）からの課税仕入れについては、当該課税仕入れに係る支払対価の額に110分の7.8（軽減税率の対象となる場合は108分の6.24）を乗じて算出した金額に100分の80を乗じて算出した金額を課税仕入れに係る消費税額とみなすこととされています（28年改正法附則52①）。すなわち、インボイス制度導入前の課税仕入れに係る消費税額の80％相当額について仕入税額控除の適用を受けることができます。

このため、法人が税抜経理方式で経理している場合において、適格請求書発行事業者以外の者からの課税仕入れについて、支払対価の額のうちインボイス制度導入前の仮払消費税等の額の80％相当額を仮払消費税等の額とし、残額を建物の取得価額として法人税の所得金額の計算を行うことになります（新経理通達３の２、経過的取扱い⑵）。

※　所得税に係る消費税経理通達についても同様の取扱いとなります（所得税に係る消費税経理通達３の２、令和３年２月９日付課個２－３「『消費税法等の施行に伴う所得税の取扱いについて』の一部改正について」（法令解釈通達）経過的取扱い⑵）。

問４　当社（飲食業）は、インボイス制度導入後である令和８年10月１日に免税事業者から国内にある店舗用の建物を取得し、その対価として1,100万円を支払いました。当社は税抜経理方式で経理していますが、この場合の課税仕入れに係る法人税の取扱いはどうなりますか。

【回答】

支払対価の額のうち、50万円を仮払消費税等の額として取引の対価から区分し、1,050万円を建物の取得価額として法人税の所得金額の計算を行うことになります。

【解説】

インボイス制度導入後、令和８年10月１日から令和11年９月30日までの間に行われた適格請求書発行事業者以外の者（消費者、免税事業者又は登録を受けていない課税事業者）からの課税仕入れについては、当該課税仕入れに係る支払対価の額に110分の7.8（軽減税率の対象となる場合は108分の6.24）を乗じて算出した金額に100分の50を乗じて算出した金額を課税仕入れに係る消費税額とみなすこととされています（28年改正法附則53①）。すなわち、インボイス制度導入前の課税仕入れに係る消費税額の50％相当額について仕入税額控除の適用を受けることができます。

このため、法人が税抜経理方式で経理している場合において、適格請求書発行事業者以外の者からの課税仕入れについて、支払対価の額のうちインボイス制度導入前の仮払消費税等の額の50％相当額を仮払消費税等の額とし、残額を建物の取得価額として法人税の所得金額の計算を行うことになります（新経理通達３の２、経過的取扱い⑵）。

※　所得税に係る消費税経理通達についても同様の取扱いとなります（所得税に係る消費税経理通達３の２、令和３年２月９日付課個２－３「『消費税法等の施行に伴う所得税の取扱いについて』の一部改正について」（法令解釈通達）経過的取扱い⑵）。

Ⅲ　会計上、インボイス制度導入前の金額で仮払消費税等を計上した場合の法人税の取扱い

インボイス制度導入後は、原則として※、適格請求書発行事業者以外の者からの課税仕入れについては、税務上、仮払消費税等の額はないこととなります。

しかしながら、法人の会計においては、消費税等の影響を損益計算から排除する目的や、そもそも会計ソフトがインボイス制度に対応していないなどの理由で、適格請求書発行事業者以外の者からの課税仕入れについてインボイス制度導入前と同様に、支払対価の額に 110 分の 10（軽減税率の対象となる場合は 108 分の８）を乗じて算出した金額を仮払消費税等の額として経理することも考えられます。こうしたケースにおける具体的な税務調整の例については、以下の問を参照してください。

※　インボイス制度導入後６年間は、適格請求書発行事業者以外の者からの課税仕入れについても、仕入税額相当額の一定割合を課税仕入れに係る消費税額とみなす経過措置が設けられています（問１の「**〔参考〕適格請求書発行事業者以外の者からの課税仕入れに係る経過措置**」をご覧ください。）。

問５　当社（９月決算法人、飲食業）は、インボイス制度導入後である令和 11 年 10 月１日に免税事業者から国内にある店舗用の建物を取得し、その対価として 1,100 万円を支払いました。当社は税抜経理方式で経理しており、本件取引について支払対価の額の 110 分の 10 相当額を仮払消費税等の額として経理し、決算時に雑損失として計上しましたが、この場合の課税仕入れに係る法人税の取扱いはどうなりますか。

なお、この建物は取得後直ちに事業の用に供しており、耐用年数 20 年で定額法により減価償却費を算出しています。

〔取得時〕

（借方）	建物	10,000,000 円	（貸方）	現金	11,000,000 円
	仮払消費税等	1,000,000 円			

〔決算時〕

（借方）	減価償却費	500,000 円	（貸方）	建物	500,000 円
	雑損失	1,000,000 円		仮払消費税等	1,000,000 円

【回答】

以下のような申告調整を行います。

・別表四　所得の金額の計算に関する明細書

区分		総額	処分	
			留保	社外流出
加算	減価償却の償却超過額	950,000 円	950,000 円	

・別表五(一)　利益積立金額及び資本金等の額の計算に関する明細書

Ⅰ　利益積立金額の計算に関する明細書				
区分	期首現在利益積立金額	当期の増減		差引翌期首現在利益積立金額
		減	増	
建物減価償却超過額			950,000 円	950,000 円

【解説】

インボイス制度導入後（令和 11 年 10 月１日以降）は、税務上は適格請求書発行事業者以外の者（消費者、免税事業者又は登録を受けていない課税事業者）からの課税仕入れについて仮払消費税等の額はないこととなるため、仮に法人の会計において仮払消費税等の額として経理した金額がある場合には、その金額を取引の対価の額に算入して法人税の所得金額の計算を行うことになります（新経理通達 14 の２）。

本事例においては、法人の会計上、100 万円を仮払消費税等の額として建物の取得価額と区分して経理していますが、税務上は仮払消費税等の額はないことになりますので、この 100 万円は建物の取得価額に算入することになります。

ところで、本事例においては、建物の取得時に仮払消費税等の額として経理した金額を、決算時に雑損失として計上しています。この雑損失の額は、本来は建物の取得価額に算入すべきものですが、「償却費として損金経理をした金額」として取り扱い、結果として償却限度額を超える部分の 95 万円を減価償却の償却超過額として当該事業年度の所得金額に加算することになります（新経理通達 14 の 2 ㈲ 1 ）。

※　建物減価償却超過額の計算

（10, 000, 000 円＋1, 000, 000 円）×0. 050＝550, 000 円（償却限度額）

（500, 000 円＋1, 000, 000 円）－550, 000 円＝950, 000 円

問６　当社（９月決算法人、小売業）は、インボイス制度導入後である令和12年９月１日に免税事業者から国内にある商品（家具）20個を仕入れ、その対価として220万円（11万円×20個）を支払いました。当社は税抜経理方式で経理しており、本件取引について支払対価の額の110分の10相当額を仮払消費税等の額として経理し、決算時に雑損失として計上しました。また、この商品のうち10個は期末時点で在庫として残っています。この場合の課税仕入れに係る法人税の取扱いはどうなりますか。

〔仕入時〕

（借方）	仕入	2,000,000円	（貸方）	現金	2,200,000円
	仮払消費税等	200,000円			

〔決算時〕

（借方）	商品	1,000,000円	（貸方）	仕入	1,000,000円
	雑損失	200,000円		仮払消費税等	200,000円

【回答】

以下のような申告調整を行います。

・別表四　所得の金額の計算に関する明細書

区分		総額	処分	
			留保	社外流出
加算	雑損失の過大計上	100,000円	100,000円	

・別表五(一)　利益積立金額及び資本金等の額の計算に関する明細書

Ⅰ　利益積立金額の計算に関する明細書				
区分	期首現在利益積立金額	当期の増減		差引翌期首現在利益積立金額
		減	増	
商品			100,000円	100,000円

【解説】

インボイス制度導入後（令和11年10月１日以降）は、税務上は適格請求書発行事業者以外の者（消費者、免税事業者又は登録を受けていない課税事業者）からの課税仕入れについて仮払消費税等の額はないこととなるため、仮に法人の会計において仮払消費税等の額として経理した金額がある場合には、その金額を取引の対価の額に算入して法人税の所得金額の計算を行うことになります（新経理通達14の２）。

本事例においては、法人の会計上、20万円を仮払消費税等の額として商品の取得価額と区分して経理していますが、税務上は仮払消費税等の額はないことになりますので、この20万円は商品の取得価額に算入することになります。

ところで、本事例においては、商品の取得（仕入）時に仮払消費税等の額として経理した金額を、決算時に雑損失として計上しています。この雑損失の額は、本来は商品の取得価額に算入すべきものですが、期中に販売した商品に係る部分の金額は売上原価として当該事業年度の損金の額に算入されますので、期末に在庫として残った商品に係る部分の金額を当該事業年度の所得金額に加算することになります。

問７　当社（９月決算法人、小売業）は、全社員の慰安のため、インボイス制度導入後である令和 12 年９月１日に免税事業者が営む国内の店舗において飲食を行い、その対価として 11 万円を支払いました。当社は税抜経理方式で経理しており、本件取引について支払対価の額の 110 分の 10 相当額を仮払消費税等の額として経理し、決算時に雑損失として計上しました。この場合の課税仕入れに係る法人税の取扱いはどうなりますか。

〔支出時〕

（借方）	福利厚生費	100,000 円	（貸方）	現　　金	110,000 円
	仮払消費税等	10,000 円			

〔決算時〕

（借方）	雑　損　失	10,000 円	（貸方）	仮払消費税等	10,000 円

【回答】

申告調整は不要です。

【解説】

インボイス制度導入後（令和 11 年 10 月１日以降）は、税務上は適格請求書発行事業者以外の者（消費者、免税事業者又は登録を受けていない課税事業者）からの課税仕入れについて仮払消費税等の額はないこととなるため、仮に法人の会計において仮払消費税等の額として経理した金額がある場合には、その金額を取引の対価の額に算入して法人税の所得金額の計算を行うことになります（新経理通達 14 の２）。

本事例においては、法人の会計上、１万円を仮払消費税等の額として福利厚生費と区分して経理していますが、税務上は仮払消費税等の額はないことになりますので、この１万円は福利厚生費の額に算入することになります。

ところで、本事例においては、福利厚生費の支出時に仮払消費税等の額として経理した金額を、決算時に雑損失として計上しています。この雑損失の額は、本来は福利厚生費の額に含めるべきものですが、いずれも当該事業年度の損金の額に算入されることについては変わりありませんので、結果的に申告調整は不要となります。

〔参考〕交際費等の損金不算入制度の適用

新経理通達は、令和５年 10 月１日以後に国内において法人が行う資産の譲渡等又は課税仕入れ等に係る消費税について適用することとされておりますが、交際費等の損金不算入制度は法人が令和４年３月 31 日までの間に開始する各事業年度において支出する交際費等の額がある場合に適用されます（経過的取扱い⑴、措法 61 の４）。このため、新経理通達の適用時における交際費等の損金不算入制度の在り方は不明ですが、仮に現行制度と同様の場合には、本事例の飲食のために要した費用の支出がその得意先、仕入先その他事業に関係のある者等に対する接待、供応、慰安、贈答その他これらに類する行為のために支出するものである場合には、交際費等の額の計算や、交際費等の範囲から除かれる飲食費の金額基準である５千円以下の判定は、本事例における仮払消費税等の額として経理した金額を飲食のために要した費用の額に算入した後の金額により行うことになります（消費税経理通達 12）。

問８　当社（９月決算法人、金融業）は、インボイス制度導入後である令和５年10月１日に免税事業者から国内にある店舗用の建物を取得し、その対価として1,320万円を支払いました。当社は税抜経理方式で経理しており、本件取引について支払対価の額の110分の10相当額を仮払消費税等の額として経理しました。また、当社の消費税の課税期間は事業年度と一致しており、当該課税期間の課税売上割合は50％で、仕入税額控除の計算は一括比例配分方式を適用しているところ、当該事業年度において仮払消費税等の額として経理した金額は本件取引に係る120万円のみで、このほか仮受消費税等の額として経理した金額が120万円ありました。決算時において、納付すべき消費税等の額が72万円算出されたため、仮受消費税等の額から仮払消費税等の額を控除した金額との間に差額が72万円生じることとなり、その差額を雑損失として計上しました。この場合の課税仕入れに係る法人税の取扱いはどうなりますか。

なお、この建物は取得後直ちに事業の用に供しており、耐用年数20年で定額法により減価償却費を算出しています。

〔取得時〕

（借方）	建物	12,000,000円	（貸方）	現金	13,200,000円
	仮払消費税等	1,200,000円			

〔決算時〕

（借方）	減価償却費	600,000円	（貸方）	建物	600,000円
	仮受消費税等	1,200,000円		仮払消費税等	1,200,000円
	雑損失	720,000円		未払消費税等	720,000円

【回答】

以下のような申告調整を行います。

・別表四　所得の金額の計算に関する明細書

区分		総額	処分	
			留保	社外流出
加算	減価償却の償却超過額	228,000円	228,000円	
	控除対象外消費税額等の損金算入限度超過額	432,000円	432,000円	

・別表五(一)　利益積立金額及び資本金等の額の計算に関する明細書

Ⅰ　利益積立金額の計算に関する明細書				
区分	期首現在利益積立金額	当期の増減		差引翌期首現在利益積立金額
		減	増	
建物減価償却超過額			228,000円	228,000円
繰延消費税額等			432,000円	432,000円

【解説】

インボイス制度導入後、令和５年10月１日から令和８年９月30日までの間に行われた適格請求書発行事業者以外の者（消費者、免税事業者又は登録を受けていない課税事業者）からの課税仕入れについては、当該課税仕入れに係る支払対価の額に 110 分の 7.8（軽減税率の対象となる場合は 108 分の 6.24）を乗じて算出した金額に 100 分の 80 を乗じて算出した金額が仕入税額控除の対象となる課税仕入れに係る消費税額となります（28 年改正法附則 52①）。すなわち、インボイス制度導入前の課税仕入れに係る消費税額の 80％相当額について仕入税額控除の適用を受けることができます。

このため、法人が税抜経理方式で経理をしている場合において、免税事業者からの課税仕入れについては、支払対価の額のうちインボイス制度導入前の仮払消費税等の額の 80％相当額を仮払消費税等の額として経理し、残額を資産の取得価額として法人税の所得金額の計算を行うことになります（新経理通達３の２、経過的取扱い(2)）。

本事例においては、法人の会計上、120 万円を仮払消費税等の額として建物の取得価額と区分して経理していますが、税務上は仮払消費税等の額は 96 万円となりますので、120 万円のうち 96 万円を超える部分の金額である 24 万円は、建物の取得価額に算入することになります。

ところで、本事例においては、決算時に仮受消費税等の額の合計額から仮払消費税等の額の合計額（建物の取得時に仮払消費税等の額として経理した金額）を控除した金額と納付すべき消費税等の額（未払消費税等の額）との清算の結果生ずる差額を雑損失として計上しています。この雑損失の金額のうち 24 万円は、前述のとおり本来は建物の取得価額に算入すべきものですが、「償却費として損金経理をした金額」として取り扱い、結果として償却限度額を超える部分の 22 万８千円を減価償却の償却超過額として所得金額に加算することになります（新経理通達３の２(1)(注))。

また、本事例では、課税売上割合が 50％ですので控除対象外消費税額等が生ずることになります。この控除対象外消費税額等は、仕入税額控除の適用を受ける課税仕入れに係る消費税等の額のうち新消法第 30 条第１項の規定による控除をすることができない金額（地方消費税相当額を含みます。）となりますので、地方消費税も加味したところで計算すると、仕入税額控除の適用を受ける課税仕入れに係る消費税等の額（支払対価の額 1,320 万円×10/110×80％＝96 万円）のうち、控除をすることができない金額は 96 万円×（１－課税売上割合 50％）＝48 万円となります（法令 139 の４⑤⑥、30 年改正法令附則 14③）。本事例の控除対象外消費税額等は、法令第 139 条の４第３項及び第４項の規定により、損金経理を要件として５年以上の期間で損金の額に算入します。本事例ではこの控除対象外消費税額等について決算時に雑損失として損金経理をしており、当該事業年度の損金算入限度額は資産に係る控除対象外消費税額等を 60 で除して 12（当該事業年度の月数）を乗じた金額の２分の１に相当する金額となりますので、結果として、43 万２千円を繰延消費税額等として当該事業年度後の各事業年度において、損金の額に算入することになります（法令 139 の４③）。

※　建物減価償却超過額の計算

（12,000,000 円＋240,000 円）×0.050＝612,000 円（償却限度額）

（600,000 円＋240,000 円）－612,000 円＝<u>228,000 円</u>

※　控除対象外消費税額等の損金算入限度超過額の計算

480,000 円÷60×12×1/2＝48,000 円（損金算入限度額）

480,000 円－48,000 円＝<u>432,000 円</u>

問9　当社（9月決算法人、金融業）は、インボイス制度導入後である令和8年10月1日に免税事業者から国内にある店舗用の建物を取得し、その対価として1,320万円を支払いました。当社は税抜経理方式で経理しており、本件取引について支払対価の額の110分の10相当額を仮払消費税等の額として経理しました。また、当社の消費税の課税期間は事業年度と一致しており、当該課税期間の課税売上割合は50%で、仕入税額控除の計算は一括比例配分方式を適用しているところ、当該事業年度において仮払消費税等の額として経理した金額は本件取引に係る120万円のみで、このほか仮受消費税等の額として経理した金額が120万円ありました。決算時において、納付すべき消費税等の額が90万円算出されたため、仮受消費税等の額から仮払消費税等の額を控除した金額との間に差額が90万円生じることとなり、その差額を雑損失として計上しました。この場合の課税仕入れに係る法人税の取扱いはどうなりますか。

なお、この建物は取得後直ちに事業の用に供しており、耐用年数20年で定額法により減価償却費を算出しています。

〔取得時〕

（借方）	建　　物	12,000,000円	（貸方）	現　　金	13,200,000円
	仮払消費税等	1,200,000円			

〔決算時〕

（借方）	減価償却費	600,000円	（貸方）	建　　物	600,000円
	仮受消費税等	1,200,000円		仮払消費税等	1,200,000円
	雑　損　失	900,000円		未払消費税等	900,000円

【回答】

以下のような申告調整を行います。

・別表四　所得の金額の計算に関する明細書

区分		総額	処分	
			留保	社外流出
加算	減価償却の償却超過額	570,000円	570,000円	
加算	控除対象外消費税額等の損金算入限度超過額	270,000円	270,000円	

・別表五(一)　利益積立金額及び資本金等の額の計算に関する明細書

Ⅰ　利益積立金額の計算に関する明細書				
区分	期首現在利益積立金額	当期の増減		差引翌期首現在利益積立金額
		減	増	
建物減価償却超過額			570,000円	570,000円
繰延消費税額等			270,000円	270,000円

【解説】

インボイス制度導入後、令和8年10月1日から令和11年9月30日までの間に行われた適格請求書発行事業者以外の者（消費者、免税事業者又は登録を受けていない課税事業者）からの課税仕入れについては、当該課税仕入れに係る支払対価の額に 110 分の 7.8（軽減税率の対象となる場合は 108 分の 6.24）を乗じて算出した金額に 100 分の 50 を乗じて算出した金額が仕入税額控除の対象となる課税仕入れに係る消費税額となります（28 年改正法附則 53①）。すなわち、インボイス制度導入前の課税仕入れに係る消費税額の 50％相当額について仕入税額控除の適用を受けることができます。

このため、法人が税抜経理方式で経理をしている場合において、免税事業者からの課税仕入れについては、支払対価の額のうちインボイス制度導入前の仮払消費税等の額の 50％相当額を仮払消費税等の額として経理し、残額を資産の取得価額として法人税の所得金額の計算を行うことになります（新経理通達３の２、経過的取扱い⑵）。

本事例においては、法人の会計上、120 万円を仮払消費税等の額として建物の取得価額と区分して経理していますが、税務上は仮払消費税等の額は 60 万円となりますので、120 万円のうち 60 万円を超える部分の金額である 60 万円は、建物の取得価額に算入することになります。

ところで、本事例においては、決算時に仮受消費税等の額の合計額から仮払消費税等の額の合計額（建物の取得時に仮払消費税等の額として経理した金額）を控除した金額と納付すべき消費税等の額（未払消費税等の額）との清算の結果生ずる差額を雑損失として計上しています。この雑損失の金額のうち 60 万円は、前述のとおり本来は建物の取得価額に算入すべきものですが、「償却費として損金経理をした金額」として取り扱い、結果として償却限度額を超える部分の 57 万円を減価償却の償却超過額として所得金額に加算することになります（新経理通達３の２⑴(注)）。

また、本事例では、課税売上割合が 50％ですので控除対象外消費税額等が生ずることになります。この控除対象外消費税額等は、仕入税額控除の適用を受ける課税仕入れに係る消費税等の額のうち新消法第 30 条第１項の規定による控除をすることができない金額（地方消費税相当額を含みます。）となりますので、地方消費税も加味したところで計算すると、仕入税額控除の適用を受ける課税仕入れに係る消費税等の額（支払対価の額 1,320 万円×10/110×50％＝60 万円）のうち、控除をすることができない金額は 60 万円×（１－課税売上割合 50％）＝30 万円となります（法令 139 の４⑤⑥、30 年改正法令附則 14④）。本事例の控除対象外消費税額等は、法令第 139 条の４第３項及び第４項の規定により、損金経理を要件として５年以上の期間で損金の額に算入します。本事例ではこの控除対象外消費税額等について決算時に雑損失として損金経理をしており、当該事業年度の損金算入限度額は資産に係る控除対象外消費税額等を 60 で除して 12（当該事業年度の月数）を乗じた金額の２分の１に相当する金額となりますので、結果として、27 万円を繰延消費税額等として当該事業年度後の各事業年度において、損金の額に算入することになります（法令 139 の４③）。

※　建物減価償却超過額の計算

（12,000,000 円＋600,000 円）×0.050＝630,000 円（償却限度額）

（600,000 円＋600,000 円）－630,000 円＝<u>570,000 円</u>

※　控除対象外消費税額等の損金算入限度超過額の計算

300,000 円÷60×12×1/2＝30,000 円（損金算入限度額）

300,000 円－30,000 円＝<u>270,000 円</u>

免税事業者及びその取引先のインボイス制度への対応に関するＱ＆Ａ

令和４年１月19日
財務省
公正取引委員会
経済産業省
中小企業庁
国土交通省
改正：令和４年３月８日

はじめに

このＱ＆Ａは、消費税の適格請求書等保存方式（インボイス制度）に関し、事業者の方々から寄せられている質問、特に免税事業者(注)やその取引先の対応に関する考え方を明らかにしたものであり、制度への理解を深め、必要な対応をご検討いただく際にご活用いただくことを目的としたものです。

（注）基準期間（個人の場合は前々年、法人の場合は前々事業年度）における課税売上高が 1,000 万円以下の事業者で、消費税の納税義務が免除される制度（事業者免税点制度）の適用を受ける事業者をいいます。基準期間における課税売上高が 1,000 万円以下でも、所轄税務署長への事前届出により課税事業者となることができます。

（参考）国税庁ＨＰに、インボイス制度の特設サイトが設けられていますので、ご覧ください。
（https://www.nta.go.jp/taxes/shiraberu/zeimokubetsu/shohi/keigenzeiritsu/invoice.htm）
また、インボイス制度について、さらに詳しくお知りになりたい方は、以下もご覧ください。
・適格請求書等保存方式の概要　－インボイス制度の理解のために－（令和３年７月　国税庁）
（https://www.nta.go.jp/taxes/shiraberu/zeimokubetsu/shohi/keigenzeiritsu/pdf/0020006-027.pdf）
・消費税の仕入税額控除制度における適格請求書等保存方式に関するＱ＆Ａ（令和３年７月改訂　国税庁）
（https://www.nta.go.jp/taxes/shiraberu/zeimokubetsu/shohi/keigenzeiritsu/pdf/qa/01-01.pdf）

上記（参考）の資料は、本書編集時点で以下の最新版が国税庁 HP に掲載されています。
・適格請求書等保存方式の概要―インボイス制度の理解のために―（令和４年７月　国税庁）
・消費税の仕入税額控除における適格請求書等保存方式に関する Q&A
（令和４年11月改訂　国税庁）

Ｑ１　インボイス制度が実施されて、何が変わりますか。

Ａ　インボイス制度の実施後も、売上げに係る消費税額から、仕入れに係る消費税額を控除（仕入税額控除）し、その差引税額を納税するという消費税の原則は変わりません。

また、インボイス制度の実施後も、簡易課税制度（注１）を選択している場合は、現在と同様、売上げに係る消費税額に一定割合（みなし仕入率）を乗じて仕入税額控除を行うことができます。一方、簡易課税制度を選択していない場合、仕入税額控除を行うためには、適格請求書（注２）（インボイス）の保存が必要となります。

インボイスは、課税事業者が適格請求書発行事業者（注３）の登録を受けることで、発行できるようになります。課税事業者間の取引では、売手は現在使用している請求書等の様式に登録番号等を追加することなどが必要になり、買手（簡易課税制度を選択していない場合）は受け取ったインボイス及び帳簿を保存することで仕入税額控除を行うことができます。

また、インボイスには消費税率や消費税額が記載されるため、売手は納税が必要な消費税額を受け取り、買手は納税額から控除される消費税額を支払うという対応関係が明確となり、消費税の転嫁がしやすくなる面もあると考えられます。

なお、インボイス制度実施に伴う事業者の対応として、インボイス制度の実施までに、適格請求書発行事業者となる売手では、端数処理のルールの見直しを含めた請求書等の記載事項やシステムの改修等への対応が必要となる場合があります。また、交付したインボイスの写しの保存等や、 仕入税額控除を行おうとする買手では、新たな仕入先が適格請求書発行事業者かどうかの確認や、受け取ったインボイスが記載事項を満たしているかどうかの確認が必要となる場合があります。このような事業者の対応に向けては、改正電子帳簿保存法の活用を図るほか、デジタル化の推進のための専門家派遣やITの導入支援などを行います。なお、簡易課税制度を適用している事業者は買手としての追加的な事務負担は生じません。

（注１）基準期間（個人の場合は前々年、法人の場合は前々事業年度）における課税売上高が 5,000 万円以下の事業者について、売上げに係る消費税額に、業種ごとに定められた一定割合（みなし仕入率）を乗じることにより、仕入税額を計算する仕組みです。適用を受けるためには所轄税務署長への事前届出が必要となります。

（注２）現行制度において保存が必要となる区分記載請求書の記載事項に加えて「登録番号」、「消費税率」及び「消費税額等」の記載が必要となります。

（注３）インボイス制度が実施される令和５年 10 月１日から登録を受けようとする事業者は、原則として令和５年３月 31 日までに登録申請書を所轄税務署長に提出する必要があります。

Ｑ２　現在、自分は免税事業者ですが、インボイス制度の実施後も免税事業者であり続けた場合、必ず取引に影響が生じるのですか。

Ａ　インボイス制度の実施後も、免税事業者の売上先が以下のどちらかに当てはまる場合は、取引への影響は生じないと考えられます。

①　売上先が消費者又は免税事業者である場合
　消費者や免税事業者は仕入税額控除を行わないため、インボイスの保存を必要としないからです。

②　売上先の事業者が簡易課税制度を適用している場合
　簡易課税制度を選択している事業者は、インボイスを保存しなくても仕入税額控除を行うことができるからです。

　そのほか、非課税売上げに対応する仕入れについては仕入税額控除を行うことができませんので、例えば医療や介護など、消費税が非課税とされるサービス等を提供している事業者に対して、そのサービス等のために必要な物品を販売している場合なども、取引への影響は生じないと考えられます。

【参考①】簡易課税制度の適用を受けられる事業者とは

○　簡易課税制度の適用を受けられる事業者は、前々年（個人）又は前々事業年度（法人）の課税売上高が5,000万円以下である事業者です。

○　簡易課税制度は、課税事業者の約35％の事業者が、そのうち個人事業者である課税事業者については約55％の事業者が適用を受けています。

（参考）令和２年度国税庁統計年報より
簡易課税適用者数 約114万者 ／ 課税事業者数 約318万者 ＝ 約35％
（うち個人事業者：約 64万者 ／ 約 114万者 ＝ 約55％）

【参考②】非課税とは

○　消費税は「消費」に対して、広く、公平に負担を求めることとしており、基本的に全ての財・サービスに課税されるものですが、
・　税の性格から課税対象とならないもの（土地の譲渡、有価証券の譲渡、貸付金利子など）や
・　社会政策的な配慮に基づき課税対象とならないもの（医療、社会福祉事業、学校の授業料、住宅の貸付けなど）
については、「非課税」とされ、消費税は課されないこととなっています。

Ｑ３　売上先がＱ２のいずれにも当てはまらない場合、免税事業者の取引にはどのような影響が生じますか。

Ａ　売上先がＱ２のいずれにも該当しない課税事業者である場合、その課税事業者は免税事業者からの仕入れについて、原則、仕入税額控除ができないこととなります。しかし、取引への影響に配慮して経過措置が設けられており、免税事業者からの仕入れについても、制度実施後３年間は消費税相当額の８割、その後の３年間は５割を仕入税額控除が可能とされています。

また、免税事業者等の小規模事業者は、売上先の事業者と比して取引条件についての情報量や交渉力の面で格差があり、取引条件が一方的に不利になりやすい場合も想定されます。このような状況下で、売上先の意向で取引条件が見直される場合、その方法や内容によっては、売上先は独占禁止法又は下請法若しくは建設業法により問題となる可能性があります。具体的に問題となりうる行為については、Ｑ７をご参照ください。

なお、インボイス制度の実施を契機として、売上先から取引条件の見直しについて相談があった場合は、免税事業者も自らの仕入れに係る消費税を負担していることを踏まえつつ、以上の点も念頭に置いて、売上先と交渉をするなど対応をご検討ください。

（参考）下請法及び建設業法並びに独占禁止法の優越的地位の濫用規制に関するご相談については、別紙の「下請法及び建設業法並びに優越的地位の濫用規制に係る相談窓口」までお問い合わせください。

Ｑ４　免税事業者が課税事業者を選択した場合には、何が必要になりますか。

Ａ　課税事業者を選択した場合、消費税の申告・納税等が必要となります。なお、インボイス制度の実施後も、基準期間（個人事業者の場合は前々年、法人の場合は前々事業年度）における課税売上高が 5,000 万円以下の事業者は事前に届出を提出することで簡易課税制度を適用できます。簡易課税制度は中小事業者の事務負担への配慮から設けられている制度であり、売上げに係る消費税額にみなし仕入率を乗じることにより仕入税額を計算することができますので、仕入れの際にインボイスを受け取り、それを保存する必要はありません。

また、課税事業者（簡易課税制度を選択している場合を含みます）がインボイスを発行する場合は、所轄の税務署長への登録申請や、売上先に発行する請求書等の様式への登録番号等の追加、売上先へのインボイスの交付、その写しの保存などが必要となります。

インボイスには消費税率や消費税額が記載されるため、売手は納税が必要な消費税額を受け取り、買手は納税額から控除される消費税額を支払うという対応関係が明確となり、消費税の転嫁がしやすくなる面もあると考えられます。

その他、課税事業者を選択した場合には、消費税法令に基づき、帳簿書類について原則７年間保存する必要があります。

【参考③】簡易課税制度の適用を受ける場合の計算方法等

○　簡易課税制度を適用する場合、

・　消費税の納付税額を売上税額のみから計算が可能であり、

・　仕入税額控除のための請求書（インボイス）や帳簿の保存が不要

という点において、事務負担の軽減を図ることが可能となります。

○　具体的には、以下の算式により納付税額を計算することとなります。

売上の消費税額　－　**仕入の消費税額**　＝　納付税額

↑

売上の消費税額　×　**みなし仕入率**　←

第一種（卸売業）	第二種（小売業等）	第三種（製造業等）
90%	80%	70%
第四種（飲食店業等）	**第五種（サービス業等）**	**第六種（不動産業）**
60%	50%	40%

Ｑ５　現在、自分は課税事業者ですが、免税事業者からの仕入れについて、インボイス制度の実施に当たり、どのようなことに留意すればいいですか。

Ａ　簡易課税制度を適用している場合は、インボイス制度の実施後も、インボイスを保存しなくても仕入税額控除を行うことができますので、仕入先との関係では留意する必要はありません。

簡易課税制度を適用していない場合も、取引への影響に配慮して経過措置が設けられており、免税事業者からの仕入れについても、制度実施後３年間は消費税相当額の８割、その後の３年間は５割を仕入税額控除が可能とされています。

また、消費税の性質上、免税事業者も自らの仕入れに係る消費税を負担しており、その分は免税事業者の取引価格に織り込まれる必要があることにも、ご留意ください。

なお、免税事業者等の小規模事業者は、売上先の事業者と比して取引条件についての情報量や交渉力の面で格差があり、取引条件が一方的に不利になりやすい場合も想定されます。このような状況の下で取引条件を見直す場合、その設定方法や内容によっては、独占禁止法又は下請法若しくは建設業法により問題となる可能性があります。具体的に問題となりうる行為については、Ｑ７をご参照ください。

（参考）下請法及び建設業法並びに独占禁止法の優越的地位の濫用規制に関するご相談については、別紙の「下請法及び建設業法並びに優越的地位の濫用規制に係る相談窓口」までお問い合わせください。

免税事業者からの仕入れについて、インボイス制度の実施に伴う対応を検討するに当たっては、以上の点も念頭に置きつつ、仕入先とよくご相談ください。

また、免税事業者である仕入先との取引条件を見直すことが適当でない場合に、仕入税額控除を行うことができる額が減少する分について、原材料費や諸経費等の他のコストとあわせ、販売価格等に転嫁することが可能か、自らの売上先等と相談することも考えられます。

Ｑ６　課税事業者が、インボイス制度の実施後に、新たな相手から仕入れを行う場合には、どのようなことに留意すればいいですか。

Ａ　簡易課税制度を適用している場合は、インボイス制度の実施後も、インボイスを保存しなくても仕入税額控除を行うことができますので、仕入先との関係で留意する必要はありません。

また、簡易課税制度を適用していない場合は、インボイス制度の実施後は、取引条件を設定するに当たり、相手が適格請求書発行事業者かを確認する必要があると考えられます。

免税事業者からの仕入れは仕入税額控除ができないため、免税事業者から仕入れを行う場合は、設定する取引価格が免税事業者を前提としたものであることを、互いに理解しておく必要もあると考えられます。例えば、免税事業者である仕入先に対して、「税抜」や「税別」として価格を設定する場合には、消費税相当額の支払いの有無について、互いに認識の齟齬がないよう、ご留意ください。

また、具体的な取引価格の設定に当たっては、取引への影響に配慮して経過措置が設けられていることなど、Ｑ５の内容もご参照ください。

Q７　仕入先である免税事業者との取引について、インボイス制度の実施を契機として取引条件を見直すことを検討していますが、独占禁止法などの上ではどのような行為が問題となりますか。

Ａ　事業者がどのような条件で取引するかについては、基本的に、取引当事者間の自主的な判断に委ねられるものですが、免税事業者等の小規模事業者は、売上先の事業者との間で取引条件について情報量や交渉力の面で格差があり、取引条件が一方的に不利になりやすい場合も想定されます。

自己の取引上の地位が相手方に優越している一方の当事者が、取引の相手方に対し、その地位を利用して、正常な商慣習に照らして不当に不利益を与えることは、優越的地位の濫用として、独占禁止法上問題となるおそれがあります。

仕入先である免税事業者との取引について、インボイス制度の実施を契機として取引条件を見直すことそれ自体が、直ちに問題となるものではありませんが、見直しに当たっては、「優越的地位の濫用」に該当する行為を行わないよう注意が必要です。

以下では、インボイス制度の実施を契機として、免税事業者と取引を行う事業者がその取引条件を見直す場合に、優越的地位の濫用として問題となるおそれがある行為であるかについて、行為類型ごとにその考え方を示します（注１）。

また、以下に記載する行為類型のうち、下請法の規制の対象となるもの（注２）については、その考え方を明らかにします。下請法と独占禁止法のいずれも適用可能な行為については、通常、下請法が適用されます。なお、以下に記載する行為類型のうち、建設業を営む者が業として請け負う建設工事の請負契約におけるものについては、下請法ではなく、建設業法が適用されますので、建設業法の規制の対象となる場合についても、その考え方を明らかにします。

（注１）以下において、独占禁止法上問題となるのは、行為者の地位が相手方に優越していること、また、免税事業者が今後の取引に与える影響等を懸念して、行為者による要請等を受け入れざるを得ないことが前提となります。

（注２）事業者（買手）と免税事業者である仕入先との取引が、下請法にいう親事業者と下請事業者の取引に該当する場合であって、下請法第２条第１項から第４項までに規定する①製造委託、②修理委託、③情報成果物作成委託、④役務提供委託に該当する場合には、下請法の規制の対象となります。

（参考１）優越的地位の濫用規制に関する独占禁止法上の基本的な考え方は、「優越的地位の濫用に関する独占禁止法上の考え方」（平成22年公正取引委員会）で示しているとおりです。

（参考２）下請法の運用に関する基本的な考え方は、「下請代金支払遅延等防止法に関する運用基準」（平成15年公正取引委員会事務総長通達第18号）で示しているとおりです。

（参考３）建設工事の請負契約に係る元請負人と下請負人との関係については、「建設業法令遵守ガイドライン（第７版）」（令和３年７月　国土交通省不動産・建設経済局建設業課）で具体的に示しています。

（参考４）下請法及び建設業法並びに独占禁止法の優越的地位の濫用規制に関するご相談については、別紙の「下請法及び建設業法並びに優越的地位の濫用規制に係る相談窓口」までお問い合わせください。

１　取引対価の引下げ

取引上優越した地位にある事業者（買手）が、インボイス制度の実施後の免税事業者との取引において、仕入税額控除ができないことを理由に、免税事業者に対して取引価格の引下げを要請し、取引価格の再交渉において、仕入税額控除が制限される分（注３）について、免税事業者の仕入れや諸経費の支払いに係る消費税の負担をも考慮した上で、双方納得の上で取引価格を設定すれば、結果的に取引価格が引き下げられたとしても、独占禁止法上問題となるものではありません。

しかし、再交渉が形式的なものにすぎず、仕入側の事業者（買手）の都合のみで著しく低い価格を設定し、免税事業者が負担していた消費税額も払えないような価格を設定した場合には、優越的地位の濫用として、独占禁止法上問題となります。

また、取引上優越した地位にある事業者（買手）からの要請に応じて仕入先が免税事業者から課税事業者となった場合であって、その際、仕入先が納税義務を負うこととなる消費税分を勘案した取引価格の交渉が形式的なものにすぎず、著しく低い取引価格を設定した場合についても同様です。

（注３）免税事業者からの課税仕入れについては、インボイス制度の実施後３年間は、仕入税額相当額の８割、その後の３年間は同５割の控除ができることとされています。

なお、下請法の規制の対象となる場合で、事業者（買手）が免税事業者である仕入先に対して、仕入先の責めに帰すべき理由がないのに、発注時に定めた下請代金の額を減じた場合には、下請法第４条第１項第３号で禁止されている下請代金の減額として問題となります。この場合において、仕入先が免税事業者であることは、仕入先の責めに帰すべき理由には当たりません。

また、下請法の規制の対象となる場合で、事業者（買手）が免税事業者である仕入先に対して、給付の内容と同種又は類似の内容の給付に対して通常支払われる対価に比べて、免税事業者が負担していた消費税額も払えないような下請代金など、著しく低い下請代金の額を不当に定めた場合には、下請法第４条第１項第５号で禁止されている買いたたきとして問題となります。

下請法の規制の対象となる場合で、事業者（買手）からの要請に応じて仕入先が免税事業者から課税事業者となった場合であって、給付の内容と同種又は類似の内容の給付に対して通常支払われる対価に比べて著しく低い下請代金の額を不当に定めた場合についても、同様です。

なお、建設業法の規制の対象となる場合で、元請負人（建設工事の下請契約における注文者で建設業者であるもの。以下同じ。）が、自己の取引上の地位を不当に利用して免税事業者である下請負人（建設工事の下請契約における請負人。以下同じ。）と合意することなく、下請代金の額を一方的に減額して、免税事業者が負担していた消費税額も払えないような代金による下請契約を締結した場合や、免税事業者である下請負人に対して、契約後に、取り決めた下請代金の額を一方的に減額した場合等により、下請代金の額がその工事を施工するために通常必要と認められる原価に満たない金額となる場合には、建設業法第１９条の３の「不当に低い請負代金の禁止」の規定に違反する行為として問題となります。

２　商品・役務の成果物の受領拒否、返品

取引上の地位が相手方に優越している事業者（買手）が、仕入先から商品を購入する契約をした後において、仕入先が免税事業者であることを理由に、商品の受領を拒否することは、優越的地位の濫用として問題となります。

また、同様に、当該仕入先から受領した商品を返品することは、どのような場合に、どのような条件で返品するかについて、当該仕入先との間で明確になっておらず、当該仕入先にあらかじめ計算できない不利益を与えることとなる場合、その他正当な理由がないのに、当該仕入先から受領した商品を返品する場合には、優越的地位の濫用として問題となります。

なお、下請法の規制の対象となる場合で、事業者（買手）が免税事業者である仕入先に対して、仕入先の責めに帰すべき理由がないのに、給付の受領を拒む場合又は仕入先に給付に係る物を引き取らせる場合には、下請法第４条第１項第１号又は第４号で禁止されている受領拒否又は返品として問題となります。この場合において、仕入先が免税事業者であることは、仕入先の責めに帰すべき理由には当たりません。

３　協賛金等の負担の要請等

取引上優越した地位にある事業者（買手）が、インボイス制度の実施を契機として、免税事業者である仕入先に対し、取引価格の据置きを受け入れるが、その代わりに、取引の相手方に別途、協賛金、販売促進費等の名目での金銭の負担を要請することは、当該協賛金等の負担額及びその算出根拠等について、当該仕入先との間で明確になっておらず、当該仕入先にあらかじめ計算できない不利益を与えることとなる場合や、当該仕入先が得る直接の利益等を勘案して合理的であると認められる範囲を超えた負担となり、当該仕入先に不利益を与えることとなる場合には、優越的地位の濫用として問題となります。

その他、取引価格の据置きを受け入れる代わりに、正当な理由がないのに、発注内容に含まれていない役務の提供その他経済上の利益の無償提供を要請することは、優越的地位の濫用として問題となります。

なお、下請法の規制の対象となる場合で、事業者（買手）が免税事業者である仕入先に対して、自己のために金銭、役務その他の経済上の利益を提供させることによって、仕入先の利益を不当に害する場合には、下請法第４条第２項第３号で禁止されている不当な経済上の利益の提供要請として問題となります。

4　購入・利用強制

取引上優越した地位にある事業者（買手）が、インボイス制度の実施を契機として、免税事業者である仕入先に対し、取引価格の据置きを受け入れるが、その代わりに、当該取引に係る商品・役務以外の商品・役務の購入を要請することは、当該仕入先が、それが事業遂行上必要としない商品・役務であり、又はその購入を希望していないときであったとしても、優越的地位の濫用として問題となります。

なお、下請法の規制の対象となる場合で、事業者（買手）が免税事業者である仕入先に対して、給付の内容を均質にし、又はその改善を図るため必要がある場合その他正当な理由がある場合を除き、自己の指定する物を強制して購入させ、又は役務を強制して利用させる場合には、下請法第４条第１項第６号で禁止されている購入・利用強制として問題となります。

また、建設業法の規制の対象となる場合で、元請負人が、免税事業者である下請負人と下請契約を締結した後に、自己の取引上の地位を不当に利用して、当該下請負人に使用資材若しくは機械器具又はこれらの購入先を指定し、これらを当該下請負人に購入させて、その利益を害すると認められた場合には、建設業法第１９条の４の「不当な使用資材等の購入強制の禁止」の規定に違反する行為として問題となります。

5　取引の停止

事業者がどの事業者と取引するかは基本的に自由ですが、例えば、取引上の地位が相手方に優越している事業者（買手）が、インボイス制度の実施を契機として、免税事業者である仕入先に対して、一方的に、免税事業者が負担していた消費税額も払えないような価格など著しく低い取引価格を設定し、不当に不利益を与えることとなる場合であって、これに応じない相手方との取引を停止した場合には、独占禁止法上問題となるおそれがあります。

6　登録事業者となるような慫慂等

課税事業者が、インボイスに対応するために、取引先の免税事業者に対し、課税事業者になるよう要請することがあります。このような要請を行うこと自体は、独占禁止法上問題となるものではありません。

しかし、課税事業者になるよう要請することにとどまらず、課税事業者にならなければ、取引価格を引き下げるとか、それにも応じなければ取引を打ち切ることにするなどと一方的に通告することは、独占禁止法上又は下請法上、問題となるおそれがあります。例えば、免税事業者が取引価格の維持を求めたにもかかわらず、取引価格を引き下げる理由を書面、電子メール等で免税事業者に回答することなく、取引価格を引き下げる場合は、これに該当します。また、免税事業者が、当該要請に応じて課税事業者となるに際し、例えば、消費税の適正な転嫁分の取引価格への反映の必要性について、価格の交渉の場において明示的に協議することなく、従来どおりに取引価格を据え置く場合についても同様です（上記１、５等参照）。

したがって、取引先の免税事業者との間で、取引価格等について再交渉する場合には、免税事業者と十分に協議を行っていただき、仕入側の事業者の都合のみで低い価格を設定する等しないよう、注意する必要があります。

以上

別紙

○インボイス制度に関する一般的なご質問・ご相談について

軽減・インボイスコールセンター（消費税軽減税率・インボイス制度電話相談センター）

○　インボイス制度に関する一般的なご質問・ご相談は、以下で受け付けております。
専用ダイヤル　0120-205-553（無料）　【受付時間】９：00～17：00（土日祝除く）
上記専用ダイヤルのほか、最寄りの税務署にお電話いただき、ガイダンスに沿って「３」を押していただいてもつながります（インボイス制度及び軽減税率制度以外の国税に関する一般的なご相談は「１」になります。）。税務署の連絡先は国税庁ホームページ（https://www.nta.go.jp）でご案内しています。

○　税務署での面接による個別相談（関係書類等により具体的な事実等を確認させていただく必要のある相談）を希望される方は、最寄りの税務署への電話（ガイダンスに沿って「２」を押してください。）により面接日時等を予約していただくこととしておりますので、ご協力をお願いします。

○　インボイス制度についてさらに詳しくお知りになりたい方は、国税庁ホームページの「インボイス制度特設サイト」をご覧ください（インボイス制度に関する取扱通達やＱ＆Ａなどを掲載しています。）。

インボイス制度特設サイトへ

○下請法及び建設業法並びに優越的地位の濫用規制に係る相談窓口

1．下請法に関する相談窓口

公正取引委員会	中小企業庁
○事務総局経済取引局 取引部 企業取引課 〒100-8987 千代田区霞が関1-1-1　中央合同庁舎第６号館Ｂ棟 TEL 03-3581-3375(直)	○中小企業庁 事業環境部 取引課 〒100-8912 千代田区霞が関1-3-1 TEL 03-3501-1732(直)
○北海道事務所　下請課 〒060-0042 札幌市中央区大通西 12　札幌第３合同庁舎 TEL 011-231-6300(代)	○北海道経済産業局　産業部中小企業課 〒060-0808 札幌市北区北８条西２丁目 1-1 札幌第１合同庁舎 TEL 011-700-2251(直)

○東北事務所　下請課 〒980-0014 仙台市青葉区本町 3-2-23 仙台第２合同庁舎 TEL 022-225-8420(直)	○東北経済産業局　産業部中小企業課 〒980-8403 仙台市青葉区本町3-3-1 仙台合同庁舎Ｂ棟 TEL 022-221-4922(直)
○中部事務所　下請課 〒460-0001 名古屋市中区三の丸2-5-1 名古屋合同庁舎第２号館 TEL 052-961-9424(直)	○関東経済産業局　産業部適正取引推進課 〒330-9715 さいたま市中央区新都心 1-1 さいたま新都心合同庁舎１号館 TEL 048-600-0325(直)
○近畿中国四国事務所　下請課 〒540-0008 大阪市中央区大手前 4-1-76 大阪合同庁舎第４号館 TEL 06-6941-2176(直)	○中部経済産業局　産業部中小企業課 取引適正化推進室 〒460-8510 名古屋市中区三の丸 2-5-2 TEL 052-951-2860 (直)
○近畿中国四国事務所　中国支所　下請課 〒730-0012 広島市中区上八丁堀 6-30 広島合同庁舎第４号館 TEL 082-228-1501(代)	○近畿経済産業局　産業部中小企業課 下請取引適正化推進室 〒540-8535 大阪市中央区大手前 1-5-44 大阪合同庁舎第１号館 TEL 06-6966-6037(直)
○近畿中国四国事務所　四国支所　下請課 〒760-0019 高松市サンポート 3-33 高松サンポート合同庁舎南館 TEL 087-811-1758(直)	○中国経済産業局　産業部中小企業課 取引適正化推進室 〒730-8531 広島市中区上八丁堀　広島合同庁舎第２号館 TEL 082-224-5745(直)
○九州事務所　下請課 〒812-0013 福岡市博多区博多駅東 2-10-7 福岡第２合同庁舎別館 TEL 092-431-6032(直)	○四国経済産業局　産業部中小企業課 〒760-8512 高松市サンポート 3-33 高松サンポート合同庁舎北館 TEL 087-811-8564(直)
○沖縄総合事務局　総務部　公正取引室 〒900-0006 那覇市おもろまち2-1-1 那覇第２地方合同庁舎２号館 TEL 098-866-0049(直)	○九州経済産業局　産業部中小企業課 取引適正化推進室 〒812-8546 福岡市博多区博多駅東 2-11-1 福岡合同庁舎 TEL 092-482-5450(直)

	○沖縄総合事務局　経済産業部中小企業課 〒900-0006 那覇市おもろまち2-1-1　那覇第２地方合同庁舎２号館 TEL 098-866-1755(直)

２．建設業法に関する相談窓口

国土交通省　不動産・建設経済局　建設業課
建設業適正取引推進指導室
TEL　03-5253-8362（直）

３．優越的地位の濫用規制に関する相談窓口

事務所名	問い合わせ先
○公正取引委員会事務総局 経済取引局　取引部　企業取引課	TEL 03-3581-3375(直)
○北海道事務所　取引課	TEL 011-231-6300(代)
○東北事務所　取引課	TEL 022-225-7096(直)
○中部事務所　取引課	TEL 052-961-9423(直)
○近畿中国四国事務所　取引課	TEL 06-6941-2175(直)
○近畿中国四国事務所　中国支所　取引課	TEL 082-228-1501(代)
○近畿中国四国事務所　四国支所　取引課	TEL 087-811-1750(代)
○九州事務所　取引課	TEL 092-431-6031(直)
○沖縄総合事務局　総務部　公正取引室	TEL 098-866-0049(直)

インボイス制度への事前準備の基本項目チェックシート

令和４年９月
（令和４年12月改訂）

◆　インボイス制度は、令和５年10月１日から始まります。インボイス発行事業者になる場合は、登録申請手続を行う必要があります。登録申請手続の詳細は、インボイス制度特設サイトの「申請手続」をご確認ください。

　現在、消費税の免税事業者である方を含め、ご自身の事業の内容などに応じて、登録の要否など、インボイス制度にどのように対応するかご検討ください。

申請手続

◆　本チェックシートは、インボイス発行事業者の登録を受けるかの判断や、登録を受ける場合の事前準備などの参考としていただくために、基本的な項目をまとめたものです。

（ご参考）　こちらも併せてご参照ください。

①　**国税庁「インボイス制度特設サイト」**
インボイス制度に関する説明会の開催案内や制度の概要に関する各種資料等を掲載しています。

①　国税庁ホームページへ

②　**「免税事業者及びその取引先のインボイス制度への対応に関するＱ＆Ａ」**
免税事業者の方や、取引先が免税事業者である場合の対応に関する考え方について独占禁止法や下請法等を踏まえた解説をしています。

②　公正取引委員会ホームページへ

インボイス制度の概要

令和５年10月１日～

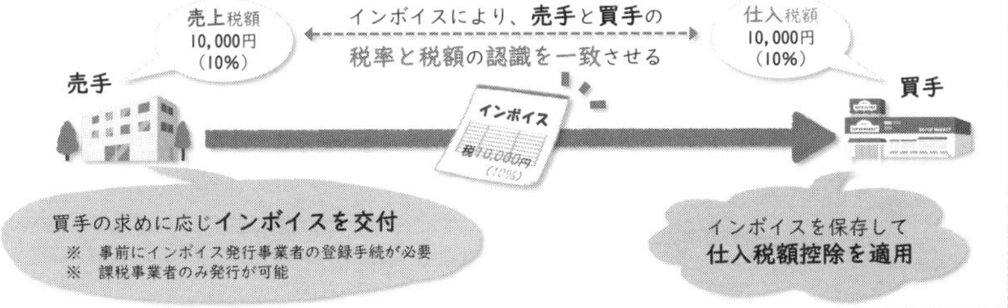

インボイス制度への事前準備の基本項目チェックシート（登録編）

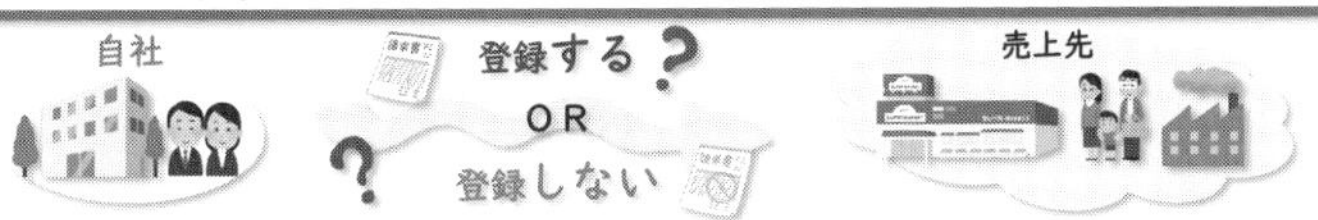

まずは**インボイス発行事業者の登録要否の判断**から・・・

・インボイス発行事業者の登録を受けるかどうかは事業者の任意です。
・現在免税事業者の方であっても、**事業の内容などに応じて**、登録を受けるか検討しましょう。

□　売上先がインボイスを必要とするか検討しましょう

○　**消費者や免税事業者**である売上先は、**インボイスを必要としません。**
○　売上先が**簡易課税制度を選択している課税事業者の場合も**、売上先は**インボイスを必要としません。**
○　それ以外の**課税事業者である売上先**は、仕入税額控除のために貴社が交付する**インボイスの保存が必要**ですが、制度開始から6年間は、免税事業者からインボイスの交付を受けられずとも、仕入税額の一定割合(80%・50%）を控除できます。
○　売上先の数が少ない場合は、**売上先に直接相談する**ことも考えられます。

□　登録を受けた場合・受けなかった場合について検討しましょう

○　**登録を受けた場合、売上先がインボイスを求めたときは、記載事項を満たしたインボイスを交付する必要があります。**
○　現在**免税事業者の方**であっても、登録を受けると、**課税事業者として申告が必要**となります（**簡易課税制度を適用することで**、仕入税額の計算や仕入税額控除のための請求書等の管理等に関する**事務負担の軽減を図る**ことができます）。
○　登録を受けている間は、**基準期間の課税売上高が1,000万円以下となっても免税事業者となることはなく**、課税事業者として申告が必要となります。
○　**登録を受けなかった場合、インボイスを交付できませんが**、売上先は、制度開始から6年間は仕入税額の一定割合(80%・50%）が控除できる経過措置が適用できます。なお、この期間の終了後は、貴社からの仕入について仕入税額控除ができなくなります。また、登録を受けない場合でも、**インボイスに該当しない請求書等は交付できます。**

□　登録を受ける場合は、登録申請書を提出しましょう

○　登録を受ける場合は、**登録申請手続を行う必要**があります。e-Taxによる登録申請手続をぜひご利用ください。
○　個人事業者における屋号や主たる事務所等の所在地など、一定の事項を申出により併せて公表できます。

インボイス制度への事前準備の基本項目チェックシート（売手編）

次に**売手としての準備**に取りかかりましょう

□ 取引ごとに**どのような書類を交付しているか**確認しましょう

○ 雑収入等も含め、売上先が事業者である取引についてインボイスの交付が求められる取引かどうか併せて確認しましょう。
○ インボイスは、**請求書、**領収書など**名称は問いません**。また、**電子データでの提供**や、**手書きでの交付も可能**です。
○ **都度「納品書」**の交付か、**月締め「請求書」の交付**か、**レシート・手書き領収書の交付**があるかなど確認しましょう。

□ 交付している書類等につき**どう見直せばインボイスとなるか**検討しましょう

○ インボイスは、**登録番号、適用税率、消費税額等**の記載が必要となります。
○ 消費税額に１円未満の端数が生じた場合「**１のインボイス当たり税率ごとに１回**」**端数処理**を行うことになります。
○ 相互に関連する**複数の書類で記載事項を満たすことも可能**です。
○ 売上先が作成する「仕入明細書」「支払通知書」などにより支払いを受けている場合、売上先は、これらの書類により仕入税額控除を適用することもできます。この場合、貴社は売上先にあらためてインボイスの交付は不要です。
○ 何をインボイスにするか、どう交付するか、**システム改修等も含めて**考えましょう。

□ **売上先に登録を受けた旨やインボイスの交付方法等を共有**しましょう

○ 登録を受けた旨や何をインボイスとするか、交付方法等について、貴社と売上先で認識を共有することが円滑な準備にとって重要です。貴社も準備を行っていると伝えれば、継続的な取引関係のある売上先の安心につながるとも考えられます。

□ インボイスの**写しの保存方法**や**売上税額の計算方法**を検討しましょう

○ 写しの保存は、**コピーに限られません**。電子データや一覧表形式、ジャーナル、複写式の控えなども認められます。
○ **売上税額の計算方法は、割戻計算と積上計算があります。**（売上税額を積上計算すると仕入税額も積上計算が必要です。）

□ 必要に応じて**価格の見直し**も検討しましょう

○ それまで**免税事業者だった方は、商品やサービスの価格について消費税を加味して見直し**ましょう。

インボイス制度への事前準備の基本項目チェックシート（買手編）

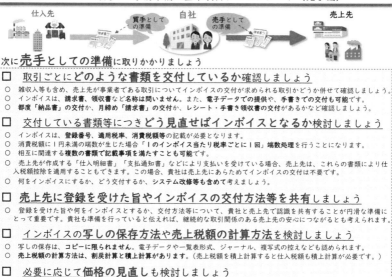

その次に**買手としての準備**に取りかかりましょう

□ **簡易課税制度を適用するか**を確認しましょう

○ **簡易課税制度を適用**する場合、仕入税額控除のために**インボイスの保存は不要**です（よって、**以下の項目は検討不要**）。

□ 自社の仕入れ・経費について**インボイスが必要な取引か**検討しましょう

○ 継続的でないような**一度きりの取引、少額な取引**についても原則として**インボイスの保存が仕入税額控除の要件**となります。
○ **３万円未満の公共交通機関**や従業員に支払う**日当や出張旅費、通勤手当**など**インボイスの保存が不要となる特例**もあります。

□ 継続的な取引については、仕入先から**受け取る請求書等が記載事項を満たしているか**確認し、必要に応じて**仕入先とも相談**しましょう

○ 仕入先がインボイス発行事業者の**登録を受けるかどうか事前に確認**しましょう。
○ **何がインボイスとなるか**について、仕入先との間で**認識を統一**しておくことが重要です。
○ **必要に応じて価格の見直し等を相談**しましょう。また、**価格の見直し等の相談を受ける**こともあります。

□ **受け取った請求書等をどのように保存・管理するか**検討しましょう

○ 請求書を、**登録番号のありなしで区分して管理**できるようにすることが重要です。
○ 免税事業者からの課税仕入れに係る**経過措置**（80%・50%控除）**の適用**を受けるには、**区分記載請求書の保存が必要**です。
○ 電子帳簿保存法の**スキャナ・スマホ保存も検討**しましょう。

□ **帳簿への記載方法や仕入税額の計算方法**を検討しましょう

○ インボイス制度の開始後も**帳簿の記載事項は変わりません。**
○ インボイス保存不要な特例や免税事業者からの課税仕入れに係る経過措置の適用を受ける場合、その**旨の記載が必要**です。
○ 仕入税額の計算方法は、**積上計算と割戻計算があります。**（売上税額を積上計算すると仕入税額も積上計算が必要です。）

令和５年度税制改正の大綱（令和４年12月23日閣議決定）（インボイス制度部分抜粋）

四　消費課税

１　適格請求書等保存方式に係る見直し

（国　税）

⑴　適格請求書発行事業者となる小規模事業者に係る税額控除に関する経過措置

①　適格請求書発行事業者の令和５年10月１日から令和８年９月30日までの日の属する各課税期間において、免税事業者が適格請求書発行事業者となったこと又は課税事業者選択届出書を提出したことにより事業者免税点制度の適用を受けられないこととなる場合には、その課税期間における課税標準額に対する消費税額から控除する金額を、当該課税標準額に対する消費税額に８割を乗じた額とすることにより、納付税額を当該課税標準額に対する消費税額の２割とすることができることとする。

（注１）　上記の措置は、課税期間の特例の適用を受ける課税期間及び令和５年10月１日前から課税事業者選択届出書の提出により引き続き事業者免税点制度の適用を受けられないこととなる同日の属する課税期間については、適用しない。

（注２）　課税事業者選択届出書を提出したことにより令和５年10月１日の属する課税期間から事業者免税点制度の適用を受けられないこととなる適格請求書発行事業者が、当該課税期間中に課税事業者選択不適用届出書を提出したときは、当該課税期間からその課税事業者選択届出書は効力を失うこととする。

②　適格請求書発行事業者が上記①の適用を受けようとする場合には、確定申告書にその旨を付記するものとする。

③　上記①の適用を受けた適格請求書発行事業者が、当該適用を受けた課税期間の翌課税期間中に、簡易課税制度の適用を受ける旨の届出書

を納税地を所轄する税務署長に提出したときは、その提出した日の属する課税期間から簡易課税制度の適用を認めることとする。

④　その他所要の措置を講ずる。

⑵　基準期間における課税売上高が１億円以下又は特定期間における課税売上高が5,000万円以下である事業者が、令和５年10月１日から令和11年９月30日までの間に国内において行う課税仕入れについて、当該課税仕入れに係る支払対価の額が１万円未満である場合には、一定の事項が記載された帳簿のみの保存による仕入税額控除を認める経過措置を講ずる。

⑶　売上げに係る対価の返還等に係る税込価額が１万円未満である場合には、その適格返還請求書の交付義務を免除する。

㈱　上記の改正は、令和５年10月１日以後の課税資産の譲渡等につき行う売上げに係る対価の返還等について適用する。

⑷　適格請求書発行事業者登録制度について、次の見直しを行う。

①　免税事業者が適格請求書発行事業者の登録申請書を提出し、課税期間の初日から登録を受けようとする場合には、当該課税期間の初日から起算して15日前の日（現行：当該課税期間の初日の前日から起算して１月前の日）までに登録申請書を提出しなければならないこととする。この場合において、当該課税期間の初日後に登録がされたときは、同日に登録を受けたものとみなす。

②　適格請求書発行事業者が登録の取消しを求める届出書を提出し、その提出があった課税期間の翌課税期間の初日から登録を取り消そうとする場合には、当該翌課税期間の初日から起算して15日前の日（現行：その提出があった課税期間の末日から起算して30日前の日の前日）までに届出書を提出しなければならないこととする。

③　適格請求書発行事業者の登録等に関する経過措置の適用により、令和５年10月１日後に適格請求書発行事業者の登録を受けようとする免税事業者は、その登録申請書に、提出する日から15日を経過する日以後の日を登録希望日として記載するものとする。この場合において、

当該登録希望日後に登録がされたときは、当該登録希望日に登録を受けたものとみなす。

㈽　上記の改正の趣旨等を踏まえ、令和５年10月１日から適格請求書発行事業者の登録を受けようとする事業者が、その申請期限後に提出する登録申請書に記載する困難な事情については、運用上、記載がなくとも改めて求めないものとする。

事務負担軽減？
補助金も？

インボイス制度、支援措置があるって本当!?

税負担軽減？

本当です！ そのための税制改正（案）が閣議決定されています。
また、令和4年度補正予算で各種補助金が拡充されました。

免税事業者から課税事業者になる方へ	既に課税事業者の方も
納税額が売上税額の2割に軽減？	会計ソフトに補助金？
インボイスの登録で補助金が50万円上乗せ？	少額取引はインボイス不要って？
登録申請、4月以降でも大丈夫？	少額な値引き・返品は対応不要？

小規模事業者向け　納税額が売上税額の2割に軽減？

免税事業者からインボイス発行事業者になった場合の税負担・事務負担を軽減するため、
売上税額の2割を納税額とすることができます！

対象になる方　免税事業者からインボイス発行事業者になった方（2年前（基準期間）の課税売上が1000万円以下等の要件を満たす方）

対象となる期間　令和5年10月1日～令和8年9月30日を含む課税期間
※個人事業者は、令和5年10～12月の申告から令和8年分の申告まで対象

事例　売上700万円（税額70万円）※サービス業
経費150万円（税額15万円）

売上・収入を把握するだけで
申告でき、経費等の集計は不要！
事前の届出も不要！

実額計算の場合▶
70万円 － 15万円 ＝ 55万円

簡易課税の場合▶
70万円 － 35万円※＝ 35万円
※70万円×50%（サービス業のみなし仕入率）

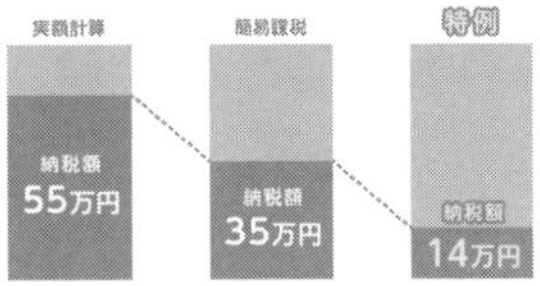

特例の場合 ▶ **70万円 × 2割 ＝ 14万円**

消費税の申告を行うためには、通常、経費等の集計やインボイスの保存などが必要となりますが、この特例を適用すれば、所得税・法人税の申告で必要となる**売上・収入を税率毎（8%・10%）に把握するだけ**で、**簡単に申告書が作成**できるようになります！
また、**事前の届出も不要**で、申告時に適用するかどうかの選択が可能です！

補助金の拡充や事務負担の軽減措置は裏面へ

財務省
Ministry of Finance JAPAN

小規模事業者向け　インボイスの登録で補助金が50万円上乗せ？

持続化補助金について、**免税事業者がインボイス発行事業者に登録**した場合、
補助上限額が一律50万円加算されます！

対象　小規模事業者

補助上限　50～200万円（補助率2/3以内）※一部の類型は3/4以内
▶ **100～250万円**（インボイス発行事業者の登録で50万円プラス）

補助対象　税理士相談費用、機械装置導入、広報費、展示会出展費、開発費、委託費等

中小事業者向け　会計ソフトに補助金？

IT導入補助金（デジタル化基盤導入類型）について、**安価な会計ソフトも対象**となるよう、**補助下限額が撤廃**されました！

対象　中小企業・小規模事業者等

補助額　ITツール ▶ ～50万円（補助率3/4以内）、50～350万円（補助率2/3以内）※下限額を撤廃
PC・タブレット等 ▶ ～10万円（補助率1/2以内）　レジ・券売機等 ▶ ～20万円（補助率1/2以内）

補助対象　ソフトウェア購入費、クラウド利用費（最大2年分）、ハードウェア購入費等

中小事業者向け　少額取引はインボイス不要って？

1万円未満の課税仕入れ（経費等）について、**インボイスの保存がなくても**帳簿の保存のみで
仕入税額控除ができるようになります！

対象になる方　2年前（基準期間）の課税売上が1億円以下
または1年前の上半期（個人は1～6月）の
課税売上が5千万円以下の方

対象となる期間　令和5年10月1日～令和11年9月30日

すべての方が対象　少額な値引き・返品は対応不要？

1万円未満の値引きや返品等について、**返還インボイスを交付する必要がなくなります！**
振込手数料分を値引処理する場合も対象です！

対象になる方　すべての方

対象となる期間　適用期限はありません。

すべての方が対象　登録申請、4月以降でも大丈夫？

大丈夫です！4月以降の申請でも制度開始時に登録が可能です！

▌詳しくはこちらまで

税制改正案の内容　持続化補助金　IT導入補助金　インボイス制度特設サイト

▌その他インボイス制度の一般的なご質問やご相談は、インボイスコールセンターまで

0120-205-553 フリーダイヤル（無料）

受付時間　9:00から17:00（土日祝除く）

※個別相談は、所轄の税務署への事前予約をお願いします。

出典：財務省ホームページ

インボイス制度の改正案に関する資料

令和５年度税制改正大綱（第二）（抄）

第二　令和５年度税制改正の具体的内容

<div align="right">令和４年１２月１６日
自　由　民　主　党
公　明　党</div>

四　消費課税

1　適格請求書等保存方式に係る見直し

（国　税）

（１）適格請求書発行事業者となる小規模事業者に係る税額控除に関する経過措置

解説① ① 　適格請求書発行事業者の令和５年10月１日から令和８年９月30日までの日の属する各課税期間において、免税事業者が適格請求書発行事業者となったこと又は課税事業者選択届出書を提出したことにより事業者免税点制度の適用を受けられないこととなる場合には、その課税期間における課税標準額に対する消費税額から控除する金額を、当該課税標準額に対する消費税額に８割を乗じた額とすることにより、納付税額を当該課税標準額に対する消費税額の２割とすることができることとする。

解説② （注１）上記の措置は、課税期間の特例の適用を受ける課税期間及び令和５年10月１日前から課税事業者選択届出書の提出により引き続き事業者免税点制度の適用を受けられないこととなる同日の属する課税期間については、適用しない。

補論 （注２）課税事業者選択届出書を提出したことにより令和５年10月１日の属する課税期間から事業者免税点制度の適用を受けられないこととなる適格請求書発行事業者が、当該課税期間中に課税事業者選択不適用届出書を提出したときは、当該課税期間からその課税事業者選択届出書は効力を失うこととする。

解説③ ② 　適格請求書発行事業者が上記①の適用を受けようとする場合には、確定申告書にその旨を付記するものとする。

解説③ ③ 　上記①の適用を受けた適格請求書発行事業者が、当該適用を受けた課税期間の翌課税期間中に、簡易課税制度の適用を受ける旨の届出書を納税地を所轄する税務署長に提出したときは、その提出した日の属する課税期間から簡易課税制度の適用を認めることとする。

解説③ ④ 　その他所要の措置を講ずる。

小規模事業者に対する納税額に係る負担軽減措置（案）

○ 　免税事業者が**インボイス発行事業者を選択した場合**の負担軽減を図るため、**納税額を売上税額の２割に軽減**する**激変緩和措置**を**３年間**講ずることとする。

○ 　これにより、業種にかかわらず、売上・収入を把握するだけで消費税の申告が可能となることから、簡易課税に比しても、**事務負担も大幅に軽減**されることとなる。

※ 　免税事業者がインボイス発行事業者となったこと等により事業者免税点制度の適用を受けられないこととなる者を対象とし、インボイス制度の開始から令和８年９月３０日の属する課税期間まで適用できることとする。

【イメージ】

〔本則課税〕
仕入　１５０万円（税１５万円）
※通信交通費、会議費、PC購入等

売上　７００万円（税７０万円）（小規模事業者）

納税　５５万円　▲41万円

〔簡易課税（５種）〕
みなし仕入　３５０万円（税３５万円）
※売上税額７０万円×50％

納税　３５万円　▲21万円

税負担を軽減

小規模事業者に対する負担軽減措置（案）

納税額を売上税額の２割に軽減
※売上税額７０万円×２割

納税　１４万円

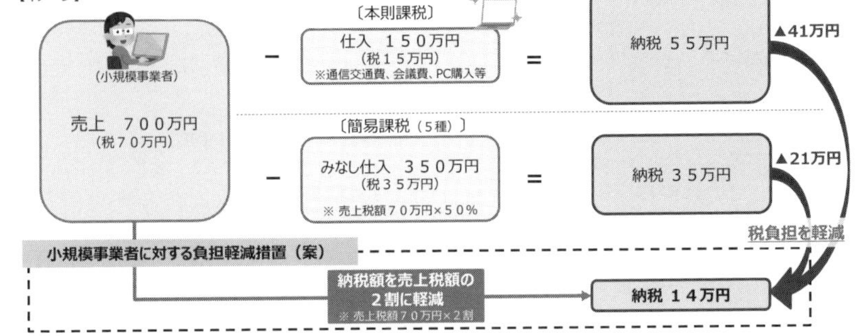

※ 　負担軽減措置の適用に当たっては、事前の届出を求めず、申告時に選択適用できることとする。

【対象期間と対象者について】

解説①

Point 1

① 適格請求書発行事業者の令和５年10月１日から令和８年９月30日までの日の属する各課税期間において、免税事業者が適格請求書発行事業者となったこと又は課税事業者選択届出書を提出したことにより事業者免税点制度の適用を受けられないこととなる場合… Point 2

***Point* 1（対象期間）**

・ 例えば、個人事業者が令和５年10月１日に登録をした場合、**令和５年10～12月の申告から令和８年分の申告までが対象**。

***Point* 2（対象者）**

・ インボイス発行事業者の登録をしなければ、課税事業者にならなかった者が対象。
・ **以下の消費税法の規定により**事業者免税点制度の適用を受けられないこととなる事業者は対象外。

納税義務の免除の特例に係る規定

基準期間 特定期間	○ **基準期間における課税売上高が１千万円を超える場合（消法９①）** ○ 特定期間における課税売上高による納税義務の免除の特例（消法９の２①）
承継・新設	○ 相続・合併・分割があった場合の納税義務の免除の特例（消法10、11、12） ○ 新設法人の納税義務の免除の特例（消法12の2①） ○ 特定新規設立法人の納税義務の免除の特例（消法12の3①）
3年縛り	○ 課税事業者選択届出書を提出して２年以内に本則課税で調整対象固定資産の仕入れ等を行った場合の３年間（消法９⑦） ○ 新設法人及び特定新規設立法人の特例の適用を受けて、本則課税で調整対象固定資産の仕入れ等を行った場合の３年間（消法12の2②・12の3③） ○ 本則課税で高額特定資産の仕入れ等を行った場合の３年間（消法12の4①） ○ 高額特定資産について棚卸資産の調整の適用を受けた場合の３年間（消法12の4②）

【R5.10.1の属する期から適用される課税事業者の選択について】

補論

（注１）上記の措置は、課税期間の特例の適用を受ける課税期間及び令和５年10月１日前から課税事業者選択届出書の提出により引き続き事業者免税点制度の適用を受けられないこととなる同日の属する課税期間については、適用しない。

（注２）課税事業者選択届出書を提出したことにより令和５年10月１日の属する課税期間から事業者免税点制度の適用を受けられないこととなる適格請求書発行事業者が、当該課税期間中に課税事業者選択不適用届出書を提出したときは、当該課税期間からその課税事業者選択届出書は効力を失うこととする。

上記（注１）

例：個人事業者がR5.10.1前の課税期間において、課税選択届及び登録申請書を提出した場合

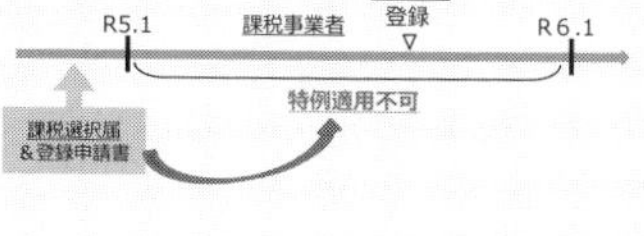

上記（注２）

例：左記の例の場合に、R5.10.1の属する課税期間において、課税選択不適用届を提出した場合

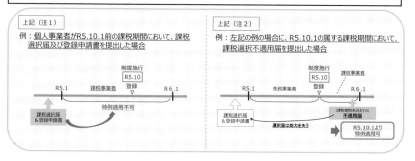

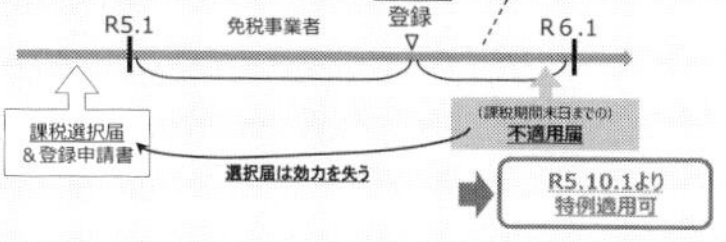

【税額の計算方法について】

解説②

…その課税期間における課税標準額に対する消費税額から控除する金額を、当該課税標準額に対する消費税額に８割を乗じた額とすることにより、納付税額を当該課税標準額に対する消費税額の２割とすることができることとする。

○　**みなし仕入率が80%**である場合の**「簡易課税制度」と同じ**計算方法。

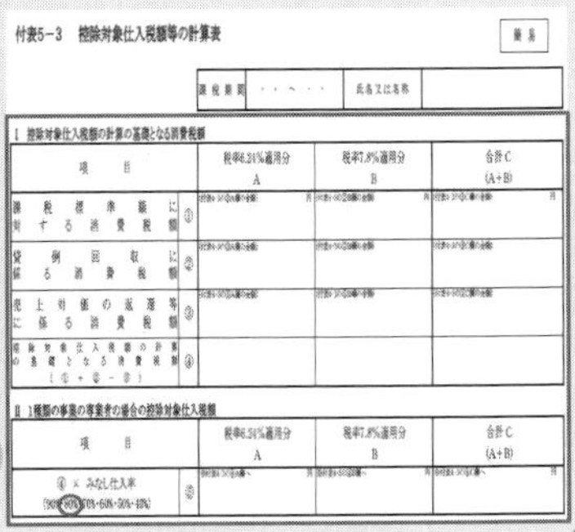

現行の簡易課税の付表

【適用に当たっての手続きについて】

解説③

②　適格請求書発行事業者が上記①の適用を受けようとする場合には、確定申告書にその旨を付記するものとする。

○　事前の**届出が不要**。
※　確定申告書に付記するだけ。

○　**２年間の継続適用の縛りは無い**。

○　申告時に、簡易課税 or 本則課税とも**選択適用が可能**。

申告書における付記のイメージ

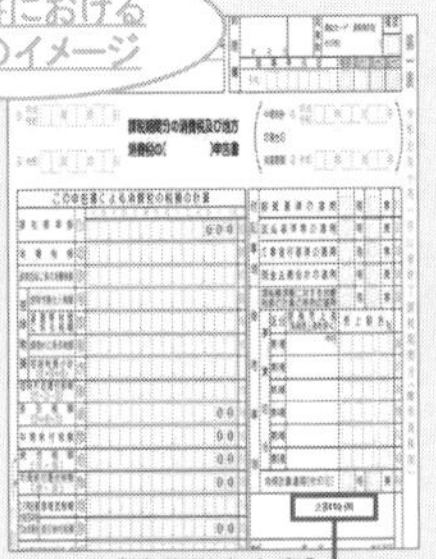

【消費税申告書】

2割特例
○有　○無

申告時における選択適用のイメージ

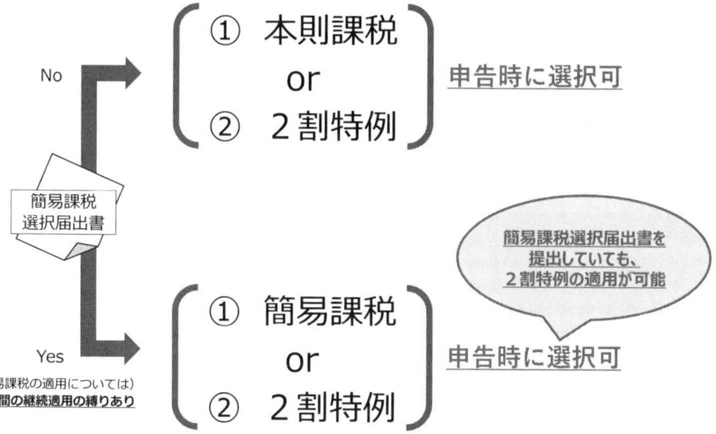

※ ただし、①②の両方を計算する必要はなく、②の方が明らかに有利な場合は①を計算する必要はない。

【簡易課税制度への移行措置について】

解説④

③ 上記①の適用を受けた適格請求書発行事業者が、当該適用を受けた課税期間の翌課税期間中に、簡易課税制度の適用を受ける旨の届出書を納税地を所轄する税務署長に提出したときは、その提出した日の属する課税期間から簡易課税制度の適用を認めることとする。

○ 基準期間における課税売上高が1千万を超える課税期間がある場合

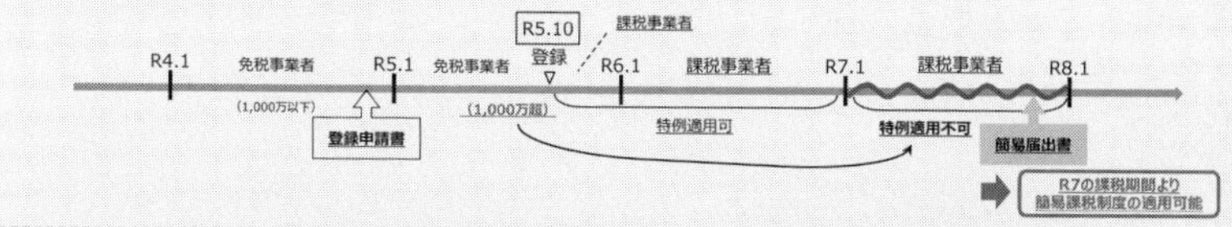

○ 3年間の特例期間が終了する翌課税期間において、簡易課税制度を適用する場合

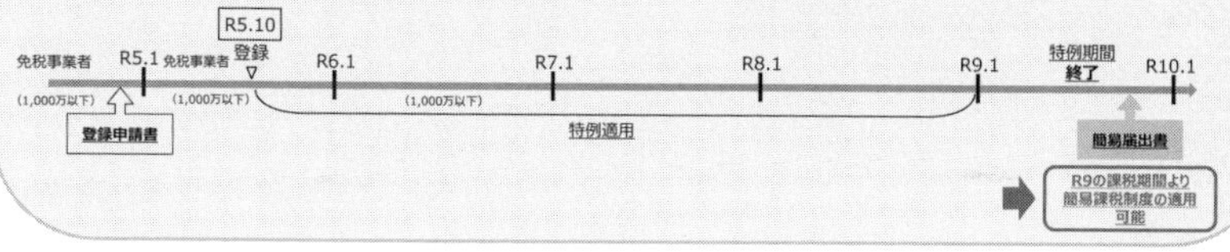

簡易課税制度との事務負担上の主な相違点

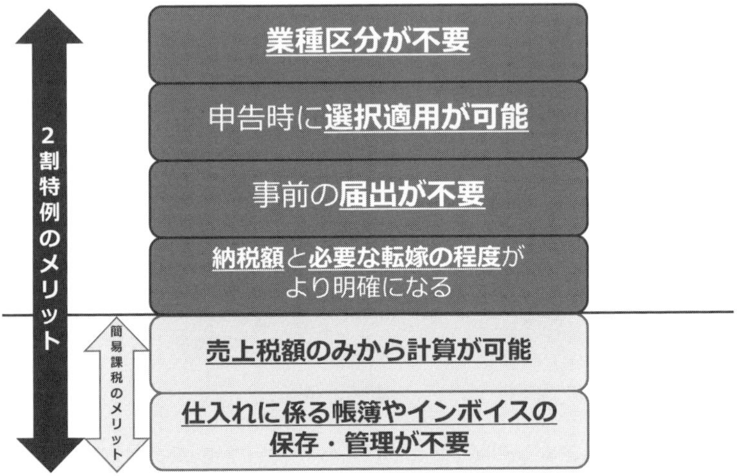

令和５年度税制改正大綱（第二）（抄）

第二　令和５年度税制改正の具体的内容

（令和４年１２月１６日
自由民主党
公明党）

四　消費課税

１　適格請求書等保存方式に係る見直し

（国　税）

（2）基準期間における課税売上高が１億円以下又は特定期間における課税売上高が5,000万円以下である事業者が、令和５年10月１日から令和11年９月30日までの間に国内において行う課税仕入れについて、当該課税仕入れに係る支払対価の額が１万円未満である場合には、一定の事項が記載された帳簿のみの保存による仕入税額控除を認める経過措置を講ずる。

○　消費税法基本通達

（支払対価の額の合計額が３万円未満の判定単位）

11－６－２　令第49条第１項第１号《課税仕入れ等の税額の控除に係る帳簿等の記載事項等》に規定する「課税仕入れに係る支払対価の額の合計額が３万円未満である場合」に該当するか否かは、**一回の取引の課税仕入れに係る税込みの金額が３万円未満かどうかで判定する**のであるから、課税仕入れに係る一商品ごとの税込金額等によるものではないことに留意する。

一定規模以下の事業者に対する事務負担の軽減措置（案）

○　軽減税率制度の実施により、少額な取引であっても正確な適用税率の判定のために領収書等の証票が必要となることから、こうした取引についてもインボイスの保存が必要となる。

○　この点について、インボイス制度への円滑な移行とその定着を図る観点から、**中小事業者を含めた一定規模以下の事業者の実務に配慮**し、**柔軟に対応**できるよう**事務負担の軽減措置を講ずる**こととする。

【見直し案】

○　基準期間（前々年・前々事業年度）における**課税売上高が１億円以下である事業者**については、インボイス制度の施行から**６年間**、**１万円未満**の課税仕入れについて、**インボイスの保存がなくとも帳簿のみ**で**仕入税額控除を可能**とする。

※　なお、基準期間における課税売上高が１億円超であったとしても、前年又は前事業年度開始の日以後６か月の期間の課税売上高が5,000万円以下である場合は、特例の対象とする。

〔対象となる事業者の範囲〕

全事業者の**90.7%**が対象となりうる（約815万者のうち約740万者）。

また、**現状の課税事業者**のみを対象としても、**76.1%**が対象となる（約320万者のうち約242万者）。

（備考）令和２年度国税庁統計年報（法人税・消費税）、平成27年国勢調査（総務省）等に基づき推計

（参考）日本クレジット協会のクレジットカード動態調査集計結果に基づき、クレジットカードの平均決済単価を推計すると**5,000円前後**となっている。

令和５年度税制改正大綱（第二）（抄）

（令和４年１２月１６日
自　由　民　主　党
公　　　明　　　党）

第二　令和５年度税制改正の具体的内容

四　消費課税

１　適格請求書等保存方式に係る見直し

（国　税）

（3）売上げに係る対価の返還等に係る税込価額が１万円未満である場合には、その適格返還請求書の交付義務を免除する。

（注）上記の改正は、令和５年10月１日以後の課税資産の譲渡等につき行う売上げに係る対価の返還等について適用する。

少額な返還インボイスの交付義務の見直し（案）

○　インボイス制度への移行に伴い、インボイスの交付義務とともに、**値引き等を行った際にも**売手と買手の税率と税額の一致を図るために、値引き等の金額や消費税額等を記載した返品伝票といった書類（**返還インボイス**）**の交付義務が課される**こととなる。

○　この点については、例えば決済の際に、買手側の都合で差し引かれた**振込手数料相当額**やその他の経費を、売手が**「売上値引き」として処理**する場合に新たな事務負担になる、との懸念の声が聞かれるところ。

※　下請法においては取引発注前に当該手数料を下請事業者が負担する旨の書面での合意がある場合にのみ、親事業者が負担した実費の範囲内で当該手数料を差し引いて下請代金を支払うことが認められることに留意が必要。

【見直し案】

○　上記を踏まえ、事業者の実務に配慮して事務負担を軽減する観点から、**少額な値引き等（１万円未満）**については、**返還インボイスの交付を不要**とする。

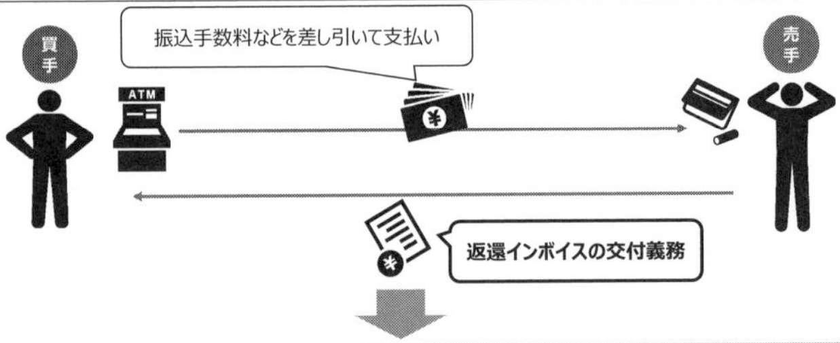

見直し案：値引き等が少額（１万円未満）である場合、**返還インボイスの交付を不要**とする

令和５年度税制改正大綱（第二）（抄）

令和４年１２月１６日
自由民主党
公明党

第二　令和５年度税制改正の具体的内容

四　消費課税

１　適格請求書等保存方式に係る見直し

（国　税）

（4）適格請求書発行事業者登録制度について、次の見直しを行う。

登録手続の見直し

①　免税事業者が適格請求書発行事業者の登録申請書を提出し、課税期間の初日から登録を受けようとする場合には、当該課税期間の初日から起算して15日前の日（現行：当該課税期間の初日の前日から起算して１月前の日）までに登録申請書を提出しなければならないこととする。この場合において、当該課税期間の初日後に登録がされたときは、同日に登録を受けたものとみなす。

②　適格請求書発行事業者が登録の取消しを求める届出書を提出し、その提出があった課税期間の翌課税期間の初日から登録を取り消そうとする場合には、当該翌課税期間の初日から起算して15日前の日（現行：その提出があった課税期間の末日から起算して30日前の日の前日）までに届出書を提出しなければならないこととする。

③　適格請求書発行事業者の登録等に関する経過措置の適用により、令和５年10月１日後に適格請求書発行事業者の登録を受けようとする免税事業者は、その登録申請書に、提出する日から15日を経過する日以後の日を登録希望日として記載するものとする。この場合において、当該登録希望日後に登録がされたときは、当該登録希望日に登録を受けたものとみなす。

登録申請の柔軟化

（注）上記の改正の趣旨等を踏まえ、令和５年10月１日から適格請求書発行事業者の登録を受けようとする事業者が、その申請期限後に提出する登録申請書に記載する困難な事情については、運用上、記載がなくとも改めて求めないものとする。

登録申請手続の柔軟化

（現行）

○ インボイス制度が開始される令和５年１０月１日から登録を受けるためには、原則として令和５年３月末までに申請書を提出しなければならないが、４月以降であっても申請書に３月末までの申請が「困難な事情」を記載することで、１０月１日に登録したものとみなす措置が設けられている。

（柔軟な対応）

○ 事業者の準備状況にバラつきがあることや、今般、支援措置が追加されたことも踏まえ、あえて**申請書に「困難な事情」の記載を求めることはせず**、**４月以降の登録申請を可能とする対応を行う**こととする。

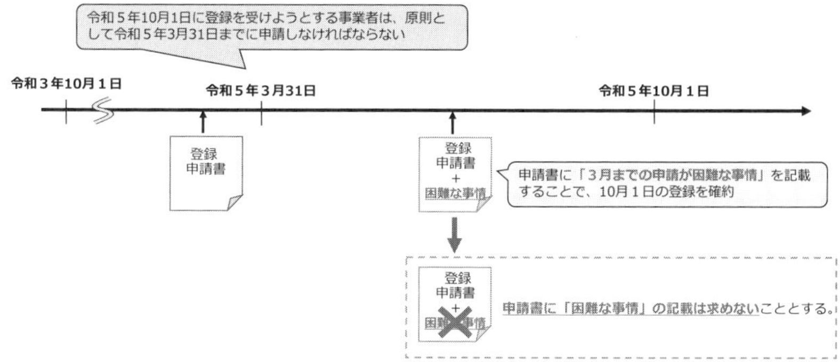

適格請求書等保存方式に係る登録手続の見直し（案）

【見直し案】

○免税事業者が適格請求書発行事業者の登録を申請する場合において、課税期間の初日から登録を受ける場合、当該課税期間の初日から起算して15日前の日まで（現行１ヶ月前まで）に申請書を提出しなければならないこととする。

※登録を取消す場合の届出書の提出期限についても、同様の見直しを行う。

○令和５年10月１日から令和11年９月30日の属する課税期間において、令和５年10月１日後に登録を受けようとする免税事業者は、申請書に登録希望日（提出日から15日以後の日）を記載するものとする。

○また、実際に登録が完了した日が、課税期間の初日後又は登録希望日後であっても、課税期間の初日又は登録希望日に登録を受けたものとみなすこととする。

① 課税期間の初日から登録を受けようとする場合（例：３月決算法人）

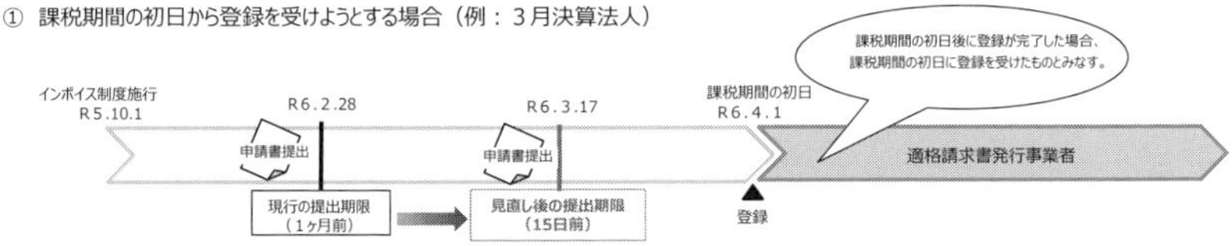

② 経過措置により課税期間の途中（登録希望日）から登録を受けようとする場合

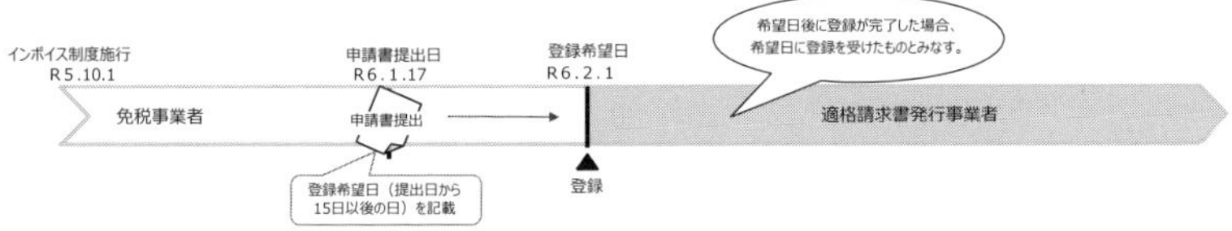

出典：財務省ホームページ

インボイス制度の負担軽減措置（案）のよくある質問とその回答

財務省（令和５年１月 20 日時点）

目次

○小規模事業者に係る税額控除に関する経過措置（２割特例）

問１．適用対象者を教えてください。

（答）

２割特例の適用対象者は、インボイス制度を機に免税事業者からインボイス発行事業者として課税事業者になった者であり、具体的には、

・　免税事業者がインボイス発行事業者の登録を受け、登録日から課税事業者となる者

・　免税事業者が課税事業者選択届出書を提出した上で登録を受けてインボイス発行事業者となる者（この場合、問５もご参照ください。）

が対象となります。

したがって、インボイス発行事業者の登録を受けていない場合には、２割特例の対象とはなりません。また、基準期間（個人：前々年、法人：前々事業年度）における課税売上高が１千万円を超える場合、資本金１千万円以上の新設法人である場合、調整対象固定資産や高額特定資産を取得して仕入税額控除を行った場合等、インボイス発行事業者の登録と関係なく事業者免税点制度の適用を受けないこととなる場合や課税期間を１か月又は３か月に短縮する特例の適用を受ける場合についても、２割特例の対象となりません。

問２．適用できる期間について教えてください。

（答）

２割特例を適用できる期間は、令和５年１０月１日から令和８年９月３０日までの日の属する各課税期間となります。

そのため、図の①にあるとおり、免税事業者である個人事業者が令和５年１０月１日から登録を受ける場合には、令和５年分（１０～１２月分のみ）の申告から令和８年分の申告までの計４回の申告が適用対象となります。

また、図の②にあるとおり、免税事業者である３月決算法人が令和５年１０月１日から登録を受ける場合には、令和６年３月決算分（１０月～翌３月分のみ）から令和９年３月決算分までの計４回の申告が適用対象となります。

２割特例の適用対象期間

① 個人事業者

・ 個人事業者は、**令和５年10～12月の申告から令和８年分の申告**までの **４回分の申告**において適用が可能。

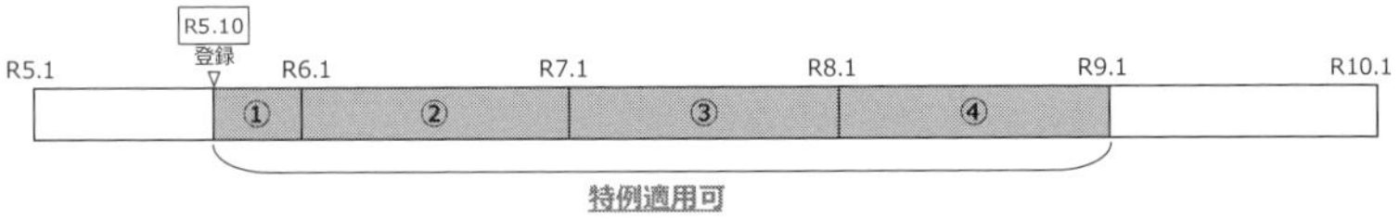

② 法人（３月決算の場合）

・ ３月決算法人は、**令和５年10～翌３月の申告から令和８年度の申告**までの **４回分の申告**において適用が可能。

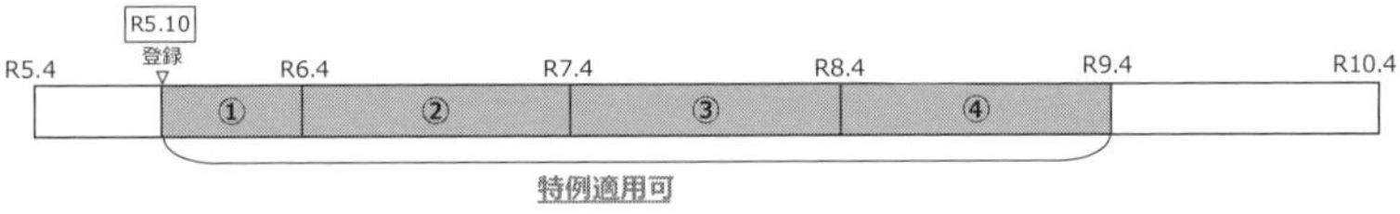

問３．２割特例の適用を受けるためには、どのような手続きが必要ですか。

（答）

２割特例の適用に当たっては、簡易課税制度のような事前の届出は必要なく、消費税の確定申告書に２割特例の適用を受ける旨を付記することで適用を受けることができます。

問４．一度２割特例を選択した場合、その後の適用対象期間は継続適用となりますか。

（答）

消費税の申告を行うたびに２割特例の適用を受けるかどうかの選択が可能です。

ただし、申告する課税期間が２割特例の適用対象となるか否かの確認が必要となります。例えば、図の②留意点にあるとおり、令和８年分の申告について、令和６年（基準期間）における課税売上高が１千万円を超える場合には、２割特例は適用できないこととなります。

２割特例の適用対象期間と留意点

① 適用対象期間

・ 個人事業者は、**令和５年10～12月の申告から令和８年分の申告**までの **４回分の申告**において適用が可能。

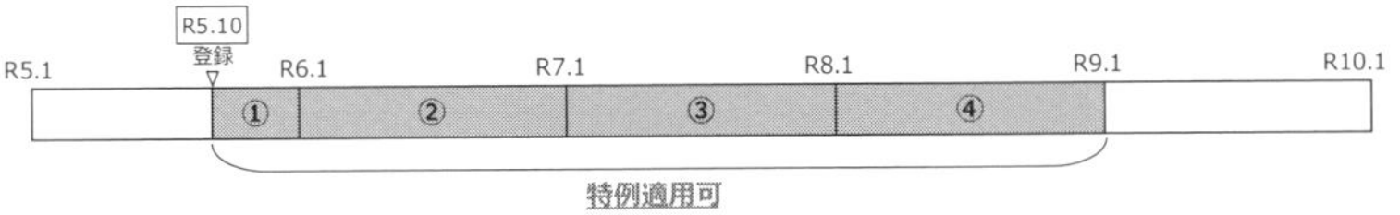

② 留意点

・ ただし、２年前の課税売上高が１千万を超える課税期間（年）がある場合、その課税期間は、適用対象外。

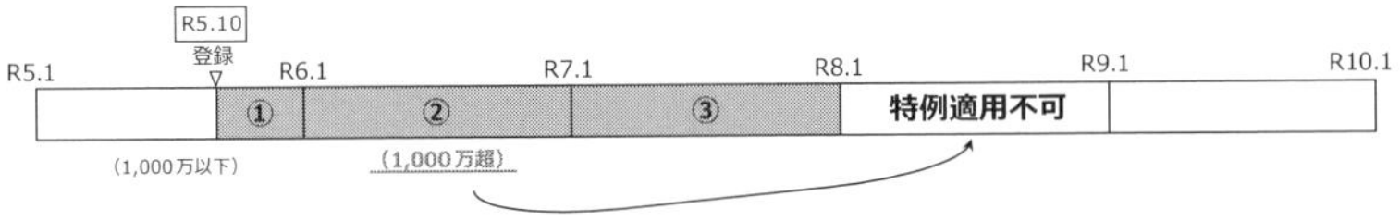

問５．免税事業者である個人事業者です。令和４年１２月に課税事業者選択届出書と登録申請書を提出し、今年（令和５年）１月から課税事業者になり、１０月から登録を受けることとなりました。この場合、２割特例は適用できないのですか。

（答）

課税事業者選択届出書を提出していることにより、インボイス制度の施行前（令和５年１０月１日前）から課税事業者となる令和５年１０月１日の属する課税期間、つまり、インボイス制度の施行前の期間を含む申告については、２割特例の適用を受けられないこととなります。そのため、ご質問の場合には、令和５年分の申告について、２割特例の適用を受けることはできません。

※　令和６年分の申告については、基準期間における課税売上高が１千万円を超える等の事情がない場合に適用することができます（問１参照）。

ただし、こうした場合でも令和５年分の申告について２割特例の適用を受けるかどうかを検討できるように、その課税期間中（上記例では、法案の施行予定日である同年４月１日から１２月３１日まで）に、課税事業者選択不適用届出書を提出することで、その課税期間（令和５年分）から課税事業者選択届出書の効力を失効できることとされます。

本手続を行うことにより、ご質問の例では、令和５年１月～９月分の納税義務が改めて免除され、インボイス発行事業者として登録を受けた令和５年１０月１日から１２月３１日までの期間について納税義務が生じることとなり、その期間について２割特例を適用することが可能となります。

問6．免税事業者ですが、登録申請書とともに簡易課税制度選択届出書も提出しました。この場合、２割特例は適用できないのですか。

（答）

２割特例は、本則課税と簡易課税のいずれを選択している場合でも、適用が可能です。そのため、簡易課税制度の適用を受けるための届出書を提出していたとしても、申告の際に２割特例を選択することは可能です（簡易課税制度選択届出書を取り下げる必要はありません。）。

申告時における選択適用のイメージ

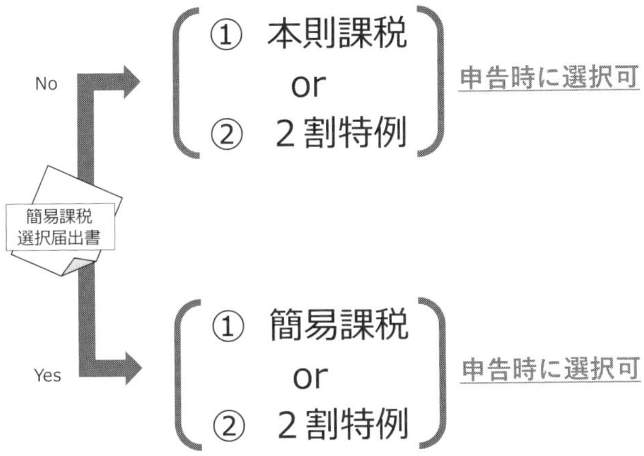

※ 申告にあたっては、①②の両方を計算する必要はない。

問７．免税事業者である個人事業者です。登録申請書（令和５年 10 月１日登録）とともに簡易課税制度選択届出書を提出しているところ、申告時に２割特例と本則課税を選択適用できるようにしたいのですが、どのような手続きをすればよいでしょうか。

（答）

簡易課税制度選択届出書は、その届出書の提出可能な期限までは、取り下げが可能であると取り扱われています。この点、免税事業者が登録申請を行った場合には、登録を受けた日から課税事業者となることができる経過措置が設けられており、この経過措置の適用を受ける場合、登録開始日を含む課税期間中に簡易課税制度選択届出書を提出することにより、その課税期間から簡易課税制度を適用することができることとされています。

したがって、ご質問の場合、簡易課税制度選択届出書は、令和５年 12 月 31 日まで提出可能となるため、同日までに取下書を提出することにより、その届出を取り下げることが可能となります。

なお、取下書の書式は定められておりませんので、取下対象となる届出書が特定できるよう、提出日、届出書の様式名（表題）、提出方法（書面又は e-Tax）、届出者の氏名・名称、納税地及び提出した届出書を取り下げる旨の記載をし、署名の上、所轄の税務署までご提出ください。

○一定規模以下の事業者に対する事務負担の軽減措置（少額特例）

問８．適用対象者を教えてください。

（答）

基準期間における課税売上高が１億円以下又は特定期間（※）における課税売上高が５千万円以下の事業者が、適用対象者となります。

※　「特定期間」とは、個人事業者については前年１～６月までの期間をいい、法人については前事業年度の開始の日以後６月の期間をいいます（消法９の２④）。

なお、特定期間における５千万円の判定に当たり、課税売上高による判定に代えて給与支払額の合計額の判定によることはできません。

問９．適用できる期間について教えてください。

（答）

少額特例は、令和５年１０月１日から令和１１年９月３０日までの期間が適用対象期間となり、その間に行う課税仕入れが適用対象となります。そのため、たとえ課税期間の途中であっても、令和１１年１０月１日以後に行う課税仕入れについては、少額特例の適用はありません。

問 10．１万円は税込、税抜のいずれで判定するのですか。

（答）

少額特例は、「税込」１万円未満の課税仕入れが適用対象になります。

問 11．１万円を判定する取引単位を教えてください。例えば、9,000 円の商品と 8,000 円の商品を同時に購入した場合（合計 17,000 円）、少額特例の対象になりますか。

（答）

少額特例の判定単位は、課税仕入れに係る１商品ごとの金額により判定するのではなく、一回の取引の合計額が１万円未満であるかどうかにより判定することとなります。

ご質問の場合、17,000 円の取引となりますので、少額特例の対象とはなりません。

問 12．月額 200,000 円（稼働日 21 日）で個人事業者に外注を行っています。稼働日で按分すると１万円未満となりますが、少額特例の対象になりますか。

（答）

少額特例の判定単位は、一回の取引の合計額が１万円未満であるかどうかにより判定することとなるため、役務の提供である場合には、通常、約した役務の取引金額によることとなります。

ご質問の場合、月単位での取引（200,000 円の取引）と考えられますので、少額特例の対象とはなりません。

○少額な返還インボイスの交付義務免除

問 13. 適用対象者を教えてください。

（答）

特に制限はありません。すべての方が適用対象となります。

問 14. 適用できる期間について教えてください。

（答）

適用期限のない恒久的な措置となります。

問 15. １万円は税込、税抜のいずれで判定するのですか。

（答）

「税込」１万円未満の返品・値引き・割戻しなどの売上げに係る対価の返還等について、返還インボイスの交付義務が免除されます。

問 16. 売り手が負担する振込手数料も対象となるのですか。

（答）

売り手が負担する振込手数料相当額を売上値引きとして処理している場合には、返還インボイスの交付義務免除の対象となります。

問 17. 売り手が負担する振込手数料を支払手数料として処理する場合は、対象になりますか。

（答）

売り手が負担する振込手数料を支払手数料、すなわち課税仕入れとして処理している場合には、そもそも返還インボイスの交付は必要ありません。

なお、支払手数料として仕入税額控除を行うためには、金融機関や取引先からの支払手数料に係るインボイスが必要となる点について変わりありません（少額特例の対象にはなります。）。

なお、支払手数料として処理する場合、問 18 もご参照ください。

問 18. 売り手が負担する振込手数料を、会計上は支払手数料として処理し、消費税法上は対価の返還等と取り扱うことはできますか。

（答）

ご質問のとおり取り扱って差し支えありません。なお、消費税法上、売上値引きとして処理する場合には、対価の返還等の元となった適用税率（判然としない場合には合理的に区分）による必要があるほか、帳簿に対価の返還等に係る事項（※）を記載し、保存することが必要となりますので、ご留意ください。

※　ご質問のように、帳簿上、支払手数料として処理していたとしても、当該支払手数料を対価の返還等として取り扱うことが要件設定やコード表、消費税申告の際に作成する帳票等により明らかであれば問題ありません。

○登録制度の見直しと手続の柔軟化

問 19. 令和５年３月末が登録申請の期限ですが、その後の申請では登録できないのですか。

（答）

令和５年 10 月１日のインボイス制度の開始にあわせて登録を受けるための期限は、ご質問のとおり令和５年３月 31 日とされています。

ただし、４月以降の登録申請であっても、９月 30 日までに行われたものについては、インボイス制度が開始する令和５年 10 月１日に登録を受けることが可能です。

※　免税事業者の方が令和５年 10 月２日以後の日の登録を希望する場合には、登録申請書に登録希望日を記載する必要があります。

なお、インボイス制度への対応には事業者の皆様において事前の準備が必要となるほか、登録通知が届くまで一定の期間（※）を要することとなりますので、登録することをお決めになられた方についてはお早めの申請をおすすめします。

※　登録通知までに要する期間の目安は、国税庁 HP「インボイス制度特設サイト」に掲載されています。

https://www.nta.go.jp/taxes/shiraberu/zeimokubetsu/shohi/keigenzeiritsu/invoice.htm

（参考）４月以降に申請する場合に、インボイス制度が開始する令和５年 10 月１日に登録を受けたものとみなす有恕規定の適用を受けるためには、申請書に「期限までの申請が困難な事情」を記載することとされていましたが、この「困難な事情」の記載は不要とされました。

問 20. 令和５年９月末までに登録申請を行ったが、インボイス制度が開始する１０月１日までに登録の通知が来なかった場合、インボイスをどのように発行すればよいですか。

（答）

登録申請書の受理から、一定の登録処理期間（※）を経て、登録の通知が行われます。そのため、インボイス制度が開始する令和５年 10 月１日の直前などに登録申請を行った場合、登録の通知が制度開始までにお手元に届かない場合も想定されます。

この場合でも、令和５年 10 月１日に遡って登録を受けたものとみなされますので、

・事前にインボイスの交付が遅れる旨を取引先に伝え、通知後にインボイスを交付する、

・取引先に対して通知を受けるまでは暫定的な請求書を交付し、通知後に改めてインボイスを交付しなおす、

などの対応が考えられます。なお、事前に暫定的な請求書を交付する場合、その請求書との関連性を明らかにした上で、インボイスに不足する記載事項（登録番号等）を通知する対応でも構いません。

※　登録通知までに要する期間の目安は、国税庁 HP「インボイス制度特設サイト」に掲載されています。

https://www.nta.go.jp/taxes/shiraberu/zeimokubetsu/shohi/keigenzeiritsu/invoice.htm

問 21．免税事業者ですが、インボイス制度開始後の令和５年 10 月以降に、登録申請を行うことはできますか。

（答）

インボイス制度の開始後でも登録申請は可能です。

具体的には、図のとおり、登録申請書に提出日から 15 日以後の日を「登録希望日」として記載すれば、その登録希望日から登録を受けることができることとなります。

適格請求書等保存方式に係る登録手続の見直し（案）

【見直し案】

○ 令和５年10月１日から令和11年９月30日の属する課税期間に登録希望日から登録を受けようとする免税事業者は、申請書に登録希望日（提出日から15日以後の日）を記載するものとする。

○ また、実際に登録が完了した日が、登録希望日後であっても、登録希望日に登録を受けたものとみなすこととする。

○ 免税事業者が課税期間の途中（登録希望日）から登録を受けようとする場合

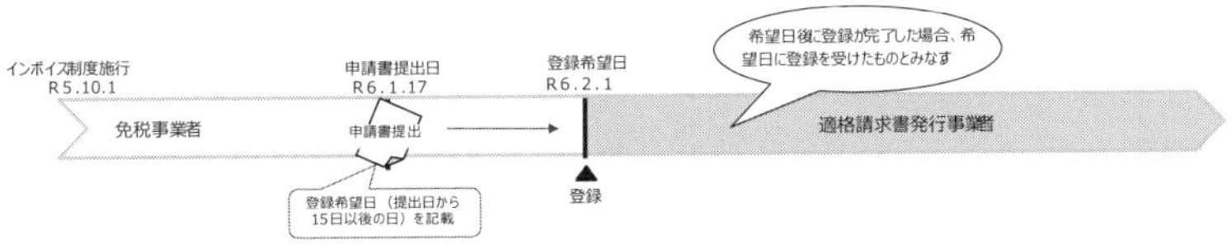

出典：財務省ホームページ

【編　著　者】

末　安　直　貴（すえやす　なおき）

【執　筆　者】

日　隠　直　樹
大　樂　淳一郎
平　野　未　樹

改訂版　消費税インボイス制度の実務とQ＆A

令和５年２月１日　初版印刷
令和５年２月15日　初版発行

不許複製

編著者　末　安　直　貴
（一財）大蔵財務協会　理事長
発行者　木　村　幸　俊

発行所　一般財団法人　大蔵財務協会
〔郵便番号　130-8585〕
東京都墨田区東駒形１丁目14番１号
（販　売　部）TEL03(3829)4141・FAX03(3829)4001
（出版編集部）TEL03(3829)4142・FAX03(3829)4005
URL　http://www.zaikyo.or.jp

乱丁・落丁の場合は、お取替えいたします。
ISBN978-4-7547-3092-5
印刷　三松堂